Edition Eva & Adams
www.evaengelken.de

AF672969

Eva Engelken

Drei Küsse für Herkules

Roman

Edition Eva & Adams
www.evaengelken.de

Regentenstraße 31, 41061 Mönchengladbach, evaengelken.de
Herstellung und Druck: tredition GmbH, Hamburg
Covergestaltung © Traumstoff Buchdesign traumstoff.at
Covermotiv © Kalabi Yau shutterstock.com
Autorenfoto © Isabella Raupold
Lektorat und Korrektorat: Lars Schiele
ISBN 978-3-9819902-1-8

INFO ZUM BUCH:

So hat sich Vivian ihr Leben mit Kindern und Karriere nicht vorgestellt: Sie reibt sich zwischen Familie und Job auf, doch das Einzige, was sie bekommt, ist Speck auf ihren Hüften. Als sie an Karneval den attraktiven Herk kennenlernt, erklärt sie ihn kurzerhand zur Geheimwaffe gegen Frust und Altersringe. Sie weiß nicht, dass Herk ein griechischer Halbgott ist, der dringend wahre Liebe finden muss, um wieder unsterblich zu werden und Europa zu retten. Zwar managt Aphrodite persönlich die Liebesmission, doch Herk ist krank und Zeus ist nur an neuen Seitensprüngen interessiert. Wird Vivian die Herkulesaufgabe meistern, Herk unsterblich zu lieben? Und wie viel wird dann noch von ihrer Ehe übrig sein?
Auch mit dabei: Der männerliebende Weingott Dio, der alternde Casanova Zeus, der Diebesgott Hermes, die Familienbeschützerin Hera und die Politikerin Athene. Ihre kühne Vision: mit Herks Hilfe den Kontinent der Prinzessin Europa in eine moderne Republik zu verwandeln. Kann der antike Superheld Herk erneut unsterblich werden?

In memoriam Patrick

INHALT

1 VIVIAN BRICHT AUF 13
2 ANKUNFT DER GÖTTER 18
3 FELIX' UNFALL 28
4 DIOS LISTIGER PLAN 34
5 VIVIAN TRIFFT HERK 49
6 HERKULES FINDET KEINE JUNGFRAU 59
7 VIVIAN BLEIBT STANDHAFT 66
8 STRATEGIEMEETING IN DER MEERBAR 81
9 VIVIANS HANDY IST GESPERRT 94
10 TOBIAS GIBT FELIX RATSCHLÄGE 102
11 EIN PALAST FÜR HERK 108
12 KRIBBELN MIT MILCHKAFFEE 117
13 EKLAT BEIM CASTING 131
14 NERVÖSE LATTE 137
15 BEATE-UHSE-SHOP 151
16 FELIX' DIENSTREISE 165
17 WELLNESSSEX 173
18 ZEUS WILL EINEN RETTER ZEUGEN 195
19 VORWÜRFE VON SOFIE 205
20 SPEEDDATING MIT LAMBORGHINI 229
21 SEX AT SIXTY 233
22 ANGRIFF DER CENDRAKEN 241
23 TOMS VIERTER GEBURTSTAG 252
24 KOITUS IN KETTEN 265

25 ANFALL IM NASHORNGEHEGE 281
26 FELIX' BUCHUNGSFEHLER 296
27 KRISENSITZUNG MIT HERA 304
28 DOPPELT BESTÜCKT 319
29 VIVIANS KRISE 323
30 FELIX IST ERKÄLTET 333
31 ZEUS BEIM HAFTRICHTER 335
32 HERK IM KELLER 338
33 DIO AN VIVIANS WOHNUNG 346
34 VIVIAN FINDET EIN NASHORN 347
35 BESUCH IN DER U-HAFT 350
36 SCHNIEDELBILDER 353
37 ZEUS UND HERK REDEN 359
38 BEICHTE AN FELIX 361
39 VIVIAN IST HAPPY 366
40 FELIX IST STAMMKUNDE 375
41 VIVIAN KANN SICH NICHT ENTSCHEIDEN 382
42 FELIX' NETTE KOLLEGIN 389
43 DIE FRANZOSEN REISEN AB 394
44 APHRODITE ÜBER DIE SUCHT NACH LIEBE 407
45 VIVIAN ZIEHT AUS 410
46 FELIX IN DER SAUNA 412
47 RETTUNGSMISSION 413
48 VIVIAN WIRD EINBRECHERIN 418
49 DIO UND APHRO VERLIEREN VIVIAN AUS DEN AUGEN 425

50 ALS ADLER UNTERWEGS 427
51 ZEUS' PRESSEKONFERENZ 433
52 VIVIAN VERTREIBT DEN DÄMON 437
53 DIO UND APHRODITE VERABSCHIEDEN SICH 451
54 VIVIAN HAT FIEBER 454
55 ETWA 17 MONATE SPÄTER 460
DISCLAIMER...462
DANKSAGUNG 463
ÜBER EVA ENGELKEN..464

1 VIVIAN BRICHT AUF

Alles, was sie wollte, war ein perfekt aufgeräumtes Haus, doch irgendjemand schien beschlossen zu haben, sie mit allen Mitteln daran zu hindern. Aktuell setzte dieser Jemand das Telefon dazu ein, das tief unter einem Kleiderberg nicht aufhörte zu bimmeln. Bei Vivian rief selten jemand Spannenderes an als ihre Schwiegermutter, dennoch stellte sie ihre Kaffeetasse auf dem Boden ab und schob mit beiden Händen die Karnevalskostüme auseinander, die ihre Kinder dort hatten fallen lassen. Don Johnson strich um ihre Beine und miaute vorwurfsvoll.

„Geduld", sagte sie und setzte ihn zur Seite, woraufhin er die Tasse umkippte, sodass der dampfende Kaffee auf Emilys Prinzessinnenkleid landete.

Es war nicht die Schwiegermutter, sondern ihre Freundin Sofie.

„Ich habe die letzten beiden Tickets für heute Abend ergattert", sagte sie mit quengelnder Stimme, „da wirst du mich doch nicht hängen lassen?"

Vivian klemmte sich das Telefon zwischen Ohr und Schulter und schleuderte das nasse Kleid die Kellertreppe hinunter. „Falls du mich schon wieder zum Karnevalfeiern überreden willst, vergiss es. Die Putzfrau ist krank und in zwei Wochen kommt der französische Austauschschüler mit seinen Eltern. Die kündigen die deutsch-französische Freundschaft, wenn sie mitkriegen, wie deutsche Haushalte wirklich aussehen!"

Don Johnson maunzte bestätigend.

„Was ist los mit dir?", fragte Sofie, und Vivian konnte förmlich hören, wie sich Sofies perfekt gezupfte Augenbrauen hoben.

„Ich bin vierzig geworden, falls du das noch nicht bemerkt hast. Da ist man vernünftig oder versucht es wenigstens", sagte Vivian und begann mit der freien Hand, die Kostüme von den Kinderschuhen zu trennen. Als sie mit den bloßen Füßen auf einen Legostein trat, biss sie die Zähne zusammen, um nicht aufzuschreien. „Mit vierzig waren Frauen früher tot!“, fügte sie grimmig hinzu.

„Mein Gott, wie bist du denn drauf?“, fragte Sofie.

„Ich bin todmüde, weil Tom die ganze Nacht gehustet hat.“ Wütend kickte sie mit dem Fuß gegen die Verkleidekiste. Die Kiste fiel um, und noch mehr Pistolen, Clownsnasen und Kleidungsstücke fielen heraus. Don Johnson biss ihr in den nackten Fuß.

„Ich würde dich auch nicht alleine lassen“, maulte Sofie.

Du hast ja auch keine Kinder, dachte Vivian und eilte in den Wäschekeller, wo das Katzenfutter lagerte. Als es dunkel blieb, obwohl sie auf den Lichtschalter drückte, fiel ihr ein, dass sie die Glühbirne hatte auswechseln wollen. Mit dem Schienbein rempelte sie gegen eine Klappliege, die an den Wäscheständer stieß, der mitsamt Wäsche zusammenbrach. Wie ein Stromschlag zischte der Schmerz durch ihr Bein und wölbte sich auf dem Knochen zu einer kleinen Beule.

Vivian schluckte die Tränen hinunter, während der Kater eifrig zu knurpsen begann, und stieg mit Sofie am Ohr die Treppe wieder hoch. Suchend spähte sie in den Küchenschrank, doch da war keine Glühbirne. Dann musste die Wäsche eben warten.

„Mein Gott, bist du langweilig geworden. Früher hatten wir doch immer Spaß“, unternahm ihre Freundin einen neuen Versuch.

Früher war lange, bevor mit Kind Nummer drei das endgültige Chaos ausgebrochen war. Als sie noch einen festen Job hatte und ihr Chef noch nicht mit einem Blick auf ihren dicken Bauch gesagt hatte: „Tut uns leid, Frau Sammer, aber Sie können nun wirklich nicht eine tolle, junge Mutti und eine tolle, junge Journalistin sein.“

„Ich bin eben alt, na und?“, sagte Vivian und zog wütend ihre Jeanshose über die Speckrollen hoch, die sich dort breitmachten, wo eigentlich eine

Taille hätte sitzen sollen. War Speck der Preis, den man zahlte, wenn man vierzig geworden war und seinen Arbeitstag in der Nähe des Kühlschranks verbrachte?

Als ihr ein gemusterter Stofffetzen in die Hände fiel, stutzte sie. Wie eine warme Dusche durchrieselte sie die Erinnerung, als sie mit den Fingerspitzen über das Löwenfell streichelte. Aaron hatte es getragen, ihr Karnevalsflirt vor fünf Jahren. Als die Kneipe geschlossen und der Türsteher die letzten Jecken auf die Straße gefegt hatte, waren sie und Sofie bei Aaron auf einem schwarzen Ledersofa gelandet. Natürlich war Vivian schon damals verheiratet gewesen, und sie hatte Sofie die Chance nicht vermasseln wollen. Sofie bekam es mit keinem ihrer vielen Verehrer hin, weil sie an allen etwas auszusetzen fand. Deshalb hatte Vivian diesen göttlichen Mann nur ein bisschen angehimmelt und beim Tanzen traumhaft definierte Muskeln unter seiner samtglatten Haut gespürt.

„Also überleg's dir. Ich muss mich jetzt umziehen, sonst komme ich nicht mehr rein."

Das Telefon klickte, und Vivian hockte mitten im Wohnzimmer und starrte abwechselnd das Stück Stoff und die Terrasse an, auf der es zu dämmern begann. Ein Rotkehlchen pickte von dem Vogelfutter, das Vivian ausgestreut hatte, obwohl ihre Schwiegermutter immer sagte, das sähe so unordentlich aus. Aus Aaron und Sofie war damals nichts geworden. Sie hatte ganz umsonst verzichtet. Wütend über die vor vielen Jahren verpasste Chance pfefferte sie das Stoffstück in die Kiste. Und was war, wenn er genau heute Abend da wäre? Wenn Sofie später erzählen würde: „Ach, übrigens, ich hab Aaron getroffen?"

Wie zum Hohn dudelte im Radio ein Schlager von damals: „Nur nicht aus Liebe weinen, es gibt im Leben nicht nur den Einen." Leise summte sie den Refrain mit. Und wenn heute Abend etwas ganz Tolles passieren würde? Nicht, dass sie kein schönes Leben hatte. Andere hätten davon geträumt, einen Mann, ein Haus, drei wundervolle Kinder, einen Kater und Millionen von Gegenständen zu haben, die nie dort waren, wo man sie suchte. Andere hätten sich auch gefreut, kleine Aufträge für Pressetexte zu bekommen. Doch Vivian wurde das Gefühl nicht los, bei ihrer Lebensplanung versagt zu haben.

Die Musik im Radio erstarb und der Nachrichtensprecher meldete drei Kilometer Stau auf der A57 in beide Richtungen. „Die Autobahnbrücke ist wegen eines Brandes nach einem Unfall akut einsturzgefährdet. Es wird darum gebeten, die Unfallstelle weiträumig zu meiden. Es ist 17.30 Uhr, wir wünschen allen Jecken eine gute und sichere Fahrt!" Vivians Mann Felix war auf dieser Autobahn nach Köln gefahren, aber inzwischen musste er schon längst in Köln bei seinem coolen Freund Tobias angekommen sein, in dessen piekfeiner Singlewohnung garantiert nicht mal eine einzelne Socke herumlag.

Sie wusste, dass ihr Mann seinen kinderlosen Freund beneidete. Um die viele Zeit, die er hatte, um im Fitnessstudio seinen Body zu stählen, und um seine ständig wechselnden Bekanntschaften, denen er an seiner Hausbar Cocktails mixte. Ob auch Felix mit jemandem flirten würde? Und wenn schon. Die Zeiten, in denen sie der Gedanke eifersüchtig gemacht hätte, waren ebenso lange vorbei wie das letzte romantische Dinner oder ähnlicher Quark. Vermutlich sollte sie sogar froh sein, wenn Felix mit jemand anderem anbandelte – dann musste sie wenigstens kein schlechtes Gewissen haben, wenn Felix sie mal wieder fragte, warum sie sich denn im Bett, bitte sehr, nicht einfach mehr gehen ließe. Oder wenigstens ein bisschen lasziv guckte.

Das Musikgedudel schwoll wieder an: „Nur nicht aus Liebe weinen …". War es die Nachricht von dem Unfall, die in ihrem Kopf einen winzigen

Schalter umgelegt hatte? Oder das Löwenfell? Was auch immer es war, dieses Etwas forderte ganz eindeutig, dass sie heute Abend ausgehen sollte, Aufräumen hin oder her. Vivian sah auf die Uhr. Wenn sie sich furchtbar beeilte, würde sie die S-Bahn um 17:54 Uhr noch erreichen. Das gab den Ausschlag. Sie hatte sich zwar kein Kostüm besorgt, aber zur Not konnte sie als Clown gehen. Clown war so ungefähr die unsexyste Verkleidung, die man sich vorstellen konnte, aber das war jetzt auch egal.

Sie klaubte blau geringelte Socken und ein rot-weiß gestreiftes T-Shirt aus der Kiste. Dann lief sie ins Schlafzimmer und öffnete den wackligen Ikea-Schrank, um sich von Felix Schuhe auszuleihen. Es klapperte und nacheinander fielen eine Tube Gleitgel, ein Massagestab für Männer und Felix' Kamm heraus. Den benutzte er, um seine oben schütter werdenden Haare nach hinten zu streichen. Sie nahm ein Paar rote Freizeitschuhe heraus und warf die Utensilien zurück in den Schrank.

Mit einem geübten Rundumblick vergewisserte sie sich, dass keine Fenster oder Terrassentüren mehr offen standen, und schaltete das Radio aus. Dann schlug sie die Tür hinter sich zu und schwang sich auf ihr klappriges Fahrrad, um die S-Bahn zum Hauptbahnhof zu erwischen.

2 ANKUNFT DER GÖTTER

„Nach oben lenken", kreischte das Eheweib mit schriller Stimme, und ihr Gatte tat, wie ihm geheißen. Doch die altertümliche Cabriolimousine trudelte wie ein schlecht gebauter Papierflieger um die eigene Achse und landete krachend im Wipfel einer Pappel. Dio, der mit seinem seidenen Reisekissen auf der gepolsterten Rückbank saß, schrak auf, als links und rechts die Zweige über ihm zusammenschlugen. Mehrere Zweige gaben knirschend nach und das schwere Gefährt rutschte eine Astreihe tiefer, als die Gattin erneut schrie: „Klettert raus, bevor es explodiert!"

„Mein Auto explodiert nicht", erwiderte ihr Gatte, doch sie schob ihn einfach nach draußen. Dio überlegte sorgenvoll, ob wirklich eine Gefahr bestand oder ob er sitzen bleiben konnte. Aber sicher war sicher und außerdem musste er dafür sorgen, dass sie ihr geheimes Ziel erreichten. Also raffte auch er seine neue zitronengelbe Reisetunika hoch und hievte seinen Bauch über das Fenstersims nach draußen.

Da standen sie nun. Auf dem Ast einer Pappel. Im kalten Februarwind und Nieselregen in Deutschland. Zeus, griechischer Chefgott und in offizieller Mission des Götterrats unterwegs, Hera, seine Gemahlin, und Dio, der Weingott mit den kurzen Beinen, in der Antike als Dionysos verehrt. Einst stolze Bewohner des Olymps und zahlreicher vornehmer Tempelanlagen. Jetzt abgehalfterte Gesandte eines zerstrittenen Gremiums von Unsterblichen, die froh sein konnten, in einer Athener Seniorenresidenz Zuflucht gefunden zu haben, nachdem die griechische Regierung begonnen hatte, ihre Tempel und Inseln an Investoren zu verscherbeln.

Dio warf einen Blick zur Seite. Das schicke Auto hatten sie nur bekommen, weil die klamme griechische Regierung sogar ihre Ministerkarossen verkauft hatte, woraufhin Hermes, der Götterbote und Gott der Diebe, einige Fahrzeuge beiseitegeschafft hatte.

Unter ihnen fiel eine bräunliche Böschung zu einem Weg zwischen kahlen Feldern ab, der sich nach beiden Richtungen im Dämmerlicht verlor.

Er drehte den Kopf zur anderen Seite, wo der Obergott stand. Seine gerunzelten Brauen schienen deutlich zu sagen, dass ihm die Lage gar nicht behagte. Das war kein Wunder. Das weiße Gewand, das der alte Mann mit einer korinthischen Goldspange an den Schultern zusammengerafft hatte, flatterte unwürdig im Wind wie ein Stück Wäsche auf der Leine. Und die Lederriemen seiner vornehmen kalbsledernen Sandalen hatten sich beim Herausklettern gelöst. Sollte er Zeus anbieten, die Bänder zuzubinden? Dio entschied sich dagegen. Der Herr des Olymps war cholerisch – genau wie sein Eheweib. Und er reagierte allergisch, wenn er den Eindruck bekam, man wollte ihn bevormunden. Zeus hob die Hand, und seine Waffe blitzte auf – der goldene Blitz- und Wetterstab, ein seit der Antike gefürchtetes Symbol seiner Herrschaft.

Mit dem Furchteinflößen war es allerdings nicht mehr weit her. Dio wusste, dass der rund 30 Zentimeter lange gezackte Stab Probleme mit der Zündung hatte. Er beobachtete, wie Zeus den Wettermacher mehrmals prüfend drehte und schüttelte.

Der Wind frischte auf und unvermittelt löste sich zischend ein Blitz aus dem Stab. Er raste wie eine Silvesterrakete in die neblige Dämmerung. Ein gedämpfter Knall ertönte und irgendwo flackerte kurz ein Licht auf. Ein paar Krähen flatterten kreischend davon und stoben in den düsteren Nachmittagshimmel.

„Kannst du nicht aufpassen? Wärst du ein Mensch, hätte man dir längst den Waffenschein weggenommen“, zeterte Hera. Zeus war seit gut 4.000 Jahren mit ihr verheiratet. Ihr magentafarbenes Gewand flimmerte in den Augen, wenn man länger hinsah. Die Göttermutter liebte kräftige Farben. Das passte zu ihrem dunkelroten Haar. Und es entsprach zu hundert Prozent ihrem Temperament. Ins Gesicht hätte Dio es ihr nicht zu sagen gewagt, aber Tatsache war, sie war aufbrausend und schrecklich eifersüchtig. Sogar jetzt, wo sie nach Deutschland gekommen war, hätte sie ihren Gatten vermutlich am liebsten Tag und Nacht bewacht. Auch das wusste Dio.

Es zischelte, und schneller, als man gucken konnte, glitten zwei purpurfarbene Pythonschlangen aus dem Cabrio und wanden sich um die Füße der Göttermutter. Die beiden Schlangen waren Heras Leibwächter und dienten ihr als Sitzgelegenheit. Oder als Gehhilfe. Auch wenn sie das niemals zugegeben hätte.

Zeus grollte wie eine Gewitterwolke und die Cabriolimousine knirschte in den Ästen.

„Vorsicht“, brummte er und richtete einen Blick auf den Nachbarast, der genügt hätte, Wasser gefrieren zu lassen. Doch Hera schien nicht im Geringsten beeindruckt. Dafür schepperte es in der Entfernung, als hätte jemand einen gigantischen Stapel Töpfe auf den Küchenboden geworfen.

Heras rote Mähne wehte, als sie den Kopf wandte. „Jetzt hast du auch noch einen Unfall produziert. Der Götterrat wird entzückt sein“, sagte sie und zeigte geradeaus.

Zeus und Dio drehten den Kopf in die Richtung, in die Heras Arm wies. Einen Steinwurf von der mächtigen Pappel entfernt leuchtete das Feuer, und jetzt roch Dio auch den Qualm.

„Ich brauche Licht, um die Dunkelheit zu vertreiben“, grummelte Zeus. Er hob seinen Stab in die Höhe und sandte einen Blitz in die Wolken, der hell genug war, ein ganzes Fußballstadion in Tageslicht zu tauchen. Für einen Sekundenbruchteil war die Umgebung deutlich zu sehen. Ihre Pappel war die größte einer ganzen Allee, die direkt zu einer flachen Autobahnbrücke führte und in eine Unterführung mündete. Nur ein schmales Fahrzeug hätte hier durchfahren können. Doch jetzt war der Weg versperrt. An der Stelle, wo die Unterführung begann, loderten Flammen. Darüber stieg eine gewaltige schwarze Qualmwolke auf und hüllte die Autobahn ein. Sirenengeheul wurde lauter und zuckende Blaulichter spiegelten sich in dem zerbeulten Metall mehrerer ineinandergeschobener Autos.

„Da ist offenbar ein Unfall passiert, da muss ich helfen", bemerkte Zeus mit krampfhaft zusammengekniffenen Augen. Er hob seinen Stab und ein mächtiger Regenguss prasselte auf das Chaos nieder. Zischend stiegen Dampfwolken empor, und es roch nach Gummi und Teer, doch die gründgelben Flammen in der Unterführung flackerten munter weiter. Plötzlich drehte der Wind, und mit einem Mal ging ein kräftiger Guss auf die drei Reisenden in der Pappel nieder. Hera versuchte, Zeus den Blitzstab aus der Hand zu reißen, während ihre Schlangen blitzschnell den Stamm hochglitten und mit ihren Leibern eine Art Regenverdeck über ihr bildeten. Dio zuckte zusammen. Sein feines Reisekissen wurde nass. Und die neue Reisetasche aus Ziegenleder. Verzweifelt bemühte er sich, das Faltdach wieder über den Wagen zu ziehen, um wenigstens die Rückbank zu schützen, doch es war zu spät. Zeus' Regenschauer hatte das Innere des Wagens so gründlich eingeweicht wie ein Vollbad. Hoffentlich fuhr der Wagen noch. Und hoffentlich war das Navi immer noch auf Düsseldorf eingestellt.

Anders als Zeus und Hera glaubten, lenkte ihre Programmierung sie nicht nach Berlin, sondern nach Düsseldorf. Dafür hatte Hermes, der den Fuhrpark der Götter beaufsichtigte, gesorgt, nachdem Dio ihn darum gebeten hatte. Wäre Zeus nicht am Steuer eingenickt und wäre sein Kopf nicht auf irgendeinen Hebel gesunken, wären sie längst in dem Hotel in Düsseldorf, das Dio gebucht hatte. Von dort aus könnte er einem sehr alten

Freund helfen, was zwar nichts mit ihrer offiziellen Reise zu tun hatte, ihm aber sehr am Herzen lag.

Ein krächzendes Geräusch aus dem Lautsprecher am Armaturenbrett erweckte seine Aufmerksamkeit. Er kletterte schnaufend zurück ins Auto und auf den Fahrersitz und beugte sich nach vorn.

„Allet klar bei euch?“, meldete sich Hermes’ verzerrt klingende Stimme. Auf dem kleinen Bildschirm erschien ein freundliches, zerknittertes Gesicht unter einer Schiebermütze. Links und rechts über den abstehenden Ohren flatterten zwei zerrupfte Flügelchen.

„Leider nein, alles läuft schief“, sagte Dio und fühlte, wie die Nässe von der Sitzfläche in seine Kleidung kroch. „Zeus hat das Auto in den Baum gefahren.“

„Na, dit habt ihr ja jut hinjekriegt. Wofür hab icke euch son schniekes Jefährt besorjt? Fährt denn die Karre noch?“ Das Gesicht im Bildschirm putzte sich kräftig die Nase.

„Woher soll ich das wissen?“, fragte Dio und überlegte, ob die weiche Lederbespannung des Lenkrads und die seitlich daraus hervorwachsenden Hörner von einem Satyr stammten. Möglich war alles, seit diese Investoren sogar seine Lieblingsinsel gekauft hatten, wo für Menschenaugen unsichtbar seine Nymphen und ziegenbeinigen Satyrn hausten.

„Drück mal son jrünen Knopf“, wies ihn Hermes an und zeigte mit dem Daumen über seine magere Schulter in Richtung Lenkrad.

Dio fand einen grün blinkenden Knopf und drückte gehorsam. Anstelle von Hermes’ Gesicht ratterten Zahlen und Zeichenkolonnen über den Bildschirm. „System startklar“, meldete der Bildschirm nach einigen Sekunden, und Hermes’ Gesicht erschien wieder.

„Dat sieht jut aus, ihr könnt starten. Aber lasst den Alten nicht mehr ans Steuer!“ Er hob zwei Finger grüßend zur Mütze und sein Bild verschwand. Die Straßenkarte wurde wieder sichtbar und eine quäkende Stimme sagte:

„Noch 20 Kilometer bis Düsseldorf." Dio dachte an eine heiße Sauna und ein Gläschen Sekt, doch Heras Kreischen vertrieb die angenehme Vorstellung.

„Düsseldorf? Wir müssen nach Berlin! Und zwar so schnell, wie diese Kiste fährt. Oder sollen wir warten, bis auch die letzten Tempel zu Golfplätzen umfunktioniert worden sind? Los, los!"

Der Göttermutter ließ ihre Schlangen auf die Sitze gleiten und winkte Zeus, dass er hinten Platz nehmen solle. Offenbar hatte Zeus ein schlechtes Gewissen, denn er setzte sich widerspruchslos auf die nasse Rückbank und fuhr damit fort, seinen Blitzstab zu untersuchen.

Dio biss sich auf die Lippen. Jetzt musste er Farbe bekennen, warum sie hier waren und nicht in Berlin. Verdammt, es wäre so einfach gewesen, dem Götterpaar seinen Plan zu gestehen, wenn sie direkt am bequemen Hotel gelandet wären und nicht in diesem Baum. Aber jetzt half alles nichts. Er nahm allen Mut zusammen, den er finden konnte, und guckte Hera in die nachtschwarzen Augen. „Es ist wegen Herk. Er wohnt gerade in Düsseldorf und ich will ihn treffen."

Ein Blitz, der sich versehentlich von Zeus' Stab gelöst hatte, fuhr krachend in den Wipfel der Pappel. Die Krähen, die irrtümlich angenommen hatten, der Baum sei wieder sicher, stoben erneut krächzend auf, und das Cabrio rutschte knirschend einen Ast tiefer. Doch das war nichts gegen Heras kalte Wut.

„Herakles? Dieser verdammte Bastard?", presste sie hervor. „Und wozu willst du ihn treffen, zum Saufen oder was?"

Dio seufzte. Herakles, kurz Herk genannt, war eines der vielen außerehelich gezeugten Kinder von Zeus. Hera hasste ihn für jedes einzelne, doch Herk war ihr ein besonderer Dorn im Auge, da es ihr nicht gelungen war, ihn vor knapp 4.000 Jahren um die Ecke zu bringen. Noch nicht einmal die zwölf Challenges, später auch Herkulesaufgaben genannt, hatten vermocht, ihn zu töten.

Dafür hatte Dio gesorgt. Und er hatte etwas getan, das in den Augen Heras noch viel schlimmer war. Er hatte ihr das Baby an die Brust gelegt, wo der kleine Herk sofort wie ein Wilder zu nuckeln begonnen hatte. Als Hera bemerkte, wen man ihr untergeschoben hatte, hatte sie den ganzen Olymp zusammengebrüllt, aber es war zu spät gewesen. Die wenigen Schlucke ihrer göttlichen Milch hatten genügt, um dem Halbgott Herakles die Kraft eines Titanen zu verleihen.

Auf Zeus hatte die Erwähnung Herks eine ganz andere Wirkung. Er lehnte sich an die Rücklehne und breitete die Arme aus, die vielen Furchen seines Gesichts zu einem breiten Lächeln verzogen. „Herakles, natürlich! An ihn habe ich gar nicht mehr gedacht, er wird uns helfen. Mit ihm wird es uns gelingen, unsere Tempel und Insel den Spekulanten wieder zu entreißen."

Seine Stimme begann zu dröhnen, wie immer, wenn ihn die Rührung übermannte.

„Ich habe eine Vision", fuhr der alte Obergott fort, und seine lockige graue Mähne wehte im Wind. „Mit Herk wird es gelingen, die Politeia dem Volk zurückzugeben. Im aufs Neue vereinten Europa. Nicht die Armen hier und die Hochfinanz dort, sondern alle vereint und mit gleichen Rechten im Garten meiner Prinzessin Europa. Lasst uns zu Herk fahren und ihm seine Berufung verkünden."

Hera starrte ihn an, als habe er den Verstand verloren. „Alter, komm runter. Die goldenen Zeiten der Götter sind vorbei. Von unserer Magie ist fast nichts mehr übrig. Du machst dich lächerlich mit deiner Rettungsaktion. Sieh lieber zu, wie du dieses Feuer gelöscht kriegst."

Durch den Nebel waren gelblichgrüne Flammen zu erkennen. Auf der Autobahn und rund um die Brücke wieselte eine Gruppe uniformierter Gestalten, die das Gelände mit einem weiß-roten Band absperrte und die Autos zur Seite winkte, bis schließlich kein Wagen mehr auf diesem Straßenabschnitt stand.

„Jetzt begreife ich das Phänomen", murmelte Zeus. „Der Brand lodert *unter* der Brücke, deshalb vermögen meine Regenfluten nichts auszurichten. Aber das haben wir gleich."

Er kurbelte das Seitenfenster runter und streckte den Blitzstab hinaus. „Schluss mit dem Feuer", sagte er. Es zischte und knallte unter der Brücke. Funken stoben auf, es krachte und die Flammen erstarben. Quer über die rechte Fahrspur zog sich ein Riss.

„Das hätten wir", sagte Zeus und zog zufrieden die Hand zurück. „Gemeinsam werden wir jetzt um den Helden uns kümmern."

Dio räusperte sich. „Das mit Herk wird schwierig. Dein Sohn hat sich gerade als Mensch reinkarniert und hat bestimmt anderes zu tun, als für dich den Superhelden zu spielen, Zeus." Er überlegte, welchen Knopf er drücken sollte, als eine blinkende Schrift auf dem Bildschirm erschien: „Nebelmaschine anwerfen!"

Verflixt, das Cabrio brauchte ja Tarnung. Das hatte ihm Hermes eingeschärft. Ohne Tarnung würden die Menschen Ufo-Alarm schlagen, wenn die Limousine durch die Luft flog, und das konnte er jetzt nicht gebrauchen.

Ein violetter Knopf mitten auf dem Lenkrad blinkte einladend und Dio drückte ihn. Der Wagen machte einen Satz nach vorne und das Motorengeräusch erstarb.

„Kümmern?", sagte Hera mit vor Hohn triefender Stimme. „Du meinst wohl, du hättest ihn besser gar nicht erst zeugen sollen. Mit dieser Schlampe!"

„Schweige, Weib, ich rede mit ihm“, sagte Zeus.

„Nein, das mach ich lieber alleine“, sagte Dio und drückte hektisch einen anderen Knopf, in der Hoffnung, dass es diesmal klappen würde. „In Düsseldorf ist Karneval, ich gehe mit ihm feiern. Ihr könnt einfach nach Berlin weiterfahren.“

Hera fuhr auf wie eine Furie. „Karneval feiern? Wenn überhaupt, dann in Köln und nicht in Düsseldorf, das weiß doch jedes Kind! Aber jetzt ist Feiern das Letzte, woran wir denken können. Es wird schon schwierig genug werden, die Minister dazu zu bringen, Gelder für den Rückkauf unserer Inseln freizugeben, bevor die Unionsmitglieder sich restlos zerstreiten. Da zählt jede Minute.“

Im Rückspiegel sah Dio, wie Zeus die buschigen Augenbrauen zusammenzog. Er wurde von seiner eifersüchtigen Gemahlin bewacht wie ein Gefangener im Hochsicherheitstrakt. Witterte er womöglich den Duft der Freiheit? Eine Chance, sich in Düsseldorf eine Auszeit von Hera zu nehmen?

Es schien, als hätte er genau richtig vermutet. Unvermittelt brach Zeus in lautes Stöhnen aus. „Mein Ischiasnerv!“, jammerte er. „Ich muss ihn mir eingeklemmt haben, als wir mit dem Eukalyptusbaum kollidiert sind.“

Hera schnaubte. „Du spielst Theater, mein Bester. Wenn du deine Gymnastikübungen machen würdest, hättest du diese Probleme nicht. Außerdem ist dieser Baum hier eine Pappel. Und du, Dio …“, sie tippte ans Lenkrad, „musst den Startknopf drücken und die Steuerhörner nach oben ziehen, sonst kommen wir hier nie raus. Oder lass einfach mich ans Steuer“, fügte sie seufzend hinzu. Dio rutschte auf den Beifahrersitz und beobachtete erleichtert, wie sich das Faltdach über ihre Köpfe schob, während ein sattes Motorengeräusch die Karosserie vibrieren ließ. Langsam erhob sich das Gefährt an den schabenden Ästen vorbei, gleich würden sie die glitzernde Stadt von oben sehen.

„Du herzloses Weib, mach du lieber deine Übungen“, grummelte Zeus von der Rückbank. „Dann musst du mir nix vorheulen, dass du nicht mehr in deine Kostüme passt! Und das lass dir gesagt sein: Ich brauche Ölbäder und ein Gymnasion, bevor ich nach Berlin fahre und dort in Symposien sitze. Ich habe entschieden: Du fährst nach Berlin und wir fahren zu Herakles.“

„Das ist eine gute Idee, mein Schatz“, sagte Hera in einem Tonfall, als lobe sie einen Erstklässler für seine Entscheidung, künftig den Schulweg alleine zu meistern, und drückte einen weiteren Schalter. Sofort stieg Dampf rings um den Wagen auf. Der eben noch dunkle Himmel färbte sich milchig weiß. Die Limousine gewann an Höhe. Die blinkenden Fahrzeuge und Menschen wurden kleiner und verschmolzen schließlich mit der Dunkelheit. Dio linste durch die Scheibe nach unten und überlegte, ob die verschwommen zu erkennenden Lichter schon zu Düsseldorf gehörten.

3 FELIX' UNFALL

Hätte er geahnt, dass der heftige Regenguss, der in Höhe von Neuss über der A57 niederprasselte, göttlichen Ursprungs war, hätte er den alten Peugeot-Kombi auf den Seitenstreifen gelenkt und in Ruhe abgewartet. Er sah fast nichts. Stattdessen gab er Gas und hielt das Lenkrad so fest, dass seine Fingerknöchel weiß hervortraten. Eile war angesagt, denn mit jeder Minute wuchs die Warteschlange vor der Kölner Kneipe, wo sein Freund Tobias auf ihn wartete. Bald würde keine Macht der Welt den Türsteher dazu bringen, ihn vorbeizulassen, damit er sich noch in das Asterix hineinquetschen konnte.

Die Autobahn war voll. Offenbar wollten viele noch nach Köln. Vor seinem inneren Auge räkelte sich die Brünette, die er kurz vor der Abfahrt noch an seinem Computer betrachtet hatte. Der Film aus seinem neuen Abo „Blowjobgalore" hatte ihn derart gefesselt, dass er die Zeit vergessen und Tom und Emily zu spät zu seinen Eltern gebracht hatte.

Zum Glück wusste Vivian nichts von diesem Video-Abonnement. Sonst hätte sie ihm bestimmt einen Vortrag gehalten, wie frauenverachtend solche Filme seien. Im Prinzip gab er ihr ja recht, und er liebte Vivian. Er fand sie auch nach 15 Jahren Ehe immer noch anziehend – wenn sie denn mal in einer ruhigen Minute zusammenkamen. Aber das geschah wegen ihrer beider Arbeit und ihren drei Kindern leider viel zu selten.

Daher das Film-Abo. Beim Gedanken an die Brünette fühlte er, wie seine Hose eng wurde. Er sollte aufpassen, die Fahrbahn war nass. Oder sollte er an den Rand fahren und sich Erleichterung verschaffen? Und vielleicht etwas trinken? Zu allem Überfluss hatte seine Mutter ihn auch noch genötigt, Krapfen zu essen. Das fettige Karnevalsgebäck verursachte ihm Sodbrennen, und seine schwarze Afroperücke juckte am Kopf.

Wie jedes Jahr an Karneval hatte sie die lila Lockenperücke getragen, als sie vor ihrem mit Blumenkübeln geschmückten Bungalow gestanden und auf ihn und die Kinder gewartet hatte. Sogar der Außenspiegel vom Mercedes seines Vaters hatte eine Girlande abbekommen. Sie hatte sehr bedauert, dass Vivian nicht mitgekommen war, um mit ihnen im Fernsehen die Prunksendung anzugucken, aber als sein Vater erklärt hatte, „dat dat Mädsche selber feiern wollte", da hatte sie verständnisvoll genickt.

Seine Eltern mochten Vivian. Besonders, da sie ihnen drei entzückende Enkelkinder geschenkt hatte, von denen Mika, der Älteste, Karneval bei einem Freund verbrachte. Sie fanden nur, dass sie ein bisschen zu viel arbeitete. „Dat wäre doch nit nötisch, du verdienst doch genuch Geld als Unternehmensberater", sagte sein Vater immer. Felix nickte meistens und dachte dann, dass er wahrscheinlich nicht so oft aufräumen und Kinder umherkutschieren müsste, wenn Vivian weniger von diesen Aufträgen abarbeiten würde. Aber womöglich wäre sie dann noch unzufriedener oder würde irgendein doofes Hobby anfangen. So wie seine Mutter, die alles bestickte, bestrickte oder behäkelte, was nicht rechtzeitig die Flucht ergriff. Er schauderte beim Gedanken an eine strickende Vivian. Dann hätten sie gar keinen Sex mehr. Dessen war er sich sicher.

Obwohl er ausdrücklich gesagt hatte, dass er es eilig habe und zu spät komme, hatte seine Mutter ihn in das mit perfekt arrangierten Nippesfiguren vollgestopfte Wohnzimmer gebeten und ihn genötigt, ihre bei Bofrost georderten Karnevalskrapfen zu probieren. Die wären doch so besonders saftig. Das war typisch gewesen, dass sie seinen Einwand nicht beachtet hatte. Dabei wusste er es eigentlich immer besser, aber auf ihn hörte nie jemand. Also hatte er Tom zugeschaut, der auf den Opa zugerannt und ihm in die Arme gehüpft war.

Ihm war es warm ums Herz geworden, als er seinen Jüngsten betrachtet hatte. Er trug rote Piratenhosen, und Vivian hatte ihm ein rotes Tuch um den runden Kopf geschlungen und einen schwarzen Schnurrbart gemalt.

„Ich bin als Pirat verkleidet, und was bist du, Opa?", fragte der knapp Vierjährige.

Felix' Papa erklärte, dass er sich als Seemann kostümiert habe, was eine Ausrede war, denn er trug seine gewohnte graue Bügelfaltenhose mit dem blauen Hemd, und die kleine Holzpfeife hing das ganze Jahr über in seinem Mundwinkel. Emily, seine stämmige Achtjährige, trug ihr lila Feenkleid, das schon ziemlich knapp saß, das sie aber über alles liebte. Sie hatte seine Mama umarmt und gefragt, ob sie am nächsten Tag wieder zum Kinderschminken in das große Hotel gehen würden. Und Felix hatte es endlich geschafft, sich zu verabschieden.

Ihm war völlig klar, dass Tobias ihn in solchen Situationen mitleidig angucken und fragen würde, ob ihn das ganze „Family-Gedöns" nicht doch ein bisschen zu sehr beanspruchte.

Wütend trat er aufs Gaspedal und wünschte sich, der Motor würde ein bisschen satter aufheulen. Hätte er einen A6 gehabt wie Tobias, hätte es erheblich stolzer unter der Motorhaube gebrummt. Aber als Familienvater fuhr man Peugeot und holte sich am PC einen runter, wenn Frau und Kinder schliefen. Und am nächsten Tag lächelte man und ging wieder zur Arbeit. „Du bist schon gut darin, dir Scheiße für Nusskuchen zu verkaufen", hatte Tobias neulich zu ihm gesagt.

Er hatte abgewehrt. „Ich mag meine Kinder und meine Frau und das ist alles okay so. Krieg du erst mal selber Kinder, dann weißt du, wovon ich rede."

Tobias hatte eingeräumt, dass eigene Kinder vermutlich eine coole Erfahrung seien, und vorgeschlagen, gemeinsam Karneval feiern zu gehen.

„Komm pünktlich“, hatte Tobias ihm eingeschärft und er war entschlossen, das zu schaffen.

Warum musste gerade jetzt der Regen einsetzen?

Er stellte den Scheibenwischer auf die höchste Stufe und zwang den Wagen, in der Spur zu bleiben. Doch die Flut, die gegen die Windschutzscheibe klatschte, war zu mächtig. Die Scheibenwischer wurden ihrer nicht mehr Herr und er ging vom Gas.

Plötzlich erhellte ein gigantischer, greller Blitz den Himmel. Rechts wurde ein Feldweg mit großen, alten Bäumen sichtbar. Eichen oder so. Vivian hätte gewusst, wie die hießen, schoss ihm durch den Kopf, als ein krachender Donnerschlag die Karnevalsmusik im Radio übertönte. Es folgte ein neuer Blitz, und vor ihm flammten blendend rote Bremslichter auf. Instinktiv trat er auf die Bremse und riss gleichzeitig das Steuer zur Seite, um auszuweichen, doch vergebens. Die Wasserfläche auf der Straße hob den Peugeot höhnisch glucksend an, die Reifen verloren den Griff auf dem Asphalt, und der Wagen schwang sanft, wie in einer riesigen Hängematte, aus der Spur.

Wie durch ein Wunder kam er neben seinem Vordermann zum Stehen. Felix atmete durch, da knallte es in seinem Rücken und wie als Echo schepperte es vor ihm.

Er wurde durch den Aufprall nach hinten gerissen und verlor das Bewusstsein. Als er Sekunden später wieder zu sich kam, hätte er schwören können, in dem lauten Brausen um sich herum eine tiefe Frauenstimme und eine dröhnende Männerstimme zu hören. Vorsichtig drehte er seinen Kopf, so weit er konnte, um herauszufinden, woher die Stimme kam, aber er sah nichts. Er saß hinter seinem Lenkrad und soweit er beurteilen konnte, standen die anderen Wagen um ihn herum kreuz und quer. Was für ein Glück, dass er nicht mit ihnen zusammengeprallt war. Wie in Zeitlupe errechnete sein Gehirn, *dass* er mit ihnen zusammengeprallt war. Vor ihm hatten sich mehrere Wagen ineinander verkeilt, soweit er das in dem schwärzlichen Nebel, der ihn umgab, erkennen konnte. Er stand am hinteren Ende eines ziemlich großen Unfalls und das Brausen tönte nicht nur in seinem Kopf, sondern kam von mehreren Polizei- und Krankenwagen, die sich mit Blaulicht und Sirenengeheul langsam an ihm vorbeischoben. Vom Straßenrand stieg schwarzer Qualm auf, als würde es brennen. Nicht auf der Straße, sondern eher unter der Straße. Er öffnete das Fenster einen Spaltbreit und roch den Gestank von verbranntem Plastik.

Er zuckte zusammen, als er ein merkwürdiges Ding auf der Hutablage erblickte. Hatte es sich bewegt? Es schimmerte schwarz und schien ihm direkt in die Augen zu sehen. Er beugte sich so hastig vor, dass ihm ein Stich in den Nacken fuhr und er vor Schmerzen aufschrie.

„Alles in Ordnung?“, hörte er eine Stimme. Ein junger Sanitäter im roten Overall hatte die Fahrertüre geöffnet und musterte ihn freundlich. „Können Sie aussteigen?“

Er nickte, aber als er versuchte, aufzustehen, gehorchten seine Beine ihm nicht. Was war das für ein schwarzes Ding? Zögernd streckte er die Hand aus.

„Na, kleinen Schock bekommen? Kein Problem“, der Mann griff ihm unter die Arme und zog ihn wie ein Kind hinter dem Lenkrad hervor. Dann hievte er ihn gemeinsam mit einem zweiten Sanitäter in einen Bus, wo der eine ihm einen großen rosa Schal um den Hals legte.

„Sie haben einen leichten Schock und vermutlich ein Schleudertrauma. Nicht schön, aber Sie haben echt Glück gehabt, im Gegensatz zu denen da drüben.“ Der Mann wies auf das düstere Gebirge hinter Felix’ Wagen, welcher im Schein der Blaulichter eindrucksvoll leuchtete. Als er genauer hinsah, erkannte er, dass in dem Gebirge ein Lieferwagen und mehrere Autos steckten.

Eine Lautsprecherdurchsage ertönte, aber er konnte sie nicht verstehen. Der Sanitäter nickte. Felix mochte ihn, offensichtlich hatte er den Durchblick. „Sie sagen, die Brücke stürzt vielleicht gleich ein, es sollen alle Wagen auf der Brücke wegfahren. Die Polizei vermutet Brandstiftung oder einen Terroranschlag, keine Ahnung. Jedenfalls, die schwarzen Typen da vorne, die sind Polizisten vom SEK."

Er versuchte erneut, den Kopf zu drehen. Plötzlich war er wieder wach. Tobias arbeitete beim SEK. War der womöglich auch hier? Hastig fühlte er in seiner Hosentasche nach dem Handy. Er hatte eine SMS bekommen, und sie war von Tobias: *Hey Alter, vergiss Karneval, Noteinsatz auf der A57, Verdacht Anschlag, fahr vorsichtig! Cheers, T*

„Geben Sie mir mal Ihren Autoschlüssel", hörte er einen Polizisten sagen. Er wies zum Auto: „Steckt noch". Lethargisch sah er zu, wie der Polizist den Schlüssel abzog und an sich nahm.

„Sind Sie einverstanden, wenn wir Sie jetzt nach Hause bringen? Hier ist übrigens Ihre Perücke. Wird Ihnen dies Jahr aber nicht mehr viel nützen, fürchte ich."

Er nahm ergeben das schwarze Puschelding entgegen. Er war auf einmal furchtbar müde. *Hoffentlich ist Vivian noch zu Hause*, dachte er, bevor er auf seinem Sitz zusammensackte.

4 DIOS LISTIGER PLAN

Gegen 18 Uhr checkten Dio, Zeus und Hera im Hotel Divino Plaza an der Prachtstraße Kö in Düsseldorf ein. Zeus bestellte sich eine Massage im Wellnessbereich des Hotels, und Hera verabschiedete sich in ihre Suite, wo sie Unterlagen für die bevorstehenden Sitzungen in Berlin durchsehen wollte.

„Wenn du uns schon in die Irre führst, kannst du dich auch nützlich machen!", ermahnte sie Dio. „Ich erwarte, dass du mit Argusaugen auf meinen Gatten aufpasst."

Dio sah Hera wachsam an, doch als kein weiterer Temperamentsausbruch kam, versprach er es. Dann sah er sich in der Executive Suite um, die der Herr des Olymps und er während der nächsten Tage bewohnen sollten. Er würde einen Personal Trainer für Zeus engagieren, dann ließ der ihn in Ruhe, wenn er sich mit Herk traf, und alles war gut. Auf dem Tisch lag in Schalen Obst, und in mehreren Sektkühlern standen geöffnete Flaschen. *Die Säulen und Vasen sind einen Hauch zu kitschig, um wirklich elegant zu sein*, fand Dio.

„Einen erstklassigen Geschmack haben die hier", unterbrach Zeus seine Gedanken, bevor er den Raum Richtung Massage-Lounge verließ.

Dio, laut Hotelbuchung Sprecher des griechischen Außenministeriums, machte es sich auf zwei zusammengeschobenen Sesseln gemütlich und polierte liebevoll seinen magischen Weinkelch. Auch wenn Hera behauptet hatte, die göttliche Magie sei fast verschwunden, war zumindest sein Kelch noch tipptopp in Ordnung. Und auch wenn Dio in Menschengestalt keine nennenswerten übernatürlichen Fähigkeiten hatte, dieses Gefäß machte alles wett. Ein Trank daraus brachte jeden Menschen in heiter-gelassene bis ekstatische Stimmung oder versetzte ihn schlagartig in einen Vollrausch, je nach Dosierung.

Er wählte wieder Herks Handynummer, doch wieder nahm niemand ab. Stirnrunzelnd betrachtete er das abgegriffene Foto von sich und Herk, das er stets bei sich trug. Es zeigte einen großen, athletischen Mann, dessen welliges braunes Haar ihm auf die Schultern fiel, und daneben auf zwei Kisten einen dicken Glatzkopf im Hawaiihemd. Im Hintergrund waren einige vollbusige Gestalten unter Palmen zu sehen, die jedermann für Frauen hielt, der nicht unter ihre kurzen Röcke geguckt hatte. Sorgfältig steckte Dio das Foto zurück in das Fach, in dem er auch immer ein paar Briefmarken aufbewahrte. Zur Sicherheit, denn man wusste ja nie, wann man mal etwas zu verschicken hatte. Vorsichtig strich er eine Marke glatt, auf der ein Mann mit Schere neben einem am Boden liegenden Tier zu sehen war, und legte sie zurück in sein ledernes Handtäschchen. Sollte er sich Sorgen um seinen superstarken Halbbruder machen?

Er schüttelte den Kopf, schließlich hatte er Herk schon vor einigen Tagen seinen Besuch angekündigt. Sobald er bemerkt hatte, dass die geplante Ankunft der Götterdelegation in Deutschland mit Karneval zusammenfiel, hatte er beschlossen, der Stadt Düsseldorf einen Besuch abzustatten. Dort wohnte nicht nur Herk, dort wurde auch, wie er von Hermes wusste, ausgiebig gefeiert. „Köln wäre besser, aber wenn Herk in Düsseldorf ist, kannste auch dort Feldforschung betreiben", hatte der Gott der Reisenden gesagt.

Dios Eigenschaft als Weingott brachte es leider mit sich, dass er in ganz Europa als Sachverständiger gerufen wurde, wenn irgendwo ein Massenevent aus dem Ruder gelaufen war. Der Götterrat behandelte ihn, den Weingott, als Spezialisten für Komasaufen und Rauschzustände aller Art. Doch Dio hatte zunehmend Probleme mit seiner Jobbeschreibung. Wenn bei solchen Events überhaupt Wein getrunken wurde, war es billigster Fusel, der seine feine Nase beleidigte. Seine Nase, die jede Rebsorte in ganz Europa erschnuppern konnte!

Warum konnten die Menschen nicht gepflegt feiern, ohne sich irgendwann gegenseitig die Köpfe einzuschlagen oder einander totzutrampeln? Oder waren sie nicht mehr so widerstandsfähig wie früher?

Das bevorstehende Karnevalsfest würde ihm hierüber hoffentlich ein paar Erkenntnisse bringen. Zum Glück würde Herk ihn begleiten. Dio wünschte sich, er hätte auch noch seine gehörnten Satyrn und Nymphen dabeihaben können. Die waren als Partygäste der absolute Knaller. Aber der Götterrat hatte ihm nicht erlaubt, sie mitzubringen. Nur Zeus und Hera durften zur Rettung der Inseln und Tempelanlagen nach Berlin fahren. Und er, weil sein Wein bei den Abstimmungen für die richtige Atmosphäre sorgen sollte.

Langsam könnte sich Herk wirklich mal melden. Es war nicht so, dass er sich schnell Sorgen um Herk machte. Schließlich war der ein Halbgott, wenn auch seit knapp vierzig Jahren in einem verletzlichen Menschenkörper inkarniert. Was auch nichts Ungewöhnliches war. Einige Götter und Halbgötter verbrachten mehr Zeit auf der Erde als im Götterhimmel und machten dort das, wofür sie bestimmt waren: Sie erschufen Göttliches. Die einen komponierten atemberaubende Musik, die anderen brachten göttliche Bauwerke in der Architektur oder Durchbrüche in der Wissenschaft zustande oder brachen Sportrekorde.

Andererseits war ein Aufenthalt auf der Erde für Halbgötter ein größeres Risiko als für Götter. Götter konnten sich nach Belieben in Menschen verwandeln, und sie konnten jederzeit wieder zurück, indem sie ihren menschlichen Körper verließen und als Gott weiterlebten; Halbgötter indes waren an ihren Menschenkörper gebunden, sobald sie einmal als Mensch geboren waren. Sie kamen als Babys auf die Welt und waren entsprechend schutzbedürftig. Erst wenn sie dank ihrer göttlichen Taten erneut Unsterblichkeit erlangt hatten, konnten auch sie ihren Menschenkörper verlassen und in den Götterhimmel zurückkehren. Manchmal kam es allerdings vor, dass ein

Halbgott schon längst wieder unsterblich geworden war, aber aus purem Spaß am Erdenleben in seinem Menschenkörper blieb. Es gab Halbgötter, die waren Rockmusiker geworden und zogen so viel Vergnügen daraus, vor Leuten aufzutreten, dass sie auf Tour gingen, bis ihr menschlicher Körper zusammenbrach. Manche inszenierten regelrecht dramatische Abgänge. Dio vermutete, dass sie es einfach genossen, auch nach ihrem Tod täglich Tausende von Chatnachrichten oder Zeitungsartikeln über sich zu lesen.

Er stellte den auf Hochglanz polierten Kelch vor sich auf dem Couchtisch ab. So ähnlich würde es auch bei Herk sein. Vermutlich war er schon längst wieder unsterblich geworden und blieb nur noch auf der Erde, weil er solchen Spaß daran hatte.

Es summte, und Dio griff zu seinem mit Strasssteinen besetzten Lieblingshandy: Der Halbgott und Designer Daidalos, Ikarus‘ Vater und ein großer Handwerker, hatte es entworfen, und Dio liebte es. Er fuhr auf; die Nachricht war von Herk.

Stimmung so negativ wie Konto. Bevorzuge neues Hobby: Wand anstarren.

Kopfschüttelnd tippte er auf „Antworten“.

Du brauchst einen Schluck Wein aus meinem Kelch, dann geht's dir gleich besser.

Zärtlich hielt Dio das goldene Gefäß gegen das Licht und drehte es so, dass die schimmernde Wölbung tausend Lichtpunkte in den Raum zauberte – wie eine Diskokugel. Da klingelte sein Telefon. Endlich war Herk dran.

„Herk, bist du's? Ich versuche seit Stunden, dich zu erreichen.“

„Seit wann bist du so nervös?“, sagte eine verrauchte Stimme.

„Verdammt, ich bin nicht nervös, aber wir sollten los. Bist du dabei? Eine Runde um den Block ziehen und sehen, was noch am Start ist?“

„Dio, du olle Tunte, rock die Hütte alleine. Draußen ist Karneval, da sind nur Verrückte unterwegs.“

„Gerade deswegen. Da gibt's die besten Partys und die heißesten Weiber."

„Erzähl mir nicht, dass du neuerdings auf Weiber stehst."

„Nee, aber du", beharrte Dio.

Ein tiefes, dreckiges Lachen erklang.

„Du bist der Partykönig, das weißt du. Aber ich liebe mein Bett und sonst niemanden mehr. Nett, dass du an mich gedacht hast. Wir sprechen uns ein anderes Mal, Bruderherz."

Dio starrte auf das Handy. Das war doch nicht der Herk, den er kannte. Der hätte keine Party ausgelassen. Oder war Herk womöglich zu alt? Verdammt, er vergaß immer wieder, wie schnell die Zeit bei Menschen verging. Zur Sicherheit schaute er auf seiner Kontaktliste nach, wann Herks aktueller Menschengeburtstag war. 26. Mai 1978 stand da, also hatte er sich nicht geirrt. Herk war noch keine vierzig Jahre alt und ihr letztes Treffen kaum zehn Jahre her. Von zu alt konnte keine Rede sein. Was war dann los? Das musste er herausfinden, das war mindestens ebenso wichtig wie das bisschen Feldforschung.

Herk war sein Lieblingshalbbruder. Niemand wusste es, aber wenn Dio ihm nicht vor knapp viertausend Jahren beigestanden hätte, die zwölf Herkulesaufgaben zu meistern, wäre Herk schon bei der ersten Challenge gestorben, so wie Hera es gerne gehabt hätte. Doch mithilfe von Dio, damals noch Dionysos genannt, hatte Herk die Aufgaben bravourös gemeistert und war als der starke Held in die Legenden eingegangen, als den alle Welt ihn kannte.

Und wann immer Herk wieder einmal als Mensch zur Welt gekommen war, hatte er sich erfolgreich die Unsterblichkeit zurückerobert. Zudem sah Herk in all seinen Reinkarnationen immer sehr gut aus, fand Dio. Was er am meisten liebte, war Herks wundervoll tiefe und männliche Stimme. Das

Einzige, was Dio bedrückte, was, dass Herk bei seinen menschlichen Eltern kein gutes Händchen hatte. Mehr als einmal hatte er sich Menscheneltern ausgesucht, die sich als kompletter Reinfall entpuppt hatten. Immer wieder hatte Dio nach ihm gucken müssen, wenn Herks Menscheneltern den kleinen Herk ausgeschimpft oder vernachlässigt hatten. Doch bisher hatte Herk es immer geschafft, trotz der anfänglichen Schwierigkeiten im Menschenleben seine göttlichen Talente zu entwickeln und mit den Theia erga, den göttlichen Taten, wie man sie im Olymp nannte, wieder unsterblich zu werden. Das würde auch diesmal klappen. So wie es aussah, hatte Herk nur etwas Aufmunterung nötig.

Dio klappte sein Handy zu. Zum Glück konnte er Herk dank seines Anrufes orten. Der Punkt auf seinem Handystadtplan zeigte ein Gebiet mit großen Grundstücken. Das passte, denn als Star wohnte Herk natürlich in irgendeiner prächtigen Villa.

Er nahm einen Schluck Champagner und überlegte. Bei Rausch und Ekstase durfte man nichts dem Zufall überlassen, sonst lief das Ganze aus dem Ruder.

Voller Schaudern erinnerte er sich an seinen jüngsten Auftrag vor ein paar Jahren: eine Großveranstaltung ganz in der Nähe von Düsseldorf zu untersuchen. Dort hatten sich Menschen gegenseitig erdrückt, weil sie alle auf einmal in einen Tunnel gelaufen waren.

Er sah sich in der weiträumigen Suite um, zufrieden, alleine zu sein. So störte ihn niemand mit dummen oder besserwisserischen Kommentaren. Er beschloss, als Erstes sein Karnevalskostüm anzuziehen und dann mit einem Taxi zu Herk zu fahren. Dort würde er mit ihm einen Schluck Wein trinken und dann würden sie sich gemeinsam zu einer Party kutschieren lassen. Hermes, der sich als Taxifahrer nicht nur in den Polizeifunk, sondern auch in alle anderen Netze hineinhacken konnte, hatte ihm eine Liste aller Partys und Karnevalssitzungen in Düsseldorf gegeben. Überall dort, wo es gut zu werden versprach, hatte er einen Stern hingemalt. Oder zwei.

„Sassafras", entzifferte Dio.

Zufrieden betrachtete er wenig später sein Spiegelbild. Es zeigte einen dicken, kleinen Elvis, dessen weißer Anzug sich eng um seinen Bauch schmiegte. Den goldenen Weinlaubkranz, den er für gewöhnlich trug, wenn er nicht auf der Erde war, nahm er ab und berührte seinen kahlen Kopf mit dem Weinkelch. Prompt begann schwarzes welliges Haar, aus der Glatze zu sprießen. Ein paar Haare waren für den Kelch eine Kleinigkeit.

Zeus' Worte gingen ihm durch den Kopf. Herk müsste Europa retten, hatte Zeus gesagt. Wie großartig wäre es, wenn es ihm gelänge, Herk nicht nur in Partystimmung zu bringen, sondern ihn vielleicht sogar zu motivieren, Zeus zu helfen. Wie auch immer die Hilfe aussehen mochte.

Ihm, dem dicken kleinen Weingott, traute niemand zu, weiter als bis zur nächsten Party zu denken, aber unterschätzt zu werden, hatte sich auch schon als nützlich erwiesen. Zufrieden nickte er sich zu, als es an der Tür der Suite klopfte. War Zeus schon wieder von seiner Massage zurück und wollte ins Bett gehen? Wenn er einfach einschliefe, wäre es am besten. Dann stellte er wenigstens keine Dummheiten an. Andernfalls begänne er womöglich einen Flirt. Zeus war imstande und bandelte mit dem Zimmermädchen an, so sehr war er auf Entzug, was Frauengeschichten anging.

Mit tänzelnden Schritten ging er zur Türe, als diese von selbst aufsprang.

Zwei endlos lange Beine in gläsernen High Heels schoben sich ins Zimmer. Dios gutes Gefühl löste sich in Luft auf. Das war nicht Zeus. Herein kam die Person, die er bei seinem Projekt am allerwenigsten dabeihaben wollte: Aphrodite, seine Kusine, die Göttin der Liebe und Schönheit. Sie ging ihm mit ihrer Besserwisserei auf die Nerven, seit er denken konnte. Und dauernd mischte sie sich in seine Projekte ein. Obendrein hatte sie schlechte Manieren und einen geradezu vulgären Kleidergeschmack. Das bonbonrosa Etwas, das wohl ein Kleid darstellen sollte, bedeckte oben knapp die Nippel eines üppigen XXL-Busens, während es unten gerade noch ihr Schambein verhüllte. Genauso hatte sie ausgesehen, als sie ihm vor über dreißig Jahren diesen sexy Schauspieler ausgespannt hatte. Dio hatte ihn schon fast dazu gebracht, Männer attraktiver zu finden als Frauen, da war Aphrodite aufgelaufen, und Dio hatte bei Crocket keine Chance mehr. Oder hieß er Sonny? Dio war sich nicht mehr sicher, zu lange war es her.

Missmutig musterte er die Liebesgöttin. Ihr Haupthaar hing schwarz glänzend den Rücken runter, als hätte diese verrückte Soulsängerin, deren Namen er vergessen hatte, mit einem Araberhengst gewetteifert, ihr ihre Haarpracht zu vererben. Das Ärgerlichste an ihrer Erscheinung waren ihre Augen, die beständig die Farbe wechselten.

Sie war die Einzige aus der Göttertruppe, die genug Magie besaß, um auch dann immerzu ihre Gestalt zu wechseln, wenn sie in Menschengestalt auf der Erde weilte.

„Na, Vetterchen“, sagte sie mit einer tiefen Whiskystimme. „Was sitzt du so melancholisch in deinem Zimmer? Das passt aber nicht zu Karneval.“ Sie schnalzte leise mit der Zunge und blickte sich um. Etwas an ihr bewirkte, dass die Hotelsuite, in der zuvor die Farbe Weiß dominiert hatte – weiße Sofas, dicke weiße Teppiche, weiße Kronleuchter –, auf einmal in einem zarten Rosa schimmerte, ganz so, als spiegelte der Raum ihr Kleid wider.

Sogar Dios weißer Elvisanzug schimmerte wie frisches Lachsfleisch.

Er stolperte zurück. „Was hast du hier zu suchen?“

„Ich habe mich nach meinem kleinen Vetter Dio gesehnt. Da habe ich den Götterrat bezirzt, dass ich auch herkommen darf. Und dann hat mich Hermes in einem traumhaften rot-weißen Chevrolet hergefahren“, sagte sie, schnappte sich ein Glas vom Tisch und hielt es Dio auffordernd unter die Nase.

Stirnrunzelnd füllte er es mit Champagner und sah zu, wie Aphrodite es auf einen Zug hinunterkippte. Von damenhaftem Benehmen hatte seine Kusine noch nie etwas gehalten.

„Ich habe Zeus an der Hotelbar getroffen", sagte Aphrodite im Plauderton. „Er sprach von einem Treffen mit Herk. Da habe ich scharf kombiniert, dass du das eingefädelt hast und vielleicht meine Hilfe brauchen kannst.

„Danke, ich komme gut alleine klar", sagte Dio griesgrämig. Wenn Aphrodite dabei wäre, würde sie all die Lorbeeren einheimsen, falls sich Herk bereiterklärte, Zeus bei seiner Rettungsmission für Europa zu unterstützen.

„Aha, und wer hat Zeus aus dem Tritt gebracht, als er gänzlich unbeaufsichtigt mit einer schwarzhaarigen Hotelangestellten flirtete?"

„Du wahrscheinlich", knurrte Dio.

„Genau. Und jetzt erzähl der guten Aphrodite endlich, was du bei Herk willst. Mit ihm feiern gehen? Mit der üblichen Dosis aus dem berühmten Weinkelch des Dionysos?"

Der Weingott fühlte Wut in sich aufsteigen. „Natürlich will ich das, aber er will nicht. Keine Ahnung, warum. Als wir das letzte Mal zusammen um den Block gezogen sind, waren die Groupies kaum zu bändigen."

„Kein Wunder, er ist ja auch ein Halbgott und unverschämt charmant", sagte Aphrodite und setzte sich auf die Sofalehne, wo sie sich eine Zigarette rollte. „Andererseits", fuhr sie fort, während sie einige Krümel aus einem schwarzen Döschen auf den Tabak fallen ließ, „ist er als Mensch wiedergeboren. Er altert also wie ein Mensch. Vielleicht ist er einfach schon zu betagt, um zu feiern?"

Dio schüttelte den Kopf. „Daran habe ich auch schon gedacht, aber er ist erst knapp vierzig. Nicht mehr blutjung, aber viel zu jung, um als Hobby die Wand anzustarren."

„Das hat er gesagt?"

„Mhm."

„Puuh, das klingt nach echtem Stimmungstief."

„Ja. Aber ein paar ordentliche Feiern, und die Psyche kommt wieder ins Lot. Er steckt vielleicht in einer Schaffenskrise. Als wir uns das vorletzte Mal trafen, ist schon fünfzehn Jahre her, war er der Shootingstar seiner Firma, alle Chefs wollten ihn als Nachfolger. Inzwischen sollte er längst Starregisseur sein. Wir könnten nachgucken, was er schon so auf die Beine gestellt hat."

„Bin schon dabei." Aphrodite zückte ihr Handy, tippte darauf herum und runzelte die Stirn. „Herk Pondermann, Producer", las sie vor.

„Ich befürchte, der gute Herk ist in diesem Menschenleben alles andere als ein Star geworden. Ein Starregisseur ist er definitiv nicht. Als Producer ist er Mädchen für alles beim Film. Ein Organisationsmufti, der dafür sorgt, dass nicht mehr Schauspieler eingekauft werden, als der Produzent bezahlen kann. Ist 'n ordentlicher Job, aber Unsterblichkeit dürfte ihm das nicht bringen."

Dio nahm ebenfalls einen Schluck Champagner und spähte auf Aphrodites Handy, wo Herks Bild aus einer Datenbank lachte. „Das mit dem Producer ist garantiert nur sein Brotjob, die großen Werke macht er privat. Oder er hat irgendwelche Sportrekorde gebrochen. Ich hab das die letzten zehn Jahre nicht richtig verfolgt – die Zeit ist einfach davongerast. Aber unsterblich ist er garantiert schon."

„Das kann ich bei den Schicksalsgöttinnen erfragen", sagte Aphrodite und schnipste ihren Zigarettenstummel in den Sektkübel. „Aber das dauert ein bisschen – meine Tanten und ihre Registerbeamten sind nicht die

Schnellsten. Bis die sich zurückmelden, ob der Lebensfaden von irgendeinem Halbgott oder Menschen wieder oder erstmalig undurchtrennbar geworden ist, dauert es ein bisschen. Atropos Moire, da ist sie ja. Und jetzt kriegt sie die Nachricht."

„In jedem Fall fahre ich jetzt zu ihm hin", sagte Dio. „Mein Wein versetzt ihn in gute Stimmung, und dann löst sich die Krise ganz von selber in Luft auf. Hier, da ist die Adresse." Er zeigte Aphrodite den Stadtplan auf seinem Handy.

„Ich wüsste ja, was ihn besser wieder auf Trab bringt als Wein", sagte die Liebesgöttin und nahm einen Zug aus ihrer Tüte, „Frauen. Und nebenbei: Auch wahre Liebe macht unsterblich."

Dio verzog den Mund. „Weiber kommen bei Herk von ganz von selber. Frag mich bitte nicht, wie viele Mädels beim letzten Mal darum gebettelt haben, eine Nacht mit ihm verbringen dürfen."

„Groupies meine ich nicht", sagte Aphrodite. „Ich dachte an eine Frau, in die er sich verlieben kann und die ihn unsterblich zurückliebt."

„Aha, und wie willst du das hinkriegen?"

„Damit." Aphrodite kramte in ihrer lila Handtasche und beförderte einen riesigen Parfümzerstäuber heraus.

„Ein Parfüm?"

„Das ist ein natürlicher Pheromonverstärker. Herk inhaliert das Zeug. Und wenn die passende Frau des Weges kommt und genetisch zu ihm passt, paff" – sie hob locker die Hand – „fliegt sie auf ihn. Sie kommt so lange nicht von ihm weg, bis die beiden sich grün und blau gevögelt haben. Ist hundert Prozent biologisch. Hat nichts mit mythischer Magie zu tun."

Sie schnupperte genießerisch an dem Zerstäuber. „Hat mir Odysseus gegeben. Wirkt angeblich turbomäßig. Mein Gott, hätte ich das schon früher gehabt! Ich hätte mir Jahrhunderte von grässlichen Liebeszaubern ersparen können. Oder diese ganzen Voodoopuppen. Mir wird schlecht, wenn ich nur daran denke."

Dio betrachtete die schwarz glänzende Flasche skeptisch.

„Und das funktioniert?"

Aphrodite nickte heftig. „Jede Wette, sagt Odysseus. Das Zeug hält sie so lange bei ihm, bis sie zumindest die Chance hatte, ein Kind von ihm zu empfangen."

Vor Dios innerem Auge erschien ein Ehepaar aus einer Fernsehwerbung, die er mal in einem Hotel gesehen hatte. Die beiden hatten vor einem weißen Haus gestanden, vor dem zwei Kinder auf dem Rasen gespielt hatten. Ein Gedanke formte sich in seinem Kopf. Vielleicht brauchte Herk einfach ein Gegengewicht zu seinem künstlerischen oder sportlichen Schaffen?

„Kinder geben einem sehr viel Halt, hab ich mal gehört", sagte er.

Aphrodite räkelte sich auf dem weißen Sofa und grinste. „Und ob sie das tun. Aber vorher rauben sie einem den letzten Nerv. Vor allem, wenn sie nachts zehnmal aufwachen und schreien und die Eltern auf dem Zahnfleisch kriechen, weil sie nicht genug Schlaf bekommen. Aber wenn du das überlebst, kriegst du schon sehr viel Halt von Kindern."

Dio hörte ihr kaum zu. In seinem inneren Gemälde fuhr ein kleiner blonder Junge auf einem Spielzeugtraktor herum. Wenig später hob dieser Junge stolz einen Tennisschläger. So hatte Herk als Junge ausgesehen, er erinnerte sich genau. Das war es: Herk musste selber Vater werden! Das würde seinem bisher anscheinend eher unsteten Leben Halt geben. Er brauchte nur die richtige Frau zu finden. Vielleicht war es doch nicht so schlecht, dass sich die Liebesgöttin eingeklinkt hatte. Mit ihrer Hilfe würde er die richtige Frau für Herk finden. Mit gerunzelter Stirn sah er zu Aphrodite rüber.

„Er muss eine junge Frau finden, damit er mit ihr eine Familie gründen kann“, dachte er laut nach. „Am allerbesten eine Jungfrau. Kann dein Spray das auch?“

Aphrodite zog eine Grimasse.

„Das Konzept mit der Jungfrau ist heutzutage völliger Schwachsinn. Das war früher mal wichtig, als die Bauern noch mit ihren Schafen gepoppt und sich dauernd angesteckt haben. Da wollten sie sich nicht auch noch bei ihrer Frau anstecken, die mit anderen gevögelt hatte.

Aber die christlichen Kirchen haben das Jungfrauenthema mit Freude übernommen. Weil sie wussten, dass man sexuell unerfahrene Frauen besser beherrschen und unterjochen kann. Aber so eine braucht Herk nicht. Er braucht einfach eine Frau. Je erfahrener, desto besser.“

„Aber eine junge Frau sollte es schon sein“, beharrte Dio, „eine, wo die biologische Uhr noch nicht tickt.“

Die Liebesgöttin schüttelte ihre schwarze Mähne und lachte mit rauer Tabakstimme. „Mach dich locker. Frauen können heutzutage bis ins fünfte Lebensjahrzehnt hinein Kinder kriegen.“

Dio gab es auf, mit Aphrodite über Frauenthemen zu diskutieren, und fragte stattdessen: „Was ist mit Herk? Verliebt der sich denn dann auch? Ich meine, sonst kommt er ja aus seiner Krise nicht raus.“

Aphrodite nickte. „Jawohl, er verliebt sich. Aber so was von. Zueinander passende Pheromone sind das ganze Geheimnis der Liebe. Die herkömmliche Rolle tiefer Gefühle wird völlig überschätzt. Soziales Milieu, gemeinsame Interessen – alles nur Kitt. Auch die Optik ist nur eine Modeerscheinung.

„Wie bitte?“, fragte Dio.

Aphrodite strich sich aufreizend über ihren Turbobusen. „Hast Du dich noch nie gefragt, warum ich ständig mein Aussehen ändere?“

Dio schüttelte den Kopf.

„Na, weil sich das Schönheitsideal laufend ändert. Vor fünfhundert Jahren, in der Renaissance, sah ich noch so aus."

Erstaunt nahm Dio wahr, wie sich Aphrodites Becken streckte, ihr XXL-Busen schrumpfte und ihre Haare goldblond zu schimmern begannen. Jetzt sah sie genauso aus wie die Frau auf diesem italienischen Gemälde. Das hatte er in einem Museum gesehen. Wie hieß der Maler noch gleich?

Aphrodite verbeugte sich: „Gestatten, Geburt der Venus, von Sandro Boticelli."

Dio nickte, diesen Maler hatte er gemeint.

Aphrodite flanierte zwischen den Sofas hin und her, als liefe sie über einen Laufsteg. Dabei weitete sich ihre Oberweite wieder, es sah aus, als würden zwei Ballons an der Gasflasche aufgeblasen. Ihr vorher noch kurzer Rock wurde so lang, dass er über den Teppichboden schleifte.

Sie blieb vor Dio stehen und verneigte sich:

„Bei den Kelten war ich Fruchtbarkeitsgöttin."

Staunend beobachtete Dio, wie sich Aphrodites Gestalt zurückverwandelte. Jetzt sah sie wieder aus wie vorher. Nur dass sie anstatt des rosa Kleids einen karierten Rock und ein hellblaues T-Shirt trug. Auf ihrem Kopf saß eine rosa Baseballkappe. Anstelle der High Heels steckten rote Turnschuhe an ihren Füßen.

„Hello, it's me, Monica. Praktikantin im Weißen Haus", sagte sie grinsend und zupfte sich eine unsichtbare Fluse vom T-Shirt, auf dessen Brust ein riesiges Baseballemblem prangte.

Dann plumpste sie aufs Sofa und ließ eine Kaugummiblase platzen.

„Was ich sagen will: Das Aussehen ist relativ, wenn es um Schönheit und Attraktivität geht. Entscheidend ist die Biologie. Und die will einen optimal neu vermischten Genpool."

Dio starrte die Liebesgöttin an. „Genpool?"

Auf Aphrodites Nase erschien eine Brille mit braunem Rand, und ihre Stimme klang, als spräche sie zu einem Hörsaal.

„Der Genpool entscheidet, wie stark die Immunabwehr ist. Ein Mensch mit gut durchmischten Proteinen, sogenannten MHC-Proteinen, wird besser mit Krankheitserregern fertig. Kreuzen sich Menschen – oder Tiere – immer wieder mit ihren Geschwistern, werden sie irgendwann krank. Typische Folge von Inzest. Zeugen sie den Nachwuchs aber mit einer anderen Person, die ebenfalls gut durchmischte Gene hat, ist das biologisch gesehen optimal. Die ganzen Lehren von der Reinheit der Rasse sind vom evolutionären Standpunkt absoluter Blödsinn. Variantenreichtum heißt das Zauberwort für gesunden und kräftigen Nachwuchs."

Dio kapierte nur Bahnhof, deshalb fragte er vorsichtig: „Das müssen sich die Menschen aber nicht alles merken, oder?"

„Natürlich nicht. Sie riechen es. Ihre Nase führt sie zum richtigen Partner."

Das klang gut. Aphrodites Spray würde Herk die richtige Frau beschaffen, und mit seinem magischen Weinkelch würde er ihn aus seiner Krise führen. Jetzt hatte er einen Plan, sogar einen richtig guten. Zum ersten Mal, seit Zeus das Cabrio in die Pappel gefahren hatte, fühlte sich Dio zufrieden. Er sah Aphrodite an. „Können wir deinen Wagen nehmen?"

5 VIVIAN TRIFFT HERK

In der Bahnhofshalle roch es nach Bier und Schlimmerem, und Betrunkene drängten sich in den Gängen. Missmutig nahm Vivian wahr, wie jung die meisten waren – höchstens um die zwanzig, und drall und faltenfrei. *Und ihrem Benehmen nach der Mittelpunkt der Welt*, dachte sie säuerlich. Wollte sie wirklich Karneval feiern, anstatt in ihrem Haus Ordnung zu schaffen? Ihre spontan aufgeflammte Entschlossenheit verschwand.

Niemand beachtete sie, als sie sich von der Menge die Treppe hinauf zum Bahnsteig schieben ließ. War doch etwas dran an der Aussage dieses einen Artikels, dass Frauen ab vierzig unsichtbar wurden? Im vollbesetzten Regionalexpress bekam sie nur noch einen Stehplatz ab. Ihr gegenüber prosteten sich drei mit Glitzerschminke bemalte und nach Billigparfüm stinkende Frauen mit kleinen Feiglingen zu und unterhielten sich lautstark über ihre Eroberungen der vergangenen zwei Karnevalstage. Vivian taxierte sie. Im Vergleich zu diesen Schrapnellen mit ihren albernen Teufelshörnchen auf den Köpfen sah sie sogar als Clown noch richtig gut aus.

Während die Bahn in Richtung Düsseldorf ratterte, starrte sie durch die schmutzigen Zugfenster in die Dunkelheit des Februarabends. Was half ihr ein immer noch einigermaßen gutes Aussehen, wenn sich keiner dafür interessierte?

Es gibt Wichtigeres im Leben.

Ein ordentliches Haus zum Beispiel, wenn die Franzosen kamen? Oder ein gut bezahlter Auftrag als Texterin von Pressemitteilungen? Wenn sie sich anstrengte, konnte sie vielleicht eines Tages eine Agentur gründen und trotz der Kinder beruflich erfolgreich werden. Andere schafften das doch auch. Sie ignorierte die Schrapnellen, die sie anstarrten wie eine Außerirdische. Oder wollte sie das alles in Wahrheit gar nicht? Irgendwo zwischen kreischenden Kindern und nörgelnden Kunden waren ihre Ziele auf der

Strecke geblieben. Auslandskorrespondentin hatte sie werden wollen. Oder Diplomatin. *Als Tiger gestartet, als Bettvorleger gelandet*, schoss es ihr durch den Kopf.

Der Regionalexpress verlangsamte seine Fahrt, und die Lichter des Düsseldorfer Hauptbahnhofes wurden sichtbar. Selten war sie so wenig in Feierlaune gewesen wie heute, stellte sie fest, während sie sich von den palavernden und lachenden Menschen auf den Bahnsteig treiben ließ. Aber vielleicht würde wenigstens Sofie einen guten Kerl finden, wenn sie dabei war. Sie eilte die Treppe hinunter, umrundete weggeworfene Pappbecher und Hundekegel und keuchte fünf Minuten später die schiefe Holztreppe zu Sofies Wohnung empor. Sportlich war sie auch nicht mehr im besten Zustand. Und ihre Höhenangst wurde immer schlimmer. Wegen des Schwindelgefühls, das sie jedes Mal ergriff, wenn sie irgendwo hinuntersah, vermied sie es, auf der Innenseite der Treppe zu gehen. Die wand sich in einem Viereck um einen tiefen Schacht herum nach oben. Wenn sie in die Tiefe schaute, wurde ihr schwarz vor Augen.

Ihre Freundin stand im Cowgirlkostüm in der mit einer rosa Papiergirlande verzierten Wohnungstür und grinste, als Vivian schweißbedeckt die Treppe hochgestapft kam.

„Du hast es ja doch noch geschafft."

Neidlos stellte sie fest, dass Sofie heute Abend viele Eroberungen machen würde.

„Hallo, Süße!" Ihre Freundin küsste sie auf die Wange. Die Clownsnase verrutschte.

„Oh Gott, als Clown muss ich mich jetzt aber nicht verkleiden, oder?"

Ohne Vivians Antwort abzuwarten, ging Sofie voraus ins Bad, wo sie ihre Augen mit schwarzem Eyeliner umrandete.

Vivian lehnte mit verschränkten Armen in der Badezimmertür und sah ihr zu.

Sofie war zwei Jahre jünger als sie und hatte eine Figur wie aus einem Barockgemälde: schmale Taille und üppiges Becken. Damit konnte sie im Flugzeug oder in Zügen prima auf Tuchfühlung mit ihrem Sitznachbarn gehen.

„Soll ich dich auch schminken?"

Vivian widersprach nicht und schon hatte sie einen schmalen schwarzen Strich auf dem Lid.

„Attraktiver Clown!", sagte Sofie.

Vivian fühlte sich nicht im Geringsten attraktiv. Sie beneidete Sofie um ihre hohen Wangenknochen, die verhinderten, dass es die Wangen im Alter nach unten zog.

„Hey, was ist los? Brauchst du einen Kaffee, um in die Gänge zu kommen?"

Sofie stellte die Espressokanne auf das picobello geputzte Ceranfeld.

Vivian ließ sich auf das weiße Sofa fallen und dachte flüchtig daran, dass ein weißes Sofa bei ihr zu Hause nach einem einzigen Mittagessen rot und braun gesprenkelt wäre.

Warum nur war sie so erschöpft und unzufrieden? War es das irrationale Bedauern, einstmals vor vielen Jahren nicht in die finale Auswahl gekommen zu sein? Damals, als sie sich für den diplomatischen Dienst beworben hatte. Für eine Karriere in der großen, weiten Welt. Auf einen zweiten Versuch, in die finale Auswahl vorzudringen, hatte sie verzichtet, weil Mika in ihrem Bauch gestrampelt hatte.

Vor dem Sassafras drängelten sich die Menschen.

Wie jedes Jahr, dachte sie, doch diesmal parkte mitten auf dem Bürgersteig ein rot-weißer Straßenkreuzer, um den sich lautstark palavernde Kostümierte drängten. Als die Türen des Wagens aufgingen, wichen sie zurück. Eine platinblonde Sirene kam heraus und stöckelte auf hohen Absätzen in Richtung Eingang.

„Ach du Scheiße“, zischte Sofie, „jetzt gehen schon die Promis ins Sassafras.“

Vivian kannte den Türsteher als gerechten Mann, der jeden einließ, der hineinwollte – egal ob er nun groß oder klein, arm oder reich war. Doch als dieser Pamela-Anderson-Verschnitt auf ihn zuwankte, kippte ihm der Kiefer nach unten.

„Weg da, dat is meine Traumfrau!“, brüllte er und schubste die Wartenden zur Seite.

Sofie zeigte auf einen dicken, etwas kurz geratenen Elvis.

„Da, hinter der Frau. Das ist doch dieser Fernsehtyp – oder?“

Vivian schaute kurz hin und zuckte mit den Achseln. Sie guckte so gut wie nie Fernsehen. Eingeklemmt im Pulk der drängelnden Feierlustigen erreichten sie den Eingang.

„Sorry, Mädels, leider zu voll“, sagte der Türsteher. Vivian wunderte sich kein bisschen. Promipartys waren nichts für abgehalfterte Clowns.

„Lass uns heimfahren“, murmelte sie.

„Na, komm, wir gehen was essen. In einer halben Stunde lässt er uns rein.“

Sofie schob Vivian zu einem vollgestopften griechischen Lokal und orderte Gyros mit Pommes und Salat.

„Und wat willst du?“, fragte der Kellner.

Vivian schob die Clownsnase auf die Stirn. Jetzt auch noch stinkende fettige Fritten? Wer die aß, hatte nicht nur vor dem Alter kapituliert, sondern auch vor dem Gewicht.

„Salat mit Bohnen", sagte sie und setzte sich Sofie gegenüber. Am Holztisch nebenan kippte eine fette Frau im Marienkäferkostüm Bier in sich hinein. Ein Holzfäller mit Bierflaschenhut hatte seine Pranke auf ihren Arm gelegt. Offenbar erzählt er ihr einen Witz nach dem anderen, denn die Marienkäferfrau kreischte vor Lachen. Beide sahen beschissen aus. Aber sie benahmen sich, als fühlten sie sich richtig gut.

Trübsinnig rammte Vivian die Gabel in ihren Bohnensalat. Früher hatte sie Ältere ignoriert oder mit einem gewissen Hochmut betrachtet. Seit sich an ihrem eigenen Körper abzeichnete, dass auch sie den Zenit überschritten hatte, scannte sie Gleichaltrige und Ältere geradezu manisch, um abzugleichen, wie weit bei ihnen der Verfall schon fortgeschritten war.

Weit fortgeschritten war jedenfalls das Stadium des Alkoholmissbrauchs in der Warteschlange vor der Toilette. Die Marienkäferfrau torkelte auf Vivian zu und drückte sie gegen eine Klotür. Heißer Schweiß und Klogestank drangen auf sie ein – Vivian atmete durch den Mund.

Der Radiosender, den sie schon zu Hause gehört hatte, dudelte auch hier. Eine Hexe mit schwarzem Hut kam aus der Toilette und schimpfte, dass das Papier alle sei. Vivian nahm angewidert auf der Brille Platz. Wortfetzen wie „Brand unter einer Brücke", „Fässer mit Chemikalien", „Verdacht auf Brandstiftung" und „gesperrte A57" drangen an ihr Ohr.

Ihre Gedanken wanderten zu Felix. Der stand längst mit Tobias in einer Kölner Kneipe und grölte Karnevalslieder mit – vor sich einen Long Island Ice Tea, seinen Lieblingscocktail.

„Auf, los geht's." Sofie schluckte geräuschvoll den letzten Bissen Gyros hinunter. Es war ein Fehler gewesen, Bohnensalat mit Zwiebeln zu nehmen. Als Vivian auf die Straße trat, musste sie rülpsen. Die Furze würden nachkommen. Aber letztlich war auch das egal. Bald würde sie aussehen wie die Marienkäferfrau, dann konnte sie auch rülpsen und furzen. Besser, sie gewöhnte sich schon mal daran, nur noch wegen ihres Verstandes geschätzt zu werden, anstatt wegen ihres Aussehens.

„Mal sehen, was heute so am Start ist“, sagte Sofie, während sie durch die kalte Nacht zurück zum Sassafras stiefelten. „Ich hoffe, Aaron ist auch wieder da, der würde dich bestimmt aufheitern.“

„Ich bin verheiratet. Du hättest damals was mit dem anfangen können“, protestierte Vivian.

„Du sollst dir ja auch nur ein paar Komplimente abholen, das steigert die Stimmung.“

Trotz ihrer gedrückten Stimmung musste Vivian grinsen. Vielleicht war doch noch nicht alles vorbei.

Die Warteschlange vor dem Sassafras war geschrumpft, aber das rot-weiße Auto parkte immer noch davor. Fast alle waren verkleidet: Frösche, Clowns, Krankenschwestern. Eine Frau in einer Tunika wurde von einem langen Kerl im Cäsar-Kostüm begleitet. Der Cäsar trug einen goldenen Blattkranz auf dem Kopf. Drei junge Mädel waren als aufreizende Krankenschwestern verkleidet. Eine lachte lauthals über einen großen Mann im Wolfskostüm, der wild gestikulierte.

Vivian zeigte auf den Mann. „Den solltest du dir schnappen, Sofie. Aber sortier ihn nicht am nächsten Tag schon wieder aus!“

Im Gegensatz zu Vivian hatte Sofie die Familiengründung noch vor sich – aber trotz ihrer vielen Verehrer war kein Kerl in Sicht, der sich ihrer Meinung nach als Vater eignete.

„Was soll ich machen, wenn er ein Idiot ist“, sagte Sofie.

Was Männer anging, war sie sehr wählerisch. Unhöfliche Kerle waren ihr ein Gräuel, und für anzügliche Wortspielereien hatte sie wenig Verständnis. Die meisten Kandidaten kamen daher schon über die ersten SMS-Nachrichten nicht hinaus.

„Du warst so lange nicht mehr mit jemandem zusammen, dass du vergessen hast, dass es Mister Perfekt einfach nicht gibt“, sagte Vivian und rückte in der Warteschlange ein Stück vor. „Und selbst wenn – sobald dein Traumprinz mit dir verheiratet ist, sitzt er phlegmatisch vor dem Computer und redet nicht mit dir.“

Sofie zog eine Schnute. Wenn sie sich ärgerte, bildeten sich in ihren Mundwinkeln steile Falten.

„Hallo Vivian“, sagte eine als Biene verkleidete Frau zu ihr, und Vivian erkannte Ina, eine Bekannte aus der Nachbarschaft. Ihr Jüngster besuchte den gleichen Kindergarten wie Tom. Neulich hatten sie sich darüber ausgetauscht, wie schwierig es war, mit kleinen Kindern berufstätig zu sein. Offenbar hatte Ina einen Babysitter für ihre zwei Kinder gefunden. Oder war am Ende gar ihr Gatte zu Hause geblieben? Der war ein viel beschäftigter Zahnarzt, wie Ina ihr erzählt hatte. Vivian mochte ihn nicht, seit er sie einmal mit seinem SUV fast umgefahren hatte, als sie mit ihrem Fahrrad zum Kindergarten unterwegs gewesen war. Aber vielleicht war er als Zahnarzt rücksichtsvoller.

„Was machen die Aufträge?“, fragte Ina, und Vivian, die für einen Moment begonnen hatte, sich in Feierlaune zu fühlen, spürte, wie die Frage sie in die unglamouröse Wirklichkeit zurückriss. „Hab vielleicht eine Neukundenanfrage“, antwortete sie vage.

„Denk dran, wenn du irgendwann auch Seminare geben solltest, steh ich dir gerne zur Verfügung. Ich habe viel Erfahrung mit der Konzeption von Schulungen und Trainings“, sagte Ina. Aus irgendeinem Grund schien Ina zu glauben, dass Vivian kurz vor dem beruflichen Durchbruch stand. Wenn sie es sich recht überlegte, wollte sie nur noch nach Hause zurück.

Ihr Magen blubberte, als sie das Sassafras betraten und von den drei gackernden Krankenschwestern fast erdrückt wurden. Die Luft in der knüppelvollen Kneipe flimmerte, so heiß stieg der Dunst bis an die Decke empor, wo Luftschlangen, Wolken aus Pappe und Ballons hingen. Bis in den hintersten Winkel drängten sich lachende und tanzende Menschen. Karnevalsschlager wummerten, die Luft war von Schweiß und Altbier getränkt.

Wenn sie gehen wollte, war jetzt die letzte Gelegenheit.

Suchend sah sie sich nach Sofie um. „Sofie, ich glaube, ich gehe wieder."

„Nein! Das kannst du mir nicht antun. Versprich mir, dass du hierbleibst, okay?"

„Meinetwegen, aber nur noch eine Stunde."

Am besten, sie trank so viel Alkohol, dass ihr Hirn sich einfach abschaltete. Straßenbahn fahren konnte sie damit immer noch. Sie bestellte für sich und Sofie einen Gin Tonic, dann fing sie an zur Musik zu wippen und versuchte, ihrem Gesicht einen halbwegs fröhlichen Ausdruck zu geben. Sie würde es nicht ertragen können, wenn irgendwer sie fragte, warum sie so traurig aussah. „Weil ich mit meinen hochtrabenden Plänen gescheitert bin und jetzt alt werde", wäre die ehrliche Antwort gewesen, aber das konnte man doch niemandem so sagen. Das Glas mit Gin am Mund sah sie sich um.

Gleich neben der Bar standen die Promis, die große schlanke Frau und der Dicke. Die Beine der Frau waren so lang, als gehörten sie einer Barbiepuppe.

„Wahnsinn", murmelte Sofie. Vivian blickte verwirrt auf das Haar der Frau. War das nicht eben noch blond gewesen, als sie das Sassafras betreten hatte? Jetzt erinnerte ihr schwarzes Haar, das oben auftoupiert war und hinten glatt und glänzend den Rücken herunterhing, an das einer jung verstorbenen Soulmusikerin.

„Wie diese Sängerin", sagte sie zu Sofie. Die war unglücklich verliebt gewesen, durch ihren Liebhaber drogen- und alkoholabhängig geworden und schließlich einer Überdosis Alkohol zum Opfer gefallen. Bei dem Gedanken an das tragische Schicksal der jungen Frau seufzte sie.

Gerade beugte sich die Schwarzhaarige zu dem kleinen Elvis hinunter und küsste ihn auf die Wange. Dann langte sie nach der Champagnerflasche und goss sich ein Glas ein, das sie in einem Zug leerte. Sie rülpste, und Vivian, die sich mit Sofie unwillkürlich näher geschoben hatte, hörte sie sagen: „Auf Herk. Und die wahre Liebe." Der Dicke nickte.

Ein Kellner mit einem Tablett voller Bier boxte sich vorbei, und Vivian und Sofie wurden abgedrängt, doch die Worte der Frau klangen in Vivian nach. Wahre Liebe war etwas Schönes. Ihre Kinder liebte sie heiß und innig. Und Felix? Den auch, entschied sie. Ein zartes Kribbeln vibrierte in ihrem Magen, das nicht vom Gin kam. Sie musste diese Leute noch mal angucken. Sie stieß ihr Glas ein bisschen zu heftig gegen Sofies Glas und schluckte. „Auf geht's. Auf die wahre Liebe".

„Na, Gott sei Dank, endlich kommst du in Stimmung", sagte Sofie. Prompt rempelte ein vorbeidrängender Bär sie an. Sie strauchelte, doch ein Gladiator fing sie auf. „Auf dich und die wahre Liebe", fügte sie hinzu, während der Gladiator mit ihr wegschunkelte.

Vivian konnte nachher nicht mehr sagen, was sie zu diesem Mann hingezogen hatte. Vielleicht, dass er so riesig war und sie trotz ihrer eigenen Größe glatt überragte? Er stand da, ragte unverkleidet über die Köpfe der schwitzenden und tanzenden Menschen im knüppelvollen Sassafras hinaus und redete mit seiner Nachbarin in kurzen schroffen Sätzen, die klug klangen, obwohl sie sie in dem Lärm nicht verstand. Seine Schulten waren so breit wie die eines Schwimmers, doch das Gesicht mit der Brille sah eher nach Wissenschaftler oder Intellektuellem aus. Dazu passte die Zigarette, die er so unsagbar lässig im Mundwinkel geparkt hatte, als sei er Clint Eastwood persönlich. Vivian sah mehr, als sie es bei dem Lärm hörte, dass eine dümmlich aussehende Gartenzwergin und ihr Gießkanne-tragender Partner den Mann anpöbelten.

Sie schob sich näher heran und hörte, wie die Gartenzwergin ihn als asozialen Sack beschimpfte und zeterte, wie er es wagen könne, in einer so vollen Kneipe zu rauchen. Da könne er die Leute ja gleich umbringen.

Sein Gesicht verhärtete sich, als habe ihm jemand wehgetan. Ihr war, als müsse sie hingehen und dafür sorgen, dass niemand ihm etwas tat. Das war natürlich albern, der hünenhafte Mann war zehnmal besser als sie in der Lage, sich zu verteidigen. Trotzdem bewegte sie sich in seine Richtung. Doch als sie vor ihm stand, fehlten ihr die Worte, um zu sagen, dass man eine Zigarette ja auch ausmachen oder wegwerfen könne. Sie stand nur einfach da – inmitten der lachenden, sich anbrüllenden, trinkenden und kreischenden Leute – und ließ sich im Fluss der Musik treiben. Alle Gedanken, die sich den ganzen Tag in ihrem Kopf gedreht hatten, waren weg. Von den dampfbeschlagenen Fenstern bis zur rot blinkenden Bar schwang das gesamte Sassafras im selben Rhythmus, und Vivian mit ihm.

Ein Lächeln aus intelligenten hellbraunen Augen traf sie. „Du hast Talent“, sagte die dazugehörige Stimme.

Es war, als würde das Kompliment einen Eisklumpen in ihr schmelzen lassen. Sie brauchte nicht mehr zu denken. Sie hatte die Lösung gefunden. Es gab keine andere Lösung. Sie war hier, im farbigen, alkohol-, schweiß- und rauchgeschwängerten Dunst der Karnevalsparty, um zu tanzen und sonst nichts. Eigentlich gab es nur sie und ihn. Ihr Körper begriff lange vor ihrem Verstand, was die Nervenzellen ans Gehirn funkten: *Trefferquote hundert Prozent!* Vivians tanzender Körper übernahm die Führung, und das Ich folgte willenlos.

6 HERKULES FINDET KEINE JUNGFRAU

Dio verfluchte seine Elvistolle, denn er schwitzte darunter wie in der Sauna. Er kämpfte sich an einem Gladiator vorbei zum Rand der Tanzfläche, wo ein Podest einen besseren Überblick über die Kneipe versprach. Wäre er nicht an diese beengende Menschengestalt gebunden gewesen, hätte er sich mal eben schnell bis zur Decke ausgedehnt. Doch das war leider nicht möglich. Sobald er Menschengestalt angenommen hatte, saß er darin bis zum Ende der jeweiligen Mission fest. Fluchend drängte er sich an den schwitzenden Rücken und Bäuchen der Tanzenden vorbei. Für seine Nase war der Aufenthalt in einer Karnevalskneipe ein olfaktorischer Horrortrip. Er sollte den Götterrat wirklich bitten, ihn in Rente zu schicken – falls das überhaupt ging, einen Weingott in Rente zu schicken. Doch jetzt war keine Zeit, darüber nachzugrübeln. Ihn beunruhigte etwas völlig anderes. Genau hatte er es nicht erkennen können, aber ihm war es vorgekommen, als sei die Frau, die bei Herk stand, mindestens dreißig. Das war völlig verkehrt; er hatte Aphrodite um eine Jungfrau gebeten, oder zumindest um eine junge Frau. Leider kam er an die Liebesgöttin nicht heran. Das Sassafras war ein summendes Bienenhaus, in dem sich Menschen in allen Stadien der Beziehungsanbahnung umkreisten – vom verstohlenen Blick bis hin zu ausgewachsenen Fruchtbarkeitstänzen.

Ruppig drängte sich ein gestiefelter Mann an ihm vorbei, den er als den Türsteher erkannte. Dio verlor das Gleichgewicht und fiel gegen eine Gießkanne, das sperrige Accessoire eines Gartenzwergkostüms. Geistesgegenwärtig erkannte er, dass der Türsteher auf Aphrodite zusteuerte. Blitzschnell rappelte er sich auf und drängte sich im Kielwasser des Mannes zu Aphrodite. Die Liebesgöttin entdeckte ihn und prostete ihm mit dem Cocktailglas zu. „Auf die Liebe!“, verstand Dio und musste mit den Armen rudern, um von drei Krankenschwestern nicht wieder zurückgedrängt zu werden.

Er war fast am Ziel, als sich zwei schweißfeuchte Hände auf seine Schultern legten. Saurer Atem blies ihm in den Nacken. Entsetzt drehte der Gott sich um und starrte in die blutunterlaufenen Augen einer Frau mit Marienkäferhut. Er war in eine Polonaise geraten. Aphrodite grinste ihm zu, machte aber keine Anstalten, ihm zu helfen. Die Polonaise rollte durch den ganzen Raum. Wie fleischige Schraubstöcke dirigierten ihn die Pranken vorwärts. Herk kam in sein Blickfeld. Diesmal konnte er die Frau besser betrachten. Das war unter Garantie keine Jungfrau, die sein Halbbruder da abgeschleppt hatte. Die war ja nicht mal jung. Sie sah hübsch aus, trotz ihrer merkwürdigen Kappe, und ihre Augen strahlten, aber sie war mit Sicherheit über dreißig. Jetzt legte die Frau ihre Hand auf Herks Schulter, und Dio erstarrte. An einem Finger steckte ein Ehering.

Als sich die Polonaise der Liebesgöttin näherte, schrie er: „Bist du sicher, dass das die richtige Frau für ihn ist?“ Aphrodite ließ ihren Cocktail sinken und kniff die derzeit türkisblauen Augen zusammen. Mit einem verzweifelten Ruck wand sich Dio aus dem Griff der Marienkäferfrau. Keuchend torkelte er zu Aphrodite. Er holte tief Luft und schrie zu ihr hoch: „Sag mal, hörst du mir überhaupt zu? Ich sagte dir, die ist nicht jung. Die da sind jung.“ Dio wies auf die Tanzenden vor ihm. An ihnen vorbei walzten der Bär und der Kapitän, die je eine Krankenschwester an sich gezogen hatten. Daneben wirbelte der Gladiator energisch ein großes Cowgirl durch die Menge.

Aphrodite schien nicht im Mindesten beunruhigt. „Lass den armen Herk doch wenigstens mit der Frau tanzen. Wenn er mies drauf war, muss er doch erst mal wieder in Übung kommen. Dabei hilft ihm kein Küken, sondern eine richtige Frau.“

Ein Kellner schob sich durch die schwitzenden und tanzenden Leiber. Die Marienkäferfrau grapschte sich zwei Gläser und drückte dem Kellner einen Fünf-Euro-Schein in die Hand: „Für disch, Liebelein!"

Aphrodite hob ihr Glas. „Auf Herk und die wahre Liebe."

Dio kletterte auf das oberste Podest. Jetzt konnte er die Menge überblicken. Herk stand immer noch mit dieser Clownsfrau zusammen. Wo waren die anderen Frauen, die von ihm angezogen werden sollten?

„Sag mal, wie sollte das mit diesem Pheromonverstärker funktionieren?"

„Ich habe Herk kurz vor dem Sassafras damit besprüht, und dann ist er rein und hat sich umgeguckt."

„Aber dann sollten doch alle Frauen auf ihn fliegen – oder?"

Aphrodite nahm einen Schluck von der bläulichen Flüssigkeit in ihrem Cocktailglas. „Tja, vielleicht nicht alle Frauen, aber alle, die genetisch zu ihm passen."

Dionysos fühlte leichte Panik in sich aufsteigen. „Aber es kann doch nicht nur eine einzige Frau sein, die zu ihm passt?"

Aphrodite wandte ihren Kopf zu Herk, der in seinem grauen Pulli die Tanzenden überragte. Ihre von schwarzen Wellen umrahmte Stirn legte sich in Falten. „Ein paar mehr könnten wirklich von ihm angezogen werden. Wundert mich."

Herk und die Frau standen wie auf einer Insel. Die Scheinwerfer tauchten sie abwechselnd in rosa und goldenes Licht.

Dio sah sie unruhig an. „Also, was ist los?", fragte er schließlich und nahm noch ein Glas Altbier.

„Hm, ja. Also ich glaube, das mit den Pheromonen funktioniert ein bisschen wie mit der Befruchtung einer Eizelle."

„Hä?" Dionysos kapierte nichts. Und das lag nicht am Bier, das ihm gar nicht so schlecht schmeckte, ihn aber nicht betrunken machte.

„Na ja, wenn er das optimale Gegenüber trifft, war's das. Dann konzentriert er sich nur auf sie. Und hat für andere, die vielleicht auch, aber nicht ganz so toll passen, keinen Sinn mehr. Und seine Wirkung auf andere Frauen hört schlagartig auf."

Dio fühlte Panik in sich aufsteigen. „Aber du hast gesagt, das hilft ihm, alle Jungfrauen der Stadt oder meinetwegen alle Frauen im gebärfähigen Alter abzuschleppen."

Die Augen der Liebesgöttin strahlten tiefgrün und altersweise.

„Liebe kennt keine Altersschranken."

Ein letzter Rest Hoffnung blieb Dio.

„Das wird jetzt aber keine lange Geschichte, oder? Ich meine, wenn der merkt, die ist verheiratet, wird er doch anfangen, eine richtige Frau für sich zu suchen – oder?"

„Keine Ahnung."

„Aphrodite, die trägt einen Ehering, die hat wahrscheinlich schon Kinder", schrie Dio über das Stimmengewirr und die stampfenden Bässe hinweg.

„Na und? Glück gibt es auch ohne Kinder."

„Glück? Aphrodite, das wird der kolossale Höllentrip!"

Dio war am Ende. Hilflos sah er zu, wie Herk und die Frau mit dem rot geringelten Pulli aneinandergeschmiegt zu den rosaroten Klängen von „She's like the wind" tanzten.

„Jetzt mach dir nicht ins Hemd", sagte Aphrodite und zog ihn zum Ausgang. „Wir fahren zurück ins Hotel und gucken, ob Zeus und Hera gut versorgt sind. Und morgen bei Tageslicht reden wir mit Herk."

„Und wenn der die Tante mitnimmt?"

„Wenn die verheiratet ist, kommt sie eh nicht mit. Und falls doch, bringt ihn das in gute Stimmung. Jetzt kannst du sowieso nicht mehr vernünftig mit ihm reden. Komm schon!"

Dio wankte hinterher. Als sie im Freien standen, atmete er erst einmal tief durch. Dann folgte er der Liebesgöttin zu dem rot-weißen Chevrolet, der schräg auf dem Bürgersteig parkte. Die Blicke der draußen stehenden Raucher folgten ihnen.

Schweigend fuhren sie mit dem Lift in die achte Etage ihres Hotels. Vor der Tür zu Zeus' Suite stand ein Servierwagen, und ein Zimmermädchen klopfte an. In der einen Hand trug sie ein Tablett mit appetitlich belegten Häppchen, mit der freien Hand zückte sie eine Karte, um die Tür zu öffnen. Rasch trat Dio vor und half ihr die Tür aufzuschieben. Sie hatte kaum die Suite betreten, als sie laut aufschrie.

Direkt vor den Füßen der jungen Frau schoben sich Heras Schlangen über den Boden. Sie taumelte rückwärts gegen Dio und sank in seine Arme. Klappernd fiel das Tablett hin und die Kanapees landeten auf dem Teppich. Vorsichtig ließ Dio sie auf den Boden gleiten. Als er aufblickte, stand Zeus vor ihm. „Na, na, na", machte er und beugte sich interessiert über die Frau. Ihr Rock war auf der einen Seite hochgerutscht und enthüllte eine schwarze Strumpfnaht. Zeus zog die Luft ein, legte eine Hand auf ihr Herz und zog konzentriert die buschigen Augenbrauen zusammen.

Hera rauschte heran. „Nimm sofort die Finger von ihr!", fauchte sie. „Mein Gott, wir sind auf einer politischen Mission und du hast nichts im Sinn außer deinen Weibergeschichten!"

„Bleib locker, Hera", sagte Aphrodite, doch Hera schüttelte den Kopf.

„Ich hatte einen kleinen Mitternachtsimbiss im Sinn", sagte Zeus beleidigt und richtete sich auf. „Aber der liegt jetzt auf dem Fußboden. Weil du deine Haustiere nicht im Griff hast."

Hera streckte den Arm aus. Die beiden Schlangen glitten daran hoch, wobei sie immer mehr schrumpften, bis sie sich als schimmerndes Armband um ihre Handgelenke wanden.

Sekundenlang starrten sich die beiden Götter in die Augen wie zwei Kampfhähne, die auf das Zeichen zum Angriff warteten. Dann senkte Zeus den Blick und nahm begütigend Heras Hände in die seinen. „Nur noch ein Tag Ausruhen in Düsseldorf, mein Herzblatt. Dann bin ich bei dir in Berlin, meine Augenweide. Und vielleicht bringe ich Herk dann gleich mit. Jetzt geh ins Bett, meine Göttin, und ruh dich aus. Und morgen in Berlin zeigst du ihnen, was eine echte Verhandlung ist."

Aphrodite, die sich neben Dio gehockt hatte, verdrehte die Augen, doch Heras Züge entspannten sich. „Genau das werde ich machen."

Sie ließ ihren Blick zwischen Dio und Aphrodite hin- und herwandern und ihr Mund verhärtete sich wieder. „Aber ihr beide seid verantwortlich für ihn, Dio und Aphrodite, verstanden? Und wehe, dem Götterrat kommt Ärger zu Ohren!"

Dio nickte und dachte mit einem Anflug von Mitgefühl, dass er nicht mit Zeus hätte verheiratet sein mögen.

Hera verschwand im Schlafzimmer und schlug die Tür hinter sich zu.

Dio beugte sich über das Zimmermädchen, das immer noch in seinen Armen hing, und flößte ihm behutsam einen Schluck aus seinem Weinkelch ein. Die junge Frau schluckte, hustete und öffnete die Augen. Zeus hatte sich einen Sessel herangezogen und grinste sie an wie ein Schneekönig.

„Wo sind …?", begann sie, doch dann fiel ihr Blick auf das Tablett und die verstreuten Brotscheiben. „Ach du großes Scheiß", murmelte sie mit rollendem „R" und zupfte hastig Rock und Bluse zurecht.

Zeus strahlte sie an, dass seine grau-weißen Locken vibrierten. Ein wachsamer Ausdruck erschien auf ihrem Gesicht. Betont langsam strich die Frau eine schwarze Locke aus der Stirn. Als Zeus' Augenbrauen in die Höhe gingen, lächelte sie wissend.

„Chérie, das reicht jetzt. Der Alte ist vergeben", sagte Aphrodite und schob die Frau aus dem Zimmer, doch Zeus erhob sich ebenfalls.

„Ich muss mich bei der Dame in aller Form entschuldigen“, sagte er und drängte sich an Aphrodite vorbei zur Tür. Dio stellte sich Zeus in den Weg, doch der drückte ihn einfach zur Seite.

„Was sollen wir machen?“, fragte Dio leise Aphrodite. „Wenn Zeus Dummheiten macht, beordert uns der Götterrat vorzeitig zurück.“

„Entbietet Herk meine Grüße, ich möchte morgen mit ihm sprechen“, sagte Zeus und verschwand im Flur.

Frustriert starrte ihm Dio hinterher. Erst Herk, dann Zeus. So hatte er sich den Abstecher nach Düsseldorf nicht vorgestellt.

7 VIVIAN BLEIBT STANDHAFT

Irgendwann – Vivians Gefühl für Zeit und Raum hatte sich längst in Luft aufgelöst – klang das letzte Lied aus und alle standen draußen. Sofie sah aus, als hätte sie an diesem Abend keinen Treffer gelandet. Der Gladiator, mit dem sie getanzt hatte, war nirgends mehr zu sehen.

„Ich muss ins Bett, lass uns gehen", sagte sie und stupste Vivian an.

Er sah sie an. Es war windig, doch Vivian spürte keine Kälte, der Blick aus seinen braunen Augen wärmte sie.

Wäre sie jünger, hätte sie keine Sekunde gezögert, mit ihm weiterzuziehen. Irgendwohin, wo sie zumindest mal mit ihm reden konnte. Aber daran war natürlich nicht zu denken. Sie war keine fünfundzwanzig mehr und sie war vergeben.

„Ich muss nach Hause." Ihr Hals war seltsam trocken. „Also zu Sofie."

Ihr Kopf wandte sich in Richtung Taxistand, doch ihre Füße widersetzten sich und gingen stattdessen ein paar Schritte näher zu ihm hin. „Wir können ja Handynummern tauschen."

Der Satz war aus ihrem Mund gekommen, bevor sie es verhindern konnte. Jetzt machte sie sich lächerlich.

„Würde mich freuen", sagte er und seine Mundwinkel zuckten.

Ihr Handy war aus und der Akku leer. Sie musste ihm ihre Handynummer diktieren. Na super. Womöglich würde er sie jetzt sogar anrufen. In der vergeblichen Hoffnung, dass sie sich noch einmal sehen würden.

Die frische Nachtluft belebte ihr benebeltes Hirn, und die Vernunft gewann langsam wieder die Oberhand. Natürlich würde er sie nicht anrufen. Sie hatte mit ihm ja kaum einen Satz gewechselt. Wie auch, in all dem Lärm? Trotzdem fühlte es sich ein winziges bisschen gut an, mal wieder jemandem ihre Nummer gegeben zu haben. So wie zu Studienzeiten.

„Ich glaub, da wartet wer auf dich“, sagte er und wies mit dem Kopf in Sofies Richtung.

Vivian nickte. Zu Hause warteten noch viel mehr Leute auf sie, aber das brauchte sie diesem Typ ja nun wirklich nicht zu erzählen.

„Wir sehn uns“, sagte er und küsste sie ganz leicht auf die Wange.

Ihr war, als strömte Lava durch sie hindurch. Jegliche Vernunft verglühte augenblicklich zu Asche. „Hoffentlich“, brachte sie heraus. Dann taumelte sie ins Taxi.

Sechs Stunden und einen schnellen Espresso aus Sofies blankgeputzter Espressokanne später saß Vivian in der S-Bahn nach Hause. An Karnevalssonntagen fuhren Felix und sie mit den Kindern immer zum Karnevalsfrühstück in die Düsseldorfer Innenstadt. Im Hotel Plaza Divino wurde Brunch aufgetischt. Das war für die Kinder kostenlos und obendrein gab es Kinderschminken und Clowns. Felix hatte die Kinder sicher schon bei den Schwiegereltern abgeholt und wartete zu Hause auf sie.

Die S-Bahn ratterte an braunen Feldern vorbei. Die Mickeymausmütze war im Rucksack verstaut, die Clownsnase war im Getümmel geblieben. Im Tunnel sah sie ihr Spiegelbild in der Scheibe. Sah sie anders aus als gestern? Sie konnte es nicht sagen, aber sie fühlte sich schön und anziehend. Offenbar hatte Sofie doch recht gehabt mit den Komplimenten. Auch wenn sie nicht von Aaron gekommen waren, sondern von diesem Rick oder wie er hieß.

Ihr Rad stand noch am Bahnhof. Niemand hatte sich seiner erbarmt und es geklaut. Sie schwang sich darauf und radelte nach Hause, wo sie aus purer Gewohnheit an der Haustür klingelte, bevor sie selber den Schlüssel hervorsuchte. Sie stapfte, den heiteren Schwebezustand ihres Kopfes genießend, die Treppe zur Diele hoch. Es war so still. Womöglich war ihre Bande noch gar nicht da und sie konnte einfach auf dem blauen Sofa liegen und

Zeitung lesen, bevor sie sich an die Arbeit machte. Ohne dass Tom oder Emily quengelten, weil sie Hunger hatten, oder sie ein Legokunstwerk bewundern sollte. Sie kletterte über die Klamotten hinweg, und ihr schlechtes Gewissen erwachte schlagartig. Eine organisierte Person wie Ina hätte erst aufgeräumt und wäre dann feiern gegangen. Vivian stutzte, als ihr Blick auf die Wohnzimmertür fiel. Hatte sie die nicht zugemacht, damit Don Johnson nicht auf die Kissen pinkeln konnte? Jetzt stand die Tür offen.

Auf dem alten blauen Sofa, für das sie längst Ersatz hätten kaufen sollen, saß jemand mit einer rosa Halskrause.

Felix!

Im Nu war sie bei ihm und legte den Arm um ihn. „Was machst du denn hier und was ist das?"

Er grinste schief und sagte: „Hab 'n kleinen Unfall gehabt. Auf der Autobahn."

Die Erkenntnis traf sie wie eine Ohrfeige. Der Unfall auf der Autobahn nach Köln – davon hatte der Radiosprecher geredet. Hätte sie doch nur ordentlich zugehört! Sie umarmte ihren Mann. Er roch nach kaltem Schweiß und Blumenkohl.

„Zerdrück mich nicht", sagte Felix säuerlich und sie nahm ihren Arm runter. Seine an der Stirn immer lichteren, aber an den Seiten noch kräftigen Haare standen vom Kopf ab. Hätte er sie abrasiert, hätte er vermutlich jünger und besser ausgesehen. Aber Felix behauptete, ein rasierter Schädel werde in seinem Büro nicht gern gesehen und außerdem müsse er sich dann eine neue Brille kaufen, die dazu passte. Vivian fand, dass ein durchtrainierter Oberkörper, Dreitagebart und rappelkurze Haare sehr wohl zu einem Unternehmensberater gepasst hätten. Doch so selten, wie Felix das Fitnessstudio besuchte, war selbst von seinen einstmals stattlichen Brustmuskeln nicht mehr viel übrig. Also hatte sie es aufgegeben, mit ihm über den Rest zu diskutieren.

Sie schob die Fernbedienungen zur Seite, knüllte eine leere Tüte Gummibärchen zusammen, die vermutlich ihr großer Sohn Mika geleert hatte, und warf sie mit Schwung zur Türe. Dann lehnte sie sich an ihren Mann, um die ganze Geschichte von dem Unfall zu hören.

„Da war ein mega Blitz." Felix riss seine Augen auf, als blende es ihn. „Und dann hat's gekracht, aber frag nicht, wie! Vor mir die Bremslichter von meinem Vordermann. Ich trete die Bremse durch und reiße das Steuer nach links." Er ruderte mit den Armen. „Ich komm grad vor meinem Vordermann zum Stehen, aber dann knallt's von hinten und irgendein Arschloch kracht voll in mich rein. Und bamm, die ganze Scheibe hinten fliegt raus."

„Ach du Scheiße!", sagte Vivian und berührte vorsichtig seinen Nacken neben der Halskrause. Der ganze Mann vor ihr roch nach Krankenhaus.

„Schon gut", er nahm ihre Hand und drückte sie, als wolle er bekräftigen, was er sagte.

„Das war komisch, ich hab' da Stimmen gehört. Als wenn zwei Leute streiten, wie ein altes Ehepaar. Das kam von der Seite, von der Autobahnböschung. Da standen riesige Bäume, Eichen oder so. Und dann hat es da gebrannt."

Von dem Brand hatte sie im Radio gehört. Als sie mit Sofie in dem Imbiss war. Ihr wurde heiß und sie atmete tief durch. „Tut mir so leid, dass ich nicht da war", sagte sie. Gleichzeitig schoss eine verwegene Erinnerung an den Abend durch sie hindurch. Was hätte sie verpasst, wenn sie zu Hause geblieben wäre?

„Ist schon gut, ich hab's ja überlebt", sagte Felix und kuschelte sich an sie. Ein neuer Schwall Blumenkohlduft schwappte in ihre Nase und sie drehte den Kopf weg.

Irritiert schaute Felix sie an, doch dann fuhr er fort zu erzählen. Mindestens zwanzig Mal hatte er versucht, Vivian anzurufen. Schließlich hatte er sich damit abgefunden, die Nacht alleine verbringen zu müssen. Er hatte die Schmerztabletten geschluckt, die ihm der Arzt für alle Fälle mitgegeben hatte, und war erst durch ihr Klingeln aufgewacht.

Sie schluckte. „Gott sei Dank, dass du lebst." Sie umarmte ihn ungelenk von der Seite. Wieder stieg der saure Geruch in ihre Nase und stieß sie geradezu ab. Verwirrt sah sie ihren Mann an. Doch der schien ihren Gesichtsausdruck als Besorgnis zu deuten.

„Ist schon gut, ich hab' ja Glück gehabt", sagte er und fügte hinzu, dass die Versicherung wohl den Schaden am Auto ersetzen würde, da er den Unfall nicht verursacht habe, sondern der, der ihm hinten reingefahren sei und ihn auf seinen Vordermann geschoben hatte.

Vivian versuchte, erfreut und gleichzeitig besorgt auszusehen. Aber immer wieder schob sich der goldene Geruch wie ein Schleier dazwischen. Verärgert schüttelte sie den Kopf, um ihn zu verscheuchen. Ihr Mann hatte einen Unfall gehabt! Was wäre, wenn er gestorben wäre? Sie griff nach seiner Hand, als könnte sie ihn damit festhalten.

„Hey, Süße, mir ist doch fast nichts passiert", sagte Felix und lächelte zum ersten Mal. „Was hast du auch dein Handy nie dabei!"

„Hatte ich, aber der Akku war leer."

Was wäre, wenn *er* ihr geschrieben hätte?

„Ich lade es besser gleich auf", sagte sie und ging ins Arbeitszimmer, wo sie das Kabel ins Handy steckte.

Trotz seines Unfalls bestand Felix darauf, wie jedes Jahr zum Brunchen ins Plaza Divino zu fahren. Leider bedeutete das, dass die Schwiegereltern mitkommen würden, um sie und die Kinder zu chauffieren, denn der Peugeot von Vivian und Felix stand ja beim Abschleppdienst und war vermutlich nicht mehr zu reparieren. Die Schwiegermutter sammelte Mika mit ihrem

Uraltgolf bei seinem Freund ein, der Schwiegervater brachte Emily und Tom im Mercedes mit und fuhr sie dann alle in die Innenstadt.

Sie nahmen an einem der zahlreichen gedeckten Tische im geräumigen Foyer des Hotels Platz. Das Klirren von Gläsern und das Summen vieler Stimmen erfüllte den hohen Raum. Die Schwiegereltern bestellten Kaffee, und die Kinder gingen zu dem großen Schminktisch und ließen sich schminken. Ein Clown formte Figuren aus Luftballons.

Vivian war Felix dankbar, dass er nicht erwähnte, dass sie unterwegs gewesen war, als er nach Hause gekommen war. Es war nicht bloß ihr eigenes schlechtes Gewissen, das sie zwickte, sie fürchtete auch die vorwurfsvollen Blicke ihrer Schwiegereltern. Deren Prioritäten waren klar: Familie und Ehemann kamen an erster Stelle, und das galt umso mehr, wenn der Ehemann der eigene Sohn war.

Emily kam mit Glitzerschminke im Gesicht zurück an den Tisch und kuschelte sich an Felix. Sie beteuerte, wie glücklich sie sei, dass ihrem Papa nichts passiert sei. Vivian schluckte, als ihr erneut aufging, welches Glück sie alle gehabt hatten, dass Felix nicht ernsthaft etwas zugestoßen war. Unermüdlich zerrten die Kinder an ihren und Felix' Nerven, und mit großem Appetit fraßen sie ihnen täglich die Haare vom Kopf. Aber trotzdem waren sie zart und schutzbedürftig. Sogar Mika, der fast Dreizehnjährige, der so betont cool am Tisch saß, als gehöre er gar nicht dazu, kam manchmal ins Elternschlafzimmer, um sich Trost zu holen. Sie brauchten ihre Eltern – nicht vorstellbar, dass ihr Papa ausfiel.

Sie nahm sich vor, am Abend ihren mütterlichen Pflichten nachzukommen und ihrer Familie nach all den Karnevalssüßigkeiten eine gesunde Suppe zu kochen oder so etwas. Damit würde sie ihr Flirten wiedergutmachen.

Schräg über ihnen hing ein Fernsehbildschirm, über den Bilder des Unfallorts flimmerten. Eine Textzeile teilte mit, dass man inzwischen fest von

Brandstiftung ausging. Unbekannte hätten unter der Autobahnbrücke Plastikrohre in Brand gesteckt. Die starke Rauchentwicklung hätte zunächst eine Massenkarambolage herbeigeführt und eine darauffolgende Explosion hätte Risse in dem Belag erzeugt.

„Oh Gottogottogott", sagte Hildegard und Vivian beugte sich zu Felix und schnupperte. Ihr war, als könnte sie den Geruch von brennendem Plastik riechen.

„Ham die Feuer gemacht, Papa?", fragte Tom und riss die großen Augen auf.

„Ja, da hat wer rumgezündelt", sagte Felix.

„Hast du den Unfall gemacht?", fragte Emily mit großen Augen, doch Felix erklärte, dass er vorschriftsmäßig gebremst habe, ihm jedoch jemand anders hinten reingekracht sei.

Vivians Hand zitterte, als sie nach einem Croissant griff.

„Aber du warst mittendrin", bemerkte Hildegard und sah Vivian vorwurfsvoll an, als wäre es ihre Pflicht gewesen, Felix vor Unfällen zu bewahren. Vivian atmete tief durch. Sie machte sich schon selbst genug Vorwürfe, da konnte sie auf Ermahnungen der Schwiegermutter nun wirklich verzichten. Normalerweise wären Felix' Eltern jetzt in der Vorortsiedlung gewesen und hätten ihren Veedelszoch angeguckt. Und sie hätte mit Felix in Ruhe einen Brunch genossen, der hier „Gabelfrühstück" hieß, und obendrein einen Hauch von großer, weiter Welt. Sie mochte den Anblick der Geschäftsleute mit ihren Rollkoffern und Zeitungen, die heute leicht irritiert auf all die Verkleideten blickten.

Normalerweise hätte sie aber auch nicht die ganze Zeit an braune Augen gedacht, und an Hände, die über ihren Rücken wanderten. Sie erklärte, dass sie einen Espresso bräuchte, und ging zur Bar.

Neben ihr stand eine sehr große, sehr rothaarige Frau mittleren Alters, deren magentafarbenes Kostüm an Taille und Busen ziemlich spannte. Sie redete auf ein schmächtiges Männlein ein, unter dessen brauner Schiebermütze graue Haarstoppeln hervorstanden wie die Federn eines schlecht gerupften Huhns. Seine dünne Lederjacke sah aus, als hätte jemand versucht, damit Gläser zu polieren.

„Eleni Theodorakis?“, fragte der Kleine und verzog sein ganzes Gesicht in Lachfältchen.

„Jawohl. Sonderstaatssekretärin des griechischen Ministerpräsidenten. Und mein Gemahl dort drüben ist Sokrates Palakios, Chefdiplomat des Außenministeriums. Für die nächsten sechs Monate nach Berlin abgeordnet“, antwortete die Frau und nahm einen Milchkaffee entgegen. Vivian spürte einen Stich im Magen. Das waren Diplomaten! Sie hatte es geahnt. Leicht spleenig und weltmännisch bis dorthinaus. Mit neidvollen Blicken folgte sie der Frau und ihrem Begleiter bis zu einer Tischgruppe, wo ein weiterer Mann saß.

Möglichst unauffällig drückte sich Vivian mit ihrer Tasse in dieselbe Richtung und tat, als würde sie auf Kinder am Schminktisch warten, während sie die drei Gestalten musterte.

Das volle lockige Haar des alten Mannes war grau und schulterlang. Er hatte ein paar Kissen im Rücken gestapelt und stöhnte hin und wieder theatralisch. Sein grauer Wollanzug saß ein wenig locker, als habe er in kurzer Zeit viel Gewicht verloren. Um seinen Hals baumelte eine auffällige Goldkette mit einem gezackten Anhänger oder einem Schriftzeichen.

„Vielleicht ist es sogar ganz gut, wenn ich alleine vorfahre und mal mit der Kanzlerin von Frau zu Frau rede“, sagte die Rothaarige.

‚Kanzlerin‘ hatte sie gesagt. Vivian verschüttete vor Aufregung ihren Espresso. Da schrie Emily durch das ganze Restaurant: „Mama, komm zurück! Ich bin doch schon geschminkt!“

Vivian zögerte, während die Frau am Tisch weiterredete.

„Die Bundeskanzlerin wird begreifen müssen, dass Griechenlands Tempel der Geburtsort Europas sind und man sie nicht einfach zu Squash-Anlagen umfunktionieren kann."

„Allerdings", die Frau wandte sich dem Lockigen zu, „alleine schaffe ich das nicht – ihr müsst schon nachkommen."

Der Mann auf seinem Kissenberg schüttelte den Kopf. „Erstens schaffst du das alleine und zweitens sind die Tempel unwichtig. Wenn der Kontinent auseinanderbricht, fragt keiner mehr nach alten Gemäuern. Wenn die Titanen angreifen, müssen kleine und große Völker des Erdteils verbündet sein."

Überrascht nahm Vivian wahr, dass Tränen aus seinen Augen liefen und seine Stimme zittrig wurde. „Das wäre im Sinne meiner geliebten Prinzessin Europa", hörte sie und riss sich endlich los. Felix und die Schwiegereltern waren inzwischen beim Schnitzel angelangt. Herbert und Hildegard kamen überein, dass das Schnitzel lecker paniert sei, bedauerten jedoch, den Veedelszoch zu verpassen. „Tom hat doch solchen Spaß daran, Kamelle aufzusammeln", sagte Hildegard und ihr Gatte nickte. Felix lächelte Vivian zu und ihr wurde klar, dass er sehr zufrieden war, nicht mit den Nachbarn seiner Eltern im hellen Februarsonnenschein an der Straße stehen zu müssen. Ihn langweilten die Stadtteilzüge, die sonntagmittags durch die Düsseldorfer Vororte und niederrheinischen Städtchen zogen, bevor sie sich am Montag in die großen Rosenmontagszüge in Düsseldorf oder Köln einreihten.

„Wir gehen morgen zum Düsseldorfer Rosenmontagszug, und gleich gehen wir auf die Kö. Auf unserer Düsseldorfer Flaniermeile sind ganz viele Verkleidete", sagte Vivian beschwichtigend, doch Hildegard hob die Augenbrauen.

„Da musst du sehr gut auf Tom aufpassen, letztes Jahr ist ein Kind unter einen Wagen geraten."

„Das war vorletztes Jahr“, korrigierte Herbert, der sich als ehemaliger Buchhalter viel auf sein Zahlengedächtnis zugutehielt. Während die beiden zu diskutieren begannen, wann der tragische Unfall passiert sei, rasten Vivians Gedanken ins Sassafras, wo sie keine zwölf Stunden zuvor getanzt hatte – mit einer großen Gestalt mit warmen Händen. Sie konnte es nicht lassen, sie musste ihr Handy anschalten. Sie entschuldigte sich und ging zur Toilette, wo sie als Erstes die zwanzig unbeantworteten Anrufe von Felix löschte. Dann sah sie die SMS. Sie kam von einer unbekannten Nummer und lud sie ein, eine Chatsoftware herunterzuladen. Die Nachricht war gegen halb vier Uhr morgens abgeschickt worden. Sie musste von ihm stammen.

Sie drückte auf „Akzeptieren“ und die Software begann, sich auf ihrem Handy zu installieren. Ein goldener Kreis mit Flügeln erschien und signalisierte, dass sie eine Nachricht bekommen hatte.

Sie lächelte, als sie die Bildsymbole erkannte: eine Karnevalsmaske, Noten, eine tanzende Frau und ein Herz mit zwei Flügelchen. Ihr war, als könne sie den goldenen Duft riechen. Darunter stand: *Gruß, Herk.*

„Alles klar, Vivian?“, fragte die Schwiegermutter, die auch in die Toilette gekommen war.

„Jaja“, sagte Vivian schnell und ging mit der Schwiegermutter zurück an den Tisch. Herk klang irgendwie amerikanisch. Hatte er deswegen so viele Stempel in seinem Pass gehabt?

Verstohlen betrachtete sie Felix. Über seiner Halskrause schaute er schon wieder recht zufrieden durch die Gegend. Der Groll darüber, dass sie nachts nicht zu erreichen gewesen war, schien verflogen. Das erleichterte sie, denn sie ertrug es kaum, wenn ihr Mann schlechte Laune hatte. Sie fühlte nach dem Handy und ließ es stecken. Es war unmöglich, ihrer Karnevalsbekanntschaft jetzt zu antworten. Erst als sie bezahlt hatten und sich über die Kö durch die verkleideten Menschen schoben, wagte sie es, die Bildchen erneut zu betrachten.

Am Abend setzte sie die Kinder vor einen Film, während sich Felix mit seiner Halskrause ins Bett legte, und versuchte, in der Diele ein wenig Ordnung zu schaffen. Ihr graute vor der großen Aufräumaktion, die ihr wegen des französischen Gastschülers bevorstand.

Sofie rief an und fragte, ob sie gut nach Hause gekommen sei. Vivian erzählte von Felix' Unfall.

„Ach du große Güte!", rief Sofie und ließ sich von Vivian das ganze Drama erzählen. Doch dann kam sie zielsicher wieder auf die Party zu sprechen: „Dafür, dass du davor so mies drauf warst, hast du ganz schön rumgeflirtet. Ich glaube, diese beiden Promis waren nicht happy über euch."

Vivian erinnerte sich. Der kleine Dicke hatte mehr als einmal zu ihnen rübergeschaut.

„Ich hab' gehört, wie der Elvis gesagt hat: ‚Die ist mindestens dreißig!' Vivian, die haben von dir gesprochen!"

„Ach Quatsch! Und selbst wenn, die wollten ihren Kumpel halt verkuppeln."

„Pech, dass er ausgerechnet eine verheiratete Frau erwischt hat", sagte Sofie und lachte.

„Tja, Pech gehabt", sagte Vivian und lachte mit.

„Sag mal, du hast mit ihm aber nicht wirklich Nummern getauscht?"

„Leider doch", sagte Vivian und spürte, dass sie eine Erklärung dafür abgeben musste. „Ich glaub', ich wollte das einfach mal wieder tun."

„Haha, nicht schlecht. Und, hat er dir geschrieben?"

„Ja, oder eher nein – nur ein paar Bildchen, so Smileys und so." Sie verschwieg, dass sie Herzklopfen bekam, sooft sie die Nachricht ansah.

„Na, immerhin. Und wie ich schon sagte: Komplimente sind gut fürs Selbstbewusstsein. Ich glaube, das kannst du brauchen, so mies wie du gestern Nachmittag drauf warst. Sehen wir uns morgen auf dem Rosenmontagszug?“

Vivian bejahte es und legte auf.

Sie trat hinaus auf die Terrasse. Der schneefreie Rasen war gelb und braun. Große Wolkenhaufen bedeckten den Himmel – in Blassgrau, der typischen Farbe des Rheinlandes. Das Handy in ihrer Hosentasche summte. In ihrem Bauch kribbelte es, als sie es herausnahm. *Wäre gerne auf einer Insel im Ozean mit dir*, stand dort. Die Wolken schimmerten in allen Farben des Regenbogens.

Am nächsten Morgen hatten die Kinder schulfrei. Felix, der für die ganze Woche krankgeschrieben war, saß mit Halskrause gemütlich am Computer im Arbeitszimmer und erlegte Monster. Zwischendurch telefonierte er wegen eines neuen Auftrags mit seinem Chef. Mika schniefte und hustete und legte sich schließlich mit Fieber ins Bett. Tom und Emily tobten umso lebhafter durchs Haus und torpedierten Vivians Bemühungen, Ordnung zu schaffen.

Es machte das Aufräumen nicht schneller, dass sie alle zehn Minuten zur Toilette ging, um unauffällig nach der nächsten Chatnachricht zu gucken, aber Vivian konnte sich nicht beherrschen. Dieser Herk wollte alles Mögliche wissen. Was sie gerade mache und was sie von der und der Musikgruppe halte, wo sie genau wohne und so weiter. Vivian antwortete so wahrheitsgemäß wie möglich, dass sie gerade aufräume und dann ins Schuhgeschäft und später zum Karnevalszug gehen werde, um Kamelle aufzusammeln. Sie verschwieg jedoch, dass alle Tätigkeiten im Beisein von drei Kindern und einem leicht lädierten Ehemann geschahen.

Felix brüllte aus dem Arbeitszimmer, ob die Kinder nicht verdammt noch mal leise sein könnten, es gehe um einen wichtigen neuen Auftrag.

„Ist ja gut, ich bin gleich weg", sagte Vivian und fragte Felix, ob er zum Zug mitkommen wolle.

Felix zeigte vorwurfsvoll auf seine Halskrause. „Ich bin krankgeschrieben, da werde ich mir den Tag doch nicht mit einem Karnevalsumzug versauen. Außerdem muss ich mit dem Gutachter telefonieren und klären, wie viel Schadensersatz wir für den Wagen kriegen. Und dann wird es Zeit, mal nach neuen Autos zu gucken."

Der Himmel war knallblau, und ein eisiger Wind fegte durch die Königsallee, an deren Rändern dicht gedrängt die Zuschauer standen. Vivian bemühte sich, Tom festzuhalten, damit er nicht wie von der Schwiegermutter befürchtet unter die Räder der großen Prunkwagen geriet. Sofie stupste sie an. „Hey, ist das nicht der kleine Dicke aus dem Sassafras?" Vivian sah hin und schüttelte den Kopf. Der Mann hatte blondes Haar und trug einen weißen Leinenanzug. Er tänzelte von einem Fuß auf den anderen, als friere er, dann überquerte er kurzerhand die Straße, drängte sich zwischen die Funkenmariechen und war verschwunden.

War Herk womöglich auch in Düsseldorf? Er hatte ihr noch nicht verraten, wo er wohnte, aber ihr Herz hüpfte, als sie flüchtig daran dachte, ihn womöglich wiederzusehen. Allerdings würde er dann sehen, dass sie Kinder hatte. Aber daran war nun mal nichts zu ändern. Sie vergewisserte sich, dass Tom nicht versuchte, über die Absperrung zu klettern, dann schrieb sie Herk und fragte, ob er nicht auch zum Zug kommen wolle. So würde sie vielleicht erfahren, wo er wohnte. Sofie wies fragend auf ihr Handy.

„Mit wem schreibst du dir dauernd? Doch nicht etwa mit diesem Typen?"

„Nur ab und zu", sagte sie.

„Na ja, ich denke, du solltest langsam damit aufhören, nachher macht er sich noch Hoffnungen."

„Da hast du recht", sagte sie und hielt Tom am Ärmel fest. Mit der anderen Hand putzte sie ihm die Nase. Emily umklammerte mit vor Kälte roten Fingern ihre Tüte und klagte, dass ihre neuen Stiefel zu eng wären. Der Wind pustete Luftballons über die Straße und die Kälte kroch unter Vivians Mantel. Selbst die Funkenmariechen der Prinzengarde hatten blau gefrorene Lippen. Sofie blieb mit ihren Lederschuhen an Scherben hängen, die in einer Pfütze festgefroren waren, und fluchte laut.

Ein großer Truck rollte an ihnen vorbei und eine Salve Bonbons regnete auf sie herunter. Plötzlich schrie Emily laut auf. Eine Keksrolle hatte sie an der Schläfe getroffen. Eine Sekunde später begann Tom zu weinen. Ein armselig gekleidetes Weiblein mit einer Alditüte hatte ihm einfach seine Süßigkeiten abgenommen. Bevor Vivian sie zu fassen bekam, war sie in der Menge verschwunden.

Langsam hatte sie die Nase voll. „Wir gehen nach Hause", sagte sie und Sofie nickte. Genau in diesem Augenblick veränderte sich die Musik. Das Tschingderassabum der Karnevalsschlager schwoll zu einem brausenden Klang an, der die ganze Kö einhüllte. Wieder regneten Süßigkeiten auf sie herab. Doch diesmal waren es weiche, goldverpackte Schokoladentaler. Einige davon landeten in Vivians Kragen, andere auf Toms Hutkrempe. Emily packte einen Schokotaler aus und stopfte ihn sich in den schokoverschmierten Mund. Ein intensiver Kakaoduft breitete sich aus, so unwiderstehlich, dass auch Vivian einen Taler auspackte, obwohl sie sich normalerweise vor Süßigkeiten ekelte, die auf den Boden gefallen waren. Doch diese hier waren anders. Ihr wurde warm, als die Schokolade ihren Gaumen entlangfloss.

Sie blickte nach oben, wo sich das Prinzenpaar, das mit Fasanenfedern geschmückte Narrenkappen trug, zuprostete. Ein paar Tropfen landeten auf Vivians Gesicht. Ein dicker Narr zwinkerte ihr zu und warf ihr eine extra Handvoll Schokotaler hin. Die Kälte schien wie weggeblasen. Sofies Nase gewann ihre natürliche Farbe zurück, als hätten Schokolade und Musik den Frühling mitgebracht. Auch die Funkenmariechen guckten mit einem Mal fröhlich aus der Wäsche. Eine schlanke Blondine schwenkte die Beine und grinste ihnen zu. Vivian versuchte, sich näher an das Absperrgitter heranzuschieben, doch der Zug setzte sich in Bewegung und die Tanzgruppe schob sich weiter. In ihrer Tasche summte es. *Bin krank*, lautete die Nachricht von Herk. Schlagartig fühlte sie sich leer.

„Jetzt tu dein Handy weg und lass uns gehen", sagte Sofie. Schuldbewusst steckte Vivian es in die Tasche und nahm Toms Hände in die ihren, um sie zu wärmen. Das Handy summte erneut, doch erst in der S-Bahn wagte Vivian, die Nachricht anzuschauen. *Wir sehen uns ein andermal*, stand da. Ein Lächeln prickelte auf ihren Lippen.

8 STRATEGIEMEETING IN DER MEERBAR

Dio ließ sich in ein Ledersofa sinken und zog sich zwei Kissen in den Rücken. Die Meerbar, die Aphrodite als Treffpunkt vorgeschlagen hatte, gefiel ihm. In die hohen Wände waren auf raffinierte Weise Lampen eingelassen, die den saalartigen Raum in bernsteinfarbenes Licht tauchten. An der Decke hingen Kronleuchter, an denen Kristalle baumelten. Für eine gepflegte Weinprobe mit anschließendem Dinner wäre es genau der richtige Ort gewesen. Noch war es ziemlich leer. Nur wenige Anzugträger saßen mit ihren Laptops an den Tischen. Ein einzelner Clown hielt sich an seinem Bierglas fest. Am Nachbartisch schlürften vier blondierte Damen eine gepanschte Plörre aus Sektgläsern, bei der sich Dios Nasenhärchen aufstellten. Ihre dünnen Daunenjäckchen hingen hinter ihnen auf der Stuhllehne.

Auch Dio war nicht mehr verkleidet. Er trug wie immer bei irdischen Missionen einen seiner beigefarbenen Leinenanzüge, in denen er sich sehr schick fühlte. Vor sich auf dem niedrigen Loungetisch legte er seinen flachen Strohhut ab, der perfekt zu seinen hellen Slippern passte. Daneben platzierte er die Visitenkarte des Karnevalsprinzen, der ihn höchstpersönlich eingeladen hatte, im nächsten Jahr von Anfang an auf dem Prinzenwagen mitzufahren und Kamelle in die Menge zu werfen. Das war ein wertvoller Kontakt, der ihm sehr nützlich sein würde, wenn er wieder einmal Feldforschung betreiben wollte. Dio hätte mit seinem Ausflug nach Düsseldorf zufrieden sein können. Hätte, wenn das Projekt „Herk aufmuntern“ kein solcher Fehlschlag gewesen wäre. Hoffentlich kam Aphrodite bald, dann konnten sie besprechen, wie sie Herk mit der richtigen Frau zusammenbringen konnten. Wie peinlich – die Liebesgöttin höchstpersönlich klinkte sich ein und die Einzige, die ihr Spray an Land zog, war eine verheiratete Frau, die obendrein Kinder hatte! Ein Klackern hochhackiger Stiefel ließ ihn aufsehen.

„Zeus hat eine Personal Trainerin ausgesucht, die ihn richtig auf Trab bringt“, sagte Aphrodite atemlos und ließ sich auf einem Fellwürfel nieder. Ihr hochgeschlossenes schwarzes Kleid und die weißen High Heels matchten perfekt mit dem schwarz-weißen Kuhfell, mit dem der Sitzwürfel bespannt war.

„Sogar mich wollte er auf ein Laufband zwingen, aber nach zwei Minuten bin ich abgehauen. Wie war der Karnevalszug?“

Dio runzelte die Stirn. „Meine Schokotaler haben für tolle Stimmung gesorgt. Aber eins sag’ ich dir: Diese Frau ist ein Reinfall. Lass uns bitte gleich zu Herk fahren und ihm ins Gewissen reden.“

„Wieso?“

„Die Alte ist nicht nur verheiratet, die hat Kinder! Eins hat sie an der Hand gehalten. So eine gründet doch keine Familie mehr.“

„Vielleicht ist es ja das Kind ihrer Freundin“, sagte Aphrodite leichthin. „Dann ist sie zumindest kinderlieb, wenn sie darauf aufpasst. Und wenn nicht, ist es auch egal.“

„Aphrodite! Ehebruch ist überhaupt nicht egal. Das solltest du am allerbesten wissen.“

„Wieso?“ Die Liebesgöttin setzte ein so unschuldiges Gesicht auf, als könnte sie kein Wässerchen trüben.

„Tu nicht so, du erinnerst dich genau“, sagte Dio, dem das Erlebnis mit der Liebesgöttin vor über dreitausend Jahren wieder glasklar vor Augen stand. „Du hast deinen Mann Hephaistos, den Gott der Schmiedekunst, betrogen!“

„Der ist ein Ekelpaket. Und Zeus hatte mich gezwungen, ihn zu heiraten“, sagte Aphrodite.

„Das mag sein, aber du hast ihn betrogen. Mit Ares, dem Kriegsgott.“

„Ein großartiger Mann.“ Die Liebesgöttin seufzte hingebungsvoll.

„Du durftest das nicht. Deshalb hat Hephaistos ein magisches Netz auf euch fallen lassen, als ihr miteinander im Bett wart. Ihr wart gefesselt und die ganze Götterwelt hat über euch gelacht.“

„Die waren höchstens neidisch, weil sie gerne an Ares’ Stelle gewesen wären.“

„Aber es gab Probleme. Und bei dieser Frau wird es auch Probleme geben. Eigentlich sollten sich Götter nicht in die Angelegenheiten der Menschen einmischen.“

Der Kellner unterbrach ihre Unterhaltung. „Dickie, du hier? Darf es das Übliche sein?“

Dickie? Offensichtlich verwechselte er Dio mit einem Bekannten. Aber das sollte ihm egal sein. Er nickte, und der Kellner eilte zur Bar, wo er sich vor einem blau leuchtenden Hintergrund zu schaffen machte und mit einem funkelnden Glas zurückkehrte.

„Bitte schön, dein Hugo“. Er stellte ein Glas Sekt mit Minzblatt vor Dio.

Dios Nüstern blähten sich und seine hochsensiblen Geruchsnerven verrieten ihm, dass er einen Cantina Val d’Oca Prosecco Spumante 2011 vor sich hatte. Gemischt mit anderen Gewächsen, die zu wenig Sonne genossen und obendrein den Transport schlecht überstanden hatten. Das war unerträglich für seine Nase. Was auch immer dieser Mensch trank, mit dem der Kellner ihn verwechselte, er musste auf Bier umsteigen.

„Liebelein“, sagte er zum Kellner – den Begriff hatte er im Sassafras aufgeschnappt –, „Karneval muss ich Altbier trinken.“

Der Kellner schien nicht im Geringsten beleidigt.

„Wie wär’s dann mit einer Flöte?“

Flöten kannte Dio nur von seinen geliebten Mänaden daheim im Sumpf und er sah den Kellner fragend an, doch Aphrodite nickte dem Kellner bestätigend zu. „Es klingt schick, es enthält Alkohol, der Rest ist doch vollkommen egal.“

Der Kellner wieselte zur Bar und kehrte mit einem Holzbrettchen wieder, in dessen fünf runden Vertiefungen Altbiergläser standen. Wie auf ein Signal wurden die Lampen in der Meerbar dunkler und das Blau hinter der Bar sprang auf rot. Die Kristalle auf Dios Handy funkelten mit den Kristallen an der Decke um die Wette.

„Zeit für schwummrige Dates", sagte Aphrodite und nippte am Champagner, den der Kellner ihr ungefragt hingestellt hatte. „Wie schade, dass Herk nicht mit zum Zug gekommen ist, da hätte er sie gleich wiedertreffen können."

„Wirklich sehr schade, denn dann hätte er sie bei Tageslicht gesehen. Mitsamt ihrer roten Schniefnase", brummte Dio. Er nahm einen Schluck Altbier und wünschte inständig, es würde ihn betrunken machen. Was es bei ihm als Weingott nicht tat.

„Dafür schreiben sie sich", sagte Aphrodite und zückte ihr Handy.

Dio sah sie entgeistert an.

„Godsapp – damit kann man jede Nachricht lesen, die er Vivian schreibt. Und umgekehrt."

Dio verschüttete sein Bier, als er die Nachrichten durchlas. Herk, der ihm nie mehr als „ja" oder „nein" geschrieben hatte, chattete den ganzen Tag mit dieser Trulla. „Er denkt sich Bilderrätsel aus. Was hat das Spray mit ihm gemacht?"

„Ihn mit der richtigen Frau zusammengebracht."

„Bist du verrückt?" Völlig perplex leerte er Nummer zwei seiner Flöte.

„Nun mach' dich mal locker. Wir wetten um ein Fass Altbier, dass sie die Richtige für ihn ist."

„Ich wette drei Fässer Riesling dagegen. Trockenbeerenauslese", fügte er hinzu. „Große Lage an Mosel oder Saar. Das sind die besten Weine, die dieses Land zu bieten hat.“ Er leerte Nummer drei und vier. Mit dem Pheromonspray hatte Aphrodite Bockmist gebaut, sie war nur zu stolz, es zuzugeben.

„Könnten wir dann allmählich zu Herks Villa fahren?“, drängte er.

„Ruhig Blut, ich muss erst mal was essen.“ Aphrodite winkte dem Kellner, der zwei Speisekarten brachte.

Bei einem flüchtigen Blick auf die Nachtischauswahl mit Tiramisu, weißer Schokocreme und Pannacotta begann Dios Magen zu knurren und er beschloss, dass das Ins-Gewissen-Reden einen winzigen Aufschub vertragen konnte.

Aphrodite klimperte den Kellner mit ihren XL-Wimpern an. „T-Bone-Steak, aber schön blutig, ja?“ Der Kellner schien zu überlegen, wie ihre schlanke Figur und dicke Steaks zusammenpassten, aber er erlaubte sich keinen Kommentar, sondern eilte dienstbeflissen in die Küche.

Aphrodites Handy plingte erneut. Sie hielt es Dio hin. Ein großes D und eine Kaffeetasse mit einem Fragezeichen waren zu erkennen. Die Liebesgöttin lächelte. „Sie planen ein Treffen in Düsseldorf! Und ich hab’ schon befürchtet, die zwei Turteltäubchen finden gar nicht mehr ins Nest.“

Dio fuhr hoch. Während sie hier aßen und tranken, machte Herk Nägel mit Köpfen. Er stand auf und sagte: „Aphrodite, lass uns sofort fahren, die Zwei dürfen nicht im Bett landen.“

„Nicht im Bett? Machen sie es im Stehen?“, fragte die Liebesgöttin mit so lauter Stimme, dass sich die vier blondierten Damen am Nachbartisch nach ihnen umdrehten.

Dio machte „psst“, doch Aphrodite fuhr ungerührt fort: „Steht sie auf Blowjobs? Das würde mich wundern. Fast keine Frau steht auf Blowjobs, wenn sie ehrlich ist.“ Die Frauen verzogen das Gesicht.

Mit durchdringender Stimme sagte die Liebesgöttin: „Das ist ja auch kein Wunder. Das Zeug schmeckt wie Wurmsalat." Blasiertes Kichern am Nachbartisch.

„Jetzt mal ohne Witz. Herk sieht bombastisch aus und es gibt nicht viele Frauen, die ihn von der Bettkante stoßen würden. Also, mach die Wirkung des Sprays rückgängig und denk' dir was Vernünftiges aus!"

„Ich denk' mir was Vernünftiges aus, darauf kannst du Gift nehmen. Pass mal auf." Aphrodites schwarzes Kleid begann violett zu glitzern und öffnete sich vor einem plötzlich sehr üppigen Busen wie ein Dirndl. Ihren Sitzwürfel drehte sie so, dass sie die übrigen Gäste wie ein Publikum vor sich hatte. Dio kam es vor, als säßen sie plötzlich höher und befänden sich im Lichtkegel eines Scheinwerfers.

Aphrodite nickte ihren Zuschauern zu und sagte mit ihrer erotischen Stimme: „Willkommen, meine Damen und Herren, zu einer Folge von Aphros Liebeszauber."

Die Damen und einige Geschäftsleute klatschten. Zwei bärtige Männer in Jeans zogen ihre Stühle näher heran. Aphrodite zwinkerte ihnen zu und sagte: „Heute klären wir die Frage, ob auch ältere Fragen geilen Sex haben können."

Lachen im Publikum erklang. „Bitte noch ein Glas Champagner für mich und einmal die Nachtischkarte rauf und runter für diesen jungen Mann hier", sagte sie zum Kellner und prostete mit ihrem leeren Glas den Blondgefärbten zu. Die kicherten und hoben ebenfalls ihre Gläser.

„Machen Sie es sich bequem und bleiben Sie dran", fuhr Aphrodite fort, „denn heute räumen wir mit dem weitverbreiteten Vorurteil auf, dass nur blutjunge, knackige Frauen guten Sex haben können. Mit mir vor der Kamera ist wie immer Dio, the one and only."

Vor der Kamera? Dio sah keine Kamera. Aber ihm wurde klar, dass die Liebesgöttin entschlossen war, eine Show zu veranstalten. Und er hatte keine Ahnung, wie er sie daran hindern konnte.

Die Restaurantgäste fanden nichts dabei, anscheinend gab es hier öfter Kabarett oder dergleichen. Ein paar hoben ihr Handy, um die Szene zu filmen. Am besten war es, er würde ihr Contra geben. Er setzte sich wieder auf die Bank und sagte mit säuerlicher Stimme: „Vielen Dank, liebe Aphro! Ich stelle mir eher die Frage: Wie können ältere Frauen guten Sex haben, wenn es beim Mann nicht mehr klappt?" Er spürte, wie die Blicke der bärtigen Männer ihn abschätzig taxierten. Tss, denen würde er es zeigen, und den Ladys gleich mit.

Er holte Luft und sagte: „Ich meine, mal ehrlich, wenn beim Ausziehen lauter Gammelfleisch zum Vorschein kommt, klappt doch die steifste Latte nach unten."

Die Männer grölten vor Lachen, während die Damen pikiert in ihre Gläser guckten.

„Eins zu null für meinen Vetter", sagte Aphrodite und tippte sich an die Stirn. „Das Problem liegt allerdings in diesem Fall wie so oft hier oben. Männer glauben, sie bräuchten junge Frauen, dabei spielt das Alter nur für sie eine Rolle. Denn je älter sie werden, desto schlapper wird das gute Stück – Gott sei's geklagt. Das Gegenteil gilt für Frauen. Je älter sie werden, desto potenter. Und wissen Sie, woran das liegt?" Sie sah das Damenquartett an, doch das schwieg gebannt.

„Je älter die Weiber sind, desto lockerer sind sie, was ihren Körper angeht. Und Männer mögen Frauen, die sich nicht dauernd zu dick finden oder sonst was!"

Endlich fiel Dio wieder eine passende Antwort ein. „Ich will ja nix sagen, aber so mancher alten Schabracke bleibt gar nix anderes übrig, als sich selber zu mögen, die Kerle tun's jedenfalls nicht mehr."

Der Kellner stellte ein Tablett mit Pannacotta, Tiramisu, Schokoladeneis und Käsekuchen vor ihn hin und ihm lief das Wasser im Mund zusammen. Vor Aphrodite stand ein Teller mit etwas riesigem Blutigen.

„Meine Damen und Herren", sagte Aphrodite und lächelte ihre Zuhörer an. „Wir kommen zum Ende unseres heutigen Kurzratgebers, denn jetzt ist Essenszeit. Und Essen hält Leib und Seele zusammen. Was ich Ihnen auf den Weg mitgeben möchte, meine Damen, ist Folgendes: Geliebt wird nicht, wer schön aussieht, sondern wer selber lieben kann."

Die Damen klatschten und Aphrodite wandte sich den Bärtigen zu: „Und für Sie, verehrte Männer, lautet Aphros Liebestipp für heute: Achten Sie nicht aufs Alter, sondern suchen Sie sich eine liebesfähige Frau. Eine liebende Frau ist schön, egal, ob sie zwanzig, vierzig oder sechzig ist."

Das Publikum klatschte, der Scheinwerfer erlosch und Dio hieb seine Gabel in das Pannacotta.

Er war gerade mit dem Tiramisu fertig, als ein gellender Ruf von der Türe her erklang. „Dio, Aphrodite, wo seid ihr?"

Zeus stand im Eingang. Sein Anzug war zerknittert und er atmete rasselnd, als bekäme er schlecht Luft. Aphrodite ging zu ihm hin und geleitete ihn zu einem Sessel.

„Was ist los, alter Mann? Zu viel Sport gemacht? Komm, setz dich erst mal."

„Mein Sohn verbirgt sich in einem Loch!"

Zeus' Stimmte zitterte und eine Träne rollte über die welken Wangen. „In einem elenden Verschlag haust er." Der alte Obergott schüttelte den Kopf, dass seine grauen Locken wogten.

„Hä? Herk wohnt in einer Villa. Da haben wir ihn am Samstag abgeholt."

„Hermes hat mich zu seinem Gemach geführt, doch verweigert hat sich Herakles mir. Pfeile würde er schleudern, wenn näher wir kämen, rief er uns zu."

Dio sah Aphrodite fragend an, doch die schwieg.

„Der große Held, dem Rufe zu folgen, er sich weigert. Doch weh, auf der Kippe Europa nun steht. Titanenaufstände drohen von allen Seiten."

„Noch mehr als am Samstag?", fragte Aphrodite spöttisch, doch Zeus ignorierte ihren Einwand und griff nach Dios Händen. „Hungersnöte werden kommen. Krieg droht uns!"

„Wie wär's in der Zwischenzeit mit einem Steak, alter Mann?", sagte Aphrodite. „Nicht, dass du aus den Latschen kippst, bevor du Europa retten kannst."

Zeus schoss unter den dichten Brauen einen wütenden Blick auf Aphrodite. „Verspotte mich nicht, du lästerlich Weib."

Dio schob ihm rasch sein Schüsselchen mit Pannacotta herüber, das der Obergott gierig auslöffelte. Dann verschlang er den Rest von Aphrodites Steak.

„Was genau soll Herk eigentlich machen", fragte Dio, um Zeus versöhnlich zu stimmen.

„Das muss ich dem Helden persönlich anvertrauen", antworte Zeus und sah sich nach weiterem Essen um. Als er nichts fand, lehnte er sich zurück und sagte: „Doch einweihen werde ich euch alsbald. Lasst uns ihn aufsuchen und dann gemeinsam Rat halten. Mit eurer Hilfe wird er sich mir nicht mehr verweigern."

„Dann los. Wir müssen auch mit ihm sprechen", sagte Dio.

Aphrodite hatte den rot-weißen Chevrolet direkt vor dem Eingang zur Meerbar geparkt, doch niemand hatte gewagt, ihn abschleppen zu lassen.

Während sie einstiegen, fragte Dio sicherheitshalber bei Aphrodite nach. „Hast du eine Ahnung, wovon Zeus redet?“

Aphrodite öffnet Zeus die Autotür und antwortete: „Ich glaube, Zeus wünscht sich eine Republik, wie es vor 2.500 Jahren eine im Stadtstaat Athen gab. Als wir noch mächtig waren, weil die Leute an uns glaubten. Das wäre für ganz Europa eine nette Sache“, fuhr sie fort, und Zeus grummelte zustimmend von der Rückbank. „Aber ich glaube, die Mitgliedstaaten der heutigen Europäischen Union sind viel zu eitel, um sich tatsächlich in einer gemeinsamen Republik zu vereinigen.“

Sie drehte den Schlüssel und der Motor gab ein sattes Röhren von sich. „Welche Rolle Herk dabei spielen soll, weiß ich allerdings auch nicht“, fügte sie hinzu und lenkte den Wagen auf die Straße.

Der Obergott richtete sich auf und seine Stimme dröhnte, als deklamiere er einen Text auf einer Bühne. „Herakles wird in klirrenden Waffen hinabsteigen. Er wird stehen auf einem Kampfwagen aus Ebenholz, den schwarze Rosse durch die Wolken führen. Prinzessin Europa wird er an die Hand nehmen. Und mutig werden die Völker sich hinter ihm vereinen.“

„Alter Herr, du bist nicht mehr in der Antike. Klirrende Rösser sind seit über hundert Jahren out.“

Sie bogen in einen Tunnel ein und Zeus’ Antwort ging im Rauschen unter. Politik war nicht Dios Lieblingsthema, aber er hatte begriffen, was Zeus meinte. „Zeus meint, Herk soll die Leute wieder überzeugen, dass Europa etwas Gutes ist. Ich glaube, das könnte funktionieren, weil es zu Herk passt. Als ich das vorletzte Mal da war, haben die Leute ihm zugejubelt wie einem Rockstar. Wenn jemand Massen begeistern kann, dann er.“

Sie kamen aus dem Tunnel heraus und auf der linken Seite der Straße tauchte der im Dunkeln glitzernde Rhein auf. Der Gedanke, dass Herk Menschen zum Jubeln bringen sollte, kribbelte angenehm in Dios Bauch.

Sie bogen nach rechts ab, durchfuhren ein paar ruhigere Straßen und hielten schließlich vor der Villa, bei der sie Herk am Samstag eingeladen hatten.

„Ich muss etwas erledigen", erklärte Zeus und blieb auf der Rückbank sitzen.

„Ein Nickerchen für alte Herren? Oder hast du Angst, dass dich Herk noch mal rausschmeißt?", fragte Aphrodite.

Zeus kniff böse den Mund zusammen und schwieg.

„Ich geh' schon mal vor", sagte Dio und ging voraus zur Gartenpforte. Das gravierte Messingschild funkelte im Schein der Straßenlaterne. „Polemski" entzifferte er und wunderte sich. Eigentlich hätte dort „Pondermann" stehen müssen. Er klingelte und eine grauhaarige Frau kam an die Pforte. Sie sah aus, als sei sie sehr hübsch gewesen, bevor das Leben tiefe Furchen in ihre Wangen eingegraben hatte.

Dio lüpfte seinen Strohhut. „Ich möchte zum Eigentümer der Villa, also zu, äh, Herrn Pondermann."

Die Frau ließ ihre Augen über seinen Anzug und den Hut wandern, als wollte sie prüfen, ob er eine Antwort verdiente. „Frau Polemski ist die Eigentümerin, ich bin ihre Haushälterin", sagte sie mit hartem osteuropäischem Akzent. Dann korrigierte sie sich. „Ich *war* Haushälterin."

„Aber hier wohnt doch Herk Pondermann?"

Die Brauen der Frau zogen sich zusammen. „Nein."

Dio sah sich verwirrt um, als eine alte, teuer gekleidete Dame mit offensichtlich operiertem Stupsnäschen neben ihn trat. Der Schein der Straßenlaterne schimmerte rötlich, als sie die Haushälterin gewinnend anlächelte und sagte: „Gestatten, Afra Désiré von Polemski. Ich bin die Schwester von Adelheid Polemski".

Aphrodites Outfit war perfekt. Bis zu den im Schein der Straßenlaterne blau-metallic glänzenden Fingernägeln. Dio kniff die Lippen zusammen, um ein Grinsen zu unterdrücken. Widerwillig beeindruckt beobachtete er, wie Aphrodite die Haushälterin mit ihrem Charme bezauberte.

„Meine verstorbene Schwester hat mir so viel Gutes von Ihnen erzählt", sagte sie und die Haushälterin schluckte, als müsse sie ein Schluchzen unterdrücken.

„Es tut mir so leid mit Ihrer Schwester", stieß sie hervor und in ihren Augen wurden Tränen sichtbar. Zu Dios Überraschung zog Aphrodite die Frau liebevoll in die Arme. Ihm wurde klar, dass Aphrodite mehr wusste als er und ihn dastehen ließ wie den letzten Deppen. Am liebsten hätte er sie angefahren, was sie sich eigentlich einbildete, schließlich waren sie ein Team – aber dann hätte er nicht erfahren, wo Herk steckte.

„Möchten Sie nicht hereinkommen?", fragte die Haushälterin und Aphrodite alias Afra Désiré nickte.

Sie wurden durch eine marmorgeflieste Eingangshalle geführt, über der ein silberner Kronleuchter schwebte, und erreichten einen Salon. Entzückt betrachtete Dio das Tischchen, an dem ihnen die Dame Tee servierte; es stand auf langen goldenen Beinen wie Kraniche im Sumpf. Die Vasen in den Wandnischen, die von unsichtbaren Lampen angestrahlt wurden, erinnerten ihn an seine griechischen Vasen, mit denen er sein Gartenhaus auf seiner Insel Naxos geschmückt hatte. An den bodentiefen Fenstern bauschten sich schimmernde Vorhänge.

Während Aphrodite mit der Haushälterin plauderte, ging Dio zum Fenster und ließ den Blick über den geheimnisvoll erleuchteten Garten wandern. Ein Teich mit irgendeiner Statue war erkennbar. Dass Herk nicht nur charismatisch, sondern auch gestalterisch brillant war, war ihm neu. Hoffentlich trank Aphrodite ihren Tee bald aus, dann würde er wohl endlich erfahren, wo Herk steckte.

Die Stimme der Haushälterin schreckte ihn auf. „Das Schlimmste ist, dass auch Herk nicht mehr hier wohnen darf."

Alarmiert kam Dio an den Tisch zurück.

„Dabei habe ich ihm versprochen, dass er hier leben kann. In tolle Haus. Und nicht auf alte Dachboden hier." Sie strich über die Holzoberfläche des Tischchens und ihre Tränen tropften auf die feinen Intarsien.

„Er schafft doch alleine nicht, eine Wohnung zu bekommen, und Hamburg ist nicht gut für ihn."

Das war ja wohl die Höhe, was sie da sagte! Er räusperte sich, um dieser Lady energisch zu widersprechen, doch Aphrodite gebot ihm mit einer Handbewegung zu schweigen.

„Dabei hat sie versprochen, dass ich Geld bekomme für meine gute Arbeit und Pflege und das Haus einrichten. Aber jetzt ist alles kaputt. Und nichts ist da für Herk. Er ist alles, was ich habe", sagte die Frau.

Dio starrte sie erbost an. Diese jammernde alte Schnepfe war Herks irdische Mutter? Ganz offensichtlich hatte sein Halbbruder auch diesmal keinen guten Griff getan. So eine überbehütende Glucke. Bestimmt war sie an allem schuld. Seine Abneigung schien auf Gegenseitigkeit zu beruhen, denn die Frau musterte ihn voller Verachtung.

„Beruhigen Sie sich doch, jetzt sind wir ja da", sagte Aphrodite. „Wir finden eine Wohnung für Ihren Sohn."

„Bitte am liebsten in der Altstadt", sagte die Frau. „Und es muss bald sein. Nächste Woche, wenn er kommt von Aufträgen zurück."

Gänzlich verdattert verließ Dio hinter Aphrodite die Villa.

Zeus, der laut schnarchend auf der Rückbank lehnte, erwachte, als Aphrodite den Motor startete, und fragte schläfrig: „Wann fahren wir zu Herakles?"

„Gleich", sagte Aphrodite.

„Gut, er soll die Pferde satteln und die Rüstung bereitlegen."

„Schlaf weiter, alter Mann."

9 VIVIANS HANDY IST GESPERRT

Vivian beherrschte sich den ganzen Nachhauseweg und guckte nicht ein einziges Mal auf ihr Handy. Sofie hatte völlig recht, sie sollte diesem Typen keine Hoffnungen machen. In der S-Bahn nahm sie abwechselnd Tom und Emily auf den Schoß, um sie zu wärmen. Erst als sie zu Hause war und die Kinder ins Wohnzimmer verfrachtet hatte, schloss sie sich im Bad ein, um Herk zu antworten. Sie erzählte vom Zug und den Schokotalern, verschwieg aber weiterhin, dass sie mit ihren drei Kindern in Düsseldorf gewesen war. Prompt summte es wieder. Die Symbole zeigten einen Zug, eine Kaffeetasse, den Buchstaben D und ein Fragezeichen.

Es summte wieder und Vivian las: *Donnerstag?*

Ihr war sonnenklar, was das bedeutete, aber es war ebenso klar, dass daran nicht zu denken war. Auf einer Karnevalsparty zu flirten war okay; zu flirten, wenn der Ehemann einen Unfall hatte, war schon nicht mehr okay. Und sich mit einem Karnevalsflirt zu treffen, war absolutes No-Go. Sie musste klare Fronten schaffen und ihm sagen, dass sie glücklich verheiratet war. Warum tat sie es nicht einfach?

Emily trommelte gegen die Tür und rief: „Mama, aufmachen!“

„Gleich“, antwortete Vivian und drehte das heiße Wasser ab. Sobald sie das Abendessen fertig hatte, würde sie Herk ganz cool mitteilen, dass sie Familie hatte. Und bald einen französischen Austauschschüler, mit dessen Vater sie um 20 Uhr telefonieren sollte.

Sie sah auf den Ausdruck der E-Mail aus Frankreich. Darin stand, dass die Franzosen ihren Sprössling höchstpersönlich in der Finkengasse 67 abliefern wollten. Das bedeutete, sie würden zumindest den Eingang, die Diele, die Küche und das Wohnzimmer in Augenschein nehmen. Und Mikas Zimmer, denn natürlich würden sie sehen wollen, wo ihr Sohn schlafen würde. Vivian betrachtete den verspritzten Badezimmerspiegel und schüttelte den Kopf. Ihr Spiegelbild tat das Gleiche. Mikas Zimmer sah aus, als hätten zwei Rugbymannschaften dort ihr Training absolviert. Sie beschloss, fürs Erste ihr Arbeitszimmer für den Gastschüler herzurichten, da ertönte lautes Geschrei aus der Diele.

„Mama, der Mika nimmt mir alle Schokoladendinger weg“, heulte Tom und zeigte auf seinen großen Bruder, der sich hustend auf dem Sofa breitmachte. Der Wohnzimmerteppich war bedeckt mit der Beute vom Karnevalszug. Mika krächzte mit heiserer Stimme, dass er die Schokotaler für die Schule brauche. „Das sind griechische Buchstaben, das haben wir in der Schule. Und Mama, du musst mir 10 Euro geben. Wir fahren Aschermittwoch ins Museum und zeichnen Statuen.“

„Du meinst abzeichnen, oder?“, sagte Vivian und Mika nickte.

Vivian hob einen Taler auf. Auf der einen Seite war eine Art Sternzeichen zu sehen und auf der Rückseite der Torso eines Mannes. Darunter stand „Herakles“. Sie packte ihn aus und biss hinein. Eine Sensation brandete auf ihrer Zunge auf, als zerplatzten kleine Ballons und hinterließen heiße goldene Spuren auf dem Weg in ihren Magen.

„Hey, das ist meine Schokolade“, protestierte Emily, und Vivian entschuldigte sich.

„Du kannst einen Taler haben, die anderen gehören deinen Geschwistern“, sagte sie zu Mika.

Ihr Kopf hämmerte. Kopfweh war ein sicheres Anzeichen für eine aufziehende Erkältung. Das wäre kein Wunder nach dem kalten Karnevalszug. Oder kamen die Kopfschmerzen daher, dass sie in Gedanken pausenlos in einer Kapsel aus golddurchwirktem Duft schwebte? Das D auf ihrem Smartphone flimmerte verheißungsvoll, aber sie zwang sich, das Handy in die Hosentasche zu schieben. Sie hatte Pflichten und keine Zeit, irgendwelche Typen zu treffen.

Doch während die Kinder die Süßigkeiten zu kleinen Stapeln sortierten, ging sie wieder ins Bad, als ob ein Magnet sie mit unwiderstehlicher Macht hinzöge. Sie wusch ihr Gesicht mit kaltem Wasser ab und massierte sich die Schläfen. Vielleicht entpuppte sich der Typ bei Tageslicht ja als furchtbar unattraktiv – dann wäre es sogar gut, wenn sie ihn treffen würde. Dann würden ihre Gedanken aufhören, um ihn zu kreisen, und sie könnte sich wieder auf das Hier und Jetzt konzentrieren. Sie hatte den Gedanken kaum gedacht, als ihre Finger auch schon die Nachricht getippt hatten.

Gibt eine winzige Chance, dass du am Donnerstag jemand treffen kannst.

Die Antwort kam binnen Sekunden. *Mag die winzige Chance. 13 Uhr im Schwan?*

Das Kopfweh verdampfte, als ein Feuerwerk an winzigen Funken in ihrem Körper explodierte. Als sie aufsah, stand Felix vor ihr. Schuldbewusst starrte Vivian auf ihr Handy. Sie hatte es in den letzten Stunden öfter in der Hand gehabt als jemals zuvor.

„Hallo Vivian, alles klar?"

„Ja. Und bei dir?" Sie begrüßte ihren Mann mit einem schnellen Kuss auf die Wange, doch Felix, der immer noch seine Halskrause trug, drehte seinen Kopf so, dass ihre Lippen auf seinem Mund landeten. Sie zuckte zurück. Hatte er schon immer nach Blumenkohl gerochen? Es roch wie damals, als sie schwanger gewesen war und ihr Körper signalisiert hatte: „Genug gepoppt, jetzt wird gebrütet."

Felix schien nichts zu bemerken. „Vielleicht könntest du mich nachher massieren."

„Vielleicht", antwortete sie und verzog sich in die Küche. Ihr war nicht nach Massieren zumute. Während sie Lauch und Hackfleisch in einer Pfanne anbriet, summte das Handy und Vivian las: *Hey, schöne Frau, was gibt es zum Abendessen?* Konnte Herk hellsehen oder woher wusste er, dass sie gerade beim Kochen war?

„Hackfleisch mit Lauchgemüse und Gurkensalat", antwortete sie wahrheitsgemäß, doch in ihrem Kopf sprang das schlechte Gewissen an. *Du musst ihm endlich sagen, dass du nicht für dich alleine in einer chilligen Singleküche kochst. Da wohnen noch vier andere Leute.*

Das Zischen der Pfanne riss sie aus ihren Gedanken und sie rief Felix und die Kinder zum Abendessen. Sie kamen mit schokoladenverschmierten Mündern, und Vivian wurde klar, dass sie sich das Kochen auch hätte sparen können. Das kam davon, wenn man ein schlechtes Gewissen hatte und meinte, man müsse seiner Familie unbedingt etwas Gutes tun.

„Los, ins Bad", sagte sie zu den beiden Jüngsten, doch Tom schüttelte energisch den Kopf.

„Tom, du gehst jetzt ins Badezimmer, sonst darfst du morgen nicht mehr am Computer spielen", drohte sie. Das war pädagogisch kein tolles Argument, aber Tom gehorchte. Im Hinausgehen grabschte er sich Vivians Handy und entdeckte die Nachrichten mit den Herzchen und Smileys. Emily kam dazu und rief, dass sie auch einen Brief mit bunten Bildchen schreiben wolle. Felix nahm den Kindern das Handy ab und reichte es Vivian, die rot wurde. Während Felix die Kinder die Treppe hochscheuchte, sicherte sie es mit einem Mustercode. Sicher war sicher.

Lieblos beförderte sie das schmutzige Geschirr in die Spülmaschine und wischte über die Arbeitsfläche. Dann ging sie auf die Terrasse, wo sie neues Futter ausstreute und einen Meisenknödel aufhängte. Die Schwiegermutter behauptete zwar, man müsse Vögel nur füttern, wenn Schnee lag, doch Vivian liebte Piepmätze und wusste, dass sie eher brüteten, wenn man ihnen das ganze Jahr über Futter gab.

Felix war der Garten egal. Seinetwegen hätte sie grüne Socken in den Baum hängen können, er hätte es nicht einmal bemerkt. Er bevorzugte virtuelle Welten, in denen sich Monster herumtrieben, die man abknallen konnte.

Und was du sonst noch gemacht – außer Kamelle auflesen?, fragte das Handy neugierig.

Stiefel gekauft, antwortete Vivian, während sie ins Wohnzimmer ging, um auch Mika ins Bett zu schicken. Doch der weigerte sich. Er müsse noch nicht in Bett, er könne am nächsten Tag ausschlafen.

Es summte wieder und auf dem Display erschien ein Bildchen von hochhackigen Schuhen. *Die würde ich gerne sehen. Vielleicht bei einem Drink?*, stand da. Warme Hände mit breiten Fingerkuppen schoben sich vor ihr inneres Auge. Dazu gesellten sich Gläser mit Eiswürfeln und farbig angestrahlte Flaschen.

Das Rotkehlchen von neulich setzte sich auf den Rand des Futterhäuschens und guckte zu ihr herüber. Sollte sie Herk die ganze Wahrheit erzählen? Dass die Stiefel für ihre achtjährige Tochter waren? Es chattete sich leichter, wenn man gewisse Details nicht erwähnte. So, als wäre noch alles offen.

Ein Klingeln riss Vivian aus ihren Gedanken. Die französischen Gasteltern riefen an! Eilig lief sie ins Arbeitszimmer und fand das Mobilteil unter einem Stapel von Emilys Zeichnungen auf der Fensterbank. Sie spitzte schon den Mund, um „Bon soir“ zu sagen, doch am Telefon war nur Ina, ihre Bekannte. Plante sie, jetzt mit ihr über Seminare zu sprechen?

„Hast du in vierzehn Tagen Lust, ins Halali zu kommen? Ich werde vierzig und ich möchte tanzen gehen. So richtig! So wie damals, als wir noch keine Kinder hatten.“

Vivian versuchte, sich eine wild abrockende Ina vorzustellen, und überlegte, ob sie wohl schon damals Gesundheitsschuhe getragen hatte. Sie öffnete den Mund, um abzusagen, als ihr klar wurde, dass sie eine Kooperationspartnerin lieber nicht verprellen sollte. Also sagte sie zu und nahm gleich danach den nächsten Anruf an. Diesmal war es Sofie, die neugierig fragte, ob ihr der Typ immer noch schrieb.

„Irgendwie hat der es dir ja schon angetan, oder?"

Vivian zögerte. „Wir chatten noch ein bisschen", gab sie zu und ließ sich in dem gemütlichen Schreibtischsessel nieder – dem einzigen teuren Büromöbel, das sie besaß.

„Echt jetzt?" Sofies Stimme ging in die Höhe. „Und wenn Felix das mitkriegt? Was findest du überhaupt an dem Kerl?"

Vivian ließ sich mit der Stuhllehne nach hinten sinken und überlegte. Dass er ihr ohne Unterlass banalen Kram schrieb oder Smileys schickte? Das hätte sie bei jedem anderen Menschen nach zehn Minuten genervt. Oder lag es daran, dass sie diesen golddurchwirkten Geruch roch, wenn sie nur an Herk dachte? Dass sie sich fühlte, als könnte sie fliegen? Dass sie sein Lächeln vor sich sah, wann immer sie die Augen schloss? Aber das konnte sie Sofie doch nicht erzählen.

„Was ist los, Vivian, ich hoffe, du bleibst vernünftig?"

Vivian sah an die Decke. Im Schirm der Deckenlampe lagen tote Fliegen. „Wir schicken Bildchen hin und her. Und er hat gefragt, ob ich ihn noch mal treffen will."

Sie hörte Sofie schlucken und versuchte, sich zu rechtfertigen. „Ja, ich weiß, das ist bescheuert. Aber ich will ihn einfach ein weiteres Mal sehen. Dann fällt mir auf, dass er bei Tageslicht lang nicht so attraktiv ist, wie meine verrückte Fantasie sich das ausmalt. Das funktioniert. Todsicher. Hab' ich schon mal ausprobiert. Und du übrigens auch. Mehr als einmal."

Sofie lachte, genau, wie sie es beabsichtigt hatte. „Na ja, dann gib ihn dir halt einmal bei Helligkeit. Aber mach keine Dummheiten. Midlife-Crisis hin oder her. Ich selber werde mich jetzt beim Dating-Café anmelden. Meine Ausbeute von Karneval war eher bescheiden. Außerdem habe ich Zahnschmerzen."

Vivian war froh, dass Sofie aufhörte, von Herk zu reden. Auch wenn sie so getan hatte, als wäre es sehr vernünftig, was sie plante, wusste ein Teil von ihr genau, dass dem nicht so war. Doch sie ignorierte ihr schlechtes Gewissen und ging auf Sofies Äußerung ein.

„Der Mann von meiner Bekannten Ina ist Zahnarzt. Wenn er besser bohrt als Auto fährt, könntest du ihn mal austesten."

Sie diktierte Sofie die Telefonnummer und verabschiedete sich.

Tom, der längst im Bett liegen sollte, kam ins Zimmer gesprungen.

„Geh raus, Tom, Mama muss telefonieren", sagte sie und gab ihm einen Kuss auf seinen dunkelblonden Kopf. Dann griff sie zum Telefon, das wieder klingelte. Endlich war der französische Gastvater dran. Sie stupste ihren Jüngsten in Richtung Tür und versuchte, ihr eingerostetes Französisch hervorzukramen.

„Enchanté de parler avec vous", sagte sie, überrascht, wie französisch sich das anhörte. Doch ehe sie es verhindern konnte, schlüpfte Tom zurück ins Zimmer und griff nach ihrem Handy. Sie ließ ihn gewähren, schließlich hatte sie das Smartphone ja mit einem Mustercode gesichert. Dafür brachte sie einen geradezu perfekten französischen Satz zustande: „Nous sommes très contents, que Mika peut faire un échange scolaire."

Offenbar überzeugte der Satz den französischen Gastvater, dass sie perfekt Französisch konnte. Jedenfalls kam ein derartiger Schwall auf Französisch aus dem Hörer, dass Vivian ihm nicht mehr folgen konnte. Sprachen alle Franzosen so schnell wie ein Maschinengewehr?

Verlegen fragte sie, ob der Franzose wohl noch einmal wiederholen könne, was er gerade gesagte hatte. Leider verstand sie wieder nichts, denn im Flur ertönte lautes Kreischen. Mika kam mit Tom im Schlepptau herein und teilte lautstark mit, dass ihr Handy gesperrt wäre. Dann setzte er sich ungerührt an Felix' Computer und begann, das Ballerspiel zu spielen, das Felix angelassen hatte.

Wie immer, wenn Vivian in Hektik geriet, konnte sie nicht mehr durchatmen. Der Druck ihrer Pflichten legte sich wie Eisenklammern um ihre Brust.

„Ich telefoniere hier für dich mit den Franzosen“, schrie sie, „also verhalt dich still oder geh raus!“

Der Franzosenvater fragte besorgt, ob er störe.

„Non, non, non“, stotterte sie. Kein Wunder, dass sie immer mehr graue Haare bekam, bei so viel Stress.

Als sie fertig telefoniert hatte, atmete sie durch, um das Gefühl der Beklemmung loszuwerden. Dann suchte sie nach ihrem Handy und fand es schließlich zwischen den Schokoladentalern. „Zu oft falschen Code eingegeben“, stand auf dem Display. Ärgerlich kickte sie die leere Süßigkeitentüte unters Sofa. Sie hatte keine Ahnung, mit welchem Passwort sie es entsperren konnte. Sie würde es einschicken müssen.

Als Felix nach ihr rief, wurde ihr klar, dass sie jetzt auch keine Chatnachrichten mehr bekommen konnte. Sollte das ein Zeichen sein, dass sie sich diesen Flirt aus dem Kopf schlagen sollte? Vermutlich war es so. Sie hatte Kinder und einen verletzten Ehemann, um die sie sich kümmern sollte. Besser, sie fing gleich damit an. Sie löschte das Licht und ging nach oben.

10 TOBIAS GIBT FELIX RATSCHLÄGE

Am Aschermittwoch hockte Felix gemütlich an seinem Rechner im Arbeitszimmer. Er guckte sich neue Autos an und bedauerte, dass er Familie hatte, sonst hätte er sich einen schnellen Zweisitzer kaufen können. Danach spielte er ein Computerspiel und bedauerte es noch mehr, denn sonst hätte er später mit seinem Kumpel Tobias einen anständigen Shooter ab 18 zocken können.

Felix' Blick wanderte zur Zimmertüre, wo ein Schlüssel steckte. Natürlich konnte er die Tür zum Arbeitszimmer hinter sich und Tobias abschließen. Doch niemand könnte ihm garantieren, dass nicht Vivian nach fünf Minuten hektisch anklopfen würde, um ihre E-Mails zu checken. Er schob die Computerspiele zurück in das Schränkchen und kratzte sich den Hals, der unter der Halskrause zu jucken begann. Ein freier Tag mit einer Frau im Homeoffice und drei Kindern, die schulfrei hatten, war kein Vergnügen.

Und Tobias war nicht der Verständnisvollste, was das Familiengedöns, wie er es nannte, anging. Bis heute brannte Tobias' mitleidiger Blick auf Felix' Seele, als er Tobias vor 13 Jahren mitgeteilt hatte, dass Vivian schwanger war. „Aus Versehen schwanger?", hatte Tobias gefragt und die Augenbrauen hochgezogen. „Das glaubst du doch selbst nicht. Die hat einen Dummen gesucht, dem sie ein Kind anhängen kann. So sind die Frauen."

Es war nicht Felix' Traum gewesen, schon mit fünfundzwanzig Vater zu werden, andererseits bereicherten die drei Blagen sein Leben. Zudem mochte er Vivian. Damals schon und heute immer noch. Sie war so querköpfig und mutig. Ganz anders als seine Eltern, die sich vor jedem Schritt fragten, ob das nicht gefährlich sein könnte und ob man das tun dürfe. Nur leider hatten er und Vivian viel zu wenig Sex. Dabei hätte er so oft können.

Eigentlich hätte er Pornodarsteller werden können. Aber das interessierte ja offenbar keinen.

Die Haustürklingel ging und er hörte Vivians Stimme.

„Hi, Tobias, du willst sicher zu Felix.“

Tobias, der eine eng geschnittene Lederjacke zu stylisch abgeschabten Jeans trug, stieß seine geballte Faust zur Begrüßung gegen Felix’ Rechte.

„Na, wie geht’s, Alter?“

„Muss“, antwortete Felix.

Vivian blieb unschlüssig im Raum stehen. Hätte sie nicht wenigstens die Schürze ausziehen können? So sah sie wirklich aus wie eine Hausfrau. Lag es an der subtilen Spannung zwischen Tobias und Vivian, dass ihm seine Frau in Gegenwart seines Freundes immer so unbeholfen vorkam? Vivian sei halt nicht authentisch, sagte Tobias immer. Aber das stimmte nicht. Vivian war normalerweise schon cool. Außer sie keifte gerade herum, weil die Kinder irgendeinen Quatsch machten.

„Wasser reicht“, sagte Tobias und lächelte mit den Lippen.

Vivian verschwand und Tobias begann, Felix von der Spurensicherung beim Autobahnunfall zu erzählen. Man hatte die Fachleute hinzugezogen, weil man einen Terroranschlag nicht ausschließen konnte. Felix sah seinen Freund an, der als Polizist große Teile seiner Arbeitszeit mit Sporttraining verbringen durfte. Kein Wunder, dass sich perfekte Bauchmuskeln unter seinem T-Shirt abzeichneten und die Äderchen auf seinen muskulösen Unterarmen hervortraten, als er beim Erzählen gestikulierte.

„Völlig irre, die Zeugin“, sagte Tobias. „Sie behauptet, ein Wagen sei in eine Pappel neben der Autobahn gefahren. Wir haben den Baum gecheckt, aber nicht die kleinste Lackspur gefunden. Aber das Merkwürdige war, die Äste von diesem Baum waren wirklich gebrochen, als wäre ein Auto reingerauscht. Allerdings hätte ein Wagen schon fliegen müssen, um da hochzukommen. Na ja, vermutlich hat sich jemand aus der Dumpfbevölkerung einen Scherz erlaubt."

Tobias verstummte, als Vivian eine Flasche Sprudel und Gläser auf den Couchtisch stellte. Dann fragte er, was die Arbeit mache, und Felix erzählte ihm von dem neuen Auftrag seiner Firma. Es ging um teure Immobilien und Grundstücke, die vom griechischen Staat an private Investoren verkauft worden waren. Sie sollten prüfen, ob und zu welchem Preis man sie zurückkaufen könne.

„Dann sind die ruhigen Abende am Computer Geschichte, oder?", sagte Tobias und streckte die Beine aus. Sie steckten in grauschwarzen Bikerboots. Die Spitzen der Stiefel waren vorne hochgebogen, und um das Fußgelenk liefen breite Riemen mit kleinen Stickereien.

Die Boots gefielen Felix. Aber er hätte sich nicht getraut, sie zu tragen. So was wirkte lächerlich, wenn man eine Brille trug, das Haar oben dünner wurde und sich über den Bauchmuskeln eine dicke Speckschicht wölbte. Abgesehen davon hätte er nicht gewusst, wann er sie hätte tragen sollte. In seinem Unternehmen waren klassische Anzüge und Lederschuhe angesagt.

„Ich hoffe nicht", sagte Felix und dachte an sein normales Abendprogramm. Es bestand darin, Tom eine Gutenachtgeschichte vorzulesen, Emily mehr schlecht als recht „Der Mond ist aufgegangen" vorzusingen und Mika fünfmal zu ermahnen, ins Bett zu gehen. Meistens endete es damit, dass er sich ein bisschen mit seinem großen Sohn unterhielt. Das machte er gerne. Doch als er das irgendwann gegenüber Tobias erwähnt hatte, hatte der ihn irritiert angeguckt und gesagt: „Du wirst aber ganz schön rangenommen. Ich wäre da nicht der Richtige dafür."

Deswegen hast du auch keine Kinder, hatte Felix gedacht. Aber er hatte nichts gesagt. Tobias war sein bester Freund, im Grunde fast sein einziger, und er hatte Angst davor, ihn zu verprellen.

„Und was ist mit Vivian? Arbeitet sie gerade irgendwas?“

Felix überlegte, was er sagen sollte. Seitdem Vivian ihren Job bei der Zeitung verloren hatte, schrieb sie ab und zu Texte für Unternehmen. Das entsprach nicht ihrem Ideal von unabhängigem Journalismus, geschweige denn von einem erfüllenden Beruf, aber es brachte Geld und ließ sich mit den Kindern vereinbaren. Vor Kurzem hatte sie sich eine neue Website gebaut und richtig hübsche Fotos von sich daraufgestellt. Er war ziemlich stolz auf seine schöne Frau gewesen und überlegte, ob er Tobias die Bilder zeigen sollte, aber er wollte keine verletzende Bemerkung riskieren. Tobias' Dates sahen immer aus wie Models – oder waren welche.

„Vivian ist jetzt selbstständig“, sagte er vage.

„Aha“, machte Tobias in einem geringschätzigen Ton und Felix war froh, dass er nicht mehr gesagt hatte. Dann erzählte Tobias von seiner neuesten Flamme, die er über ein Datingportal aufgetan hatte. Die war erfolgreiche Architektin und ging jeden Tag ins Fitnessstudio. Beim Sex hätte sie dermaßen abgespritzt, dass er das Betttuch hätte wechseln müssen. Felix' Gedanken wanderten zu einem Film ab 18. Den hatte er sich bei Blowjobgalore runtergeladen und würde ihn heute Abend wieder angucken. Da taten die Frauen das auch. Im wirklichen Leben leider eher nicht.

Tobias richtete sich auf und guckte ihm ins Gesicht.

„Alter, ich will dich nicht fertigmachen, aber ich glaube wirklich, du solltest aufhören, dir dein Gefängnis mit Fransen zu verzieren. Ich meine es gut mit dir.“ Seine Hand machte eine unbestimmte Bewegung durchs Wohnzimmer. Der Teppichboden war unter Legosteinen, Schuhen und den zahllosen Bonbonpapieren vom Karnevalszug nur teilweise zu sehen.

Felix schwieg und Tobias sagte: „Nimm's nicht so schwer. Ich finde das sehr bewundernswert, wie du deine Pflichten hier erfüllst. Aber ich glaube, ein bisschen mehr Spaß im Leben würde dir guttun.“

Ehe Felix antworten konnte, kam Emily hereingeklappert. Dramatisch schluchzend stieß sie hervor, dass Mika ihr ihre Monster-High-Puppen weggenommen hätte. Die Puppen, die „Draculady“ und „Frankielaura“ hießen und nach berühmten Monstern der Filmgeschichte benannt waren, waren Emilys Lieblingsspielzeug.

Felix nahm sie in die Arme und tröstete sie. „Die holen wir uns gleich wieder. Der will dich nur ein bisschen ärgern.“

Mika liebte seine Schwester, aber mindestens genauso sehr liebte er es, sie zu piesacken. „Die kreischt so schön, wenn man sie ärgert“, hatte er seinem Vater erklärt.

Emily wischte ihre Tränen weg und hängte sich an den Arm ihres Vaters.

„Ich bin dann mal weg, wir sehn uns, Digga", sagte Tobias und Felix folgte der wieder fröhlich hüpfenden Emily nach oben.

Gefängnis mit Fransen, hämmerte es in Felix' Kopf. Er machte sich von Emily los, ging zu Mika, der immer noch hustend auf dem Bett lag, und spielte mit ihm eine Runde Autorennen auf der Spielkonsole. Wütend bretterte er mit seinem virtuellen Fahrzeug gegen die Leitplanken. Mika jubelte, weil er seinen Vater überrunden konnte, doch Felix zog verärgert eine Grimasse. Erst nach dem dritten Duell besserte sich seine Laune. Und als Vivian hereinkam, um bei Mika Fieber zu messen, lächelte er sie sogar an.

„Ich habe wahrscheinlich einen Auftrag“, sagte sie mit vor Aufregung gerötetem Gesicht. Eine Kanzlei brauchte Unterstützung bei der Pressearbeit. Der Managing Partner höchstpersönlich hätte sie gefragt, ob sie am Donnerstagvormittag gegen 11 Uhr zu ihm ins Büro in der Düsseldorfer Innenstadt kommen könne. Sie sei ihm wärmstens empfohlen worden.

„Ich hab' keine Ahnung, wer mich empfohlen hat, aber ich geh' da morgen hin.“ Ihre Augen glänzten.

„Na, wird doch mit deiner Selbstständigkeit“, sagte Felix.

Sie streckte ihm ihr Handy hin. „Übrigens, Tom hat mein Handy blockiert, ich glaub, ich muss es einschicken."

„Du telefonierst doch eh fast nie damit", sagte er und grinste. „Jedenfalls bist du nie erreichbar."

Technik war nicht das Lieblingsgebiet seiner Frau, seins dagegen schon. In diesem Punkt waren sie eine sehr traditionelle Familie. Er ging ins Arbeitszimmer und nahm sein uraltes Nokia aus dem Regal. Mit geübten Fingern nahm er die SIM-Karte aus Vivians Smartphone und setzte sie in das Steinzeithandy ein. „Bitte sehr. Telefonieren kannst du jetzt wieder, nur keine bunten Bildchen schicken."

„Du bist ein Schatz", sagte Vivian. Die Aussicht auf den neuen Auftrag schien sie richtig aufblühen zu lassen.

„Stets zu Diensten, auch horizontal", sagte er, doch Vivian hantierte bereits mit dem Handy herum. Ihr Gesicht leuchtete auf, als ein Summen ertönte. Was immer das Handy ihr mitteilte, es schien deutlich interessanter als die Aussicht auf eine Runde Poppen mit dem Ehemann. Dabei war er so ausdauernd. Felix' gute Laune verpuffte wieder. Er ging in die Küche, wo er im Eisfach zwei Tafeln mit Nougatcreme gefüllte Schokolade geparkt hatte, und zog sich ins Schlafzimmer zurück. Wenn sie auf sein Angebot nicht einging, ihr Pech. Dann würde er sich eben mit seinem Film beschäftigen.

11 EIN PALAST FÜR HERK

Erst als der rot-weiße Straßenkreuzer wieder zum Rhein abbog und unter Bäumen dahinbrauste, hatte Dio seine Verwirrung so weit in den Griff bekommen, dass er Aphrodite fragen konnte, woher sie eigentlich gewusst hatte, dass die Villa gar nicht Herk gehörte. Ein Porschefahrer, dem Aphrodite die Vorfahrt nahm, hupte kräftig, doch Aphrodite ignorierte ihn.

„Du hast es doch selber im Internet gelesen: Er ist kein Starregisseur, sondern nur Producer. Also hat er auch kein Geld für eine Villa. Logisch, oder?"

Aphrodite gab Gas und ließ den Porschefahrer hinter sich, der nicht so aussah, als gefiele es ihm, von einer Oma mit operierter Stupsnase abgehängt zu werden.

„Du solltest wieder das Aussehen wechseln", schlug Dio vor und Aphrodite folgte seiner Aufforderung so schnell, dass der Porschefahrer vor Staunen die Augen aufriss, als an der nächsten Ampel eine Blondine mit XXL-Oberweite und Netz-BH im Auto neben seinem saß.

„Ich glaube, die operierte Nase behalte ich bei", sagte Aphrodite mit einem Blick in den Rückspiegel, „das haben hier in Düsseldorf viele."

Die Ampel sprang auf Grün und Aphrodite gab Gas. Es gab einen Knall und als Dio zurückblickte, sah er, dass der Porschefahrer seinem Vordermann aufgefahren war.

„Immer diese Testosteronbomber", sagte Aphrodite kopfschüttelnd und ließ ihre Oberweite auf Normalgröße zurückschrumpfen. Zeus auf der Rückbank schnarchte laut auf.

„Aber wenn das nicht seine Villa ist, wieso hat Herk dann da gewohnt?", kam Dio auf seine Frage zurück.

„Hast du's immer noch nicht kapiert? Herks Mutter war dort Haushälterin. Leider hat die alte Dame vor ein paar Tagen den Styx überquert und ihr Schwager ist angerückt, um die wertvolle Villa so schnell wie möglich zu Geld zu machen. Herks Mutter hat er nur deshalb nicht rausgeworfen, weil jemand die Bude schön machen soll, wenn potenzielle Käufer kommen.“

„Aber wenn Herk kein Haus hat, wo bewahrt er dann seine göttlichen Werke auf? Die Gemälde und Kunstwerke? Oder die ganzen Auszeichnungen und Preise?“

„Hab’ keine gesehen.“

„Aber es müssen welche da sein. Ohne göttliche Werke stirbt er wie ein Mensch und kommt nicht zurück in den Götterhimmel. Wenn er Glück hat, wird er zufällig in etwa dreitausend Jahren noch mal wiedergeboren, aber wenn nicht, bleibt er im Hades.“ Dio presste seinen Strohhut auf den Kopf, damit er ihm nicht davonflog, als Aphrodite schwungvoll in die Altstadt abbog. Die Bremsen quietschten und ein Pulk Menschen überquerte vor ihnen die Straße.

Ein Hauch von Nervosität beschlich Dio, als er sich daran erinnerte, wie er Herk bei der Karnevalsparty lapidar gefragt hatte, wie es denn mit seinen „Theia erga“ so laufe. „Ich habe schon genug Aufgaben erledigt“, hatte Herk gesagt und Dio hatte es für einen Witz gehalten. Jetzt war er sich da nicht mehr so sicher.

„Vielleicht hat Herk irgendwelche Erfindungen gemacht und die sind ganz woanders?“, sagte er.

Aphrodite drehte ihm das Stupsnäschen zu. „Wollen wir ihm nicht vielleicht erst einmal helfen, eine neue Wohnung zu bekommen? Seine Traumfrau stolpert doch rückwärts wieder raus, wenn sie sieht, dass er auf einer Matratze schläft und mit einem Campingkocher kocht – anstatt in einem Häuschen mit gemähtem Rasen zu wohnen.“

Vor Dios geistigem Auge stieg wieder die Familie aus der Fernsehwerbung auf und er nickte.

Schon am nächsten Tag bekam Hermes von einem anderen Taxifahrer den Tipp, dass direkt unter dem Dachboden, wo Herk seine Matratze hingelegt hatte, eine schäbige Wohnung freistand. Sie fuhren sofort hin und besichtigten das Apartment. Unten in dem Haus war eine Kneipe mit Restaurantbetrieb, die an Karneval fünf Tage lang Dauerparty machte und ansonsten Touristen und Einheimischen Altbier und deftiges Essen servierte.

„Und hier drin soll er wohnen?", fragte Dio und sah sich in der Bruchbude um.

„Wir bitten Herks Mutter, die Wohnung einzurichten."

Dio sah aus dem Fenster im dritten Stock hinunter auf die gepflasterte Straße. Dort hingen schon am Vormittag die ersten rotgesichtigen Besucher an Stehtischen und tranken Bier aus kleinen Gläsern.

Aphrodite rief Herk an und fragte ihn, was er von der Wohnung hielte. Herk, der gerade im Zug nach Berlin saß, wo er einen Werbespot drehen sollte, antwortete, dass es schon immer sein sehnlichster Wunsch gewesen sei, über einer Altbierkneipe zu wohnen.

Aphrodite, die wieder die Gestalt der alten Frau Polemski angenommen hatte, unterschrieb den Mietvertrag, und der Vermieter übergab ihr den Schlüssel.

Als Herks Mutter klar wurde, dass die Frau, die sie für die Schwester ihrer verstorbenen Auftraggeberin hielt, bereit war, für schöne Möbel in Herks Wohnung zu bezahlen, war sie nicht mehr zu halten. Sie bestand nur darauf, dass es eine Überraschung für ihren Sohn werden sollte.

Dio wollte protestieren – immerhin war Herk erwachsen –, doch Aphrodite hielt ihn zurück. „Lass ihr den Willen. Die Hauptsache ist doch, dass er eine gute Wohnung hat, wenn eine Frau zu ihm nach Hause kommt."

„Und wer bezahlt das alles?", wollte Dio wissen. Aphrodite lächelte geheimnisvoll und murmelte etwas von Kryptowährung, die Hermes besorgen würde. „Er ist der Gott der Diebe, der hat da seine Methoden. Die Autos hat er uns ja auch ohne Probleme besorgt."

Am Mittwochmorgen trafen sie sich in einem Möbelgeschäft und erlebten staunend, wie die gute Frau, bewaffnet mit einer Skizze des Apartments, binnen zwei Stunden den halben Laden leer kaufte und noch mehr bestellt hätte, wenn Aphrodite sie nicht mit dem Hinweis gebremst hätte, dass es sich ja eigentlich nur um eine Mietwohnung handelte.

Ein ganzer Pulk Verkäufer folgte den beiden Damen und lobte immer wieder ihren guten Geschmack. Dio stolperte auf seinen wildledernen Slippern hinterher und verfluchte sich, weil er sich nicht traute, zu sagen, dass er den ganzen Einkauf bescheuert fand. Doch wegzugehen traute er sich auch nicht, schließlich wollte er Herk helfen.

Endlich verabschiedete sich Herks Mutter, um ein paar Handwerker anzurufen, die tapezieren und das Mobiliar einbauen sollten. Völlig geplättet ließ Dio sich auf ein Himmelbett fallen. Das Bett schaukelte, als sich Aphrodite wenig damenhaft neben ihn krachen ließ. Ihr Körper streckte sich wieder und die Falten verschwanden.

Seine Füße schmerzten und er hätte sich gerne ins Hotel zurückgezogen, um sich ein bisschen auszuruhen, aber die Ungewissheit wegen Herk ließ ihm keine Ruhe.

„Aphrodite, jetzt haben wir zwar die Wohnung, aber ich finde, viel dringender wäre es, dass wir uns um die richtige Frau für Herk kümmern. Sonst kann er seine göttlichen Werke nicht vollenden."

Aphrodite lächelte ihn an wie eine Sphinx. Die weißen Laken der Bettenabteilung erstrahlten in Rosa.

„Mein liebster Dio. Ich befürchte, dein Herk hat keine göttlichen Werke, die er vollenden kann. Weder in der Villa noch in Hamburg noch sonst wo. Bis jetzt ist er genauso sterblich wie die da.“ Sie zeigte auf die Verkäufer, die sich in eine Ecke verzogen hatten und diskret zu ihnen herüberschielten.

„Da kommt übrigens Hermes. Wenn ich die Lage richtig einschätze, wird er uns das bestätigen.“

Der Götterbote kam zu ihrem Himmelbett geschlendert. Als er da war, lüpfte er seine Kappe und zog ein zusammengefaltetes Stück Papier heraus.

„Icke hab den Rejisterauszug der Schicksalsjöttinnen für Herk erhalten“, sagte er und faltete das gelbliche Papier auseinander. „Neueste Technik ham se einjesetzt, hamse behauptet. Aber ick globe, mit dem Thermopapier sind die ollen Schrecksen im letzten Jahrhundert steckenjebliebn. Ach ja, und dein Chevvy, Aphrodite, muss mal in die Werkstatt, aber ick besorch dir ein neues Fahrzeuch ausm Rejierungspool, dit wird dir jefallen.“

„Und was steht auf den Registerauszug der Moiren?“, fragte Aphrodite.

Hermes hielt ihr den Zettel hin: „Ja, wenn ick dit lesen könnte.“

Dio und Aphro beugten sich über die schwachviolette Schrift. „Regist…r…uszug für Herakl…, deutsch… Ausfertigung. Status d. Unstrblkt“, entschlüsselte Dio.

„Das heißt, deutsche Ausfertigung“, sagte er, „das ist klar, Herk hat sich ja in Deutschland in einen Menschenkörper inkarniert. Und hier steht: ‚Bilde… Kunst. K… Eintrag“. Die nächste Spalte lautete: „Wiss…sch…t“. K… Eintrag‘. Das heißt, er hat keinen Eintrag.“

„Brauchst gar nicht weiter zu suchen, Dio. Herk hat keine Einträge, alle Spalten sind leer.“

„Moment“, widersprach Dio. „Ganz unten steht was: ‚Hoffnungsvoller Ansatz‘. Nur welche Kategorie das ist, kann ich nicht erkennen.

Ich kapier das nicht", sagte er und ließ seinen Blick über die zahlreichen Betten der Bettenabteilung wandern. „Der Herk hat so viele göttliche Talente mitbekommen, wie ein Halbgott es nur bekommen kann."

„Dann is eben was schiefjeloofn", sagte Hermes und ließ die Federbüschelchen kreisen. „Komm jetzt, Aphrodite, wir kuckn dit neue Auto an."

In Dio machte sich ein Gefühl breit, als habe ihm jemand einen Eisklumpen in die Brust gesteckt.

„Das kann jeder Halbgöttin und jedem Halbgott passieren, dass er keine göttlichen Werke schafft", sagte Aphrodite und stand auf. „Jetzt muss er eben auf andere Art und Weise Unsterblichkeit erlangen."

Hermes wackelte auf seinen dünnen Beinen dem Ausgang zu, die Liebesgöttin kam auf ihren langen Stelzen hinterher. Es sah aus, als liefe eine Barbiepuppe einem mageren Gartenzwerg nach. Eilig stolperte Dio hinterdrein, doch erst in der Bäderabteilung gelang es ihm, die beiden einzuholen.

„Stopp, was machen wir denn jetzt?", fragte er.

Die Liebesgöttin blieb an einen mattweißen Waschtisch stehen. „Das, was wir schon die ganze Zeit machen: Wir verhelfen Herk zu unsterblich machender Liebe."

„Tolles Konzept. Und wie beschaffst du Herk die passende Frau?"

Sie sah ihn im Spiegel an. „Liebelein, ich glaube, Herk hat sie schon gefunden."

Dio starrte zurück. „Du redest jetzt aber hoffentlich nicht von Vivian!"

„Akzeptier' es endlich, das Spray hat auf Vivian gewirkt und auf niemanden sonst. Der gute Herk wird sich für keine andere Frau mehr interessieren. Und wenn ich sie ihm nackt auf dem Silbertablett serviere."

„Aber sie ist immer noch verheiratet."

„Dio, komm mal aus der Antike raus. Auch verheiratete Frauen haben Bock auf Sex. Genau wie alle anderen Wesen in deinem Sumpf."

Hermes lachte auf. „Du redest von den Hermaphroditen, diesen Nymphen mit Titten und Rüssel? Jawoll, die stehn uff Jeschlechtsvakehr, dit weeßte, Dio."

„Was sollten meine Nymphen mit dieser Vivian gemeinsam haben?", fragte Dio giftig.

„Na, auch Vivian hat Lust auf Liebe. Nur eben nicht mehr mit ihrem Ehemann, der nach Schweiß riecht und ihren Geburtstag vergisst."

„Woher weißt du, dass er nach Schweiß riecht und ihren Geburtstag vergisst?"

„Das ist ein Erfahrungswert. Vernachlässigte Körperpflege und nachlassende Wertschätzung – erkennbar an vergessenen Geburtstagen – lassen einstige Liebespaare so zuverlässig auseinanderdriften wie zwei Ruderboote im Wind."

Dio starrte sie böse an. „Dafür, dass du die Liebesgöttin bist, bist du wirklich unromantisch."

„Ach, Dio, nun sei nicht beleidigt. Ich bin nur realistisch. Auch verheiratete Frauen haben von Zeit zu Zeit Bock auf neue Schwänze und frische Komplimente, stimmt's Hermes?"

Hermes zuckte mit den Achseln. „Dit is dein Fachjebiet."

„Eben", sagte Aphrodite grinsend. „Frauen gestehen es sich nur nicht ein, weil die Männer aller Religionen ihnen seit Jahrtausenden einimpfen, dass sie nur einen lieben könnten. Aber ihr Körper weiß es besser."

Dio betrachtete eine blonde Frau mit roter Funktionsjacke und flachen Sportschuhen, die eilig einen voll beladenen Einkaufswagen vorbeischob, in dem sich ein rotes Kindertischchen mit Stühlchen türmte.

„Die sieht nicht so aus, als würde sie von einem Lover träumen – eher, als müsste sie nach Hause zu ihren Kids."

„Das eine schließt das andere nicht aus. Man kann seine Kinder heiß und innig lieben und trotzdem Bock auf scharfe Dates haben. Das Begehren ist nur gedämpft, solange man keine Zeit hat und wenig Schlaf bekommt. Aber im Verborgenen schlummert es, bis es wieder neu erwacht. So wie jetzt bei Vivian.“

Sie gingen an der Frau vorbei aus dem Laden hinaus.

„Kommen Sie uns bald wieder besuchen“, riefen ihnen die Verkäufer nach.

„Ick hole dit Fahrzeuch“, sagte Hermes und verabschiedete sich.

„Schreiben sich Herk und Vivian denn überhaupt noch?“, fragte Dio, während sie die Straße entlanggingen. „Du hast mir gar keine Nachrichten mehr gezeigt.“

„Guck doch selber nach.“ Aphrodite reichte ihm das Handy und Dio guckte nach. Am Montagabend hatte Herk Vivian gefragt, ob er sie in Düsseldorf treffen wolle. Sogar einen Treffpunkt hatte er vorgeschlagen. Doch seitdem war Sendepause.

Triumphierend gab er der Liebesgöttin das Handy zurück. „Aphrodite“, sagte er feierlich und blieb an einer Brücke stehen, „Herk hat gemerkt, dass die Sache keine Zukunft hat und hat aufgehört, sich mit Vivian zu schreiben. Und ich muss sagen, er hat recht. Eine Dreierkiste mit Ehefrau ist immer ein Drama, bei dem am Ende einer stirbt.“

Er klopfte mit den Fingern auf das schmiedeeiserne Gitter der Brücke. „Jetzt bist du an der Reihe. Besorg ihm endlich die richtige Frau!“

Die Liebesgöttin betrachtete stirnrunzelnd das Handy. „Und was soll ich deiner Meinung nach tun? In die Disco gehen und zwanzig Gören für ihn casten?“

Vor Dio innerem Auge tänzelten junge Frauen über einen Laufsteg. Das war die Idee. „Ein Casting, genau! Wir setzen Herk in die Jury und suchen ihm eine aus.“

„Und wer gewinnt, darf Herk heiraten“, spottete Aphrodite.

„Warum denn nicht? Herk ist doch Filmproducer. Du beschaffst ihm einfach einen Auftrag, wo er für einen Werbefilm junge Damen casten muss.

„Wie wär's mit Werbung für Tampons?“, fragte Aphrodite höhnisch, doch Dio blieb stur. Sie hatte den Schlamassel angerichtet, jetzt musste sie Herk wieder raushelfen.

Schließlich nickte die Liebesgöttin und Dio lachte grimmig.

Im Laufe des Nachmittags rief Aphrodite vom Hotel aus bei mehreren kleinen Werbefilmproduktionsfirmen an. Sie gab sich als Marketingleiterin einer schwedischen Firma aus, die sich auf Hygieneartikel spezialisiert hatte. Sie plane eine innovative Tamponwerbung. Dazu suche sie ein frisches, unverbrauchtes Gesicht, das das Lebensgefühl der sehr jungen Mädchen ideal verkörpere. Und sie hätte gerne einen ganz bestimmten Producer bei dem Casting dabei. Dio hörte, wie sie Herks Handynummer diktierte.

Sie legte auf und klimperte Dio an. „Nun bekommt Herk einen Anruf von einem Auftraggeber, dass er am Freitag ein paar Girls casten soll. Dann kannst du mit deinem Wein dafür sorgen, dass er in die richtige Stimmung kommt.“

Dio, der durchs Fenster den über die Königsallee wuselnden Passanten zugeguckt hatte, sah in Aphrodites lächelndes Gesicht. Machte sie sich über ihn lustig? Bei der Liebesgöttin konnte man sich nie sicher sein.

„Das wird schon klappen“, sagte er trotzig. Sein Wein funktionierte immer. Darauf hätte er sich schon viel eher verlassen sollen. Es wurde Zeit, dass er die Sache wieder in die Hand nahm.

12 KRIBBELN MIT MILCHKAFFEE

Der Himmel war wolkenlos und auch Vivians Kopf war klar, als sie am Donnerstagmorgen nach Düsseldorf aufbrach. Der neue Kunde, Partner einer Wirtschaftskanzlei, wollte seine Kompetenz im Arbeitsrecht bekannter machen und war willens, ihr Geld dafür zu bezahlen, dass sie regelmäßig Pressemitteilungen für ihn verschickte und Journalisten ansprach.

Sie trug ihren schwarzen Anzug und eine leuchtend orange Bluse. Optisch ein bisschen Eindruck zu schinden war bestimmt gut fürs Honorar. Dass sich in ihrem Homeoffice Berge von Legosteinen und Kinderbildern türmten, brauchte der Kunde ja nicht zu wissen. Auch nicht, dass sie vor allem an eine andere Person dachte, die sie gleich treffen würde. Irgendwie hatte sie das Gefühl, dass es an dieser Person lag, dass sie plötzlich eine richtige echte Auftragsanfrage hatte. Ein warmer Schauer rieselte durch ihren Bauch, als sie zum zwanzigsten Mal die SMS las, die an Felix' Uralthandy gegangen war: *Lebst du noch? Meine Chatnachrichten kamen nicht mehr durch, da dachte ich, ich versuch's mal so. Sehen wir uns morgen?*

Morgen war heute und sobald sie den neuen Kunden verarztet hatte, würde sie Herk sehen. Er war ihr Glücksbringer, das spürte sie.

Sie blickte auf den Büroturm, in dem die Kanzlei ihres neuen Kunden lag. Er war von einem berühmten Architekten erbaut worden und sah aus, als habe man silberne Dosen übereinandergestapelt. In so etwas würde sie auch residieren, wenn ihr Business erfolgreich würde. Sie riss ihren Blick los und ging hinein.

Lässig besprach sie mit dem Mann, einem viel beschäftigten Anwalt namens Dr. Dornfelder, die Möglichkeiten, seine unvergleichliche Kompetenz im Arbeitsrecht bekannter zu machen. Sie plauderten über Pressearbeit, Social Media und Kommunikationstraining. Vivian spürte, wie zappelig der Mann beim Gedanken an die bevorstehende Publicity wurde, und sah die kleinen Schweißperlen, die sich auf seiner hohen Stirn bildeten. Es war das Gleiche wie damals, als sie Interviewpartner für die Zeitung befragt hatte. Fast alle hielten sich insgeheim für die Besten und empfanden es als Beleidigung, dass ihre Mitmenschen ihnen das nicht andauernd bestätigten. In die Zeitung zu kommen, war für sie der Moment, an dem ihnen die Welt die Bestätigung gab, die sie ihrer Meinung nach verdient hatten. Das Gleiche galt offenbar für Leute, die Werbung für sich machen ließen.

Mit erhobenem Kopf stolzierte Vivian eine knappe Stunde später an der perfekt frisierten Empfangssekretärin vorbei durch die Glasdrehtür hinaus. So ging erfolgreiche Selbstständigkeit. Sie blieb auf dem gepflasterten Platz vor den Bürogebäuden stehen und ließ sich von der zarten Vorfrühlingssonne wärmen. Anzugträger in Anthrazit oder Schwarz mit weißer Hemdbrust eilten an ihr vorbei. Die weiblichen Funktionsträger trugen zumeist Kostüm und hochhackige Schuhe. Ein kleiner glatzköpfiger Mann begrüßte eine große Blondine, die an einem amerikanischen Straßenkreuzer lehnte. Beide stiegen ein und entschwanden ihren Blicken. Schon wieder ein kleiner Dicker und ein Oldtimer – und schon wieder kamen er und seine sexy Begleiterin ihr irgendwie bekannt vor. Hatte sie Halluzinationen? Oder kam sie in die Wechseljahre? Da fing ja das Unterbewusstsein manchmal an zu spinnen. Behauptete jedenfalls Sofie.

Schon von Weitem erkannte sie die lange Gestalt in Jeans und weißem Hemd, die an der Theke vor einem Milchkaffee saß. Ihr Herz klopfte.

Seine Beine seien so lang, deshalb säße er am liebsten an der Theke, erklärte er entschuldigend. Dann musterte er sie von oben bis unten. „Gut siehst du aus."

Die kleinen Härchen auf ihrer Haut stellten sich auf. Sie fühlte sich attraktiv und ahnte, dass das nicht an ihrem eleganten Bürooutfit lag. Es waren ihre Mundwinkel, die nach oben zeigten, seit sie Herk erblickt hatte.

„Aber im Sassafras hattest du keine Brille auf. Sonst hättest du dich nicht für so einen wie mich interessiert."

Er beugte sich leicht zu ihr hinüber und ein Hauch seines Dufts wehte in Vivians Nase. Ihre Knie wurden weich. Wenn er wüsste, dass im Sassafras nicht ihre Augen, sondern ihre Nase entschieden hatte. Nein, es war nicht nur sein Geruch. Es waren die Blicke aus haselnussbraunen Augen, die über ihr Gesicht, ihre Nase, ihre Haare und ihren Körper wanderten, als zöge er sie aus.

Es irritierte sie, dass sie als große Frau zu jemandem aufschauen musste. Bei Felix musste sie nur Schuhe mit Absätzen anziehen, dann überragte sie ihn schon. Verlegen nahm sie auf einem Barhocker Platz.

„Und passen deine neuen Stiefel gut?", fragte Herk und nahm einen Schluck Kaffee.

Sie sah auf den Aschenbecher. „Die waren für meine Tochter."

Jetzt war das klargestellt. Dass sie eine Tochter hatte. Und keinen Mann für die Familiengründung suchte.

„Du hast so unabhängig gewirkt, als du mit mir im Sassafras geflirtet hast. So wie eine Frau mit Vergangenheit".

Vergangenheit war gut. Vivian hatte vor allem eine Gegenwart. Die bestand aus drei Kindern, und einer, na ja, glücklichen Ehe.

„Ich bin verheiratet", sagte sie und schluckte, weil ihr Mund so trocken war. Was also tat sie hier? Sie hätte auch sagen können: „Ja, ich bin verheiratet, aber meine Ehe steckt in der Krise." Aber das wäre gelogen. Felix war ein prima Kerl und die Ehe mit ihm gut. Ein bisschen öde vielleicht, aber zuverlässig. Warum saß sie hier und zitterte? Weil ihr ein Riese seine muskulöse Hand auf den Oberschenkel gelegt hatte?

Weil sie ihn wollte. Das war die Wahrheit.

Sie murmelte, dass ihre Ehe schon noch funktioniere, aber wenig abwechslungsreich sei.

„Kein Problem, ich bin jemand, der nie heiraten und Kinder haben wird.“

Wo die Hand gelegen hatte, glühte ihr Oberschenkel.

Er suchte keine Frau fürs Leben? Ihre Kinder und ihre Ehe bildeten also kein Hindernis, um mit ihm – zusammen zu sein?

Vivian, wach auf, du willst nicht mit ihm zusammen sein. Du hast schon eine Beziehung, erinnere dich.

‚Das will ich auch gar nicht‘, erwiderte ihr Verstand.

‚Ich schon‘, raunte ihr Körper.

Na, dann sind wir uns ja alle einig, dachte sie und betrachtete Herks Hände, die mit einem Löffel den Milchkaffee umrührten. Kräftige, zart gebräunte Finger mit breiten, hellen Fingerkuppen. Hände, die vor wenigen Tagen ihren Rücken hinuntergewandert waren, als wären sie dort zu Hause.

Sie schrak auf. Was hatte der Kellner gerade gefragt? Ob sie etwas trinken wollte? Verlegen lächelnd bestellte sie einen Pfefferminztee. Dann fragte sie Herk, was er beruflich tue.

Die braunen Augen verdunkelten sich. „Ich bin Filmproducer“, sagte er mit schroffer Stimme. „Und heute Nachmittag caste ich ’ne Horde Teenies für ’nen Werbedreh“.

Vivian kannte sich mit Filmen nicht aus, aber ihr schien, als passe es nicht zu ihm, auf einem Filmset herumzulaufen. Er sah viel mehr nach Sportler aus. Oder war er ein anonymer Millionär, der nicht arbeiten musste? Ein reicher Sugardaddy, der Frauen regelmäßig Geschenke machte, damit sie ihn ins Hotelzimmer begleiteten? Niemals! Im Übrigen war ja auch sie kein 25-jähriges Häschen mehr, das sich von seinem Gönner in Pradaklamotten stecken ließ. Sie verdiente eigenes Geld und brauchte keinen begüterten Lover. Und selbst wenn: In ihren Zeitplan einen Lover hineinzuquetschen war ausgeschlossen. Sie war eine berufstätige Mutter, die die sogenannte Doppelbelastung spielend auf die Reihe bekam. Und dabei auch noch gut aussah.

Nein, sie wollte keinen Liebhaber. Sie hatte überhaupt keine Zeit für so einen Quatsch. Sie wollte nur ein einziges Mal noch über diesen weichen Pulli streicheln.

„Ach so", sagte ihr Mund und in Herks Augen blitzte ein feiner Hauch von Spott auf. Vivian fühlte sich wie damals, als sie beim Kellnern mit einem vollen Tablett mit Rotweingläsern gestolpert war. Klirr, und ein scherbengetränkter Rotweinsee hatte sich über das Parkett ergossen. Haltsuchend griffen ihre Hände nach der Tischkante. Sie atmete durch und fragte Herk, ob er denn in Düsseldorf wohne.

„Ja, aber noch nicht lange. Ich hab' vorher in Hamburg gewohnt, aber die wollten mich nicht mehr. Und jetzt ist hier eine Wohnung frei geworden."

Wegen einer Wohnung war er nach Düsseldorf gezogen?

„Und deine Familie?" Die Frage war Vivian herausgerutscht, ehe sie es verhindern konnte. Wie albern, ihn nach seiner Familie zu fragen – einen erwachsenen Mann.

„Vivian!" Die dunkle Stimme ging ihr durch Mark und Bein. „Ich hab's nicht so mit Familiengeschichten. Mein Alter hat seine Karre in eine Baumkrone gesetzt und jetzt ist er in der Gegend und will mich sehen. Aber wenn er noch mal versucht, einen Fuß in meine Nähe zu setzen, bringe ich ihn um."

Machte er sich lustig über sie? Sie beschloss, an der unverfänglichsten Stelle seiner Antwort anzuknüpfen, und sagte: „Was für ein Zufall, mein Mann, oder vielmehr sein Freund, hat von einem Unfall erzählt. Da waren

Bäume kaputt, als wenn ein Auto da reingefahren wäre. Und eine Zeugin behauptet, sie hätte ein Auto im Baum gesehen."

Vivian unterbrach sich. Sie hörte sich an wie ihre Schwiegermutter, die stundenlang davon erzählte, was sie in der Bild-Zeitung gelesen hatte.

Herk sah sie wieder mit diesem amüsierten Blick an, der ihr durch Mark und Bein ging. „Erzähl mir mehr von dir. Was hast du eigentlich für Hobbys?"

Hobbys? Sie fühlte sich kalt erwischt. „Ich hab' keine Hobbys." Sie kam sich leer vor, als sie das sagte. Wie armselig war es, keine Hobbys zu haben. „Ich hab' meinen Beruf oder vielmehr meine Jobs und meine Familie."

Der Blick verdunkelte sich ein bisschen, doch dann funkelten die Augen wieder und Vivian fühlte, wie es in ihrem Bauch vor Freude gluckste.

„Schade, ich dachte, du kennst dich vielleicht mit Tampons aus."

Wollte er sie auf den Arm nehmen? Sie guckte in die braunen Augen und entschied, dass er sie foppte.

„Was willst du denn wissen? Lass mich dein Tampon sein?"

Herk lachte ein raues, tiefes Lachen, das durch ihren Körper prickelte wie Champagner. Glücklich lachte sie mit.

„Bei dem Werbeclip, für den ich heute caste, geht's um Tampons."

Vivian schüttelte den Kopf. „Leider nein. Ich hasse Tampons."

„Und wie sieht's mit Inneneinrichtung aus?", fragte Herk. „Mein Bruder will mir helfen, meine Bude zu pimpen."

„Sorry, nein, Inneneinrichtung ist auch nicht mein Spezialgebiet. Bei mir zu Hause sieht's chaotisch aus."

Ihr Blick fiel auf die große Uhr an der Wand. Es war höchste Zeit zu gehen. Emily hatte einen Zahnarzttermin und Felix würde sich wundern, wo sie so lange blieb. Sie sah Herk an. In Düsseldorf gab man sich links und rechts einen angedeuteten Kuss auf die Wange, um sich zu begrüßen oder zu verabschieden. Doch er machte keine Anstalten, ihr einen Abschiedskuss zu geben. Na klar, sie hatte ja auch klargemacht, wie die Dinge standen. Sie war verheiratet und damit hatte es sich.

Sie stand auf und zog ihren Mantel an. Herk blieb sitzen.

„Mach's gut", sagte sie und riss sich los.

Als sie vor dem Schwan auf dem Burgplatz stand, klingelte ihr Handy. Felix war dran und wollte wissen, wie der Kundentermin gelaufen war.

Gewissensbisse zwickten sie. Dabei war objektiv gar nichts passiert. Im Gegenteil. Sie hatte endlich deutlich gesagt, wie es stand.

Durch die Scheibe der Glastür sah sie Herk. Er winkte ihr zu. Sie trat näher an die Türe und versuchte, seine Lippen zu lesen.

„Wollen wir uns wiedersehen?", fragten die Lippen.

Ihr wurde heiß.

„Bist du bald zu Hause?", fragte Felix am Telefon.

„In einer halben Stunde", sagte sie und winkte der Gestalt hinter der Scheibe zu.

„Bis bald", sagte sie, ohne genau zu wissen, ob sie zu Felix oder zu Herk gesprochen hatte.

In der Nacht wurde Tom mehrmals hustend wach. Vivian stand jedes Mal auf, tröstete ihn und rieb ihm die Brust mit Erkältungsbalsam ein. Zuletzt machte sie ihm einen Brustwickel mit Lavendel. Das hatte eine Frau aus ihrem Netzwerk als hustenlindernd und schlaffördernd empfohlen. Der Tipp war gut. Vivian schlief neben ihrem Kind mitsamt Wickel ein. Als um sieben Uhr das morgendliche Aufweck- und Frühstücksritual losging und nacheinander fünf Familienmitglieder auf die Bahn gebracht werden mussten, hatte Vivian höchstens vier Stunden geschlafen.

Emily ging als Erste. Dann kam Mika die Treppe runtergepoltert. Als Letzter verließ Felix mit Tom an der Hand das Haus. Sie winkte ihnen zu, dann ließ sie sich in ihren Schreibtischsessel plumpsen. Zu müde, ihre Gedanken zu bändigen, starrte sie auf den Ausdruck, der vor ihr auf dem Schreibtisch lag. Eigentlich hätte sie voller Elan beginnen sollen, für ihren neuen Kunden, Herrn Dr. Dornfelder, zu arbeiten. Doch ihre Augen sahen nichts anderes als Hände, die mit einem Löffel einen Milchkaffee umrührten. Sie blinzelte, um das Bild zu verscheuchen, denn in ihrem Hinterkopf nölte eine Stimme: *Hör sofort auf, an diesen Typen zu denken! Er sucht bestimmt doch eine feste Beziehung und die kannst du ihm ja wohl nicht bieten.*

„Jaja", sagte sie zu der Stimme und las zum fünften Mal die Überschrift von Herrn Dornfelders Entwurf, der ein Gastbeitrag in einer Zeitschrift werden sollte. „Neues zum nachvertraglichen Wettbewerbsverbot" stand da und Vivian überlegte, ob sie eine Zeitschrift dazu bringen konnte, einen Artikel darüber abzudrucken. Vermutlich irgendein Blatt für Personalverantwortliche. Träge begann sie, in ihrer Adresskartei nach passenden Redaktionen und Journalisten zu suchen. Schließlich bot sie drei Redaktionen einen Gastbeitrag von Dr. Dornfelder an. Dann ging sie in die Küche, um sich einen Kaffee zu kochen.

Herk hatte ausdrücklich gesagt, er wollte nie eine Familie gründen. Aber konnte man das glauben? Sie füllte Kaffeepulver in die silberne Kanne und suchte ihre rote Lieblingstasse, als das Telefon klingelte. Hastig eilte sie zurück an den Schreibtisch. Leider war kein Journalist am Apparat, der sich für Dr. Dornfelders arbeitsrechtliche Expertise interessierte, sondern die Leiterin von Toms Kindertagesstätte. Mit ihrer von Zigaretten geschwärzten Stimme knarzte sie, dass Vivian sofort ihren Sohn abholen möge. Er huste sich die Seele aus dem Leib.

Vivian schleuderte die Wollsocken unter den Schreibtisch und holte ihr Rad aus der Garage. Das war ja wohl typisch für ihre noch junge freiberufliche Karriere: Kaum hatte sie einen bezahlten Auftrag angenommen, kam ihr die Familie in die Quere. Sie liebte ihre Kinder, aber beruflich würde sie mit ihnen nie auf einen grünen Zweig kommen. Die große Gestalt aus dem Schwan erschien vor ihr. Doch, mit ihm würde sie es schaffen.

Wenig später saß der fast Vierjährige hustend, aber zufrieden auf dem Sofa. Er sah so niedlich aus, eingemummelt in die Decke und mit strubbeligen Haaren. Sie knuddelte Tom ein bisschen, atmete den Duft aus Kind und Bronchialbalsam ein und stellte ihm „Shrek" an, seinen Lieblingsfilm.

Das Telefon bimmelte wieder. „Mama muss arbeiten", sagte sie und küsste ihren Jüngsten auf die heiße Stirn. Diesmal war die Sekretärin von Herrn Dornfelder dran.

Herr Dr. Dornfelder würde zusätzlich zu der Pressearbeit gerne das von ihr vorgeschlagene Schreibtraining für seine jüngeren Kollegen buchen. „Eloquente Schreibe" sei ja, wie sie gesagt hätte, das zweitwichtigste Werkzeug des Juristen.

Hatte sie das wirklich gesagt? Aus dem Wohnzimmer krähte Tom, dass der Film kaputt sei. Rasch schloss Vivian die Tür des Arbeitszimmers. Doch das half nichts, denn Tom kam an die Tür und hämmerte laut dagegen.

„Passt es gerade nicht so gut?", fragte die Sekretärin.

„Doch, doch", versicherte Vivian und tadelte sich, dass sie nicht einfach ehrlich dazu stehen konnte, dass sie im Homeoffice arbeitete und ihr Kind krank war. Was war sie für eine dumme Ziege.

Sie versprach, ein Angebot und Terminvorschläge zu schicken, und machte Tom die Tür auf.

„Du sollst nicht zussließen, Mama", sagte ihr Jüngster vorwurfsvoll und sie entschuldigte sich. Dann atmete sie mehrmals tief durch und ein grauer Pulli schob sich vor ihr inneres Auge. Energisch schüttelte sie den Kopf, als könne sie damit das Bild ausknipsen. Mit Tom auf dem Schoß nahm sie auf dem Sofa Platz. Sie bekam ja noch nicht mal Kinder und Job auf die

Reihe – wie sollte sie da noch eine Affäre unterbringen? Und jetzt wollte sie auch noch ein Schreibtraining geben. Das konnte sie doch gar nicht. Warum nur hatte sie es dann angeboten? Weil es sich so gut angefühlt hatte, Herrn Dornfelder lauter Vorschläge zu unterbreiten und sein anerkennendes Lächeln zu sehen. Offenbar tat sie für ein bisschen berufliche Anerkennung fast alles. Nervosität stieg in ihr hoch. Sie drückte Tom an sich, als könnte das den Druck von ihr nehmen, doch Tom wand sich aus ihren Armen und begann, auf dem Wohnzimmerteppich mit Lego zu spielen.

Liebevoll sah sie ihm zu und bemühte sich, ihr inneres Zittern zu verscheuchen. *Du brauchst keine Angst zu haben. Ina hat dir Hilfe angeboten. Nur deshalb hast du das angeboten.* Sie stand auf und band sich die Haare mit einem Gummi nach hinten. Als hätten die straffgezogenen Haare auch ihre Gedanken gestrafft, nickte sie sich innerlich zu. So machte man das als erfolgreiche Businessfrau: Man holte sich Spezialisten dazu, wenn man selber etwas nicht konnte. Und dann hielt man ein tolles Seminar. Das konnte ja nicht allzu schwer sein.

„Dr. Ina Meermann“ stand auf der Visitenkarte, die in Vivians Rolodex steckte. Sie nahm sie heraus und wählte.

Es war, als hätte Vivian am anderen Ende der Leitung einen Wasserhahn geöffnet, der seit Tagen darauf gewartet hatte, endlich wieder einmal sprudeln zu dürfen.

Während sie mit der freien Hand anfing, den Schreibtisch aufzuräumen, und hin und wieder ein Blick auf Tom warf, wurde ihr klar, dass sie erst Inas Lebensgeschichte anhören musste, bevor sie etwas Brauchbares für ihr Seminar erfahren würde. Sie erfuhr, dass Ina ihr Jurastudium und ihre Anwaltszulassung derzeit im Wesentlichen dazu verwendete, ihrem Zahnarzt-Hasi den Rücken freizuhalten. Anschließend lernte sie die Namen sämtlicher Unkräuter kennen, die sich erdreistet hatten, Inas neuen Rollrasen zu besiedeln. „Man könnte meinen, die hätten den Giersch gleich mitgeliefert! Ich frage mich, mit welchem Unkrautvernichter ich dieses Monster wegkriege.“

„Lieber kein Pestizid, das schadet den Schmetterlingen“, sagte Vivian, der es egal war, was in ihrem Garten wucherte. Hauptsache, es blühte und lockte Insekten an, die eifrig summend den Apfelbaum bestäubten oder in den Schnäbeln ihrer geliebten Rotkehlchen landeten. Ina unterbrach ihren Redefluss und sagte, dass sie das so noch nie betrachtet hätte, aber sie werde darüber nachdenken. Dann fuhr sie fort, sich über ihren Zahnarztgatten auszulassen, der es selbst im achten Ehejahr noch nicht fertigbrachte, die bereits ordentlich gefaltete Wäsche nach Farben sortiert in den Schrank zu legen. Obwohl das doch so praktisch wäre, ob Vivian da nicht zustimme.

Beim Thema Wäsche klingelte etwas bei Vivian. Mit Ina in der Leitung ging sie in den Keller, wo ihr wie erwartet ein Schwall Modergeruch von der zusammengeknüllten Wäsche entgegenschlug.

Während sie die muffige Kleidung nach oben trug, um sie bei Licht auszusortieren, überdachte sie Inas Entscheidung, sich ganz und gar ihrem Mann und ihren Kindern zu widmen. Dabei war Ina nach fünf Jahren Familienauszeit zunächst erfolgreich als Anwältin in den Beruf zurückgekehrt. Eine mittelgroße Kanzlei hatte der gut organisierten Frau binnen kürzester Zeit angetragen, ein ganzes Dezernat zu übernehmen, weil der ehemalige Leiter in den Ruhestand gehen wollte. Doch leider überzog sich ihr Schöner-Wohnen-Garten während ihrer arbeitsbedingten Abwesenheit erbarmungslos mit Unkraut, und keines der Kindermädchen erfüllte ihre Ansprüche, daher kündigte sie wieder.

Als sie von Vivians Seminarauftrag hörte, war sie Feuer und Flamme, ihr zu helfen.

Vivian solle bitte schon mal Textbeispiele heraussuchen, an denen man das Schreiben für die Presse üben könne. Sie könnte auch ohne weiteres als

Vivians Co-Trainerin mitkommen und das Ganze bei Bedarf unauffällig in die richtige Bahn lenken.

Vivian dankte ihr von Herzen und legte auf. Dann nahm sie Tom auf den Arm, holte ihren Kalender aus der Handtasche und machte eine Notiz auf ihrer To-do-Liste. Dabei stieß sie gegen eine von Toms Legoinstallationen, und Legosteine fielen zu Boden. Tom brach in Schluchzen aus.

„Nicht mein Gebautes wegmachen", weinte er.

„Ich räum das in dein Zimmer", sagte sie, doch Tom weinte weiter.

Sie drückte ihn an sich. Seine Stirn glühte. „Schlaf ein bisschen, Häschen", sagte sie und trug ihn die Treppe hoch ins Bett. „Aber nicht mein Gebautes wegmachen", murmelte er. Dann kuschelte er sich unter die Decke und schlief ein.

Vivian hätte sich am liebsten dazugelegt, doch das Pflichtgefühl trieb sie an die Arbeit. Sie trat in Mikas Zimmer und prallte zurück. Der Boden war bedeckt mit gebrauchten Taschentüchern, leeren Chipstüten, Hanteln, Skateboards und Knieschonern.

Hier konnte man ganz eindeutig keinen Gastschüler unterbringen. Es blieb wirklich nur die Möglichkeit, den jungen Franzosen im Arbeitszimmer schlafen zu lassen, auch wenn das hieß, dass sie dann keinen Arbeitsplatz mehr hatte. Aber wenn schon Schüleraustausch, dann richtig. Eine Ina hätte einem Gastschüler bestimmt auch ein eigenes Zimmer eingerichtet. Am besten, sie fing gleich damit an.

Don Johnson, der sich gemütlich im Schreibtischsessel zusammengerollt hatte, fuhr maunzend auf, als sie den knarzenden Schreibtisch zum Fenster schob. Eine Spinne flüchtete eilig über das verstaubte Sammelsurium, das im hellen Morgenlicht sichtbar wurde. Neben einem einzelnen Handschuh lag eine Postkarte von Felix. „Alles Gute nachträglich zum Geburtstag", stand darauf. Jäh wallte die Erinnerung an den traurigen Morgen empor, als im Wohnzimmer nichts auf sie gewartete hatte, das entfernt an einen Geburtstagstisch erinnerte.

„Mir gehen diese ganzen Feiern sonst wo vorbei“, hatte sich Felix, der alte Egoist, verteidigt. „Aber mir bedeuten sie was“, hatte Vivian gesagt. Erst am Abend ihres Geburtstages hatte Felix ihr einen Bund weiße Rosen überreicht und erwartet, dass sie sich freute wie Bolle. Weiße Rosen, die legte man auf Gräber!

Selbstverliebt hatte er sich anschließend im Bett geräkelt, damit sie seine neuen Unterhosen bestaunte, und den Ständer darunter, aber ihre Laune war dahin gewesen. Ärgerlich legte sie die Karte auf den Schreibtisch und holte den Staubsauger. Fürsorglich schob sie die Spinnen beiseite, dann saugte sie Flusen und Legosteine weg. Zum zweiten Mal an diesem Tag überlegte sie, wie es wäre, wenn sie es Ina nachmachen und nur noch Hausfrau sein würde. Bestimmt wäre das weniger anstrengend, dachte sie, als sie keuchend den vollen Papiermülleimer und den Pappkarton mit den Zeitungsstapeln in die Garage trug und in die Papiertonne wuchtete.

Aber woher käme dann die Anerkennung? Bedankte sich ein Haus, wenn es aufgeräumt wurde? Die nach Farbe sortierten Oberhemden spendeten Ina bestimmt keinen Beifall, geschweige denn, dass sie Geld aufs Konto brachten. Aber Vivian wollte Geld und Beifall. Und wenn der Ehemann nicht dafür sorgte, musste sie sich den Beifall eben woanders holen. Wie zur Bekräftigung ihrer Gedanken vibrierte das Uralthandy in ihrer Hosentasche.

Hey, Supergirl, bin gerade noch in Hamburg. Aber Donnerstag ist in Düsseldorf Regielounge in der Nachtresidenz. Lust mitzugehen?

In Vivians Bauch krabbelten tausend Ameisen, als sie an die verlangenden Blicke von Herk dachte. Hatte Felix sie jemals so angesehen?

Hör auf zu rumzuträumen, mahnte ihr Gewissen.

Wir träumen, wann wir wollen, erwiderten die Ameisen, und das Arbeitszimmer und der Staubsauger schrumpften zusammen. Vivian schwebte über ein Stadion voll jubelnder Menschen auf Herk zu.

Sie zerknüllte die Postkarte von Felix und warf sie in den Papierkorb. Dann schrieb sie: *Könnte klappen* und drückte auf „Senden“

13 EKLAT BEIM CASTING

Rund zwanzig langbeinige, langhaarige Frauen im Bikini drängten sich fröstelnd in dem zugigen Loft, das Aphrodites Agentur für das Casting ausgewählt hatte. Wummernde Elektromusik mischte sich mit dem Klackern hochhackiger Schuhe auf einem schmutzig grauen Betonfußboden. Herk war nirgends zu sehen, dabei war er definitiv aus Hamburg zurückgekommen, Aphrodite hatte es ihm gesagt. Dio versuchte vergeblich, an den auf der Stelle stöckelnden Frauen vorbeizuspähen, doch sie waren zwar jung, aber deutlich größer als er.

Hinter einem Tisch mit Sprudelflaschen und Papierstapeln thronte ein in die Jahre gekommener Glatzkopf in schwarzer Lederjacke und getönter Brille und brüllte Anweisungen. „Chefproducer" stand auf einem Schild, das vor ihm stand. Neben ihm hockte hinter dem Schild „Agentur Starboxx" eine Dame mittleren Alters mit Igelfrisur und sah aus, als habe man ihr die Lippen mit groben Stichen zugenäht. Erst beim Näherkommen ging Dio auf, dass das, was er für Stiche gehalten hatte, violetter Lippenstift war, der wie Bächlein in die zahllosen Canyons rund um ihren Mund geronnen war. Den dritten Platz nahm eine stark geschminkte Dunkelhaarige ein, deren Namensschild „Modebloggerin" verkündete. Das vierte Schild sagte „Producer". Der Platz war frei, vermutlich sollte dort Herk sitzen.

Eine Kandidatin nach der anderen stakste zwei Stufen hoch auf einen Laufsteg, wankte einmal nach links, stolperte über eine kleine Unebenheit, wendete, kam zurück und blieb schweigend vor dem Tisch stehen, um sich eine Bewertung abzuholen. Wenn der Glatzkopf schrie: „Das war nix", ging die junge Frau widerspruchslos zurück zu dem Grüppchen und bekam von den anderen Mädchen ein tröstendes Küsschen auf die Wange. Wenn er brüllte: „Da rüber", ging sie zurück ans Ende der Rampe, wo eine weiße

Leinwand aufgebaut war. Dort stellte sie sich in Pose, während die Fotografen ihre Kameras rattern ließen.

Dio betrachtete gebannt die jungen, mageren Körper. Das waren also die Frauen, die Herk den Kopf verdrehen sollten? Die waren recht hübsch, aber wirklich ganz schön jung. Was sich Aphrodite dabei wohl gedacht hatte? Fragen konnte er sie nicht, denn sie hatte ihn mit ihrem Cabrio an dem Loft abgesetzt und war zu Zeus gefahren. Lautes Schimpfen riss ihn aus seinen Gedanken. Die Elektromusik erstarb und Dio hörte, wie der Glatzkopf die junge Frau anblaffte, die stumm und mit Tränen in den Augen vor ihm stand. „Du bist die trübste Tasse, die ich seit Langem gesehen habe. Das ist hier doch keine Beerdigung. Zeig uns mal 'n bisschen Hüfte. Los, noch mal.“ Der Mann zog die geballten Fäuste nach hinten und schob gleichzeitig ruckartig sein Becken nach vorne. Gehorsam stöckelte die Frau erneut die Rampe rauf und runter und der Glatzkopf bedeutete ihr mit einem Kopfnicken, dass sie rüber zu den Fotografen gehen dürfe. Dann schrie er seine Assistentin an, dass er sonst was mit ihr machen würde, wenn sie ihm nicht augenblicklich seine Zigaretten aus dem Auto holte. Eilig lief die junge Frau zur Tür.

Da war Herk. Er lehnte rauchend an der Fensterbank und blickte auf die Szenerie. War er dabei, sich in eine junge, süße Frau zu vergucken, mit der er Kinder haben wollte? Dio beobachtete genau, wie die Assistentin des Glatzkopfs an ihm vorbeiging und sich verstohlen ein paar Tränen abtupfte.

So schnell er konnte, quetschte sich Dio an den wartenden Models vorbei zu Herk.

„Da bist du ja!“

„Ist mein Job“, sagte Herk und trat die Zigarette mit seinen Sneakern aus. Seine Stimme bekam einen drohenden Unterton. „Aber wenn dieser Wichser weiterhin seine Lakaien fickt, hau ich ihm eine rein.“

Dio konnte nicht mehr an sich halten. Er musste Herk fragen, was er von seinen Models halte. Ob sie nicht enorm sexy seien. Herk starrte ihn kopfschüttelnd an und Dio wusste wieder, warum er sich in Herks Gegenwart manchmal wie ein tumber Trottel vorkam.

„Seit Jahrtausenden stehst du auf Männer, und kaum bist du hier, quatscht du mir nonstop den Buckel wegen irgendwelcher Weiber voll. Ist alles klar bei dir?"

„Na ja, ich mein ja nur, wenn du deine neue Wohnung hast, willst du dort vielleicht auch mal Party machen."

„Party? Mate, die Zeiten sind vorbei. Meine Ex hat mit mir Schluss gemacht, weil ich ihr zu viel saufe. Jetzt mach ich meine Partys alleine. Und diesem Chefproducer haue ich genau jetzt eine rein."

Dio hielt ihn am Ärmel fest.

„Warte! Vielleicht bringst du trotzdem mal eine Ische mit nach Hause."

Herk sah ihn an und lachte ein typisches Herklachen, das durch den ganzen Raum klang. Tief, dreckig und ansteckend.

„Das könnte passieren."

„Aber nicht die aus dem Sassafras?"

Die Frage war Dio rausgeruscht, ehe er es verhindern konnte, doch Herks Augen funkelten.

„Sassafras? Ist das der Laden, wo ihr mich Karneval hingezwungen habt? Doch, genau die. Hab sie gestern getroffen. Die Alte hat was."

Natürlich hatte er sie getroffen. Wie hatte Dio nur eine Sekunde lang glauben können, dass Herk den Kontakt abgebrochen hatte? Aber noch wollte er sich nicht geschlagen geben.

„Die ist aber verheiratet."

„Ja, leider, aber ist mir egal. Und hier bin ich jetzt raus aus der Nummer."

Mit langen Schritten ging er zu dem Tisch, hinter dem der Chefproducer wild gestikulierend stand. Er überragte den Mann um mindestens einen Kopf.

„Pass mal auf, du kleines Sackgesicht. Du hörst jetzt auf, hier den Macker zu machen. Das ist kein Pornodreh. Auch wenn du das gerne hättest."

Herks tiefe, raue Stimme vibrierte durch das ganze zugige Loft. Das Gesicht des Glatzkopfs färbte sich rot. Offensichtlich war er es nicht gewohnt, dass man ihm widersprach.

„Was hast'n du hier zu sagen? Ich bin hier der Chef."

„Dann pass mal auf, Chef. Der Kunde will selbstbewusste junge Frauen. Die ein bisschen stolz darauf sind, zur Frau zu werden. Weil sie das erste Mal ihre Tage kriegen und son Killefit. Aber der will keine Kindernutten. Im Gegensatz zu dir."

„Jetzt reicht's mir. Ich mach das Geschäft seit zehn Jahren", bölkte der Glatzkopf.

„Höchste Zeit, dass dir mal jemand mitteilt, dass du seit zehn Jahren Scheiße baust."

„Ich war der Letzte, der dich je gebucht hat. Du bist erledigt."

Die Blicke, die die beiden Männer sich zuwarfen, hätten die Tischplatte durchbohren können.

Dio fingerte nervös an seinem Strohhut herum. Herk war dabei, die ganze Geschichte zu vermasseln. Was würde Aphrodite tun? Eingreifen und retten! Aber sie war nicht da; er musste das selbst in die Hand nehmen. Endlich kam ihm eine Idee. Er stieg auf die Rampe und zog den Weinkelch aus seinem Handtäschchen. Aphrodite hatte das Gefäß mittlerweile getarnt. Es sah jetzt aus wie eine gewöhnliche Colaflasche. Doch wenn man auf die Schrift drückte, stieg feiner Weinnebel aus der Flaschenöffnung.

„Hey, Mädels", sagte er und die wartenden Mädchen sahen skeptisch zu ihm hoch. „Passt mal auf. Ihr wollt den Job doch haben. Dafür müsst ihr nicht den Glatzkopf überzeugen, sondern den großen Typen da."

Er zeigte auf Herk und drückte zugleich auf die Flasche. Nur für ihn sichtbar stieg zart nach Trauben duftender Nebel auf und legte sich in mikrofeinen Tröpfchen auf die jungen Frauen.

Herk sah verdutzt aus, als sich plötzlich zehn langhaarige Gören an ihn drängten und sich an seinen Hals schmissen. Die Fotografen sahen neugierig hin und beschlossen dann, aufs Geratewohl die Szene zu knipsen, was die Mädchen noch mehr animierte. Dio lächelte zufrieden. Genauso war es früher gewesen, wenn er mit Herk auf Partys gewesen war und sich ihm die Mädchen an den Hals geworfen hatten.

Der Glatzkopf machte ein Gesicht, als hätte ihm jemand Erbrochenes ins Essen gemischt. Dio drängte hinter den Mädchen her und versuchte, mit dem Nebel auch noch Herk zu erwischen. Der sollte sich ja schließlich in eine von ihnen vergucken. Leider stolperte er über ein Kabel und der erneute Sprühnebel traf eines der Mädchen, das sofort mit einem anderen Mädchen zu knutschen begann. Entnervt zog er sich zurück.

Herk schob die jungen Frauen freundlich, aber bestimmt von sich weg. „Hey, Chicas, danke fürs Mitmachen. Ihr könnt jetzt nach Hause gehen. Ihr werdet angerufen."

Die Agenturchefin und die Modebloggerin kamen ihm zu Hilfe und komplimentierten die Models in die Umkleide. Dio sah, wie sie Herk sehnsüchtige Blicke zuwarfen, die Herk ignorierte. Stattdessen stellte er sich vor den Chefproducer hin.

„He, Chef, was ich noch sagen wollte: Das trifft sich gut, dass du mich nicht mehr buchst, denn ich hab' nicht vor, auch nur ein einziges weiteres Mal für dich zu arbeiten." Er bückte sich und hob seinen Rucksack auf.

Der Chefproducer sah ihn hasserfüllt an. „Wenn du jetzt gehst, kriegst du in der Branche keinen Fuß mehr an den Boden."

Herk sah ihn an. „Dann pass mal auf, was ich jetzt gleich tue. Und noch was: Den Rest des Honorars kannst du dir in den Hintern stecken. Das ist

Bezahlung für dich, damit du mieses Sackgesicht mich. NIE. WIEDER. ANRUFST."

Wieder dröhnte Herks Stimme durch den ganzen Raum. Als er verstummte, brachen die Assistentin und die Fotografen in Beifall aus.

Das Casting war für die Katz. Und Aphrodite hatte es gewusst. Da war sich Dio sicher.

14 NERVÖSE LATTE

Die Entscheidung, Herk wiederzutreffen, hatte alle dunklen Wolken aus Vivians Kopf vertrieben. Und offenbar auch die vom Himmel. Der Märztag war auf einmal hell und sonnig. Beschwingt eilte sie in die Küche, öffnete den Hahn und ließ Wasser in den Topf laufen, um Nudeln für das Mittagessen aufzusetzen. Sie hatte keine Ahnung, was diese Regielounge war, auf der Herk sie treffen wollte. Aber im Grunde genommen war das völlig egal. Herk hätte ein Treffen an der Müllkippe vorschlagen können und sie wäre gekommen. Trotzdem sah sie im Internet nach und fand heraus, dass es um ein Treffen von Werbefilmern ging. Das traf sich gut, denn mit Werbetexten hatte sie ja neuerdings auch zu tun. Da konnte sie Felix den Abend als berufliche Kontaktpflege verkaufen.

Die Haustür klappte und Mika kam die Treppe hochgeschlurft. Jacke und Schultasche ließ er in der Diele fallen. „Mama, ich muss das erste Referat halten über Athen oder über Müttolo… so welche Götter und so“, sagte der schlaksige Junge.

Vivian sah leicht alarmiert auf. Wenn ihr Sohn Bescheid sagte, hieß das bei Mika, dass die Aufgabe vor zwei Tagen hätte fertig sein sollen. „Morgen? Über Mythologie?“

„Nee, nächste Woche. Und du musst mit mir ins Museum fahren, damit ich eine Statue abzeichne. Die andern haben das am Mittwoch gemacht, wo ich krank war.“ Ihr Sohn zwängte seine langen Beine unter den Küchentisch.

Die Dielentür ging auf und ein verstrubbelter Tom mit roten Wangen kam herein. Vivian setzte ihn in seinen Kinderstuhl.

Während sie einen Würfel Parmesankäse in die Küchenmaschine fallen ließ, überlegte Vivian, welches Museum wohl antike Statuen ausstellte, die ihr Sohn abzeichnen konnte.

„Du musst nach Köln fahren, da ist sone Ausstellung", erklärte ihr Mika und schob Tom zur Seite, der in lautes Geheul ausbrach.

„Wenn's weiter nix ist, als Taxifahrerin bin ich doch stets zu Diensten", sagte Vivian und stellte die Maschine an. Krachend zermalmte die Küchenmaschine den Käseblock und übertönte Tom und Mika.

Felix kam wie üblich gegen acht nach Hause, begrüßte Vivian und setzte sich, da die Kinder schon in ihrem Zimmer waren, sofort an seinen Computer. Ein neues Spiel war mit der Post angekommen und Vivian war klar, dass er den Abend am Rechner verbringen würde. Sollte sie ihm jetzt gleich sagen, dass sie schon wieder ausgehen wollte? Betont gleichmütig fragte sie, ob er etwas dagegen hätte, wenn sie am Montag nach Düsseldorf fahren würde. „Kollegen treffen. Da ist so ein Werbefilmtreffen."

Felix startete den Rechner und guckte kaum hoch.

„Jobmäßig? Kein Problem. Wenn du vorher die Kinder ins Bett bringst. Aber denk dran, am Dienstagmorgen muss ich nach Berlin."

Hatte sie wirklich erwartet, dass Felix misstrauisch sein würde, wenn sie so bald nach Karneval schon wieder ausgehen wollte? Sie hätte sich denken können, dass er phlegmatisch genug war, um sich darüber keine Gedanken zu machen. Vermutlich war es ihm einfach gleichgültig, was sie tat. Dann brauchte sie auch kein schlechtes Gewissen zu haben, dass sie wegging und Herk traf, beruhigte sie sich.

Der Montagabend kam. Vivian las Tom und Emily eine sehr kurze Gutenachtgeschichte vor und sprang rasch unter die Dusche, denn natürlich war sie spät dran. Hastig durchwühlte sie ihren Kleiderschrank. Das rote Stretchkleid würde zu aufgetakelt wirken, schließlich ging sie ja nur zu einem lockeren Treffen mit Branchenkollegen. Bedauernd legte sie es zurück in den Schrank und entschied sie sich für Jeans und Bluse und ein bisschen Make-up.

An der Haustüre hielt Mika sie auf: „Mama, vergiss nicht, dass du mit mir zu der Ausstellung fährst.“

Ein Windstoß fuhr ins Treppenhaus. Die eisige Kälte der vergangenen Woche war einer feuchten Vorfrühlingskühle gewichen.

„Ja, mach ich“, versprach Vivian. „Tschüs, mein Schatz, Mama muss Kollegen treffen.“

Als sie endlich atemlos in der S-Bahn saß, klingelte das Telefon. Sofie war dran und wollte wissen, ob sie nicht Lust auf ein Glas Wein hätte. „Ich muss dir dringend was erzählen“, sagte Sofie und begann, ohne eine Antwort abzuwarten, von ihrem neuen Zahnarzt zu schwärmen. Der hätte sich so viel Zeit für sie genommen. Und er hätte vorgeschlagen, die Details der Behandlung bei einem Glas Wein zu besprechen.

„Keine Zeit, bin auf dem Weg zur Regielounge.“

„Klingt interessant, soll ich da auch hinkommen?“

„Nee, lass mal, ich muss alte Kollegen von der Zeitung treffen.“

Jetzt log sie auch schon Sofie an. Wo sollte das noch hinführen?

„Na gut, bin sowieso erkältet. Wie war dein Treffen mit dem Typen?“

„Ach ja, wir haben Tee getrunken und ich hab’ ihm gesagt, dass ich verheiratet bin.“

„Sehr gut. Immer klare Fronten schaffen!“

„Ich bin am Freitag bei meiner Bekannten zum Geburtstag ins Halali eingeladen, willst du da mitkommen?“

„Warum nicht? Dann bis Freitag!“

Das Event in der Nachtresidenz war in vollem Gange, als sie ankam. In den hohen, von riesigen Kerzen schummrig erleuchteten Räumen drängten sich die Menschen. Auf einer Riesenleinwand flimmerten avantgardistische

Werbespots, bei denen nicht zu erkennen war, für was sie warben. Ein Pulk langhaariger Teenagermädchen drängte sich kreischend an ihr vorbei. Ein ehemaliger Zeitungskollege, dem auch gekündigt worden war, stand in einem Menschenpulk vor einem Tresen und grüßte sie freundlich. „Sorry, bin beschäftigt!“, sagte sein Blick.

Sie nickte freundlich zurück. Hoffentlich würde er nicht gerade dann Zeit haben, wenn sie sich mit Herk unterhielt. Am besten wäre es, wenn überhaupt niemand Zeit hätte, sie zu beachten. Nicht dass es etwas zu sehen geben würde, aber sicher war sicher. Als sie aus lauter Verlegenheit einen Weißwein bestellte, summte ihr Handy.

Bin hinter der Bar, las sie.

Suchend umrundete sie den Tresen. Da stand er in Jeans und Sneakern und trank ein Bier. Sie lief auf ihn zu und wollte ihn umarmen, doch er wich zurück, als hätte sie ein unsichtbares Verbotsschild missachtet. Hielt er sich zurück, weil sie verheiratet war? Aber er wollte doch gar nichts Festes. Wieder spürte sie, wie einsam er wirkte – unter all den zu coolen, zu auffällig bebrillten Werbefilmtypen mit ihren Wollschals und Handys.

Er wies in den Saal hinunter, wo schwärzliche Nebelschwaden über fünf riesige Leinwände flimmerten. „Siehst du diese langhaarigen Kinder da drüben? Die sind so jung, die dürften noch gar nicht hier sein. Aber mein Bruder will, dass ich mit einer von denen was anfange, weil sie meiner Exfreundin angeblich ähnlich sehen.“

„Was sollst du?“

„Ich bin ein komischer Kauz, ich steh’ auf verheiratete Frauen.“ Er lächelte, doch seine Augen blickten ernst.

„Das macht mir nicht aus.“

„Dir nicht, du bist ja auch Supergirl.“

„Dann komm ich auch mit komischen Käuzen klar.“

Seine Gegenwart belebte und verunsicherte sie zugleich. Sie kam sich unbehaglich vor neben all diesen merkwürdigen Typen. Diese Regielounge war kein Ort, an dem sie mit Herk sein wollte.

Sie nippte an ihrem Weißwein, während sie wartete, was Herk als Nächstes tun würde.

„Lass uns bitte gehen", sagte er und sie nickte eifrig.

In ihren Adern pulsierte der Weißwein, als sie neben Herk die Treppe hinuntertänzelte und auf die windige Straße trat. Ihre Erschöpfung war verflogen, als hätte der Nachtwind sie davongepustet.

An einem Kiosk kaufte Herk zwei Dosen Bier und bot ihr eine an, doch Vivian lehnte ab. Sie war berauscht genug. Seine bloße Anwesenheit machte, dass sich Zeit und Raum verschoben. Amüsiert beobachtete sie, wie er die zwei Dosen in den Jackentaschen verstaute. Wollte er sich etwa Mut antrinken? Er war doch erwachsen. Mut tranken sich Zwanzigjährige an, für den Fall, dass die Frau mit in ihre Wohnung ging.

Wohnung? Bleib auf dem Teppich!

Die Rheinpromenade war beinahe menschenleer, nur wenige Hundebesitzer und Spaziergänger schlenderten unter den Bäumen entlang. Im Gehen stieß Vivian immer wieder gegen Herk. Er zog ihren Körper an wie ein Magnet. Sie gingen weiter, bis sie direkt am Fernsehturm standen. „Oberste Plattform 192 Meter über dem Boden", stand auf einem Schild.

Vivian erschauerte beim Blick nach oben. „Ich hab' ein bisschen Höhenangst", gestand sie Herk. Ein bisschen war gut, sie zitterte ja schon, wenn sie das krumme Treppenhaus zu Sofies Wohnung hinaufging und den abschüssigen Boden unter ihren Füßen spürte.

Herk lachte mit seiner rauen Stimme. „Ich nicht, mein Papa wohnt auf einem Berg. Wenn ich den früher besucht hab', musste ich immer ganz hoch rauf."

Er zündete sich eine Zigarette an. Vivian fand, dass Männer, die rauchten, nach Aschenbecher schmeckten. Aber nicht Herk. Der roch wild und anziehend. Noch nie hatte sie einen so gut riechenden Mann getroffen.

„Na ja, jetzt wohnt er da nicht mehr."

„Wo wohnt er dann?"

„In einer Siedlung. Mit lauter alten Säcken. Aber jetzt gerade ist er hier, der alte Sack." Er spuckte das Wort „Sack" aus wie ein Stück schimmeliges Brot.

„Wieso?"

Er nahm einen Schluck Bier und sagte: „Eigentlich sollte er in Berlin sein, aber mein Halbbruder hat die Reise versehentlich nach Düsseldorf gebucht."

Vivian verstand nur Bahnhof, doch Herk schien nicht erpicht darauf zu sein, ihr seine Familiengeschichten näher zu erläutern.

Langsam wanderten sie am Rhein entlang zurück in Richtung Burgplatz. Der Wind wehte nicht allzu kalt über die Rheinpromenade, dennoch fröstelte sie und lehnte sich im Gehen an Herk. Er schlang seine Arme um sie und küsste sie auf den Hals. Vivian verlor das Gleichgewicht. Sie griff nach Herk und er fing sie auf. Ihre Münder fanden sich. Er schmeckte nach Tabak, Salz und Mann. Er hielt sie auf eine Art fest, wie sie noch nie festgehalten worden war. Hätte sie ihn darum gebeten, er hätte sie bis zum Fernsehturm hochgehoben, der hinter ihnen aufragte. Dann ließ er sie wieder los und Vivian trat einen Schritt zurück, um das Gleichgewicht wiederzufinden. Sie zitterte. Vor Kälte. Oder vor Aufregung.

„Möchtest du was trinken? Meine Wohnung ist gleich hier in der Altstadt."

In eine Wohnung ging man nur, wenn man …. Sie hörte auf zu denken. Vielleicht war die Wohnung auch furchtbar hässlich. Bilder von schlampig eingerichteten Studentenbuden aus längst vergangenen Zeiten stiegen vor ihr auf. Als Medientyp hatte er vermutlich so eine Wohnung. Andererseits passte das mit den Medien überhaupt nicht zu ihm. Sie stellte sich viel lieber vor, dass er ein Held wäre. Doch wenn sie seine Wohnung betrat, zerstörte sie die Illusion.

Die unbeantwortete Frage hing in der Luft, während sie langsam auf dem Kopfsteinpflaster über den Burgplatz an den Taxis vorbeischlenderten.

„Ich koch dir auch einen heißen Tee, damit dir wieder warm wird.“ Er legte den Arm um sie und seine Augen blitzten so spöttisch, dass sie ihn schubsen musste.

Die Wohnung war überhaupt nicht schlimm. Im Gegenteil, es war die geschmackvollste Wohnung, die sie seit Langem gesehen hatte. Dunkle Möbel, raffiniert von schönen Lampen beleuchtet. Kunstbände lagen neben schlanken Vasen auf schimmernden Sideboards. An den Wänden hingen Bilder, die irgendwie nach echten Gemälden aussahen. Nicht diese komischen Fantasybilder, die Felix am liebsten überall aufgehängt hätte, wenn sie nicht protestiert hätte.

Okay, das hier ist ein kultivierter Mann, mit dem du jetzt etwas trinkst. Brauchst keine Angst zu haben. Und wenn du dich aufgewärmt hast, fährst du mit der nächsten S-Bahn nach Hause.

„Ingwertee?“

Sie stutzte. Machos in schönen Wohnungen tranken Whiskey mit Eiswürfeln, aber doch keinen Ingwertee!

„Nein? Lieber Whiskey on the rocks? Oder heißen Tee mit Rum?“

Konnte er Gedanken lesen? Sie hatte das Gefühl, als zöge man ihr den Boden unter den Füßen weg, aber wieder war es ein prickelndes Gefühl. Vor ihrem inneren Auge erschien ein Schild, auf dem stand *Allerstrengstens verboten*, doch sie guckte in seine braunen Augen und kickte es einfach zur Seite. „Ingwertee wäre fantastisch.“

Er ging in den Küchenbereich und drückte ein paar Knöpfe auf einer glänzenden Maschine, die zu zischen begann. Sie folgte ihm und beobachtete, wie er Rum in zwei Teetassen goss, die außen weiß und innen golden waren. Neugierig spähte sie in den hinteren Teil der Wohnung.

Auf der einen Seite war eine Sitzecke. Dahinter war eine Wand und dort war sicher das Schlafzimmer. Links befand sich eine Türe.

Er nahm ein Teekännchen und goss Tee ein, dann stellte er eine Tasse vor sie auf einen Tresen und zog einen Barhocker heran. „Ist heiß, schön pusten, aber das weißt du ja sicher besser."

„Ja, das sag ich meinen Kindern auch immer."

Sie verstummte. Sprach man von Kindern, wenn man gerade im Begriff war, dem Vater der Kinder Hörner aufzusetzen? „Deine Wohnung ist ein Traum."

Aus irgendeinem Grund schien Herk überhaupt nicht glücklich oder gar stolz auf sein Zuhause zu sein. Das war seltsam. Die meisten Männer, die sie kannte, Felix inbegriffen, flippten aus vor Stolz, wenn sie irgendetwas präsentieren konnten.

„Hab' ich nicht eingerichtet."

„Wer denn dann?"

„Meine Mutter."

„Was?" Vivian setzte die Tasse ab und lachte. Herk – ein Muttersöhnchen? Das war so klischeehaft, das gab es gar nicht. Der einsame Wolf, der in Wahrheit noch an Mutters Rockzipfel hing.

„Weil ich keine andere Wohnung habe, muss ich hier wohnen."

Herk schnupperte an dem Tee, verzog das Gesicht und goss ihn kurzentschlossen in den Ausguss. Er öffnete eine Bierdose und goss ihren Inhalt in seine Tasse. „Und mein Halbbruder hat sich in den Kopf gesetzt, für mich Kindermädchen zu spielen."

Vivian staunte noch mehr. Wie ein Kind sah er nun beileibe nicht aus. „Aber das ist doch schön, so umsorgt zu werden."

Zu Hause war sie diejenige, die alle umsorgte. Sogar ihren Geburtstagstisch musste sie selber decken, wenn sie einen haben wollte – nur weil Felix für so etwas keinen Sinn hatte, wie er ihr zu erklären pflegte. Tss. Felix war selber schuld, wenn sie fremde Typen traf. Was vergaß er auch ihren Geburtstag?

„Baby, wir reden einfach nicht mehr von meiner Familie, okay?"

Die tiefe Stimme ging ihr durch Mark und Bein.

Sie nickte und versuchte, hinter die Wand zu spähen, wo sie das Schlafzimmer vermutete. Links daneben war eine Holztür.

„Da geht's zum Speicher. Soll ich ihn dir zeigen?" Er wies mit dem Kinn zur Holztür.

Vivian nickte, froh, in der eigentümlich wortkargen Spannung etwas zu tun zu haben. Er stieg vor ihr die schmale Holztreppe hoch. Der Speicher erstreckte sich über die ganze Breite des Hauses. Genau in der Mitte war ein schmales Dachfenster. Wolkenfetzen und ein paar Sterne waren zu sehen.

Oben lagen oder standen weitere Möbel, dazu Vasen – Nachbildungen von antiken Gefäßen vermutlich, mit schwarzen Zeichnungen darauf. Herk zeigte auf die Vasen: „Kleiner Spleen meines Halbbruders. Die Heldentaten des Herkules. Einer von diesen griechischen Spinnern."

„Echt?", Vivian kicherte, „da muss mein Sohn ein Referat drüber halten, also über Götter und so. Ich soll ihn in ein Museum fahren, damit er Statuen abzeichnen kann."

„Dann bist du hier genau richtig", sagte Herk mit seiner dunklen vibrierenden Stimme.

„Herkules ist doch der mit diesen zehn oder zwölf Aufgaben?", fragte sie.

„Ja, in seiner Jugend war er ein Held." Er lachte sein raues Lachen, das ihr durch und durch ging. „Später ist er durchgedreht."

Ein Balken knarrte, sonst war es still. Es war Nacht und sie waren in Herks Wohnung. Auf einem von einer Glühbirne spärlich erleuchteten Speicher. Alleine hier zu stehen, war verboten. Sie sah ihn verstohlen an. Nun musste sie eine Entscheidung treffen. Wenn sie hierblieb, würde sie aus ihrer Karnevalsflirterei einen echten Seitensprung machen.

Aber das durfte nicht passieren. Was wurde mit ihr und Felix? Und machte sie sich nicht lächerlich? Sie war vierzig, und ganz knackig war sie auch nicht mehr. *Nicht mehr knackig? Quatsch!* Er gab ihr das Gefühl, sie sei die begehrenswerteste Frau der Welt.

Er stand so dicht neben ihr, dass sie seinen Atem hörte. Er schnaufte leise. Dicht hintereinander stiegen sie die knarrenden Holztreppen zur Wohnung wieder herunter. Stille trat ein. Der Speicher war besucht. Jetzt sollten sie sich verabschieden.

Als ob der bevorstehende Abschied ihnen das Recht dazu gegeben hätte, umarmten sie einander. Doch von wegen Abschied. Herk schlang seine Arme um sie, hüllte sie mit seinem Körper ein, riss sie vom Boden und fing ihre Lippen ein, als bräche die Erde ringsherum auf. Die Luft um Vivian herum wogte und vor ihren Augen tanzten Lichtpunkte. Ein Funkenregen an Hormonen ergoss sich über sie.

Das war es mit der Entscheidung. Herk zog sie einfach aus und umfasste sie mit seinen Händen. Alle Bedenken verdampften angesichts des nachtschwarzen Bettes, zu dem er sie trug. Vivians Körper schrie: „Nimm mich!" Mit dem letzten Rest von Vernunft formulierte sie die Frage, die offiziell machte, was ihr Körper schon längst entschieden hatte. „Hast du ein Kondom?"

Vor dem Bett stehend hielt er sie mit einer Hand umfasst und zog mit der anderen die Schublade eines Schränkchens auf, das im Schein der verborgenen Strahler und Stehlampen schimmerte. Die Einrichtung war um Klassen eleganter als ihre eigene, abgehoben und genau die richtige Umgebung für ein Abenteuer. Ungeschickt fingerte er die Umhüllung ab und für eine Sekunde flackerte es in seinen Augen. Hatte er Angst? Was konnte es geben, das diesem Schrank von Mann Angst machte? Wieder verspürte sie schmerzhaftes Mitleid, als stünde ein kleiner, weinender Junge vor ihr. Sie stellte sich auf die Zehen und küsste ihn auf den Hals. Wie unglaublich zart seine Haut war.

Das Kondom ließ sich nicht abrollen. Und etwas Großes, Attraktives hing deutlich nach unten. Vivian nahm eher erstaunt zur Kenntnis, dass Standfestigkeit nicht überall eine verlässliche Variable war. Dabei atmete Herk genauso heftig wie sie. Sie konnte förmlich hören, wie bei jeder Berührung ihrer beiden Köper neue Kaskaden von Glückshormonen über ihnen explodierten.

„Du Wahnsinnsweib", raunte er ihr ins Ohr. Sie fühlte sich wieder hochgehoben und aufs Bett gelegt. Dann war er über ihr. Ein fantastisches Bett war es, das weder quietschte noch krachte wie ihr Bett zu Hause. Ihr war, als atme sie Feuer ein, das durch ihre Glieder floss und sie anspannte und zugleich entspannte. Sie reckte sich ihm entgegen.

Als Vivian wieder aufsah, hatte sie jedes Gefühl für Raum und Zeit verloren. Sie kuschelte sich an Herk und atmete tief ein. Ihr war, als könne sie immer und ewig so liegenbleiben. Als gehörte sie hierher.

Doch natürlich musste sie aufstehen. Es war höchste Zeit, heimzugehen, wenn sie nicht sofort Felix' Aufmerksamkeit erregen wollte. Sie löste sich aus Herks Umarmung und richtete sich auf. „Baby, ich muss leider gehen."

„Ich weiß." Sein Gesicht war undurchdringlich. Bei Felix wusste sie immer genau, was er gerade dachte. Bei Herk nie.

Sie sammelte ihre verstreute Kleidung auf und zog sich an. Herk hatte sich aufgerichtet. Seine Brustmuskeln schimmerten im gedimmten Licht. An der Stufe zur Diele blieb sie stehen. Es war nicht richtig zu gehen. Alles in ihr wollte bleiben. Doch das Pflichtgefühl zog übermächtig, und sie konnte sich nicht in zwei Stücke reißen.

„Es tut mir leid, ich habe eine Familie, und die wartet auf mich."

Wie unsäglich albern das klang. Wie in „Spiel mir das Lied vom Tod": „Einer wartet immer." Konnte sie nicht einfach den Mund halten und gehen?

„Relax, Baby. Wenn ich nicht hundert Prozent Vivian bekomme, bin ich auch mit neunzig glücklich."

Sein Blick machte, dass ihr heiß und kalt wurde.

Sie murmelte irgendwas Bestätigendes und stolperte zur Türe raus.

Der Nachtwind pustete ihr ins Gesicht. Sie stolperte über einen Pflasterstein und fiel mit ausgebreiteten Armen ins Leere. Es war kalt auf dem Boden, doch ihr tat nichts weh. Sie war im Rausch. Im allerfeinsten Delirium. Benommen rappelte sie sich vom Boden hoch und blickte sich in der leeren, kopfsteingepflasterten Straße um. Das Dröhnen eines starken Motors erstarb in der Ferne. *Falls du jetzt tot umfällst, tust du es nach dem besten One-Night-Stand deines Lebens.*

Aber Vivian fiel nicht um. Ihr Kopf war klar wie Kristallglas und sie wusste, dass hier Schluss war. Sie hatte einen herrlichen Karnevalsflirt genossen, ohne dass es bis zum Letzten gekommen war, weil Herk im entscheidenden Moment seinen Schwanz nicht hochbekommen hatte. Doch nun war es vorbei. Sie würde heimfahren und ihrem inneren Album eine schöne Erinnerung hinzufügen. Jede Fortsetzung würde nur Probleme machen. Das lag auf der Hand.

Die Glocke einer Kirche schlug zwei Mal. Hastig fummelte sie ihr Handy aus der Manteltasche und sah auf die Uhr.

Sie hatte die letzte S-Bahn verpasst und die Straßenbahn fuhr schon lange nicht mehr. Auch das lag auf der Hand. Schwankend setzte sie sich auf einen Poller und zog ihren Geldbeutel heraus. 70 Euro waren drin, damit sollte Emily am nächsten Tag ihre Klassenfahrt bezahlen. Das reichte für ein Taxi.

Vorsichtig öffnete sie die Haustür und ging die Holztreppe hoch in die Diele. Die Kinder schliefen und Felix schlief auch oder lag zumindest schon im Bett.

Alles an ihr roch nach Herk. Wundervoll und verräterisch. So leise sie konnte, putzte sie ihre Zähne und wusch sich den Körper mit einem Waschlappen. Zu duschen hätte zu viel Lärm gemacht. Stattdessen tupfte sie sich Coldcream aufs Gesicht, die schluckte so ziemlich jeden Geruch. Dann stapfte sie nur mit Unterhose bekleidet so lautlos ins obere Stockwerk, wie es die knarrende Holztreppe zuließ.

Schlief Felix wirklich? Im Schlafzimmer brannte kein Licht. Die knarzenden Dielen vermeidend schlich sie zum Bett. Ihr schon ein paar Tage getragener Schlafanzug müffelte zuverlässig nach Vivian. Sie schlüpfte hinein und legte sich auf ihre Bettseite. Vermutlich schlief Felix, doch er schnaufte und rollte sich unruhig herum. Sie schrak auf, als er rasselnd zu schnarchen begann. Ahnte er, dass der Körper neben ihm nicht mehr zu ihm gehörte? Verstohlen rollte sie zu ihrem Mann herüber und streichelte ihm über die Wange. Neben dem Kissen lag die rosa Halskrause. *Keine Sorge, ich liebe dich noch, aber mein Körper sehnt sich nach jemand anders.*

Das Handy auf dem Nachttisch vibrierte.

Beautiful Girl stand in der Nachricht.

Vivian lächelte in der Dunkelheit. Ein Kalenderspruch kam ihr in den Sinn: *Wenn man stirbt, bedauert man nicht die Sünden, die man begangen hat, sondern die, die man unterlassen hat.*

15 BEATE-UHSE-SHOP

Dio ließ sein Fernglas sinken und sah statt Herks Apartment wieder Düsseldorf bei Nacht. Er war so frustriert, dass es qualmte. Der Ausflug war ein einziger Reinfall, und der heutige Abend hatte dem Ganzen die Krone aufgesetzt.

Dabei hatte er so vielversprechend begonnen. Als er am Freitag nach dem Casting frustriert im Hotel ankam, hatte Aphrodite ihm den Ärger ausgeredet und wieder Mut gemacht.

„Herk verguckt sich schon noch in eins der Mädchen, mach' dir keine Sorgen! Wir sorgen einfach dafür, dass er ihnen noch mal begegnet. Vielleicht am Montag, da ist so ein kleines Werbefilmfestival hier in Düsseldorf. Da laden wir die Models ein und dann wird es auch mit Herk klappen."

Dio hatte sie misstrauisch angeguckt. Aber Aphrodite hatte ihm versichert, dass eins der Models fast so aussehe wie Herks Exfreundin. Deren Foto und Adresse hatte sie auf seinem Handy gefunden. In Dio war Hoffnung aufgekeimt.

Mit Hermes' technischer Unterstützung hatte Aphrodite Herk Chat-Nachrichten geschickt, die für Herk so ausgesehen hatten, als kämen sie von seiner Exfreundin. Sie hatte ihn gebeten, am Montag bei der Regielounge zu sein. Herk hatte geantwortet: „Vielleicht".

Daraufhin hatte sich Aphrodite erneut als die Vertreterin des schwedischen Hygieneartikelherstellers ausgegeben und eine neue Produktionsfirma dazu gebracht, Herk um die Fortführung der Tamponwerbung zu bitten. Dem schmierigen Produzenten hätte man den Job entzogen. Ob Herk bitte am Montagabend zur Regielounge kommen könnte? Herk hatte umgehend geantwortet, dass er ausgebucht sei. Doch am Freitag hatte er ganz plötzlich seine Meinung geändert und geschrieben, er werde am Montag da sein.

„Na siehst du, wird doch", hatte Aphrodite gesagt.

„Und was ist mit dem Model, das der Exfreundin ähnlich sieht?", hatte er mit gerunzelten Augenbrauen gefragt.

„Die verzauberst du mit deinem Wein, dann fällt sie Herk um den Hals und begleitet ihn in sein Apartment. Am besten wäre es, du präparierst die Gläser dort gleich mit. Na, komm schon, ohne deinen Wein wird das Ganze nicht klappen!"

„Du führst doch wieder irgendwas im Schilde", hatte Dio gemault. Er traute der Liebesgöttin keinen Zentimeter mehr über den Weg.

„Aber am Montag wird die Frau aussehen wie Herks Exfreundin. Das wird klappen."

Zögernd hatte Dio zugestimmt.

Den Sonntag hatten Dio und Aphrodite Zeitung lesend im Hotel verbracht, während Zeus erneut von einer Wellnessbehandlung zur nächsten getigert war. Die Medien spekulierten schon seit Tagen über den mysteriösen Geisterfahrer, der seinen Wagen laut Zeugenberichten bei dem großen Autobahnunfall in eine Pappel gefahren und sich dann in Luft aufgelöst hatte. Eine Zeugin wollte gesehen haben, dass es sich um einen Mercedes gehandelt habe, doch der Polizeipressesprecher verwies das ins Reich der Gerüchte. Nur Dio, Zeus und Aphrodite wussten, dass die graue Cabriolimousine sicher in der Hotelgarage stand.

Am Montagabend gingen Aphrodite und Dio zur Nachtresidenz, wo die Regielounge stattfand. Gemeinsam betraten sie das ehemalige Kino, über dem in leuchtenden Buchstaben „Nachtresidenz" stand. Es war eingeklemmt zwischen einen Erotiksupermarkt und einem billigen Hotel. Doch im nächtlichen Licht der Scheinwerfer verstrahlte die marode Fassade etwas vom Glamour längst vergangener Tage.

Aphrodite hatte sich passend zur Regielounge in schwarze Jeans und eine nerdige Hornbrille gekleidet und der Türsteher winkte sie und Hermes durch. Nur Dio, der wie immer seinen Leinenanzug trug, musterte er unfreundlich. Dio zog seine Colaflasche aus der Tasche und drückte auf die Schriftzeichen. Als sich der feine Sprühnebel auf das Gesicht des Mannes legte, bekam er glasige Augen, ließ sich zu Boden sinken und fing an zu schnarchen.

Hermes bückte sich und nahm ihm den Elektroschocker aus dem Gürtel. „So einen ha ick schon immer mal haben wollen. Danke dir, Dio", sagte er.

Aphrodite verschwand, um das Model zu suchen, und Dio schlenderte mit seinem magischen Weinkelch durch die Menge und versprühte hier und da Wein. Je nach Menge, die sie abgekommen hatten, fingen die Leute zuverlässig an, zu tanzen oder mit jedem zu knutschen, der nicht rechtzeitig das Weite suchte.

„Darf ich vorstellen, das ist Tina", sagte Aphrodite und grinste einer blonden Frau zu, die dem Foto von Herks Handy wirklich sehr ähnlich sah. Unauffällig platzierte Dio ein paar Tröpfchen auf ihrer blonden Mähne und bemerkte zufrieden, wie sich ihre Augen weiteten. „Da drüben steht der Verantwortliche für den Werbespot, vielleicht möchtest du dich ihm mal vorstellen", sagte Aphrodite und schob die junge Frau in Richtung Bar, wo Dio Herk erkannte.

Zu gern hätte er beobachtet, wie Herk auf die junge Frau traf, aber Aphrodite erinnerte ihn daran, dass er die Gläser präparieren sollte. Daran hatte er gar nicht mehr gedacht. Eilig verließ er mit Hermes die Nachtresidenz und ließ sich vom Diebesgott mit einem Spezialbesteck das Apartment aufschließen. Sorgfältig bestrich er die Weinkelche mit der vollen Dosis. Anschließend stellte er sie zurück in den Schrank und sah sich um. Die Wohnung sah tipptopp aus und Dio, der Herks Chaos von früheren Wohnungen her kannte, musste anerkennen, wie gut Aphrodites Idee gewesen war, Herks Mutter mit der Einrichtung zu beauftragen. Offenbar hatte sich die gute Frau, die im selben Haus im ersten Stock wohnte, nicht nur um die Einrichtung gekümmert, sondern den Job der Haushälterin gleich mit übernommen.

Das i-Tüpfelchen der Einrichtung waren natürlich die griechischen Vasen, die Dio zu kaufen vorgeschlagen hatte. Aber die waren wohl noch nicht ausgepackt, denn er konnte sie nirgends entdecken.

Er beschloss, in einer Kneipe, die Ohme Jupp hieß, auf Aphrodite zu warten, und orderte eine Flöte Altbier. Flüchtig bedauerte er es, dass er sich nicht schon an dem Karnevalsabend auf seinen guten Wein verlassen hatte. Dann wäre das Malheur mit Aphrodites Hormonspray gar nicht erst passiert. Doch jetzt würde alles gut werden.

Wahrscheinlich hatten Herk und das Model schon auf der Regielounge gevögelt. So wie früher, wo Herk stets ein ganzer Schwarm Groupies folgte. Schummrige Nischen, die perfekt dafür geeignet waren, gab es dort genug, das hatte er gesehen.

Als die Uhr halb zwölf schlug, betrat Aphrodite das Ohme Jupp, wo Dio bei der dritten Flöte angekommen war. Genüsslich nippte er an seinem Altbier, dann fragte er: „Und, hat er die Blonde schon klargemacht?"

Aphrodite sah ihm fest in die Augen. „Was meinst du wohl, wen Herk gleich mitbringt? Kleiner Tipp: Es sind keine Teenager dabei. Die mussten nach Hause zu Mutti."

Dios gute Laune zerplatzte wie eine Seifenblase. Plötzlich wurde ihm alles klar: Aphrodite hatte ihn nur abgelenkt. Keines der viel zu jungen Mädchen hatte auch nur den Hauch einer Chance gehabt, das Herz von Herk zu erobern. Wutschäumend knallte er das Altbierglas auf den Tisch. „Das ist alles deine Schuld. Du willst überhaupt nicht, dass Herk eine Familie gründet, du miese Schlange."

„Na, na, na, das mit der Schlange überlass mal den Christen. Komm, wir riskieren lieber einen Blick in Herks Apartment. Dann erfahren wir, wie sich Vivian so schlägt."

Dio fuhr auf. „Vivian ist verheiratet!", schrie er so laut, dass die Bedienung zu ihnen herübersah. „Im Islam steht darauf Steinigung", fuhr er etwas leiser fort. „Und auch sonst ...", vor lauter Aufregung fielen ihm keine passenden Beispiele ein. „Das ist jedenfalls ein No-Go!", sagte er bestimmt.

„Dann wird's höchste Zeit, dass das ein Go-Go wird", antwortete Aphrodite ungerührt. „Menschen, und erst recht weibliche Menschen, sind nicht dafür gemacht, ihr Leben lang monogam zu leben. Und außerdem, wer sagt, dass sie sich von ihrem Typen trennt? Die wird mit Herk vögeln, dass die Bettfedern krachen, und dann geht sie nach Hause und kümmert sich um ihre Brut. Sie wird sich heiß und innig in Herk verlieben, aber sie wird nicht aufhören, ihre Familie zu lieben. Wahre Liebe entsteht in großen Herzen. Auf geht's!"

„Dummes Gerede", murrte Dio und folgte ihr widerwillig auf die Straße, wo Hermes mit dem Chevrolet auf sie wartete.

Kaum waren sie eingestiegen, betätigte er den Nebelschalter und Dio sah zu, wie aus dem Auspuff des Chevrolets grauer Dampf aufstieg, der den Wagen für Normalsterbliche unsichtbar machte. Sie parkten auf dem Dach der Kunstakademie, von dem aus man direkt in Herks Schlafzimmerfenster hineinsehen konnte. Glücklicherweise gab es dort keine Jalousien.

Hermes verzog sich auf die Rückbank, um ein Nickerchen zu machen. Aphrodite nahm ein Fernglas und zwei Dosen Altbier aus dem Handschuhfach, riss eine auf, drehte sich eine ihrer Zigaretten und lehnte sich bequem zurück. „Let the show begin."

Dio weigerte sich, auch nur einen Blick in Herks Wohnung zu werfen, und starrte wütend sein Bier schlürfend in den wolkenbehangenen Nachthimmel, aber Aphrodite ignorierte ihn.

Schließlich brachte ihn Aphrodites entzücktes Seufzen doch dazu, einen Blick durchs Fernglas zu riskieren. Widerwillig beobachtete er die beiden, bis Vivian das Apartment verlassen hatte und ein nackter Herk Zigarette rauchend auf und ab ging und hin und wieder einen Schluck aus einer Bierdose nahm.

Dio setzte seine Dose so vehement auf der Ablage ab, dass das Bier herausschwappte. „Aphrodite, wir blasen das Ganze ab. Große Liebe, dass ich nicht lache. Herk hat schlappgemacht. Wie soll der je Kinder kriegen, wenn es nicht mal was mit Vivian wird? Wieso ist bloß dieses Model nicht mitgekommen?“

Aphrodite wippte mit ihren Sneakern.

„Weil er sich in Vivian verknallt hat.“

„Und die ist jetzt weg.“

„Die kommt wieder.“

„Niemals.“

„Jetzt beruhig’ dich mal. Die Frau hat Kinder, die ist es gewöhnt, dass es beim Sex nicht immer auf Anhieb klappt. Komm, wir trinken noch einen Absacker.“

Sie nahm einen letzten Zug aus ihrer Tüte und warf den Stummel im hohen Bogen auf die Straße. Lautes Schimpfen aus der Tiefe ließ vermuten, dass jemand die Kippe auf den Kopf bekommen hatte.

Als Aphrodite den Motor starrte, durchfuhr Dio ein Gedanke. Hatten Herk und Vivian vielleicht gar nicht aus den präparierten Gläsern getrunken? Auf der Bar hatte er nur Teetassen gesehen. Dann hatte der magische Wein gar nicht wirken können. Nächstes Mal würde er Herk den Wein höchstpersönlich ins Bier mischen. Mit einem Hauch von Hoffnung sah er die Dächer Düsseldorfs unter sich entlanggleiten.

Die Whiskeybar saß wie ein gläsernes Vogelnest an einer über das Hafenbecken führenden Brücke. Aphrodites Sneaker hatten sich in kniehohe Lackstiefel mit gefährlich aussehenden spitzen Absätzen verwandelt.

Dio beschloss, mit dem Altbier zu pausieren und die Whiskykarte durchzuprobieren. Als gewissenhafter Weingott betrachtete er es als seine Aufgabe, hin und wieder Konkurrenzprodukte zu testen, und war durchaus neugierig, was Menschen an destillierter Getreidepampe fanden. „Einmal Schottland rauf und runter", sagte er zum Kellner und wies auf die Whiskykarte.

Dann wandte er sich mit vorwurfsvoller Miene an Aphrodite. „Und jetzt erklär mir bitte mal ganz genau, wieso das mit dem Model nicht geklappt hat."

Aphrodite räkelte sich in ihrem Ledersessel. „Na ja, es hätte klappen können. ‚Die sieht ja aus wie meine Ex', hat er gesagt."

Dio beugte sich gebannt vor.

„Und dank deinem Wein war die junge Frau völlig rallig. Sie hat Herk in eine Ecke des alten Kinos gedrängt und versucht, ihm einen zu blasen. Ich hab' mich hinter einem Vorhang versteckt und gedacht, die Sache läuft. Doch kaum hatte sie ihm die Jeans aufgeknöpft, hat er abgewinkt und gesagt: ‚Sorry, Biene, aber es ist vorbei. Ich hab' ne andere kennengelernt, die tut mir gut und mit der möchte ich alt werden.'"

„Alt werden?" Dio verschluckte sich an seinem Lagavulin.

Aphrodite nickte. „So ist es. Vivian wird seine wahre Liebe oder es wird nix mit der Unsterblichkeit."

„Moment mal, wieso ist Vivian jetzt verantwortlich für Herks Unsterblichkeit?"

„Weil Herks Karriere im Eimer ist. Ich hab' ein bisschen rumgefragt. Kein Produzent will ihn mehr engagieren. Nur noch ganz wenige halten ihm die Treue, weil sie ihn für das lieben, was er wirklich ist. Obwohl er auch ihnen manchmal mit dem nackten Arsch ins Gesicht springt."

„So wie bei dem Casting?"

„Ja, so ungefähr."

„Gibt's doch gar nicht".

„Leider doch. Herk braucht jetzt wahre Liebe, die unsterblich macht, oder er ist auf ewig in menschlicher Sterblichkeit gefesselt."

Dio starrte auf die zehn vor ihm aufgereihten Gläser, deren Inhalt in goldwarmen Brauntönen schimmerte. Seine feinen Nasenhaare vibrierten, als sie der Duft unterschiedlicher Gerstensorten streifte, gekeimt in der feuchten Wärme roher Tennen und gedarrt im kräuterigen Rauch torfbefeuerter Schwelbrände. Dann sah er wieder Aphrodite an. „Das ist hart. Was ist bei Herk nur schiefgelaufen, dass er seine Karriere so vermasselt hat?"

„Tja, der alte Affe war bestimmt kein Bilderbuchdaddy und vor allem war er nie da. Kaum dass Herk geboren war, hat er Herks Mutter alleingelassen und ist schon wieder der nächsten Ische hinterhergejagt."

„Ich glaube, Herks Mutter ist schuld. Also, ich meine diese Schreckse aus der Villa", sagte Dio und ließ ihren Besuch in dem Salon Revue passieren.

Aphrodite setzte ihren altersweisen Blick auf. „Frauen, die von ihren Männern verlassen werden, richten manchmal all ihre Liebe auf ihre Kinder und idealisieren sie. Sie meinen es nicht böse, aber es nimmt den Kindern die Luft zum Atmen.

Umgekehrt wollen die Kinder unbewusst das Beste für ihre Eltern und leiden manchmal, weil sie glauben, es täte den Eltern gut. Dazu gehört es auch, dass sie einem verlassenen Elternteil Partnerersatz sind, so gut sie es können."

Die Liebesgöttin nahm einen tiefen Schluck aus ihrem Glas. „Aber letztlich setzen sich die Kinder zur Wehr und entziehen sich dieser unnatürlichen Rolle. Entweder sie hauen ab oder sie verweigern sich auf andere Weise: indem sie im Beruf versagen, Drogen nehmen und so weiter."

„Und jetzt?"

„Sag ich doch die ganze Zeit: Herk braucht wahre Liebe", sagte Aphrodite und nippte an ihrem Gin Tonic.

„Und dafür reicht es, wenn er mit Vivian poppt?"

„Nicht ganz. Für wahre Liebe braucht es körperliche und geistige Vereinigung, Wahrheit und Halten, ohne festzuhalten."

„Ist mir zu hoch."

Aphrodite schnaubte. „So kompliziert ist das nun wirklich nicht." Sie hob einen Finger nach dem anderen. „Nummer eins: Sie müssen sich körperlich vereinigen, Sex, Bumbum oder was auch immer, und sie müssen einander wollen, also Vivian Herk und Herk Vivian, okay?"

Dio nickte und Aphrodite fuhr fort: „Nummer zwei: Sie müssen zu ihrer Liebe stehen, vor sich selber und vor anderen, das meine ich mit Wahrheit. Auch klar?"

„Bin ja nicht doof", sagte Dio und nippte schmollend an seinem Glenmorangie.

„Und schließlich braucht es Nummer drei: Liebe ohne Klammern. Das ist am schwersten, denn die liebende Person muss bei sich bleiben und den Partner trotzdem lieben und ihn, wenn er will, gehen lassen. Ja?"

Dios Kehle brannte, als der schottische Whisky hinunterrann. „Und wenn Herk solche Liebe findet, wird er unsterblich?"

„Jep", sagte Aphrodite und Dio kratzte sich am Kopf.

„Aber mit Herks müder Latte klappt ja nicht mal die Vereinigung. Nix mit rein, raus, abspritzen. Mit seinem schlaffen Würstchen kommt er ja noch nicht mal rein.“

„Neben der Nachtresidenz habe ich einen Erotik-Laden gesehen. Da gehen wir morgen hin und kaufen ihm ein paar klassische Hilfsmittel.“

„Ich mag deinen Plan trotzdem nicht“, sagte Dio. „Du denkst überhaupt nicht an Vivians Ehemann. Seine Frau fährt auf einen Halbgott ab und er ist der Dumme.“

Aphrodite begann, eine neue Zigarette zu drehen. „Das ist das Schicksal aller betrogenen Ehemänner. Und – mal unter uns – die meisten sind ja selber schuld. Schenken ihren Frauen keine Blumen, gehen ungeduscht ins Bett und so weiter. Ist doch logisch, dass die Ladys irgendwann keinen Bock mehr haben. Gilt auch umgekehrt.“ Sie krümelte schwarzes Harz auf das Zigarettenpapier, leckte daran und klebte die Rolle zusammen.

„Der Typ da geht auch fremd“, sagte Aphrodite und wies mit dem Kopf auf ein Pärchen, das am Nachbartisch saß.

„Woher weißt du das schon wieder?“, fragte Dio und leerte die restlichen Whiskygläser, ohne zu unterscheiden, ob das Gebräu jetzt im Eichenfass oder über einem Torffeuer gereift war.

„Er hat den Ehering ausgezogen. Das erkennst du an dem hellen Streifen auf seinem Ringfinger. Und sie ist unverheiratet und himmelt ihn an. Man sollte seiner Ehefrau Bescheid sagen, dass sie sich zum Ausgleich auch einen Lover sucht.“

„Untersteh’ dich“, sagte Dio und betrachtete stirnrunzelnd die Braunhaarige, deren breites Becken links und rechts über die Stuhlkante hinausragte, und den gebräunten Mann, der bei jedem Satz eine strahlend weiße Kauleiste entblößte.

Aphrodite lächelte Dio an. „Kümmer du dich doch um Vivians Ehemann. Munter ihn ein bisschen auf. Vielleicht steht er ja auch auf Männer und weiß es nur noch nicht. Lass Hermes herausfinden, was er so privat und beruflich macht.“

„Lass mich in Ruhe“, sagte Dio und wünschte sich, die Liebesgöttin wäre nie in Düsseldorf aufgetaucht.

Mit einem Quietschen kam Aphrodites rot-weißer Chevrolet am nächsten Morgen direkt vor dem Erotiksupermarkt zum Stehen. Dio sah zu, wie die Liebesgöttin ihre langen Beine aus dem Auto schlängelte.

„Zeus besucht sämtliche Aerobic- und Pilateskurse, die das Spa anbietet. Er will mindestens noch fünf Kilo abnehmen. Und mich wollte er überreden, ihn für seine Trainerin in einen blonden Jüngling zu verwandeln. Ich glaub’, der wird langsam verrückt.“

„Das wird Hera aber nicht gefallen, wenn er mit der Gymnastiklehrerin rummacht“, sagte Dio und trat in den Eingang.

„Hera hat doch auch was davon, wenn der Alte wieder fit wird. Wobei, straffer wird er nicht mehr. Die Anzüge hängen an ihm wie an einer Vogelscheuche. Aber warum sollte es abnehmenden Männern besser ergehen als Frauen?“

Auf den Tischen im Eingangsbereich waren Videos ausgebreitet, und Geburtstags-Überraschungs-Sets mit Bildchen üppiger unbekleideter Frauen. Einige Präsentiertische waren rot beleuchtet, ansonsten wirkte der Raum für einen Erotikshop recht hell. Ein großes Sortiment von Plastikpenissen bedeckte die Wand hinter den Tischen. Skeptisch hob Dio einen riesigen Silikondildo in die Höhe. „Meintest du so was als Hilfsmittel?“

„Wir wissen ja noch gar nicht, woran es bei Herk liegt“, antwortete Aphrodite und schob die schwarze Sonnenbrille auf die Stirn. Die Liebesgöttin sah aus, als sei sie in einem mondänen Skiort zum Spaziergang unterwegs: schneeweiße Moonboots und eine in der Taille atemberaubend eng geschnittene Steppjacke über einem roten Kleid, das gut mit der Beleuchtung des Ladens harmonierte. Der Verkäufer fasste sie scharf ins Auge, als wollte er prüfen, ob sie eine normale Kundin war oder eher eine Fachkraft aus einem der umliegenden Puffs.

„An so eine Fesselnummer denkst du aber hoffentlich nicht!“ Dio wies missbilligend auf eine Wand, wo Arm- und Beinfesseln sowie Mundbänder mit einem roten Ball in der Mitte hingen. Es half nichts, dass der Verkäufer näher kam und sagte: „Wenn Sie etwas Spezielles suchen, unsere Abteilung für Latex, Pet-Lover und Bondage befindet sich im Untergeschoss.“

„Nein, besten Dank“, antwortete Dio, bevor Aphrodite womöglich auf die Idee kam, Vivian und Herk als Ross und Reiter auszustaffieren. Je länger er auf eine Puppe starrte, deren BH großzügige Luftlöcher für die Nippel frei ließ, desto überzeugter war er davon, dass Vivian so etwas niemals anziehen würde. Aphrodite tippte prüfend auf den Dildo, den die Puppe umgeschnallt hatte, als wolle sie seine Standfestigkeit prüfen.

„Tja, was wir nehmen, hängt natürlich davon ab, warum er zeitweilig an Erektionsstörungen leidet. Dauerhaft impotent ist er nicht, ich erinnere mich an die Beule in seiner Hose, als er mit Vivian vom Dachboden runterkam. Möglicherweise leidet er an temporärer stressbedingter Impotenz.“ Aphrodite sprach, als doziere sie vor Studenten in einer Medizinvorlesung. „Leider ist, anders als etwa bei lesbischen Paaren, für die wahre Liebe zwischen Mann und Frau die Kopulation von großer Wichtigkeit. Sexspielzeuge können helfen, den Akt zu vollziehen.“

Der Verkäufer lauschte ihrem Vortrag mit skeptischer Miene.

„Unter zeitweiliger Impotenz leidet fast jeder zweite Mann ab vierzig und viele auch schon früher“, fuhr Aphrodite fort und sah abwechselnd dem Verkäufer und Dio in die Augen. „Sieht sich ein Mann mit einer Erwartungshaltung konfrontiert, kommt es zu Versagensängsten. Das bereitet Stress. Dadurch schüttet das Lustzentrum im Gehirn erektionshemmende

Botenstoffe aus und plopp ...", Aphrodite ließ den Dildo nach unten schnalzen, „die Kopulation wird unmöglich."

„Man kann natürlich", Aphrodite ging zu einer Glasvitrine, in der silberne Haken, Ringe und merkwürdig geformte Klammern lagen, „mit diesen hier der Physik etwas nachhelfen. Ein kleiner Ring, der das Blut ein bisschen staut, und schon steht der Ständer", sagte sie zufrieden. „Sollte nicht bei Bluthochdruck benutzt werden, sonst ..." Sie machte ein gurgelndes Geräusch und verdrehte die Augen, als sei sie am Ersticken. Dio stöhnte.

„Du bist nicht begeistert, Dio? Dann sollten wir doch etwas Traditionelles probieren, so wie damals die Sache mit dem Stier. Da steckt Herks Ständer schön fest in dem Knüppel von dem Stier drin."

Dio starrte sie an. Was für eine Quatschidee war es gewesen, hierherzukommen. Zum Glück fuhr er am Nachmittag zu Hera nach Berlin. Die Göttermutter brauchte seinen Wein für eine wichtige Sitzung. „Keine Ahnung, was du meinst, aber Hauptsache, Herks Knüppel spielt mit und wir können endlich gehen!"

„Apropos Knüppel, da fällt mir noch etwas ein", begann Aphrodite, doch was es war, erfuhr Dio nicht mehr. Eine wohlbekannte tiefe Stimme dröhnte durch den Laden. Der Verkäufer, der sich unauffällig in Aphrodites Nähe an der Schaufensterpuppe zu schaffen gemacht hatte, zuckte zusammen.

„Der Slip passt auch nicht, haben sie nicht was Größeres?", fragte die Stimme. Dio sah sich um. Das kam aus der Ecke, wo die Umkleidekabinen lagen.

„Schnell, hinter die Dessous." Aphrodite zog ihn am Anzugkragen hinter die Schaufensterpuppe. Es war keine Sekunde zu früh. Die Tür zur Umkleidekabine ging auf, und Zeus winkte mit einem Bündel bunter Stofffetzen. „Haben Sie die auch in Größe XL?"

Der Verkäufer verschwand im Lager und kam kurze Zeit später mit mehreren Kleiderbügeln zurück, an denen bunte Tangas hingen.

„Der alte Affe! Was der hier wohl macht? Ausstattung für sein Date mit der Gymnastiklehrerin?“, flüsterte Aphrodite.

„Hilfe, bloß nicht. Der Götterrat pfeift uns zurück, wenn der Alte Ärger macht.“

„Psst, er kommt raus.“

Dio riss die Augen auf, als er Zeus sah. Der Obergott trug einen dunkelgrauen Anzug mit einem weinroten schimmernden Hemd und einer weißen Krawatte. Sie folgten ihm mit den Blicken bis zur Kasse, wo er für seine Tangas eine unauffällige braune Tüte erhielt. Dann schritt er zur Tür, direkt an der Schaufensterpuppe vorbei. Dio konnte sich gerade noch hinter den Tisch mit den Geburtstags-Überraschungs-Sets ducken.

„Los, lauf ihm hinterher, ich bezahle die Penisringe“, flüsterte Aphrodite und schubste ihn zum Ausgang.

Vorsichtig trat Dio ins Freie. Er hielt sich die Hand vor die Augen. Das Tageslicht blendete ihn nach dem schwummrigen Rot des Ladens. In seiner Brusttasche fand er eine rosa Herz-Sonnenbrille, die von Karneval übrig geblieben war, und setzte sie auf. Zeus war nirgends zu sehen.

16 FELIX' DIENSTREISE

Felix' Wecker schrillte um sechs Uhr und er stand auf, um sich für seine Dienstreise nach Berlin fertigzumachen.

Das ganze Wochenende hatte er dicke Packen von Unterlagen gewälzt und durchkalkuliert, welche Aufwände für den Erhalt der Kulturgüter in den unterschiedlichen europäischen Ländern von der Steuer absetzbar waren und welche öffentlichen Fördertöpfe es für Kulturgüter gab. Er verstaute die Stapel in zwei großen Aktenkoffern, als er Schritte hörte. „Vivian?", fragte er.

Es war ungewöhnlich, dass sie um die Uhrzeit schon wach war. Sie gehörte nicht zu der Sorte Frauen, die Mann und Kinder so unentwegt umsorgten, dass sie sich am Ende nicht mal mehr die Schuhe allein zubinden konnten. Jedem, der es hören wollte, rieb sie unter die Nase, dass auch Männer in der Lage wären, sich Frühstück zu machen. Felix widersprach ihr ja gar nicht, aber ab und zu hätte er doch gerne etwas mehr Service genossen.

Doch jetzt kam Vivian in ihrem roten Bademantel in die Küche, küsste ihn auf die Wange und machte sich an der Kaffeekanne zu schaffen. Das war ja fast wie bei seinem Chef, dessen Gattin ihm sogar die passende Krawatte zurechtlegte.

Sie setzte Wasser auf, schüttete Bohnen in die Küchenmaschine und drückte auf „Mahlen". Er trat hinter sie und wollte ihre Taille mit den Händen umfassen und ihr dann sexy über die Brüste streicheln. Doch da fiel sein Blick auf sein Spiegelbild, und der Anblick seiner nassen Haare, die links und rechts in kräftigen Büscheln abstanden, während sie oben immer mehr Kopfhaut frei ließen, dämpfte sein Gefühl von Männlichkeit. Jetzt vibrierte auch noch das Uralthandy auf der Ablage. Vivian griff eilig danach und ihr Gesicht leuchtete auf.

„Na, schönen Abend gehabt?" fragte er, und Vivian starrte ihn an, als müsse sie sich vergewissern, wo sie eigentlich gerade war. In der Hand hielt sie das Handy, als wisse sie nicht, wohin damit. Sie schüttete das Kaffeemehl in die Kaffeebüchse und griff mit der anderen Hand nach dem Wasserkocher.

„Och ja, sehr nett, hab ein paar alte Kollegen getroffen." Sie blinzelte, als hätte sie noch Schlaf in den Augen.

„Du warst ganz schön lange weg, oder?"

Vivian sah ihn an, als müsse sie sich auf die Erinnerung konzentrieren. „Ja, die haben ganz gute Filme gezeigt, und dann haben wir noch was getrunken."

In der Kaffeebüchse gluckerte es, als Vivian das heiße Wasser hineingoss.

„Ähm, bist du sicher, dass du das Wasser da rein gießen willst?"

Vivian zuckte wieder. „Oh, nein! Warte, ich koch dir einen neuen …"

Felix sah auf die Uhr. „Danke, ist okay – mein Taxi müsste jeden Moment kommen."

So verwirrt war seine Frau lange nicht gewesen. Jetzt fiel ihr noch etwas ein, er sah es an ihren hektisch hin- und herflitzenden Blicken. „Kannst du mir vielleicht das Geld für Emilys Klassenfahrt geben? Ich habe vergessen, zum Geldautomaten zu gehen."

Na, typisch! Für sämtliche finanziellen Aufgaben war er gut genug, aber attraktiv genug, dass sie sich öfter auf seinem Schwanz niederließ, war er nicht.

Vivians schuldbewusster Blick ließ seinen Ärger schmelzen. „Wenn du mich nicht hättest", sagte er und zückte sein Portemonnaie, bevor er seine Aktenkoffer holte.

„Sieht nach Arbeit aus", sagte Vivian im Vorbeigehen. Felix wünschte, sie würde nachfragen, was er da eigentlich arbeitete. Den ganzen Abend hatte er vor dem Rechner gesessen und Exceltabellen aufgebaut. Zumindest sein Chef würde begeistert sein. Doch das interessierte Vivian natürlich nicht, obwohl der Auftrag gar nicht so schlecht war. Die Unternehmensberatung, bei der er arbeitete, sollte den Erhaltungsaufwand der Kulturgüter durchrechnen, und Felix hatte sich mit Eifer in die Arbeit gestürzt. Doch Vivian dachte nur daran, dass sie diejenige war, die sich für die Kinder aufopferte. Ihn mal zu fragen, wie es ihm ging, und ihm dankbar zu sein, dass er das Geld heranschaffte – auf die Idee kam sie natürlich nicht.

„Die hat dir die Kinder untergeschoben und jetzt melkt sie dich wie eine Kuh“, sagte Tobias immer.

Bis jetzt hatte Felix Vivian immer verteidigt. „Zum Kinderkriegen gehören zwei“, sagte er, wenn Tobias eine spitze Bemerkung über Vivian machte. Doch manchmal beschlich ihn das Gefühl, Vivian könnte zumindest mehr Dankbarkeit dafür zeigen, dass er tagtäglich seine Pflichten tat. Vor allem, weil sie diejenige gewesen war, die Kinder hatte haben wollen.

Ihm hätte es ja schon gereicht, wenn sie ihm öfter einen geblasen hätte, wenn er abends müde aus dem Büro heimkam. Aber seit Tom auf der Welt war, schob Vivian so oft Müdigkeit vor, dass er schon darüber nachdachte, ins Arbeitszimmer umzuziehen. Dort konnte er gemütlich Pornos gucken und sich selber Erleichterung verschaffen, wenn Vivian es schon nicht tat.

„Such dir doch 'ne Freundin“, hatte Tobias gesagt, als er bei einem ihrer Kneipenabende erwähnte, dass in seinem Ehebett ziemliche Funkstille eingekehrt war.

Felix hatte abgewehrt. Er hatte keine Ahnung, wie er es anfangen sollte, dass sich eine andere Frau für ihn interessierte. Vivian hatte er ja nur deshalb kennengelernt, weil sie ihn vor vielen Jahren in einer Disco angesprochen hatte. Wenn Tobias und er gemeinsam in eine Disco gingen, standen sie meist wie zwei Ölgötzen auf der Tanzfläche herum und sahen zu, wie andere anfingen, miteinander zu reden und zu tanzen. Tobias kam ja wenigstens noch manchmal ins Gespräch mit einer, weil er sich über das Internet verabredet hatte.

Vor allem aber hatte Felix Schiss. Wenn es ihm wirklich gelänge, mit einer anderen Frau anzubandeln, könnte das am Ende das Aus für seine Beziehung mit Vivian bedeuten. Und das schien ihm dann doch zu riskant. Und zu teuer, wenn es auf eine Scheidung hinauslief.

Er spuckte die Zahnpasta ins Waschbecken und spülte nach. Dann zog er den Mantel an, rief laut „Tschüs" nach oben und schlug die Tür hinter sich zu.

Felix schob seinen Koffer durch die Drehtür des Ramada Plaza-Hotels am Alexanderplatz. Er hatte keinen Sinn für den gesichtslosen Charme des noch aus DDR-Zeiten stammenden Betonklotzes.

Mit den Gedanken bei seinen Berechnungen nahm er die Chipkarte fürs Zimmer entgegen und lief fast seinem Chef Gustav Heinen in die Arme, der einen Schritt zurücktrat, um seinen besten Mitarbeiter zu begrüßen.

„Na, welche Möglichkeiten hast du herausgefunden, die Tempel zurückzukaufen, alte Datenkrake?", wollte Gustav wissen, und Felix grinste höflich über das flache Wortspiel. Dann erläuterte er seinem Chef, dass es mit den Mitteln schlecht aussehe.

„Das Problem ist die Finanzierung. Die Kulturerbstücke erhalten keine direkte Finanzierung, nur ein bisschen Marketingblabla von europäischen Behörden, das sowieso niemand mitbekommt."

Gemeinsam fuhren sie in den achten Stock. Felix legte seinen Rollkoffer auf dem weiß-beigen Bett ab und überlegte, ob er auf dem großen Flachbildschirm gegenüber vom Bett wohl „Bang Explosion" oder einen anderen seiner Filme würde angucken können.

Dann wandte er sich wieder Gustav zu, der ans Fenster getreten war und auf den Alexanderplatz hinabblickte. „Aber vielleicht gibt es eine andere Möglichkeit. Wenn die Kulturgüter ein zusätzliches Schutzniveau bekämen, vielleicht eine neue Kulturcharta oder so, dann würden den neuen Eigentümern so umfangreiche Erhaltungspflichten auferlegt, dass sie nicht viel Freude daran haben würden. Wenn die Delegierten für die Kulturcharta stimmen, werden die Eigentümer im Grunde enteignet."

„Dann stimmen die doch niemals zu, so eine neue Kulturcharta zu erlassen."

„Nein, natürlich nicht, es sei denn, es passiert ein Wunder, aber wir haben es zumindest als Möglichkeit vorgeschlagen."

Am nächsten Morgen frühstückten sie im Café Einstein Unter den Linden. Während sein Chef an der Bar stand und telefonierte, blätterte Felix in einer Berliner Stadtillustrierten namens Zitty und blieb bei den Kontaktanzeigen hängen. „Gayla, die Mannfrau", stand da. Peinlich berührt legte er die Zeitschrift zur Seite und betrachtete, wie Gustav in die mit braunem Leder bezogenen Sitzpolster hineinrutschte.

Eine sehr große, etwas korpulente Frau mit roten Haaren, strengem Gesichtsausdruck und sehr eng sitzendem Kostüm kam an ihren Tisch geschippert. Felix musterte sie kritisch. Sein Freund Tobias pflegte Damen ihres Kalibers und Alters wahlweise als „Auslaufmodell" oder „Erektionsbremse" zu bezeichnen.

Gustav sprang auf und sagte: „Sehr angenehm", und auch Felix stand auf und hoffte, sie würde ihm nicht auch die Hand geben. Das wäre zu peinlich. Hoffentlich würde ihn Tobias nicht fragen, wen er in Berlin getroffen hatte. Doch sie ergriff einfach seine Hand mit ihrer kräftigen Pranke und drückte sie kräftig.

Dann setzten sie sich, und Gustav schilderte der Dame, welche Möglichkeiten sie durchgerechnet hätten, um bestimmte Grundstücke und Immobilien unter den Schutz der Europäischen Union zu stellen und womöglich sogar einen Rückkauf zu finanzieren. Sie hörte aufmerksam zu und fragte hier und da nach.

„Ich verschweige Ihnen nicht, dass uns die Tempel besonders am Herzen liegen, aber wenn deren Erhaltung in eine gesamteuropäische Schutzstrategie eingebunden ist, soll es uns auch recht sein."

Ein dicklicher Glatzkopf kam an ihren Tisch. „Deine Getränke stehen parat", sagte er zu der Magenta-Lady und sie nickte ihm ein knappes „Danke" zu.

Keine zwanzig Minuten später stand sie auf und verabschiedete sich von Felix und Gustav. „Sie haben gut gearbeitet, wir kommen gerne wieder auf Sie zu."

Sie rauschte aus dem Café. Felix folgte ihr mit den Augen, bis sie hinter den halb geschlossenen Rollos an den Fenstern nicht mehr zu sehen waren. Auf dem Tisch lag ihre Visitenkarte: „Eleni Theodorakis, Sonderstaatssekretärin des griechischen Ministerpräsidenten."

Sein Chef hielt das Handy ans Ohr. „Ja, Schatz, ich bin noch in Berlin. Wir haben uns mit unserer Auftraggeberin getroffen, davon hab' ich dir doch erzählt, warte, ich stelle auf Laut, der Felix kann dir Details nennen."

Felix staunte jedes Mal, wie genau sein Chef alles mit seiner Frau besprach.

„Über welche Vermögenswerte habt ihr heute mit dieser Staatssekretärin gesprochen?", fragte eine Stimme, und sein Chef bedeutete Felix mit einer Handbewegung, dass er antworten sollte.

Felix nahm seinem Chef das Handy aus der Hand. „Es geht um diese Immobilien. Um seine Schulden zu bezahlen, hat der griechische Staat Teile der Akropolis an Finanzinvestoren verkauft. Und außerdem diverse Tempelstätten."

„Und jetzt müssen sie zurückgekauft werden?"

Felix bejahte. „Wenn die EU das beschließt, gibt es dafür künftig Mittel aus dem Europäischen Kulturfonds. Bei Bauwerken oder Museen ist es einfach. Da fallen nur die Kosten für Renovierung und Unterhalt an. Oder für die Archivierung in einem Museum. Schwieriger wird es bei nicht materiellen Dingen wie Sprachen. Aber die größten Probleme gibt es, wenn die Kulturerbstücke bedroht sind. Da wird's nämlich teuer!"

„Oh".

„Die Tempel in Griechenland gehörten ursprünglich dem griechischen Staat. Doch in der Finanzkrise hat er sie für 'n Appel und 'n Ei verscherbelt. Ein paar große Immobilienfonds haben sie sich gekrallt, und die wiederum sind im Besitz von ein paar Superreichen. Die sitzen da jetzt drauf wie die Glucke auf dem Ei. Und wollen fett entschädigt werden, bevor sie die Gebäude wieder hergeben. Und das müssen dann im Zweifel alle EU-Mitgliedstaaten bezahlen."

„Wie ungerecht!"

„Na ja, Schatz", mischte sich Gustav wieder ein. „Zumindest kommen wir hier ins Spiel. Also für die Finanzabteilung, die dem Kulturstaatsminister vorrechnet, wie teuer ihn die einzelnen Posten auf der Kulturerbeliste zu stehen kommen. Je nachdem, welche Annahmen wir über die Folgekosten treffen, bleiben die Posten Bestandteil der Kulturcharta oder eben nicht."

„Wenn ihr sagt, die Folgekosten sind unabsehbar teuer, nimmt ihnen die EU das Siegel wieder weg.

„So ungefähr. Theoretisch können die Mitgliedstaaten dem jeweiligen Staat auch einen höheren Anteil aus dem Europäischen Kulturfonds zuteilen, aber das muss dann wieder ausgehandelt werden. Im Endeffekt muss jedes Land gut verhandeln, und wir müssen die Kosten realistisch abschätzen."

Felix' Chef legte auf, und die Kellnerin, die ihm noch einen Kaffee brachte, lächelte ihm zu. Das war keine Erektionsbremse, im Gegenteil. Tobias würde sagen: „Pornopuppe Pamela". Aber so eine ansprechen, niemals! Nachher war sie längst vergeben, und ihr Macker würde ihm eins zwischen die Hörner geben. Während sein Chef zur Toilette ging, öffnete er noch einmal die Zitty und studierte die Kontaktanzeigen.

„Cluburlaub in der Mittagspause. Club24. Auch in deiner Gegend."

Felix legte das Magazin beiseite.

Das war es. Warum kontaktierte er nicht mal so einen Club? Er würde bezahlen und niemand würde es mitbekommen.

17 WELLNESSSEX

Nachdem Felix abgereist war, atmete Vivian tief durch.

Dann machte sie das Radio an und ließ sich von der Musik tragen. *Du Wahnsinnsweib*, stand in der Nachricht, die auf ihrem Handy blinkte. Funkelndes Magma durchströmte ihren Körper, jedes Mal, wenn sie das las. Ihr ging es so gut wie nie zuvor. Mit Herk zusammen zu sein war pure Wellness. *Wellnesssex*, schoss es ihr durch den Kopf und sie musste lachen. Wellnesssex war das beste Mittel gegen Altern und gegen die Langeweile. Mit Herk an ihrer Seite würde sich alles ändern, das spürte sie. Sie würde das Haus schön machen und sie würde sogar noch beruflich erfolgreich werden. Summend ging sie ins Kinderzimmer und weckte Emily und Tom.

Emily tat, als schliefe sie noch, als Vivian versuchte, sie aus dem Bett zu ziehen. Wenn Felix nicht da war, testeten die Kinder immer aus, wie lange sie noch liegenbleiben konnten. Sie bekam die schwere Achtjährige kaum hoch. Härtere Geschütze mussten her. „Komm, du darfst noch eine Viertelstunde in die Badewanne!"

Tom steckte seinen runden Kopf unter der Bettdecke hervor.

„Mama, darf ich auch baden?"

Vivian nickte, und begeistert kreischend hüpfte der Vierjährige ins Bad.

Als sie einige Minuten später angezogen ins Badezimmer kam, hatten Tom und Emily es geschafft, die ganze Playmobilburg mit Figürchen, Schwertern und anderen Kleinteilen in die Wanne zu tragen.

„Raus damit! Das Kleinzeug hat schon einmal den Abfluss verstopft."

„Mama, wir brauchen das zum Spielen!"

Vivian musste lachen. Beide Kinder hatten ulkige Schaumbärte.

Mika behauptete, er sei wieder krank, doch Vivian zog an der Bettdecke. „Los, aufstehen! Und räum heute Nachmittag dein Zimmer ein bisschen auf. Schließlich kommt dein Austauschschüler bald".

„Wieso?"

„Weil Deutsche ordentlich und pflichtbewusst sind."

„Du vielleicht, Mama. Und vergiss nicht, wir müssen zu den Statuen."

Das hatte sie wieder völlig verdrängt. Summend griff sie nach ihrer To-do-Liste und trug die Ausstellung ein. Fast alles auf der Liste war Putz- und Familienkram. Nichts, womit man Geld verdiente oder Ruhm und Ehre erwarb – aber sie spürte, dass die Dinge dabei waren, sich zu ändern. Sie war eine Geschäftsfrau, die Beruf und Familie auf die Reihe kriegte und sich dazu einen Lover leistete.

Beschwingt setzte sie sich an den Rechner, wo sie als Erstes einen Blick in ihr Mailforum warf. Die überwiegend weiblichen Mitglieder waren dabei, über die Wechseljahre zu plaudern. Eine Kollegin, die nur zwei Jahre älter war als Vivian, fragte, was man gegen die Gewichtszunahme tun könne. In nur drei Monaten habe sie sechs Kilo zugenommen. Eine Frau riet, die Kilos mit Darmsanierung und Leberreinigung anzugehen, eine andere empfahl Rotkleesamen, und eine dritte schrieb: „Oh Gott!!! Ich bin doch schon ein Moppel – und soll die nächsten Jahre NOCH dicker werden??"

Vivian zog den Bauch ein. Täuschte sie sich, oder kniffen die Speckrollen weniger als sonst? Warum schrieb keine der Ladys über das naheliegendste aller Schönheitsmittel – über Wellnesssex? Eine nachtschwarze Decke tauchte vor ihr auf, unter der sich zwei funkensprühende Körper bewegten. Einige Sekunden überließ sie sich der Erinnerung, dann checkte sie ihre E-Mails.

Ina hatte geschrieben. „Wo bleiben deine Beispiele, Vivian, wir hatten verabredet, dass du sie mir gestern schickst?" Vivian konnte sie förmlich vor sich sehen, wie sie sich die Perlenkette zurechtzupfte. Das Seminar war doch erst in drei Wochen. Ina genoss eindeutig zu wenig Lust und Liebe, sonst wäre sie nicht so verkrampft.

Sie ging einen Kaffee holen und grinste auf dem Weg ihrem Spiegelbild zu. Es konnte ja nicht jede mit dem heißesten Typen des Planeten im Bett landen. Auch wenn er ein kleines Problem hatte. Aber das war sicher nur Nervosität und ging vorüber. Sie konnte sich die Pille verschreiben lassen, denn anders als bei Felix behinderten Kondome offensichtlich Herks Männlichkeit. Beim bloßen Gedanken daran strömte Wärme in ihren Unterleib. Leider hatte sie die Pille nie besonders gut vertragen und vor allem hatte sie ihr jegliche Lust auf Sex genommen, weshalb sie mit Felix auf Kondome umgestiegen war. Wie absurd war eine Verhütungsmethode, die die Notwendigkeit, zu verhüten, gleich mitbeseitigte, indem sie einem den Sex verleidete? Aber irgendwie musste sie ja verhindern, dass beim Wellnesssex am Ende ein Baby herauskam. Kurz entschlossen ließ sie sich einen Termin beim Frauenarzt geben, dann versuchte sie, sich aufs Arbeiten zu konzentrieren. Herr Dr. Dornfelder wartete auf eine Textkorrektur von ihr, aber Vivian kam nicht über „Sehr geehrte Damen und Herren“ hinaus. Vielleicht würde es besser, wenn sie kurz Herks Stimme hören würde. Es war elf Uhr vormittags. Sie zögerte, bevor sie seine Handynummer wählte.

Es knackte in der Leitung, und eine heisere Stimme sagte: „Ja.“ Ihr Klang vibrierte in Vivians Innerem wie eine Cellosaite. Stimmengemurmel war im Hintergrund zu hören.

„Hallo, hier ist Vivian.“ Warum war ihr Mund nur so trocken?

„Hi, Babe“.

Nichts sonst. Hatte sie ihn gestört?

„Ähm, wie geht’s?“

„Gut. Sorry, bin am Arbeiten.“

Was stellte sie für banale Fragen?

„Was machst du so?“

„Baby, ich telefoniere.“

Verdammt, er ließ sie komplett auflaufen. Sie kam sich vor wie die letzte Deppin.

„Ich wollte nur sagen, ich hab' bald einen Termin in Düsseldorf." War das jetzt aufdringlich?

„Ah". Das klang merklich interessierter, sie atmete auf.

„Ich habe einen neuen Kunden und muss ihn bald wieder treffen."

„Würde mich freuen, dich zu sehen. Meld' dich einfach."

Sie atmete tief durch. Warum war sie so uncool? Er war doch nur eine Affäre. Oder war er so abweisend, weil er eigentlich gar nichts von ihr wollte? Schließlich war sie nicht mehr so knackig wie eine 25-jährige. Zerstreut nahm sie einen der Schokotaler und wickelte ihn aus. Kaum hatte sie ihn in den Mund gesteckt, überkam sie wieder diese Wärme, die sie schon auf dem Karnevalszug gespürt hatte. Logisch, Schokolade setzte Endorphine frei, körpereigene Glückshormone. Versonnen starrte sie auf den Bildschirm, wo ein Youtube-Video aufgeploppt war. „Liebeszauber – was Ihnen die Sterne verraten", verkündete ein Schriftzug und Vivian sah zerstreut hin. ‚Aphros Liebeszauber' stand in schillernden Buchstaben über den lila Sofas, auf denen eine Frau und ein Mann saßen – wahrscheinlich die Moderatorin und der Co-Moderator. Vermutlich eine Fernsehsendung, die sie nicht kannte. Dafür sah sie viel zu selten fern. Der späte Nachmittag, wenn die Serien oder Shows für gewöhnlich liefen, war Großkampfzeit. Da musste man Taxi spielen, verlorene Legomännlein suchen, Zahnarzttermine und Verabredungen anberaumen und große Mengen Essbares auf den Tisch bringen.

Das satinglänzende Kleid der Frau, dessen Ausschnitt ungefähr auf Bauchnabelhöhe endete, schimmerte farblich abgestimmt mit den lila Polstern. Darunter blitzte ein goldenes Bustier hervor, aus dem ein ansehnlicher Vorbau herausquoll.

Die Moderatorin lächelte sie an, als sähe sie ihr direkt in die Augen, und sagte: „Willkommen, meine Damen und Herren, zu einer Folge von Aphros Liebeszauber. Heute klären wir die Frage, ob auch ältere Frauen geilen Sex haben können."

Vivian verschluckte sich an ihrem Kaffee. Genau diese Frage geisterte ihr durch den Kopf, seit sie mit Herk erst auf dem Speicher und dann in seinem Bett gelandet war.

„Machen Sie es sich bequem und bleiben Sie dran", fuhr die Frau fort, „denn heute räumen wir mit dem weitverbreiteten Vorurteil auf, dass nur blutjunge, knackige Frauen guten Sex haben können. Mit mir vor der Kamera ist Dio, the one and only."

Der Dicke, den sie Dio nannte, räkelte sich auf seiner Couch. Er trug einen knittrigen Leinenanzug in einem hellbeigen Farbton. Vivian blinzelte, um besser sehen zu können. Waren das nicht die Typen aus dem Sassafras? Dann hatte Sofie doch recht gehabt, dass sie vom Fernsehen waren.

Neugierig sah sie auf den Bildschirm, wo der Dicke seine Lippen zu einem Grinsen verzog, das seine runden Bäckchen hervortreten ließ.

„Vielen Dank, liebe Aphro. Ich stelle mir eher die Frage: Wie können ältere Frauen guten Sex haben, wenn es beim Mann nicht mehr klappt? Ich meine, mal ehrlich, wenn beim Ausziehen lauter Gammelfleisch zum Vorschein kommt, klappt doch die steifste Latte nach unten."

Vivian setzte empört ihren Kaffee ab. Was erdreistete sich der Typ? Doch in ihrem Kopf meldete sich eine näselnde Stimme zu Wort: *Und wenn er recht hat? Wenn Herks Latte nur schlappgemacht hat, weil er deine wabbligen Titten nicht ertrug?*

Eine andere Stimme begehrte auf: *Das ist Quatsch, er findet dich toll. Mach dich frei von diesen frauenfeindlichen Körperbildern!*

Sie verpasste die Antwort der Moderatorin, weil das Telefon klingelte. Ihre Schwiegermutter Hildegard war dran und wollte wissen, ob sie wie üblich am Mittwoch zum Kinderaufpassen kommen sollte und ob es recht wäre, wenn sie Karottengemüse und Kartoffeln zum Mittagessen mitbrächte. Die Schwiegermutter kam jeden Mittwoch, und in dem Essen, das sie mitbrachte, waren fast jedes Mal Karotten und Kartoffeln. Aber Vivian sagte gut gelaunt, das wäre eine schöne Idee, und wandte sich ihrem Text zu. Doch kaum hatte die Schwiegermutter aufgelegt, rief Ina an.

„Wo bleiben die versprochenen Textbeispiele?", fragte sie.

„Ich sitze schon dran, spätestens am Wochenende mache ich sie fertig", behauptete Vivian.

„Das geht klar", sagte Ina. „Ich sag ja immer, ein ruhiges Wochenende ist die beste Zeit, liegengebliebene Aufgaben zu erledigen. Dann ist man montags up to date und kann ohne Verzögerung in die Woche starten."

Vivian machte „Mmh", worauf Ina wortreich zu schildern begann, dass im Kindergarten Läuse aufgetaucht seien und wie verantwortungslos manche Eltern damit umgingen.

„Vermutlich muss ich jetzt Laura-Sophies Locken abschneiden. Ich überlege wirklich, ob ich die Erzieherinnen verklagen sollte."

Vivian sagte friedfertig, man könnte ja auch Läusetinktur auf Laura-Sophies Haare tun, bevor man sie abschnitt, doch das war ein Fehler, denn nun begann Ina, die Vor- und Nachteile sämtlicher im Handel erhältlicher Läusetinkturen zu erläutern.

„Ina, ich muss dringend weiterarbeiten, denn heute Nachmittag fahre ich mit den Kindern ins Museum nach Köln."

„Ach, tatsächlich? Meine Laura-Sophie ist ja eine Museumsfanatikerin. Als wir kürzlich im Folkwang-Museum waren, hat sie geweint, als sie gehen musste. Ich glaube, sie ist einfach hochbegabt, auf jeden Fall hat sie starke musische und künstlerische Talente."

Vivian überlegte, wie gerne sie jemandem von Herks Talenten unter der blauen Decke vorgeschwärmt hätte. Aber Ina hätte dafür kein Verständnis gehabt.

Während Ina fröhlich weiterplauderte, betrachtete Vivian den Bildschirm, wo noch das Fenster mit der Fernsehshow offen war. „Anonymer Chat“ stand darunter. „Lassen Sie Ihren Gefühlen freien Lauf.“

Sollte sie einfach dort hineinschreiben? Sie klemmte sich Ina zwischen Ohr und Schulter und tippte eine Nachricht hinein: „Ich bin verheiratet und hab' was mit so einem Typen angefangen. Jetzt denke ich Tag und Nacht an ihn. Aber er kriegt den Mund nicht auf.“

Überraschend schnell kam die erste Antwort von einer Chatteilnehmerin namens Afi: „Was willst du? Das ist ein gewöhnlicher Mann, der kriegt die Kiemen nur so weit auseinander, wie nötig ist, um eine Zigarette hineinzustecken.“

Vivian sagte zu Ina, dass sie nun wirklich aufhören müssten zu plaudern, und legte auf. Diese Afi hatte recht, Herk war kein Felix, der manchmal richtig viel redete.

Mittlerweile hatte eine Chetti800 geschrieben: „Wenn der Kerl am Anfang ein bisschen mehr gelabert hat, ist das anfängliches Balzverhalten. Da ist alles auf die Frau ausgerichtet, da beteiligt sich sogar der Mund.“

Harrysally schaltete sich ein: „Vergiss ihn so lange, bis du das nächste Mal unter ihm liegst!“

Vivian grinste. Wollte Dr. Dornfelder nicht dringend Journalisten kennenlernen? Das sollte er bekommen. Sie rief eine befreundete Journalistin an und vereinbarte ein Treffen, dann engagierte sie die Babysitterin, die Ina ihr wärmstens empfohlen hatte („Sooo zuverlässig, der reinste Traum!“), und der nächste berufliche Termin stand. Nicht mal die Schwiegereltern hatte sie anrufen müssen. Sehr zufrieden mit sich hauchte sie einen Kuss auf ihr Handy. „Ich komme, Baby.“

Am Nachmittag lud sie Emily, Tom und Mika ins Auto und fuhr nach Köln, damit Mika endlich seine Statue abzeichnen konnte. „Die Rückkehr der Götter – Berlins Antiken zu Gast in Köln. Temporäre Ausstellung" entzifferte Emily, als sie vor dem Römisch-Germanischen Museum standen.

„Gut benehmen", sagte Vivian warnend zu ihren beiden großen Kindern und betrat mit Tom an der Hand die Ausstellung – misstrauisch beäugt von zwei Aufpasserinnen, die nicht aussahen, als fänden sie Kinder und Museum eine passende Kombination.

Dafür eilte eine dunkelhaarige Dame, auf deren Namensschild „Museumspädagogik" stand, umso strahlender auf sie zu. „Darf ich Ihnen etwas über die Ausstellung erzählen?", fragte sie und sprudelte los, kaum dass Vivian genickt hatte, offenbar froh, ihren einzigen Besuchern etwas erzählen zu dürfen.

„Links sehen Sie den Apollon mit seiner Leier in der Hand, daneben die Aphrodite, die Göttin der Liebe und Schönheit, und rechts den Hermes, den Gott der Kaufleute und Reisenden", sagte die Dame.

Emily fragte: „Wieso hat der einen Kochtopf auf dem Kopf?"

Die Dame erklärte, das sei eine Kappe mit Flügeln daran, weil Hermes dank seiner Flügel schneller als jeder andere laufen könne. Vivian sah auf ihr Handy. Dort war eine Nachricht von Herk aufgeploppt.

War shoppen. Hab neue Kleidung.

Ich will ein Foto! Begucke gerade unbekleidete griechische Jünglinge.

Die Museumsführerin guckte missbilligend und Vivian steckte das Handy weg.

„Und hier, bitte sehr, unser Prachtstück, der Herakles. Typisch für diese Epoche ist die zunehmende Längung der Gliedmaßen und des ganzen Körpers sowie der zunehmend labilere Stand", dozierte die Dame und blieb vor einer Figur stehen, die sich auf einen Baumstamm lehnte. „Sie kennen alle den Herakles, bei den Römern auch Herkules genannt. Er war der Sohn des Zeus und wurde berühmt durch die zwölf Herkulesaufgaben.“

„Hat der ’nen kleinen Schniedel“, sagte Mika, und Emily und Tom kicherten los wie die Irren.

„Sniedel“ wiederholte Tom begeistert und wieder konnten sich ihre Kinder vor Lachen kaum halten. Wieso schafften es andere Leute eigentlich immer besser als sie, ihre Kinder für Kultur zu begeistern?

Die Museumspädagogin erklärte ungerührt, dass ein großer Penis bei den Griechen als barbarisch gegolten habe. „Aber“, sie wandte sich Vivian zu, „das galt nicht für die ausgeprägte Bein- und Gesäßmuskulatur.

„Den will ich zeichnen“, erklärte Mika und die Museumspädagogin sah ihn entzückt an.

„Zeichnen ist eine hervorragende Art und Weise, sich der Kunst zu nähern. Mögt ihr auch zeichnen? Ihr bekommt einen Zeichenblock und Stifte von mir.“

Emily und Tom nickten und Vivian dachte, dass sie bei der Erziehung doch nicht alles verkehrt gemacht hatte.

Fröhlich plappernd folgten die Kinder der Museumspädagogin. Vivian legte die Hand auf den Stein. Er war warm, vermutlich von dem Deckenstrahler. Gedankenverloren fuhr sie mit der Hand über das Bein und sah nach oben. Ein nachmittäglicher Sonnenstrahl blitzte durchs Fenster und Vivian hielt die Hand vor die Augen. Sah sie Geister, oder hatte die Steinfigur, über deren Minischniedel Mika fünf Minuten zuvor gespottet hatte, einen opulenten Ständer? Zögernd strich sie den warmen Oberschenkel entlang und spürte, wie die Wärme ihren Bauch durchflutete.

„Sehr gut getroffen“, hörte sie die Museumsführerin sagen.

Verstohlen sah sie sich um. Sahen die anderen die Statue auch so aus?

„Hey, Baby“, sagte eine tiefe Stimme, „pass gut auf ihn auf.“

Träumte sie oder hatte die Figur mit ihr gesprochen?

„Mama, ich will heim“, schrie Tom, und Vivian blinzelte. Bei Männern nannte man das schwanzgesteuert, wenn sie überall an Sex dachten. War sie jetzt – muschibedröhnt?

Vivians Stimmungshoch hielt die ganzen nächsten Tage an und bewirkte, dass sie am Donnerstag eine ganze Stunde früher aufwachte als sonst. Sofort begann sie, sich für den Kundentermin in Düsseldorf schick zu machen. Ein dunkelgrünes Businesskleid und, weil Herk so groß war, ihre Stiefel mit Absatz.

„Du siehst aber schön aus, Mama“, sagte Emily, als sie an den Frühstückstisch gestapft kam. Vivian nahm ihre Tochter in den Arm und gab ihr einen Kuss. Dann brachte sie Tom in die Kita und grüßte Ina, die Laura-Sophie aus dem SUV hob. Das kleine Mädchen hatte ihre blonden Flusen noch auf dem Kopf; offenbar hatte Ina doch eine wirksame Läusetinktur gefunden. Ihre Bekannte wirkte, als würde sie das Läusethema gerne vertiefen, doch Vivian sagte, sie hätte leider einen Businesstermin, und radelte nach Hause zurück. Dort setzte sie sich an den Schreibtisch, machte rasch einen Pressetext für Dr. Dornfelder fertig und ließ um 13 Uhr die neue Babysitterin namens Sarah ein.

„Was soll ich genau machen?“, fragte die junge Dame mit quäkender Stimme und musterte pikiert das Chaos in der Küche. Vivian fühlte sich verpflichtet zu erklären, dass die Putzfrau im Urlaub sei.

„Das sieht man“, sagte Sarah und Vivian spürte den dringenden Wunsch, sie mit einem gezielten Tritt ihrer hochhackigen Stiefel wieder vor die Türe zu befördern. Doch dann würde sie Herk nicht sehen können. Also verdrängte sie das Gefühl, in hausfraulicher Sicht eine Vollniete zu sein, und zählte Sarah auf, wann welches Kind nach Hause kommen würde beziehungsweise abgeholt werden müsste.

Noch bevor sie den Bahnhof erreicht hatte, summte ihr Handy: *Hey, das war so toll, dass du mich wieder angerufen hast. Für solche Momente lebt man.*

Ihr Herz jubelte. *Bin auf dem Weg nach Düsseldorf, gegen 17 Uhr müsste der Termin zu Ende sein.*

Auf dem Weg zum Bahnhof holte sie ihr eigenes wieder freigeschaltetes Handy ab und teilte Herk mit, dass sie jetzt wieder chatten konnte. Kaum saß sie im Zug, blinkte dort eine Nachricht auf: *Baby, I miss your tits.*

Ihr gegenüber saß eine ältere Dame, die in ihrer von blauen Äderchen durchzogenen Hand eine braune Handtasche hielt. Zum Glück konnte sie nicht sehen, was Vivian schrieb: *Miss your dick.*

Ist gewachsen und sehnt sich nach dir.

Grinsend fuhr sie in Düsseldorf ein. Die Stadt vibrierte verheißungsvoll, denn sie verhieß ein Treffen mit Herk. Sogar der Bahnhof kam ihr heute weniger schmuddelig vor.

Perfekt pünktlich betrat sie das Foyer der Kanzlei, in der große, moderne Wandgemälde hingen. Doch wer nicht pünktlich kam, war die Journalistin. Zehn Minuten, nachdem der Termin hätte beginnen sollen, bekam Vivian eine Nachricht von ihr, dass es circa 30 Minuten länger dauern werde. Sie seufzte. Herr Dr. Dornfelder hingegen fand die Verspätung offenbar nicht schlimm, sondern nutzte die Gelegenheit, vor Vivian ausgiebig über sein Lieblingsthema, die fristlose Kündigung und deren rechtliche Problematik im Lichte des arbeitsrechtlichen Treueverhältnisses, zu referieren. Sie lauschte so aufmerksam wie sie konnte und sah nur hin und wieder auf ihre Handyuhr, die unerbittlich tickte.

„Was halten Sie davon, die fristlose Kündigung zum Gegenstand eines Vortrags zu machen?“, fragte der Anwalt und Vivian schluckte.

Auf dem Handydisplay räkelte sich ein nackter männlicher Unterleib entspannt auf einem Bett. *Siesta* stand darunter. Ihr wurde abwechselnd heiß und kalt, doch sie blickte ihrem Kunden fest in die Augen, um ihre Verwirrung zu überspielen. „Prima Idee", brachte sie hervor.

Dr. Dornfelder sah sie prüfend an, als wollte er ergründen, woher die Zerstreutheit seiner Pressefrau kam. Dann sagte er: „Entwerfen Sie uns bitte eine Einladung für unsere Mandanten und eine Zusammenfassung des Themas, ich lasse Ihnen eben meinen Aufsatz kopieren." Er eilte auf seinen knarrenden Lederschuhen hinaus und sie war allein. Von Übermut gepackt machte sie in Windeseile ein Foto von ihren zum Kussmund gespitzten Lippen und schickte es Herk.

Kann gleich nicht mehr aufstehen, sonst sehen alle, dass die Hose nicht mehr passt.

Zieh sie doch aus.

Geht nicht, sind Kollegen dabei.

Die Sekretärin steckte den Kopf ins Zimmer. „Herr Dr. Dornfelder muss kurz mit einem Mandanten telefonieren, möchten Sie solange einen Kaffee?"

Sie zuckte zusammen. Auf dem Display war ein neues Bild erschienen. Das Ding war erheblich größer als beim ersten Bild. „Ja, bitte", sagte sie tief Luft holend und wartete, bis sich die Tür hinter ihr geschlossen hatte. Dann machte sie ein weiteres Selfie mit lasziv die Lippen leckender Zunge und schickte es weg. Das war keine Sekunde zu früh, denn die Journalistin kam herein, gefolgt von Dr. Dornfelder, und begrüßte Vivian mit einem Wangenkuss. Dann setzte sie sich gemütlich hin und begann, ausgiebig mit Dr. Dornfelder zu plaudern. Offensichtlich geschmeichelt von ihrem Interesse erzählte ihr der Anwalt ausgiebig von seinen Fällen, und Vivian guckte zunehmend nervös auf die Uhr. Musste der Kerl nicht arbeiten? Hatte die Journalistin keinen Redaktionsschluss? Mit jeder Minute, die diese beiden Labertaschen verplemperten, verbrannten sie ihre Zeit mit Herk.

Nach einer Ewigkeit verabschiedete sich die Journalistin endlich, und Vivian griff ebenfalls zu ihrem Mantel. Doch Dr. Dornfelder hielt sie zurück. „Haben Sie noch einen Moment? Mir ist noch eine Ergänzung zu dem geplanten Vortrag eingefallen."

Mühsam um Geduld ringend brachte Vivian hervor. „Ich müsste gehen. Die Kinder, ähm, tut mir leid."

„Ach so, ja, selbstverständlich. Immer diese tüchtigen Mütter!"

Mit entwaffnender Höflichkeit wartete er, bis die Sekretärin ihren Mantel gebracht hatte, und half Vivian hinein. Sie drückte ihrem Kunden zum Abschied ein wenig zu eilig die Hand. Mit gerade noch gemessenen Schritten verließ sie das Büro, aber kaum hatte sie den Bürgersteig erreicht, fing sie an zu rennen wie eine Irre. Im Laufen knöpfte sie ihren Mantel zu, den sie vor lauter Eile offen gelassen hatte, aber es war zu spät, ihr Rendezvous mit Herk war geplatzt. Sie konnte froh sein, wenn sie noch den Zug erreichen würde. Doch als sie keuchend den Bahnsteig erreichte, sah sie nur noch die Rücklichter der S-Bahn. Vermutlich sollte sie sich schon mal nach einer neuen Babysitterin umsehen.

Stehe auf dem kalten Bahnhof und kann dich leider nicht mehr treffen. Dafür friere ich mir den Arsch ab.

Die Antwort machte, dass sich der kalte Wind weniger kalt anfühlte: *Machst Du es wie Sharon Stone?*

Nein, ich trage sogar Strumpfhosen, blickdicht.

Würde dich gerne sehen – ohne Strumpfhosen.

Konnte sie die Kinder alleine lassen und zu ihm fahren? Sie verwarf den Gedanken sofort wieder. Mika war erst zwölf, und eine Achtjährige und ein Vierjähriger waren viel zu klein, um alleingelassen zu werden. Aber sie sehnte sich so sehr, dass es wehtat.

Sehr erschöpft setzte sie sich am Abend an den Rechner, um wenigstens noch nach Textbeispielen für ihren Vortrag zu suchen. Es wäre dumm, wenn sie Ina verärgern würde, bevor sie ihr geholfen hatte, ein gutes Seminar vorzubereiten. Doch kaum hatte sie den Computer hochgefahren, ploppte wieder die Seite mit den Ratgebervideos und dem Chat hoch. Die Müdigkeit hatte ihre Widerstandskraft geschwächt und sie konnte es sich nicht verkneifen, kurz hineinzugucken. Die ihr schon bekannte Melodie ertönte und die Moderatorin sagte mit affektierter Stimme: „Wir begrüßen Sie zu einer neuen Folge von Aphros Liebeszauber. Machen Sie es sich gemütlich, gönnen Sie sich ein Gläschen Champagner und entspannen Sie sich. Denn heute geht es um die spannende Frage: Was tun, wenn uns das gute Stück des Mannes den Dienst versagt? Wie immer begrüße ich im Studio meinen lieben Kollegen und Vetter Dio!"

Mit silbern lackierten Fingern hob sie einen Champagnerkelch in die Höhe und lächelte in die Runde.

Vivian lehnte sich amüsiert zurück. Auch mit diesem Problem hatte sie sich vor wenigen Tagen in einem großen schwarzen Bett unter einer nachtblauen Decke herumgeschlagen. In jedem Fall fühlte sie, dass sie ein Recht hatte, die Seminarsachen liegen zu lassen und sich mit der Standfestigkeit gewisser männlicher Körperteile zu befassen.

Die Moderatorin trug heute einen hellblauen Hosenanzug und dazu rosa Lackstiefel, die gefährlich aussehende spitze Absätze hatten. Der Mann neben ihr war schwarz gekleidet, trug eine dunkle Sonnenbrille und einen Hut, der ihn aussehen ließ wie den kleinen dicken Schauspieler aus dem Film „Blues Brothers".

Anders als beim letzten Mal waren im Hintergrund keine lila Vorhänge zu sehen, sondern das glitzernde Panorama einer nächtlichen Stadt. Die

Moderatoren saßen hinter dem Steuer eines großen kitschigen Straßenkreuzers, hinter dem eine Landschaft vorbeirauschte. Offenbar sollte die Kulisse ein amerikanisches Drive-In-Kino simulieren.

Der als Vetter angesprochene Mann, der nicht die mindeste Ähnlichkeit mit der gazellenartigen Moderatorin hatte, lachte, dass seine mit Bartstoppeln bedeckten Doppelkinne wabbelten, und hob drohend den dicken Zeigefinger.

„Liebste Aphro, da muss ich energisch protestieren. Wovon du redest, hat nichts mit Dienst zu tun, sondern mit Vergnügen. Vorausgesetzt, das Gegenüber verspricht Vergnügen."

Er räkelte sich auf seiner Autoseite und lockerte den aus schmalen Lederriemen geflochtenen Gürtel.

Eine Tunte, wie sie im Buche steht, dachte Vivian.

Die Moderatorin schnalzte mit der Zunge.

„Das würde ich natürlich allen Knüppeln wünschen – dass sie nur zum Vergnügen in Aktion treten. Was sie in Wirklichkeit aber nicht tun. Doch das ist ein anderes Thema. Aber nehmen wir mal an, du hättest recht, lieber Dio. Wäre es dann nicht umso schlimmer, wenn der Knüppel nicht aus dem Sack kommt, obwohl er es liebend gerne möchte?"

Der Dicke nahm seinen Hut ab, schob die Sonnenbrille hoch und legte seine Stirn in Kummerfalten, wodurch er entfernt Toms traurigem Teddybären ähnelte.

„Ja, das wäre in der Tat eine Tragödie."

Die Moderatorin setzte sich eine schwarze Brille auf die Nase. „Sie spielt sich täglich millionenfach ab – im heimischen Schlafzimmer, in Hotels oder wo auch immer. Also müssen wir uns fragen: Was tun, damit das gute Stück wieder Standfestigkeit erlangt?"

Sie schnipste mit den Fingern gegen den Stiel ihres Champagnerglases.

„Dafür kannst du uns, liebe Aphro, sicher ein Hilfsmittel verraten, wenn es bei dem Mann trotz aller Liebe, Sie erinnern sich an die letzte Folge, liebe Zuschauer“, er wandte sich zur Kamera und sah Vivian anscheinend direkt in die Augen – „nicht richtig aufwärts geht?“

„Geduld und Gelassenheit ist das Geheimnis.“ Sie blickte mit einem wissenden Lächeln in die Kamera, und Vivian kam es vor, als blicke auch sie ihr genau in die Augen.

„Das fängt beim Akt an. Eine unerfahrene Jungfrau würde sich sofort Sorgen machen, dass es an ihr liegt, wenn die Latte labbrig bleibt. Eine erfahrene Frau hingegen weiß, dass man manchmal Hindernisse überspringen muss. Das gilt erst recht, wenn man Kinder hat.“

„Was haben Kinder damit zu tun?“, fragte Dio.

„Das ist doch ganz einfach.“ Die Moderatorin klang, als erkläre sie einem begriffsstutzigen Schulkind das ABC. „Liebhaberinnen, die Kinder haben, sind es gewöhnt, bei gewissen Dingen Hürden zu überwinden.“

Als habe er darauf gewartet, fing der Himmel hinter den beiden Moderatoren an zu funkeln. Es sah aus, als ob himmlische Ziegen Bocksprünge machten.

Vivian musste lachen. Felix und sie wurden oft gestört, wenn sie versuchten, sich mal wieder zu zweit näher zu kommen.

„Stell dir nur mal einen normalen Sonntagvormittag bei einem Paar mit Kindern vor. Nimm an, die Frau möchte ein Nümmerchen mit ihrem Mann schieben.“

Vivian musste schmunzeln. Wie oft schon hatten schreiende Kinder die Romantik zerstört.

„Sie legen sich ins Ehebett …“

Die Moderatorin keuchte theatralisch.

„Dann klopft das verzogene Blag namens Justin-Benedikt heulend an die Tür und schreit: ‚Mama, der Kevin hat mich mit meinen Bauklötzen gehauen'".

Vivian musste so lachen, dass sie sich an ihrem Tee verschluckte. Was für eine witzige Sendung, die musste sie unbedingt Sofie zeigen. Oder vielleicht lieber Ina, Sofie könnte geknickt sein, da sie weder einen Kerl noch Kinder hatte.

Der Dicke verzog das Gesicht. „Das hörte sich ja furchtbar an. Dass Menschen sich überhaupt Kinder anschaffen!"

Tom rief durch den Flur, dass er „Abträume" hätte, und Vivian ging nach oben, um ihn zu trösten.

„Mama ist da, jetzt hauen die Albträume ab, mein Schätzchen." Sie lächelte in der Dunkelheit, als sie die Tür hinter sich zuzog. „Herk, ich komme."

Der Freitag kam und mit ihm Inas Geburtstagsfeier im Halali. Vivian hatte Sofie gefragt, ob sie mitkommen wollte, doch Sofie hatte abgesagt. Das Antibiotikum von ihrem Zahnarzt mache sie müde, behauptete sie. Jetzt musste sie alleine zur Party. Hoffentlich waren nette Leute da.

Vivian stand vor ihrem Kleiderschrank und hielt ihre enge glänzende Hose in der Hand. Seitdem sie sie gekauft hatte, hatte sie sie höchstens einmal getragen, weil sie so körperbetont war, aber heute fühlte sie sich sexy. Sie schminkte sich ein bisschen, verabschiedete sich von ihren Kindern und Schwiegereltern und fuhr mit der Straßenbahn zum Halali.

Ina stand am Eingang und sprach wild gestikulierend in ihr Handy. Ihr blondes Haar war strähnig, dabei hatte sie doch Geburtstag. Und in Schuhen mit Absätzen hätte sie auch besser ausgesehen als in diesen sicherlich praktischen, aber höchst unerotischen Freizeittretern. Als sie Vivian entdeckte, kam sie zu ihr rüber. „Ich kann es kaum fassen. Da bittet man ihn einmal, sich um eine Babysitterin zu kümmern, und dann sagt er ihr, dass sie nur bis um elf Uhr abends bleiben muss. Hätte ich das bloß selber gemacht!"

„Und warum hast du es nicht?", fragte Vivian.

„Ich musste mich ja um das Geburtstagskaffeetrinken für die Nachbarn kümmern, und Hasi selbst ist noch auf einer Fortbildung."

Unter Inas Augen waren dunkle Schatten zu sehen. Vivian legte tröstend einen Arm um ihre Bekannte. Die Gute roch nach Schweiß. Zum Duschen hatte sie offenbar auch keine Zeit mehr gehabt. Dankbar dachte sie an ihre Schwiegereltern, die gekommen waren, weil Felix auf Dienstreise war und weil der Schwiegervater gesagt hatte, dass „dat Mädsche" auch mal ein bisschen Freizeit haben sollte. Und sie dachte an Herk, der machte, dass sie sich wie eine Sexbombe fühlte.

Sie begleitete Ina zur Bar. „Komm, wir trinken erst mal einen Schluck Sekt. Schließlich hast du Geburtstag und nicht die Nachbarn. Und dann tanzen wir". Ina richtete sich auf und strich sich die Haare aus dem Gesicht.

War es wie in alten Zeiten? Vivian war früher oft im Halali gewesen, einer zum Club und Restaurant umgebauten Fabrikhalle. Die Bar an der Seite der Tanzfläche sah aus wie immer, ebenso die riesigen Spiegel mit Goldrand und der gigantische Kronleuchter. Sogar einige der Leute von früher schienen da zu sein, aber dennoch war es anders. Früher waren sie und Sofie hergekommen, um sich in den verheißungsvollen Komplimenten flirtender Typen zu sonnen. Jetzt strahlten die Scheinwerfer, aber die Pärchen hatten sich gefunden. Andererseits gab es Herk, der ihre Augen funkeln ließ, sobald sie an ihn dachte.

Eine Stunde, nachdem sie mit dem Essen fertig waren, kam auch Inas Mann Joshua. Er begrüßte seine Frau mit einem flüchtigen Kuss auf die Wange, tat ihre Vorwürfe wegen der Babysitterin ab und schickte ein breites Zahnarztgrinsen in die Runde.

Dann warf er sich auf die Tanzfläche. Zielsicher steuerte der Zahnarzt auf eine Gruppe jüngerer Frauen in engen Jeans zu. Auf was für einer Fortbildung er wohl gewesen sein mochte?

Ina, die ihm unglücklich nachblickte, ignorierte er. Eine der jüngeren Frauen hustete und kippte versehentlich Bier auf ihr mit Pailletten besticktes Shirt, unter dem sich große Brüste abzeichneten. Ihre Begleiterinnen kreischten vor Lachen.

Vor Vivians innerem Auge stieg ein großes weißes Bett auf, in dem sich Joshua und die Paillettenfrau wälzten. Sah sie jetzt überall Seitensprünge? Oder stimmte zwischen Ina und ihrem Mann wirklich etwas nicht?

Hoffentlich renkte sich das wieder ein. Die beiden hatten schließlich Kinder. Scheidungen führten fast immer dazu, dass ehemals nette und vernünftige Menschen das, was sie gemeinsam aufgebaut hatten, systematisch kaputtmachten. Sie und Felix würden sich niemals trennen, das stand fest. Aber sie blieb ja auch treu und genoss nur hin und wieder ein bisschen Wellnesssex.

Sie machte ein paar Schritte auf die Tanzfläche und stellte sich vor, wie Herk seine Hände um ihre Taille legte und sie dann langsam über ihre Brust wandern ließ. Ihre Brustwarzen wurden hart. Die Tanzfläche war mittlerweile voll. Ihr Blick blieb an der Bar hängen. Dort stand eine große Gestalt und trank Bier.

Ein heißer Schauer durchrieselte sie. Herk! Es war nicht zu fassen, er war gekommen. Auf einmal glitzerte das Halali wie ein Märchenschloss. Welch ein Glück, dass Ina nichts von Herk wusste. Für sie war er einfach irgendein Typ, mit dem sie sich unterhielt. Sie tanzte zu ihm hin.

„Hey, Kleine“, sagte er mit schwerer Zunge. Offenbar hatte er schon einiges getrunken. Seine Brustmuskulatur wölbte das karierte Hemd aus, während sich über die Muskeln seines Unterarms dicke Adern zogen. Sie erbebte. Am liebsten hätte sie ihn auf der Stelle geküsst, doch als sie sich näherte, um ihm zumindest einen Wangenkuss zu geben, wich er leicht zurück.

Vivian schluckte. Herk war niemand, den man mal eben so küsste, das hatte er ihr schon einmal zu verstehen gegeben. Zugleich zog er sie an wie eine Glühbirne die Motten.

„Was macht dein Mann“, fragte er und sah sie wieder an, als seien ihr schwarzer Pulli und die enge Hose durchsichtig. Verdammt, sie war verheiratet und das war ihr in diesem Moment ebenso bewusst wie Herk.

„Er ist auf Dienstreise“, sagte sie mit trockenem Mund. Wäre sie doch noch Studentin! Aber nein, sie hatte sich ja nicht nur eins, sondern gleich drei Kinder anlachen müssen. „Ich kann auch mal alleine losgehen. Felix ist da nicht so“, sagte sie und geißelte sich für diesen dämlichen Satz.

Herk guckte sie mit seinem „Baby, du kannst mir nix erzählen“-Blick an und kippte sein Bier runter. Dann winkte er dem Kellner zu. Vivian betrachtete ihn gebannt. Es war offensichtlich, dass Herk viel zu viel getrunken hatte und dass es ihm nicht gut ging. Diese Aura von Trauer und Verletzlichkeit, die sie schon am ersten Abend gespürt hatte, waberte um ihn her wie eine Dunstwolke. Felix war immer so zufrieden und gleichmütig. In seiner Gegenwart war sie nie verlegen, doch Felix hätte sie auch nie mit einem so begehrlichen Blick angeguckt wie Herk.

„Du bist das heißeste Gerät, das heute Abend hier rumläuft“, sagte Herk mit rauer Stimme und jedes einzelne Härchen auf ihrem Rücken stellte sich auf.

Ein Partyfotograf kam heran und richtete seine Kamera auf sie beide. Vivian hatte sich schon einige Male mit Sofie ablichten lassen und sich nachher gefreut, die Bilder im Internet zu finden. Doch Herk streckte dem Fotografen den Stinkefinger hin.

„Nur eins“, bat sie.

Herks Mund verzog sich zu einem breiten Lachen. „Du weißt, was du willst, Wunderweib."

Sie schmiegte sich an ihn und der Fotograf drückte ab. Langsam musste sie zu den anderen zurück. Entweder sie stellte Herk als alten Kumpel vor, den sie ganz zufällig seit langer Zeit wieder einmal getroffen hatte, oder sie verabschiedete sich, doch Herk kam ihr zuvor. Er nahm ihren Kopf und bog ihn nach hinten. Er küsste sie und flüssiges Gold strömte in jede Faser ihres Körpers. Vivian schmeckte seinen Geruch, dem weder Zigaretten noch Alkohol etwas anhaben konnten.

„Ich lass dich in Ruhe", sagte er, „du bist zu wertvoll für mich." Dann schmiss er seine Zigarette zu Boden, nahm seine Jacke und ging zur Tür.

Sie lief ihm hinterher, doch die Menge stoppte sie. Ein dicker Kloß verschloss ihren Hals. *Das musste ja so kommen, es hat keinerlei Zukunft mit uns.* Besser, sie beendeten das Ganze und er suchte sich jemanden, den er ganz haben konnte. Niemanden, der mit tausenderlei Fäden gebunden war. Sehnsüchtig folgte sie ihm durch die Menge der Partygäste, als könnte sie ihn mit ihren Blicken festhalten. Kurz vor dem Ausgang drehte er sich um. Sie lächelte ihn durch ihre Tränen hindurch an. Was hätte sie dafür gegeben, ihn begleiten zu können.

Joshua tanzte vorbei, als müsse er ein Turnier gewinnen. Ina hielt sich an ihrem Sekt fest und blickte zu Boden. Vivian wischte ihre Tränen weg und ging zu Ina. „Nächstes Mal machen wir einen Mädelsabend, was?"

Um drei Uhr morgens plingte Vivians Handy und sie sah Herks Nachricht. *The Carnival is over.*

Karneval war vorbei? Das konnte nur eins bedeuten. Es war wirklich endgültig Schluss. Wieder traten ihr Tränen in die Augen, die sie wütend wegwischte. Herk hatte recht, es hatte keinen Zweck, einen One-Night-Stand zu verlängern, wenn man nicht das geringste bisschen Zeit und ein schlechtes Organisationstalent hatte. Warum konnte sie nicht aufhören, an ihn zu denken?

18 ZEUS WILL EINEN RETTER ZEUGEN

Wenige Tage später nahm Hermes Dios Köfferchen aus dem Göttertaxi und hob grüßend seine Hand zur Schirmmütze. „Grüß den Oberguru von mir“, sagte der Götterbote.

„Komm gut zurück nach Berlin“, sagte Dio und wartete, bis Hermes abgefahren war. Dann betrat er die Lobby des Plaza Divino und sah sich nach Aphrodite um. Er brauchte nicht lange zu suchen. Auf silbernen High Heels kam sie auf ihn zugestöckelt und küsste ihn links und rechts auf die Wange. Offenbar hatte sie sich inzwischen den Düsseldorfer Gruß- und Kussgepflogenheiten angepasst.

„Wie war's in Berlin?“, fragte sie, als sie im Foyer des Hotels vor einem Latte Macchiato mit Karamell saßen und den geschäftig auf Smartphones herumtippenden Anzugträgern zuguckten, die sich die Zeit bis zum Mittagessen vertrieben.

Dio berichtete, wie er seine Getränke abgeliefert hatte und dass Hera zuversichtlich war, die Ausschussmitglieder in ein paar Monaten so weich geknetet zu haben, dass sie für die Abfassung einer neuen Kulturcharta stimmten und Gelder für den Rückkauf der Tempel und Inseln freigaben. Auch aufgrund von Unterlagen, die sie bei einer Unternehmensberatung beauftragt hatte. „Und wie lief es hier?“

Aphrodite verzog die Lippen. „Vivian versucht, sich mit Herk zu treffen, aber der Familienalltag wirft ihr Hindernisse in den Weg. Deshalb hab' ich ein kleines Treffen im Museum arrangiert.“

„Ein Treffen?“

„Na ja, nicht wirklich, ich habe Herk nur geholfen, sich für ein Minütchen in eine Heraklesstatue zu verwandeln. Ich wollte ja nicht, dass Vivian denkt, er hätte einen kleinen Schwanz. Hat wunderbar geklappt, soweit ich das von meiner Statue aus beurteilen konnte. Sein Ständer war sensationell."

„Bist du irre? Die weiß doch nicht mal, dass Herk und Herakles ein und dieselbe Person sind."

„Stimmt auch wieder. Aber irgendwann wird sie es erfahren."

„Und jetzt denkt sie, sie hat Halluzinationen. Pass auf, dass sie nicht wahnsinnig wird."

„Das kriegt die schon hin", sagte Aphrodite, „die Frau hat Energie und guckt fleißig unsere kleinen Ratgebersendungen. Im Chat war sie auch schon. Ich befürchte nur, wir haben ein anderes Problem. Der alte Affe ist im Anmarsch." Aphrodite wies mit dem Kinn zum Fahrstuhl.

Dio blinzelte, um sicherzugehen, dass ihn seine Augen nicht täuschten. Zeus trug einen lila Anzug mit schwarzen Tigerstreifen. Sogar der Schlips über dem weißen Hemd war lilaschwarz gestreift. Ein Sonnenstrahl brachte sein goldenes Halskettchen zum Funkeln, an dem der Blitzstab hing. Auf schwarzen, glänzenden Schuhen durchquerte der Alte die Lobby, nickte dem Portier zu und verließ die Eingangshalle.

„Scheiße, was für ein Zuhälterlook, warum trägt er das? Los, ihm nach!", sagte Aphrodite.

Sie hatten keine Schwierigkeiten, Zeus zu folgen. Er bewegte sich zwar dynamischer als sonst, doch kaum hatte er den Kö-Graben überquert, ließ er sich in den Korbsessel eines Straßencafés fallen.

Im Schutz eines Lieferwagens belauschten sie, wie Zeus versuchte, ein Butterbrot zu bestellen.

„Ambrosia und Nektar nun bringe – dem dürstenden sterblichen Leib."

Der junge Kellner starrte den alten Mann an, als käme er vom Mond und empfahl ihm Burrata mit Strauchtomaten und Basilikum auf Rucolasalat.

„Sprichst du kein Deutsch, oh sterblicher Wurm?", fauchte Zeus.

Rasch trat Dio an den Tisch. „Burrata ist fein und wenn wir dazu Baguette und Butter bekommen könnten, wäre das noch feiner", sagte er.

Der Kellner nickte dankbar und eilte in die Küche.

Aphrodite setzte sich neben Dio an den Tisch. Zeus fixierte sie beide mit gerunzelten Augenbrauen.

„Gut ist's, dass ihr kommt, denn erfahren werdet nun ihr – als Erste die glückliche Botschaft."

Er nahm einen Schluck Kaffee, den der Kellner ihm hingestellt hatte, und räusperte sich.

„Die Zeit ist gekommen für die Ankunft des Retters", deklamierte er.

„Und deshalb läufst du hier rum wie ein Zuhälter auf Sommerfrische?", fragte Aphrodite nüchtern.

Zeus' Blick verfinsterte sich und Dio legte ihm beschwichtigend die Hand auf den Arm. „Aphrodite meint das nicht so. An welchen Retter hast du denn gedacht? Herk ist doch schon in Düsseldorf."

Zeus schüttelte den Kopf, dass seine graue Lockenmähne wogte.

„Herk ist nicht länger der Retter. Unwürdig erwiesen hat sich der einstige Held."

„Ups. Hast du in der ganzen Zeit überhaupt schon einmal mit Herk gesprochen?", fragte Aphrodite und zog den Teller mit der Burrata zu sich heran. Zeus zog den Teller zurück und stopfte sich ein Stück Käse mit Tomate in den Mund.

„Kein einziges Mal! Verleugnet hat er den Vater sein. Nun ist zwischen uns das Band der Sippschaft zerschnitten."

„Moment, wer hat hier als Erster jemanden verleugnet? Oder vielmehr verlassen? Das warst wohl du, nachdem du vor fast vierzig Jahren diese polnische Messehostess geschwängert hast", sagte Aphrodite und Dio sah sie an, überrascht, was Aphrodite alles von Herk wusste. „Und nur weil er dir jetzt nicht vor Freude um den Hals fällt, spielst du beleidigte Leberwurst und hebst einen anderen Retter aufs Treppchen?“, fuhr die Liebesgöttin fort.

Dio beäugte den Obergott mit wachsender Nervosität.

Zeus schnaubte und rauschte ins Restaurant ab. Als er bei den Toiletten verschwunden war, redete Dio der Liebesgöttin ins Gewissen.

„Pass auf Aphrodite, reiz' ihn nicht zu sehr. Er kann zwar in Menschengestalt nicht viel Schaden anrichten. Aber um Schlagzeilen zu machen, reicht auch schon ein kleiner Temperamentsausbruch. Noch so ein Desaster wie an der Autobahn mit anschließenden Schlagzeilen sollten wir besser nicht riskieren. Der Götterrat ordert uns nach Hause und mit Herks wahrer Liebe ist es Essig.“

Aphrodite zuckte mit den Achseln.

Zeus kam zurück und schien nicht im Mindesten mehr beleidigt. Lächelnd nahm er einen Schluck Kaffee, rülpste und sagte feierlich: „Keinen Retter erwählen werde ich. Einen Retter zeugen werde ich.“

Dio fiel vor Schreck die Gabel aus der Hand.

„Was wirst du?“, fragte Aphrodite und setzte sich aufrecht hin, während ein in Pelz gekleideter Mops an Zeus' Stuhlbein schnupperte.

„Es gibt etwas zu feiern“, sagte Zeus und zog mit geheimnisvoller Miene ein zerknittertes Blatt Papier aus der Jacketttasche. Aphrodite nahm es ihm ab und strich es glatt.

„Ärztlicher Bericht“, las Dio vor. „Das Spermiogramm weist eine Normozoospermie auf. Im Ejakulat, untersucht am 23. März 2017, befinden sich vorwärtsbewegliche Samenzellen.“

„Das habe ich beim Arzt testen lassen“, erläuterte Zeus und Dio kämpfte vergeblich gegen die Vorstellung, wie Zeus in einer Kabine saß, vor sich eine Zeitschrift, und versuchte, glibbrige Flüssigkeit in einem Reagenzglas aufzufangen.

„Beschlossen habe ich, die Gründung der Europäischen Republik, nun selber voran sie zu treiben. Begründet wird sie, die Europäische Politeia, oder auch die Res Publica, wie in Rom sie genannt ward, von meinem eigenen Sohn."

Der Mops wurde von seiner Eigentümerin grob zurückgezogen. Dio sah von Hund zu Gott. Hatte der Alte völlig den Verstand verloren? „Das gibt einen Riesenärger", war jedoch das Einzige, was er herausbrachte.

„Überlass das den erfahrenen Göttern", sagte Zeus und erhob sich wieder. „Und entschuldigt mich jetzt, viel zu tun habe ich nun." Er griff nach einer Papiertüte, die genauso aussah wie jene, die er in dem Erotikshop bekommen hatte, und schritt, würdevoll seine Papiertüte schwenkend, zur Straße, wo er einem Taxi winkte.

„Das macht die Sache nicht einfacher", sagte Aphrodite und nahm einen Schluck Milchkaffee.

„Dass Zeus rumläuft wie ein verspäteter Karnevalsprinz und wirre Pläne schmiedet?", fragte Dio, doch Aphrodite schüttelte den Kopf.

„Das auch, aber ich meine jetzt Herks Verhalten." Aphrodite runzelte die Stirn. „Es ist nicht gut, dass Herk den Kontakt zu seinem Vater verweigert. Er hätte wenigstens mit ihm sprechen können, aber offenbar lehnt er seinen Vater völlig ab. Das Problem ist nur: Kinder, die ihre Eltern ablehnen, haben häufig auch ein Problem damit, andere Menschen zu lieben. Oder ihnen ihre Liebe zu zeigen."

Dionysos stach seine Gabel in das letzte Stück Burrata. „Zeus finde ich jetzt auch nicht gerade zum Verlieben. Ich wundere mich, wie Hera es mit dem über die Jahrhunderte ausgehalten hat."

„Zeus ist ein aufgeblasener Idiot und der untreuste Gott des Olymps, aber darum geht es nicht. Es geht um Vivian und Herk. Oder vielmehr um die Frage: Ist Herk überhaupt in der Lage zu einer Liebesbeziehung?"

Dio protestierte: „Selbstverständlich! Wann immer Herk Menschengestalt angenommen hat, haben sich Männer wie Frauen um ihn gerissen, Aphrodite."

Erinnerungen aus vielen Jahrhunderten stiegen in ihm auf. Mal hatte Herk siegreiche Schlachten geschlagen und war dadurch unsterblich geworden. Einmal hatte er eine ganze Nation dazu gebracht, in einen friedlichen Sitzstreik zu gehen. „Der hat mal eine Besatzungsmacht in die Knie gezwungen, in Indien. Und das nur, weil die Leute ihn liebten! Als dieser Attentäter ihn erschossen hat, war er schon längst unsterblich. Und guck dir Herk jetzt an … er hat alles, was es braucht, um die Massen zu verführen." Dio hob die Finger, um Herks Merkmale aufzuzählen: „Einen Körper, der nichts zu wünschen übriglässt. Eine Ausstrahlung, die jeder Frau weiche Knie macht, und Männern auch, wenn sie darauf stehen. Ein Lachen, das jedes Härchen seines Gegenübers zum Schwingen bringt. Und eine gute Argumentationsfähigkeit. Warum sollte er da keine Liebesbeziehung hinbekommen?"

Aphrodite schüttelte den Kopf und zeigte auf die Passanten, die an dem Straßencafé vorbeiflanierten. „Menschen verführen ist schön und gut. Aber das reicht hier nicht mehr. Herk muss sich selber auf eine Liebesbeziehung einlassen."

Aphrodite zwirbelte eine Haarsträhne zwischen den Fingern und sagte langsam: „Das heißt, es könnte mit der wahren Liebe schwieriger werden als gedacht. Aber das kriegen wir hin, wir sollten nur Vivian warnen. Am besten mit einem neuen Ratgeber ‚Aphros Liebeszauber'."

„Ich hoffe, du weißt, was du tust."

„Sag einfach Ja und Amen, ich übernehme den Rest."

Dio stimmte widerstrebend zu.

Sie waren kaum fertig, als Aphrodite sagte: „Achtung, da kommt der alte Affe zurück."

„Aber er kommt nicht zu uns. Wo er wohl hinwill?"

„Schnell, dass es uns nicht wieder abhaut!"

Während Aphrodite die Rechnung bezahlte, bemühte sich Dio, Zeus nicht aus den Augen zu verlieren. Am oberen Ende der Kö verlangsamten sich Zeus' Schritte und er wendete der Kopf nach rechts und links. Plötzlich nickte er und ging eilig vorwärts. An einem Brückenpfeiler lehnte eine junge Frau in einer kurzen braunen Jacke, engen Hosen und hochhackigen Schuhen. Dio zog sich hinter einen Kiosk zurück. Die Frau ließ sich von Zeus links und rechts auf die Wange küssen und wies dann mit langen Fingernägeln hinter sich, wo die Kö zur Linken in einen Park überging und zur Rechten in modernen wellenförmigen Gebäuden endete.

Dio erschrak, als Aphrodite ihm von hinten auf die Schulter klopfte. „Ich wünschte, ich hätte ein Aufnahmegerät", sagte er und wies auf Zeus und die junge Dame. Die beiden schienen sich handelseinig geworden zu sein. Im Pulk der Passanten überquerten sie die Straße und kamen langsam auf Dio und Aphrodite zu.

Rasch zog Aphrodite ihn hinter die Postkartenständer. „Ich kann dir sagen, was sie reden", sagte Aphrodite. „Zeus möchte Eindruck schinden und hat ihr vermutlich vorgeschlagen, in irgendein Museum zu gehen. Das wäre typisch für ihn. Dann könnte er ihr einmal die Weltgeschichte erzählen – vom Urknall bis zur Gegenwart. Vermutlich würde er ihr am liebsten ein paar nackte griechische Statuen zeigen, weil er glaubt, er könnte damit ihre Fantasie anregen."

„Und sie?", fragte Dio, während sie sich vom Menschenstrom langsam hinter Zeus und der Frau her die Fußgängerzone hochtreiben ließen.

„Wenn sie nicht ganz blöd ist, wird sie dem Alten weismachen, dass sie sich auch für Kunst und Kultur interessiert. Aber ich schwöre dir, die einzige Kunst, die sie beherrscht, ist, reichen Säcken die Kohle aus dem Geldbeutel zu labern."

Das Pärchen bog ab und Aphrodite wies mit dem Kinn zu den wellenförmigen Gebäuden am oberen Ende der Königsallee. Davor saßen erste mutige Passanten in den noch zarten Strahlen der Frühlingssonne neben zugeklappten Sonnenschirmen. Die junge Frau zupfte Zeus am Ärmel und gemeinsam betraten sie das Nobelkaufhaus.

„Das wird Hera nicht lustig finden. Wo sie doch in Berlin um jeden Cent zur Rettung der Tempel feilscht. Wir sollten die beiden stoppen."

„Zeus tötet uns, wenn wir ihm jetzt die Tour vermasseln."

Eine Flut mannigfacher Düfte explodierte in Dios feiner Nase, während sich eine Kakophonie synthetischer Klänge in seine Gehörgänge bohrte. Es war kaum zum Aushalten.

Dort, wo die Gerüche am aggressivsten aufstiegen, stand Zeus' junge Begleiterin und sprühte sich ein Parfüm nach dem anderen auf Hände, Arme und Nackenbeuge. Immer wieder gab sie Zeus Küsschen auf die Wange, während zwei schwarz gekleidete, stark geschminkte Verkäuferinnen begannen, ein Fläschchen und Schächtelchen nach dem anderen in größere Schächtelchen und Papiertüten zu verpacken. Mit siegesgewissem Lächeln stolzierte die junge Frau an der Seite ihres Sugardaddys wenig später zur Rolltreppe. Aphrodite zog Dio gerade noch rechtzeitig hinter eine Spiegelsäule. Sie warteten eine halbe Minute, dann fuhren sie ebenfalls in die erste Etage.

In der Wäscheabteilung entdeckten sie die Frau, die dabei war, fünf Sets Unterwäsche, mehrere Bustiers, Stringtangas, Strapse und eine blonde Kurzhaarperücke einzukaufen. Zeus schien unter der Last der mittlerweile schon recht prall gefüllten Einkaufstüten zu keuchen, doch seine Begleiterin schob ihn resolut durch die Herrenabteilung und dirigierte ihn zu den Designersachen.

Dio, der bemerkte, wie zielsicher die junge Lady Waren der oberen Preiskategorie ansteuerte, sah sich nach Aphrodite um. „Tu was", sagte er und auf Aphrodites Stirn bildete sich eine steile Falte, wie immer, wenn sie nachdachte.

Plötzlich erschien auf ihrem weißen Sakko ein Namensschild, das sie als „F. Fröhlich, Breuninger" auswies.

F. Fröhlich schritt zur Theke des hauseigenen Restaurants, wo sie einen Kellner ansprach und dabei auf Zeus wies. Der schwarzhaarige Mann nahm Zeus am Arm und geleitete ihn zu einem Tisch, wo der keuchende Obergott auf einem Stuhl zusammensank.

Während Dio sich bemühte, glaubwürdig Interesse für bodenlange Strickjacken vorzutäuschen, trat die Liebesgöttin zu der jungen Dame und fragte sie etwas.

Zu Dios großer Überraschung kam die junge Frau wenig später zu Zeus, holte sich die Einkaufstüten ab und verabschiedete sich.

„Was hast du der denn erzählt", fragte er und Aphrodite zog ihn in eine Umkleidekabine, um nicht von Zeus entdeckt zu werden.

„Ich hab' ihr erzählt, dass das Kleid, das sie gerade anprobierte, nächste Woche heruntergesetzt würde und ich ihr eins reservieren würde. Und dann hab' ich beiläufig erwähnt, dass wegen der heißen Witterung schon drei alte Männer hier einen Herzinfarkt erlitten hätten. Da hat sie sich entschieden, die Shoppingtour für heute zu beenden. Aber ich fürchte, die treffen sich wieder."

Dio grinste ihr matt im Spiegel der Kabine zu. „Und jetzt? Wenn Zeus diese Nadja flachlegt, flippt Hera aus."

„Dazu wird es nicht kommen."

„Und wie willst du das anstellen?“

„Ich habe schon eine Idee.“

Ohne Aphrodite war er aufgeschmissen. Aber bisher war noch keiner ihrer Pläne gut gegangen.

19 VORWÜRFE VON SOFIE

Als Vivian am Samstagmorgen erwachte, regnete es, und sie wäre am liebsten im Bett geblieben. Aber irgendwer musste ja Frühstück machen, wenn Felix nicht da war. Und einkaufen und aufräumen und putzen. Sehnsüchtig starrte sie auf ihr Handy, doch es blieb stumm. Kein Wunder, schließlich hatte er ihr zu verstehen gegeben, dass Schluss war. Träge machte sie den Kindern Müsli und ließ sie dann einen Film anschauen, während sie sich zum Markt schleppte, um Obst, Gemüse und mariniertes Gulasch für die Ankunft des französischen Gastschülers zu kaufen. Ihr wurde es mulmig bei dem Gedanken an das immer noch nicht fertig geputzte Haus. Gerade als sie die letzte Tüte Karotten in ihre Fahrradtaschen stopfte, summte das Handy.

Hi Babe.

Sie war wie elektrisiert, doch dann kam nichts mehr, und Vivian bemühte sich, ihn aus ihren Gedanken zu verbannen. Schon der Gedanke an eine Affäre war bei ihrem Zeitplan absolut unvernünftig, aber ihre Sehnsucht wuchs mit jeder Minute. Als würde das helfen, fuhr sie den Computer hoch und siehe da, es ploppte eine Ratgebersendung hoch. Irgendwie fand sie die sehr tröstlich.

„Hallo, meine Lieben“, sagte die Moderatorin, „Willkommen zu einer neuen Folge von „Aphros Liebeszauber“. Bestellen Sie sich heute zum Champagner vielleicht ein Schnitzel dazu, für guten Sex brauchen Sie Energie.“

Täuschte sie sich oder waren die schwarzen Haare der Moderatorin letztes Mal blond gewesen? Vielleicht hatte sie sie gefärbt.

„Wie immer begrüße ich mit im Saal meinen lieben Kollegen Dio. Na, kleiner Vetter, worüber reden wir heute?“

„Ähm, nun ja. Wir sprechen sozusagen über die liebevolle Vereinigung." Der Dicke machte schon wieder Kulleraugen wie Toms Stoffteddy.

„Mit dem Vereinen ist allerdings das Reinkommen verbunden, was manchmal problematisch sein kann."

Er lächelte sein Teddybärenlächeln. „Was kannst du uns denn raten, liebe Aphro? Hast Du irgendeinen schönen Liebeszauber für uns parat?"

Die Frau zuckte mit den Achseln: „Sie können sich selbstverständlich jede Menge Erwachsenenspielzeug kaufen und Ihre Bude damit ausstaffieren." Hinter ihr erschien eine Palette Plastikdildos, und auf einem Tischchen rollte eine Kiste herein, die offensichtlich mit Sexspielzeug gefüllt war. Die Moderatorin griff hinein und schwenkte ein Gerät, das aussah wie eine silberne Möhre mit zwei Glöckchen daran.

„Alles ist möglich, es kann jedoch die Rute Ihres Traumprinzen auch zu einem traurigen Würstchen machen."

„Was hast du denn sonst noch auf Lager, liebe Aphro?", fragte der Moderator. „Irgendetwas Bewährtes, Althergebrachtes?

„Selbstverständlich, ich bin ja immer dafür, bewährte Ideen zu recyclen. Zum Beispiel die Idee aus der Antike mit dem Stier."

„Mit dem Stier?", fragte der Moderator.

„Nehmen Sie an, Ihr gutes Stück will nicht so, wie es soll – dann möchten Sie vielleicht zur probaten Futteral-Methode greifen. Sie wählen eine Verkleidung, in der Ihr gutes Stück in einer", sie hüstelte, „steifen Hülle steckt und schreiten dann zum Akt."

„Interessant", sagte der Dicke, „erzähl uns mehr."

„Da kommt der Stier ins Spiel. Ein berühmtes Beispiel aus der Sagenwelt ist die von dem Erfinder Dädalus ersonnene künstliche Kuh. Da stecken Sie schön fest in dem Knüppel vom Stier drin und es ist egal, ob gewisse Regionen hart bleiben oder nicht."

Vivian starrte amüsiert auf den Bildschirm, wo die Moderatorin ihre Brille zurechtrückte. „Damals baute Daidalos, der absolut beste Künstler der Antike, eine künstliche Kuh. Du erinnerst dich vielleicht? Da hinein stieg die Königin Pasiphaë und trieb es bombastisch mit dem weißen Stier."

„Sie war ein Mensch und hatte Sex mit einem Stier? Also, das finde ich bemerkenswert", sagte der Moderator.

„In der Tat, du musst allerdings wissen, Pasiphaë stand unter einem Liebesfluch. Ihr Mann hatte den Meeresgott Poseidon betrogen. Zur Strafe hatte Poseidon die Gattin Pasiphaë verhext, sodass sie vor Verlangen nach dem Stier nicht mehr aus noch ein wusste."

Vivian riss sich vom Bildschirm los und fing an, ihre Einkaufstaschen auszupacken. Tom kam herein, um nachzugucken, ob sie außer Gemüse vielleicht auch noch ein paar interessante Dinge wie Süßigkeiten oder seine Lieblingsjoghurts mit Smarties gekauft hatte. Als er nichts fand, sagte er vorwurfsvoll: „Mama! Du sollst Jokurz mit Punten kaufen." Vivian versprach, beim nächsten Mal daran zu denken, und ermahnte Mika, die Spülmaschine auszuräumen.

Ihre Schwiegermutter rief an und fragte, ob sie sich nicht langweile, so ganz ohne Mann, und ob sie nicht mit den Kindern zum Kaffeetrinken kommen wolle. Ein Kaffeetrinken bei den Schwiegereltern war das Letzte, auf das sie jetzt Lust hatte. Sie wollte von Herk träumen und sonst gar nichts. Aber Tom hörte Omas Stimme und schrie, dass er zu Oma und Opa wolle. In allerletzter Sekunde fiel Vivian die passende Ausrede ein: Sie müsse das Haus für den französischen Gastschüler besuchsfein machen. Doch die Kinder dürften sie gerne abholen.

Sie stellte einen Topf auf den Herd und goss Öl hinein, um Reis fürs Mittagessen anzubraten. Es klingelte wieder. Diesmal war Sofie dran und brauchte eine Zuhörerin, um die Ereignisse der vergangenen Tage zu teilen.

Vivian, die wusste, dass solche Erzählungen lange dauern konnten, wehrte ab: „Ich hab' keine Zeit zum Telefonieren. Erst Kochen und dann Haushaltscountdown, bis die Franzmänner kommen."

Doch Sofie war gewieft darin, solche Einwände zu überhören. „Vivian, du ahnst nicht, was für einen irren Zahnarzttermin ich wieder hatte", sagte Sofie. „Der Joschi ist ja soo süß und wie der lächelt! Und jetzt schreibt er mir die ganze Zeit Nachrichten."

Vivian stutzte. War Sofie nicht bewusst, dass Joshua Inas Mann war? Hatte sie ihr das nicht gesagt? Sie überlegte, ob sie Sofie darauf ansprechen sollte, doch die ließ sie gar nicht zu Wort kommen.

„Er sagt, das könnte eine bakterielle Infektion im Gaumen sein, ich soll jetzt jeden Tag eine Creme auftragen und morgen guckt er sich das Ganze wieder an. Und er schickt mir per SMS Tipps zur Zahnpflege."

Um seine Patientinnen schien sich Inas Mann deutlich besser zu kümmern als um seine Frau.

„Dann werden die Schmerzen bestimmt bald besser."

„Bestimmt. Und, wie geht's dir? Immer noch Strohwitwerin?"

„Ja, Felix kommt nächsten Freitag zurück."

„Na, prima, dann kannst du auch mal wieder bei mir übernachten. Wie war eigentlich die Party? Ah, Moment, ich kann mir ja die Bilder im Internet angucken. Die haben doch immer so einen Partyfotografen im Halali."

Vivian hörte Tastaturklappern am anderen Ende der Leitung. Der Reis im Öl begann zu zischen.

„Hey, du bist auch drauf!", rief Sofie. „Sag mal, ist das etwa Mister Karneval?"

Natürlich, der Partyfotograf! Und sie hatte auch noch mit Herk in die Kamera gelächelt. Jetzt half kein Leugnen mehr. „Ja. Aber er ist ins Halali gekommen, um zu sagen, dass wir uns nicht mehr sehen werden."

„Dabei bleibt es dann hoffentlich auch!"

„Ja. Oder nein. Ich weiß es nicht."

„Aber dir ist schon klar, dass dieser Typ dich voll in der Hand hat? Er braucht nur Felix anzurufen und dich zu verraten – und schwupps ist alles aus."

Vor Vivians Auge tauchten zwei duellierende Männer auf, die die Pistole aufeinanderrichteten. Ihr Trotz erwachte.

„Sofie, dieser Ausschließlichkeitsanspruch ist 19. Jahrhundert. Früher hat der Ehemann den Liebhaber erschossen, aber doch nicht heute."

Sofie sollte lieber aufpassen und nicht zu sehr für ihren verheirateten Zahnarzt schwärmen! Wütend rührte Vivian den Reis um.

„Und bei den Taliban sind wir auch nicht, die ihre Frauen in Burkas stecken, damit kein anderer Mann ihr Gesicht sehen kann."

Als sie Wasser in den Topf laufen ließ, zischte das Öl laut. „Was ich sagen will, Sofie, ich bin nicht Felix' Eigentum. Wir haben Verantwortung füreinander, aber wir sind freie Menschen."

„Aber du hintergehst ihn, ohne ihm deine ach so modernen Gedanken mitzuteilen."

Sofie hatte recht. Wäre sie von ihrer Einstellung, dass Wellnesssex neben der eigentlichen Ehe völlig okay war, überzeugt, hätte sie es Felix auch sagen können. Verdammt, warum hatte sie über solche Dinge mit Felix nicht vorher gesprochen! Hätten sie dann nicht eine entsprechende Abmachung treffen können? Aber jetzt war es zu spät.

Die Schwiegereltern kamen und sammelten Tom und Emily ein, und auch Mika verabschiedete sich, weil er mit seinem Freund skaten wollte. Als alle weg waren, kochte sie sich einen Kaffee und ließ sich am Küchentisch niedersinken. Andere Menschen hatten jetzt Wochenende. Ihr stand dagegen ein gewaltiger Hausputz bevor, wenn sie die deutsch-französische Freundschaft nicht zerstören wollte.

Felix hatte es gut, der fuhr auf seine Dienstreisen und jedem war klar, dass er keine Zeit für Hausarbeit hatte. Sie dagegen konnte sich zum Arbeiten nur an einen vollgeschmierten Küchentisch setzen, jetzt, wo das Arbeitszimmer zum Gästezimmer umfunktioniert worden war. Doch nicht mal Zeitung lesen konnte sie, so vollgestellt war der Küchentisch.

Sie stellte ihre gebrauchte Kaffeetasse in die Spülmaschine, die Mika natürlich nicht ausgeräumt hatte. Dafür hatte irgendeines der Kinder seine leere Müslischale ins obere Fach zwischen das saubere Geschirr gestellt. Milch und Müslireste waren ins untere Fach getropft und hatten alles wieder verschmutzt. Vivian fluchte.

Als sie die Spülmaschine aus- und wieder eingeräumt und das restliche schmutzige Geschirr gestapelt hatte, flitzte ein bräunliches Tier unter der leeren Salatschüssel hervor. Blitzschnell klatschte sie den Schwamm darauf. Ihre Reflexe funktionierten noch.

Das Ding sah aus wie eine Mischung aus Kellerassel und Ohrenkneifer. Eine Schabe? Leichte Übelkeit stieg ihren Hals empor. In Südamerika hatte sie zehn Zentimeter lange Schaben gesehen, die im gelben Laternenlicht auf den Gullylöchern hockten und davonstoben, wenn Schritte das Pflaster erschütterten. Mit einem Küchentuch zerdrückte sie das Viech und warf es in den Mülleimer.

Ob sie samstags noch einen Kammerjäger finden würde? Versuchen musste sie es. Das hatte ihr gerade noch gefehlt.

„Kammerjäger Notruf" stand auf der Anzeige im Telefonbuch und nach dem ersten Klingeln meldete sich eine tiefe Stimme, die mitteilte, dass sie nicht lange warten müsste. Er würde eben zu Ende rauchen und dann kommen.

Vivian hatte es gerade geschafft, den Küchentisch abzuwischen, als es an der Haustür klingelte. Ein graubärtiger Mann im blauen Arbeitsanzug trat ein und erklärte die Küche ab sofort zum Katastrophenschutzgebiet. Vivian starrte ihn an und überlegte, ob sein bis zur Brust reichender Bart wohl mit zum Schädlingsbekämpfungskonzept gehörte. Oder fanden dort die letzten überlebenden Schaben Zuflucht?

Pfeiferauchend und pausenlos redend robbte und kletterte er durch die ganze Küche. Vivian erfuhr, dass Schaben sehr genügsam waren und zur Not ein ganzes Jahr ohne Essen auskommen könnten, aber in dieser Küche reichlich Nahrung fänden. Schließlich identifizierte er eine warme feuchte Stelle auf der Spülmaschine direkt unter der Arbeitsplatte als Nistplatz einer reizenden Schabenfamilie. Er paralysierte die Insekten samt und sonders mit einem weißen Schaum und ließ sie dann Stück für Stück mit einer Pinzette in einen Sack fallen. Halb fasziniert, halb angeekelt sah Vivian zu. Dann nahm sie die Anweisungen des Waldschrats entgegen. Zur Sicherheit dürfe ab sofort kein Gegenstand die Küche mehr verlassen, außer in doppelwandigen Müllsäcken, die anschließend direkt zur Müllkippe gebracht werden sollten. Ansonsten hätte sie alles rückstandsfrei zu säubern. Er werde mit Lockstoffen versehene Fallen aufstellen und sehen, ob die Schabenfamilie sich auch außerhalb der Spülmaschine verbreitet habe. Dabei sah er sich prüfend in der schwarzweiß gefliesten Küche um.

Vivian verzog den Mund, weil sie sich ekelte und genierte. Hätte sie nicht wenigstens noch einmal wischen könnten, bevor dieser Typ das volle Ausmaß ihres hausfraulichen Versagens unter die Lupe nahm? Der Mann sah sie mit einem runzligen Lächeln an und erklärte, bevor er verschwand, dass punktueller Schabenbefall ohne weiteres aus der Verpackung irgendeines Supermarktes kommen könne. „Sowat kommt in den besten Familjen vor, machense sich keen Kopp, junge Frau. Kräftig putzen und Sie bekommen dat Zeuch inn Griff.“

So hatte sie sich ihr Putzen nicht vorgestellt. Sie wollte Herk wiedersehen und sonst gar nichts.

Selber schuld, was hatte sie auch Kinder in die Welt gesetzt wie ein ralliges Meerschweinchen. Wütend trat sie gegen den Mülleimer. Dann ging sie Putzmittel kaufen und schrubbte die Küche, bis sie vom Geruch des Backofenreinigers so high war, dass sie einen Stromschlag bekam, als sie ein Messer in die Steckdose steckte, um auch dort den Dreck wegzukratzen.

Sie taumelte zurück und stieß den Eimer mit dem Putzwasser um. Gefällig gluckernd ergoss sich das Wasser auf den Stapel mit den ungelesenen Zeitungen. „Griechische Delegation trifft Kanzlerin" stand auf der obersten Zeitung, die sie in die Papiertonne plumpsen ließ.

Als sie um Mitternacht ins Bett ging, hatte sich Herk immer noch nicht wieder gemeldet. Dafür traf eine lange SMS von Felix ein, der Bescheid sagen wollte, dass er noch am Leben sei und er von Berlin aus direkt zu einem Kunden nach Kassel gefahren sei und dort Unterlagen prüfe.

Durfte man einem Ehemann schreiben, dass man ihn nicht vermisste? Sie entschloss sich zu einer Ausflucht und schrieb: „Wir bekämpfen Schaben und ich bin nervös, weil am Mittwoch die Franzmänner kommen."

Prompt klingelte ihr Handy und Felix verlangte genauere Auskünfte zu dem Haushalts-GAU. „Sei nicht so perfektionistisch", empfahl er ihr schließlich.

Felix hatte gut reden. Der hockte mit seinem Laptop und einer Batterie neuer Computerspiele in seinem Hotel und erlegte Monster. Sie dagegen verbrachte den gesamten Samstag, den Sonntag und den halben Montag mit Putzen.

Es war unglaublich, welche Dreckmengen sich in sämtlichen Ritzen der Küche angesammelt hatten, ganz zu schweigen von den Unmassen an Playmobilfigürchen, unvergleichlich wichtigen Legosteinen und irgendwann angeschafften, aber nie verbrauchten Lebensmitteln. Das Meiste wanderte in die blauschwarzen Müllsäcke. Dennoch blieb das Protestgeschrei aus, denn die Schwiegereltern hatten sich in Anbetracht des Weltuntergangs in Vivians Küche bereiterklärt, Tom, Emily und Mika in ihrem Bungalow zu bespaßen.

Erst als Montagnachmittag die Sekretärin von Dr. Dornfelder auf dem Handy anrief und mit vorwurfsvollem Unterton fragte, wo denn die seit Tagen erwartete Einladung zu Herrn Dornfelders Vortrag zur fristlosen Kündigung blieb, wurde ihr klar, dass sie ihre Prioritäten durcheinandergebracht hatte.

Vivian war gerade dabei, die Müllsäcke über die Rampe zu wuchten, unter der der Müllschlucker wartete. Es war klar, dass die nächste fristlose Kündigung an sie adressiert wäre, wenn sie sich nicht besser um ihren neuen Kunden kümmerte.

Während ein anderer Autofahrer sie anhupte, weil sie ihm den Weg zum Müllschlucker versperrte, erklärte sie der Sekretärin, ihr sei ein kleiner Unfall dazwischengekommen, und versprach, den Text so schnell wie möglich zu schicken. Im Rückspiegel sah sie die Ringe unter ihren Augen und die strähnigen Haare. Zum Glück konnte ihr Kunde sie so nicht sehen.

Noch bevor sie das Geschirr zurück in die ungewöhnlich sauberen Schränke räumte, klappte sie ihren Laptop auf und verfasste schnell eine Einladung zu einem sensationell unterhaltsamen Mandantenfrühstück mit kostenlosem Vortrag über die Fallstricke der fristlosen Kündigung.

Sie schickte den Text an Dr. Dornfelders Sekretärin und schloss das Mailprogramm. Sie wollte gerade den Rechner runterfahren, als die Ratgebersendung vom letzten Mal hochploppte. Zu müde, um der Ablenkung widerstehen zu können, starrte sie auf den Bildschirm. Während sie Teller und Schüsseln zurück an ihren Platz stellte, hörte sie der Frau zu, die etwas von künstlichem Stier und problematischer Vereinigung faselte. Vor Vivians innerem Auge stieg eine gigantische Pappmaché-Kuh auf, die einem

Stier entgegenlief, der Herks Augen hatte. Sie wollte ihn so dringend wiedersehen, dass es wehtat.

Am Mittwochmorgen erwachte Vivian aus einem komatösen Schlaf, als das Telefon klingelte. Der französische Gastvater war dran und sagte, dass sie gegen 14 Uhr eintreffen würden. Vivian fasste sich an den dröhnenden Schädel und sah auf ihr Handy: zehn Uhr! Draußen schien strahlend die Sonne. Sie musste den Wecker überhört haben. Schweiß trat auf ihre pochende Stirn. Um ein Uhr würden die Schwiegereltern Mika, Tom und Emily zurückbringen. Und dann würden die Franzosen ankommen und Gulasch mit Reis und Gemüse essen wollen.

Was nicht da war, war das Gulasch. Weder im Kühlschrank noch im blitzsauberen Tiefkühlfach. War es im Müllschlucker gelandet?

Wenn sie sich mächtig beeilte, würde sie beim Metzger noch neues Gulasch bekommen. Hastig öffnete sie das Garagentor, um ihr Rad herauszuholen. Das Gulasch lag gut verpackt auf dem Gepäckträger, wo sie es vor drei Tagen liegengelassen hatte.

Sie trug es in die Küche und betrachtete es skeptisch. War es nach drei Tagen Garage noch essbar? Noch ehe sie eine Entscheidung treffen konnte, klingelte es an der Haustüre und Vivian zuckte zusammen. *Oh, bitte nicht schon jetzt!* Sie drückte den Türöffner und hielt die Luft an. Im schlimmsten Fall würde sie Pizza für alle bestellen, auch wenn das eine Blamage ohnegleichen wäre.

Doch es waren nicht die Franzosen, sondern ihre Schwiegermutter.

„Ich dachte, die Franzosen möchten vielleicht auch ein Stückchen Kuchen essen", sagte sie und wuchtete einen Kuchen nebst zwei vollgepackten Jutebeuteln die Treppe hoch. Vivian beeilte sich, ihr die Taschen abzunehmen. Gerührt sah sie die Schwiegermutter an. Offenbar meinte das Schicksal es doch gut mit ihr.

Tom und Emily kamen hinterhergerannt und fragten schnuppernd, warum es so komisch rieche. Dann quengelten sie, dass sie einen Film gucken wollten, doch Vivian sagte, sie sollten bei dem schönen Wetter an die frische Luft gehen.

„Soll ich dir beim Essen helfen und du gehst mit dem Kleinen auf den Spielplatz?", fragte die Schwiegermutter und Vivian nickte, dankbar, nach draußen zu kommen.

Es war als hätte die Vorfrühlingssonne den Auftrag erhalten, zur Ankunft der Franzosen besonders kräftig zu scheinen. Auf dem Spielplatz war es so warm, dass Tom und Emily ihre Jacken auszogen. Vivian nahm zwischen anderen Eltern mit Buggys und Sandspielzeug Platz. Natürlich hatte sie kein Sandspielzeug mitgebracht wie andere, umsichtigere Eltern, aber die hatten ja auch keine Schabenplage beseitigt oder Einladungen zu spannenden Vorträgen zur fristlosen Kündigung entworfen. Oder Essen gekocht.

Sie fuhr auf, als hätte eine Biene sie gestochen. Sie brauchte ja noch neues Gulasch! Ob sie die Kinder auf dem Spielplatz alleine lassen konnte? Nicht dass Tom es sich einfallen ließ, alleine nach Hause zu gehen, und Emily ihn nicht davon abhalten konnte.

Die Anspannung schnürte ihr den Atem ab, als sie wie ein aufgescheuchtes Huhn zu Emily lief, um sie zu bitten, für ein halbes Stündchen auf ihren kleinen Bruder aufzupassen. Und ihn ja nicht alleine nach Hause gehen zu lassen. Emily versprach es und Vivian trabte im Laufschritt zum Supermarkt. Natürlich war das eingelegte Gulasch ausverkauft. Ob sie eventuell etwas von der frischen Bratwurst wolle, fragte die Verkäuferin und musterte besorgt Vivians schweißnasses Gesicht. Und vielleicht noch etwas Sauerkraut dazu? Oder ob sie mal etwas von den Chilitomaten probieren wollte?

Bratwurst und Sauerkraut, das war so typisch deutsch, das war schon wieder gut für den Besuch aus Frankreich. Den leckeren Chiligeschmack noch im Mund joggte sie in etwas gemächlicherem Tempo zurück zum Spielplatz. Tom und Emily spielten seelenruhig im Sand, doch sie trieb sie an, dass sie schnell nach Hause gehen sollten.

„Immer bist du so hektisch", protestierte Emily und Vivian gab ihr mit schlechtem Gewissen recht, bestand aber darauf, dass auch die Kinder rennen sollten.

Als sie oben in die Straße einbogen, sahen sie, wie ein anthrazitfarbener Citroën mit quietschenden Reifen vor dem Haus zum Halten kam. Heraus stiegen ein schlanker kurzhaariger Mann, eine zierliche braunhaarige Frau und ein schlaksiger Junge von etwa 13 Jahren. Alle drei sahen von Weitem sehr gepflegt aus, so wie man das von Franzosen eben erwartete. Und sie stand da, die Bratwursttüte in der Hand, und hatte noch nicht einmal geduscht. Vivian sank das Herz in die Hose, als sie das wohlbekannte Vibrieren fühlte. Sie griff in die Tasche und nahm das Handy heraus.

Was macht das Leben, was macht die Brut?

Bin entsetzlich nervös, eben ist der französische Austauschschüler mit Eltern eingetroffen. Und mein Gulasch kann vermutlich inzwischen Mama sagen.

Hey, Keule. Mach dir wegen der Proleten nicht ins Hemd.

Ein Gefühl von Ruhe und Wärme breitete sich in ihrer Brust aus, als sie das Handy zurück in die Tasche steckte.

Es klingelte erneut.

„Geht schon mal vor", sagte sie zu Emily und Tom und nahm den Anruf ihrer Schwiegermutter an.

„Ihr könntet allmählich zurückkommen", sagte Hildegard. „Das Gulasch neben dem Herd habe ich schon zubereitet."

Hatte die Schwiegermutter keinen Geruchssinn mehr?

Vivian war, als würde sich jeden Moment eine Falltür unter ihr öffnen, in die sie mit Schimpf und Schande hineinfallen würde. Trotzdem begrüßte sie tapfer lächelnd die Franzosen und bat sie ins Haus.

„Führ sie auf die Terrasse", zischte sie Emily zu und rannte selber in die Küche, die von einem süßlichen Geruch erfüllt war.

„Darf ich mal bitte?", fragte sie Hildegard, nahm ihr die Pfanne aus der Hand und kippte sie mit einem Schwung in den Mülleimer. „Wir sollten heute Bratwurst mit Sauerkraut machen. Das mögen Franzosen besonders gerne", sagte sie.

Die Schwiegermutter sah sie an, als hätte sie nun endgültig den Verstand verloren, erwiderte aber nichts. Dafür wies sie auf Vivians T-Shirt, auf dem drei große Flecken Chilisoße prangten. „Vielleicht solltest du mal kurz unter die Dusche springen."

Die Franzosen entpuppten sich als reizende Menschen, die voller Begeisterung den Kuchen der Schwiegermutter aßen und sich freuten, dass man ihnen anschließend ein Gericht auftischte, das so „typique allemande" war. Und dass sie sich ganz unglaublich freuten, dass ihr Sohn Laurent Deutschland kennen lernen durfte. Und dass sie sehr hofften, dass der Junge sich gut benehmen werde, schließlich seien die Deutschen ja so sauber und ordentlich, wie man an Vivians Küche sehe.

Ungläubig sah Vivian diese netten Menschen an und überlegte, was sie sagen würden, wenn sie einen Blick in das Arbeitszimmer werfen würden, das sie wohlweislich abgeschlossen hatte, oder gar in Mikas Zimmer. Ihr war, als hinge eine Gewitterwolke über ihr, die nur darauf wartete, zu bersten. Doch nichts geschah. Stattdessen sagten die Franzoseneltern, dass es ihnen schrecklich leid täte, aber sie müssten schon wieder aufbrechen, weil sie noch am selben Nachmittag noch nach Berlin, der „Aubtschdad", weiterfahren wollten. Das ganze Haus könnten sie ja vielleicht angucken, wenn sie am Ende des Austauschs wiederkämen, um ihren Sohn abzuholen. Ob Vivian etwas dagegen hätte.

„Non, non", stammelte Vivian und starrte den beiden mit offenem Mund hinterher.

Laurent winkte seinen Eltern wohlerzogen zu, doch als Mika ihm vorschlug, gemeinsam in sein Zimmer zu gehen und eine Runde Playstation zu spielen, strahlte er und Vivian spürte, dass sich zwei Brüder im Geiste gefunden hatte.

Während Tom versuchte, Laurent die Feinheiten seiner Legokonstruktionen zu erklären, und Emily sich gleichzeitig bemühte, Laurent zu einer Partie Elfer raus zu überreden, goss sich Vivian den Rest Rotwein ein, der vom Essen übrig geblieben war, und sah in den Garten.

Sie war eine Hochstaplerin, aber für heute war ihr die Enttarnung erspart geblieben.

Sie trank einen Schluck und lehnte sich zurück. Die Vögel zwitscherten und Vivians Gedanken wanderten zu Herk. Ein angenehmes Sehnen prickelte durch ihren ganzen Körper, während über ihr in den Zweigen eine Amsel ihr Abendlied anstimmte. Doch plötzlich stockte ihr der Atem. Das Seminar. Verdammt! Über all der Putzerei und den Franzosen hatte sie völlig vergessen, dass sie Ina versprochen hatte, spätestens übers Wochenende die Textbeispiele rauszusuchen.

Sie stand auf und spürte, wie müde sie von der ganzen Rennerei war und wie angenehm es gewesen wäre, jetzt einfach nur ins Bett zu gehen. Oder Herk zu treffen und mit ihm ins Bett zu gehen. Dazu wäre sie garantiert nicht zu müde gewesen. Aber es half nichts, sie hatte Pflichten und die nahmen leider keine Rücksicht darauf, dass sie ganz andere Dinge im Sinn hatte.

Wäre Felix da gewesen, hätte er Emily und Tom ins Bett bringen können, doch jetzt musste sie ran. Sie las Tom ein Kapitel aus dem „Räuber Grapsch" vor und kuschelte mit Emily, bis sie selber fast eingeschlafen war.

Erst als Mika zur Tür hereinstürmte, wachte sie auf. „Laurent will nicht im Arbeitszimmer schlafen, sondern bei mir im Zimmer. Wir tragen die Couch nach oben, Mama, okay?"

Vivian war zu erschöpft, um die komplette Unsinnigkeit dieses Vorhaben zu erfassen, und stimmte zu.

Es dauerte keine halbe Stunde und die Couch steckte unverrückbar zwischen oberer und unterer Etage im Treppenhaus fest. Vivian wischte sich den Schweiß von der Stirn und sah sich die Bescherung an. Alle, die künftig in der Finkengasse 67 hoch oder runter wollten, mussten notgedrungen über das Sofa oder unten drunter durch klettern. Es sei denn, sie strengten sich noch einmal richtig an.

Es war kurz vor Mitternacht, als das Sofa das obere Stockwerk und alle Kinder ihren Schlafplatz erreicht hatten. Vivian war fix und alle, aber auch ein wenig stolz. Eine Ina hätte sicherlich nicht die Kraft gehabt, gemeinsam mit zwei Jugendlichen ein Sofa die Treppe hochzuschleppen. Und sich dann noch an die Arbeit zu setzen. Aber sich an professionelle Absprachen zu halten, war schließlich Ehrensache. Tapfer ein Gähnen unterdrückend ging sie ihre Dateien durch, um nach verkorksten Sätzen zu fahnden, anhand derer sie Anwälten beibringen konnte, wie man sich in Zeitungsartikeln weniger langatmig ausdrückte.

Ein Briefwechsel mit einem Anwalt fiel ihr in die Hand, wo er in gestelzten Worten erläuterte, warum auch unter Gastbeiträgen in Zeitschriften unbedingt sein Doktortitel stehen müsse. („Der Doktortitel, Frau Sammer, ist in gewisser Weise der Anwaltsrobe vergleichbar, welche als Teil des anwaltlichen Habitus ebenfalls einen wesentlichen Bestandteil der beruflichen Identität ausmacht …"). Sie kopierte ihn in eine Mail an Ina, in der sie ihr vorschlug, sich am Freitag zu treffen, und fuhr den Rechner runter.

Die Tür knarrte und Tom kam ins Zimmer getapst.

„Schlafenszeit, Häschen", sagte sie und nahm ihn auf den Arm.

Als sie im Bett lag, vibrierte ihr Handy. *Fly like a butterfly, fuck like Sir Herk*, stand darauf.

Das war die albernste Nachrichte, die man sich vorstellen konnte, aber sie bedeutete, dass sie Herk wiedersehen würde. Und dass es bald eine Fortsetzung ihrer ersten Nacht geben würde.

Sie schickte ihm ein Bild von einem Pfirsich und einer Aubergine und einen Smiley, der die Zunge rausstreckte.

Hattest du einen schönen Tag?, antwortete Herk.

Großkampftag, schrieb sie und Herk antwortete, dass er faul in der warmen Vorfrühlingssonne gesessen und sich prompt die Arme verbrannt hätte.

Vivian riet ihm, Quark auf die gerötete Haut zu streichen. *Nicht schön, aber wenn man gerade nicht unter Leute muss …*

Kaum will man einfach nur mal ein bisschen leiden, wird man mit Tipps zugeschissen.

Oooh, hartes Schicksal. Großen netten Jungs gibt frau halt schrecklich gerne Tipps.

Vor ihrem inneren Auge sah sich Vivian, wie sie Herk mit Quark bestrich, und ihr wurde warm.

Sehen wir uns am Freitag?, fragte die nächste Nachricht.

Freitag wollte er sie sehen? Ihr Herz machte Luftsprünge, bis ihr einfiel, dass sie Ina am Freitag treffen wollte. Und am Abend würde Felix aus Berlin zurückkommen. Aber wenn sie es schaffte, Ina früh genug hinauszukomplimentieren, konnte sie zu Herk fahren, bevor die Kita zumachte.

Ja, sollte klappten, schrieb sie, dann sank sie ins Bett.

Am Freitag zog Vivian ihr rotes Stretchkleid an und steckte die Haare hoch. Schließlich war Felix nicht da und konnte sie daher nicht fragen, warum sie sich so schick machte. Sie trug gerade Mascara auf, als es an der Haustür klingelte. Rasch warf sie die Schminksachen zurück in den Schrank und drückte den Türöffner.

Ina kam herein und warf neugierige Blicke in Diele, Küche und Wohnzimmer. Legosteine, Schulsachen, Skateboards und Flusen waren dabei, ihr angestammtes Terrain zurückzuerobern, doch für Vivians Verhältnisse war es immer noch extrem ordentlich.

Sie hielt Ina einen Bügel hin, damit sie ihren Trenchcoat aufhängen konnte, aber Ina bückte sich und hob eine Büroklammer und ein Legoauto auf. „Ich sag' Laura-Sophie ja immer, sie darf ihr Spielzeug auf keinen Fall auf dem Boden herumliegen lassen, sonst stolpert womöglich jemand und verletzt sich."

Vivian schaffte es, ihre Gesichtszüge im Griff zu behalten. „Das sag ich auch immer", brachte sie hervor und lud Ina mit einer knappen Geste ein, ins Wohnzimmer zu gehen. Die Farbe von Inas Twinset harmonierte perfekt mit dem gehäkelten Klodeckel ihrer Schwiegermutter.

Ina bemerkte ihren Blick und fragte: „Gefällt dir der Farbton?"

Vivian wurde rot und sagte: „Ähm, ja, ziemlich lila."

„Das ist Malve. Die Farbberaterin hat herausgefunden, dass dieser Farbton meinen Teint zum Strahlen bringt. Rot lässt die Äderchen stärker hervortreten", fügte sie mit Blick auf Vivians Kleid hinzu.

Im Wohnzimmer begann sie, akkurat bedruckte Blätter auf dem Tisch auszubreiten. Vivians schlechtes Gewissen begann in ihrem Magen zu rumoren, als sie ihre eigene Seminarvorbereitung dachte. Die bestand aus nicht mehr als einem Wust handschriftlicher Notizen.

„Und, wie geht's so mit vierzig?", fragte sie Ina, um ihr Unbehagen zu überspielen. Zu ihrer Bestürzung verdüsterte sich Inas eben noch geschäftsmäßig konzentriertes Gesicht. Tief durchatmend entnahm sie ihrer Handtasche ein gebügeltes Stofftaschentuch heraus und tupfte beide Augen damit ab.

„Oh nein, was ist denn los?“, fragte Vivian mitleidig. Die Erinnerung an den Abend im Halali und den fremdflirtenden Zahnarztgatten stand greifbar vor ihr. Sie zögerte. „Ist es – wegen Joshua?“

Ina nickte. „Es ist schon wieder passiert.“ Sie schluckte. „Mein Hasi hat Erektionsstörungen.“

Vor Vivians innerem Auge zog eine nachtblaue Szene in einem luxuriösen Doppelbett auf. „Das kenne ich auch“, sagte ihr Mund, bevor ihr Bewusstsein Stopp schreien konnte.

Ina blinzelte sie mit feuchten Augen an. „Was? Felix auch?“

Vivian machte eine abwehrende Handbewegung. „Also früher, äh, bevor ich Felix kannte.“

Ihre Bekannte setzte ein wissendes Lächeln auf. „Brauchst mir keine Einzelheiten zu erzählen“, sagte sie.

Na, super, jetzt hielt Ina Felix für einen Schlappschwanz. Felix, der sich pro Tag mindestens einmal einen runterholte, wie man an den zerknüllten Handtüchern neben seinem Computer erkennen konnte.

„Und, hat er schon was dagegen probiert?“, versuchte sie das Gespräch wieder auf Joshua zurückzulenken.

Ina seufzte. „Das ist es ja. Wenn er wenigstens dazu stehen würde, aber nein, er tut es ab. Es seien die Wechseljahre, sagte er. Dabei wäre es so wichtig, er täte was.“

„Und was genau soll er tun?“ Herks Einknicken hatte sie bisher als reine Nervosität abgetan, doch Ina wusste offenbar mehr.

„Ich habe schon überlegt, ob ich was im Internet bestellen soll.“

„Und es ihm dann heimlich ins Essen mischen?“

„Ist egal, lass uns über das Seminar sprechen. Das eine Beispiel, das du mir geschickt hast, ist recht nett, aber reicht natürlich noch nicht. Es wäre wichtig, dass du mehr Stoff zusammenstellst und mir schickst, dann kann ich meinen Part auf deinen abstimmen. Dann müssen wir nur noch den genauen Ablauf auf die Minute genau bemessen und dann läuft das. Penibles Zeitmanagement ist das A und O bei einem erfolgreichen Seminar. Nur mit straffen Zeitkorsett kann man das Risiko begrenzen, dass die interaktiven Elemente zeitlich aus dem Ruder laufen", sagte Ina.

Vivian nickte bestätigend und überlegte, was sie tun konnte, um möglichst bald zu interaktiven Elementen mit Herk überzugehen. Andererseits war sie auf Ina angewiesen, um dieses verdammte Seminar zu halten.

Doch am Abend würde Felix von seiner Dienstreise zurückkommen und wer weiß, wann sie sich dann das nächste Mal unauffällig nach Düsseldorf schleichen konnte.

Außerdem konnte sie sich anhand von Inas Unterlagen den Rest ihres Teils auch selber zusammenstellen. Damit war die Entscheidung gefallen.

Mit dramatischer Miene sah Vivian auf ihr Handy und räusperte sich. „Ähm, Ina, ich habe leider für 11 Uhr einen wichtigen Kundentermin reinbekommen. Mein neuer Kunde, Herr Dr. Dornfelder, möchte mit mir seine Kommunikation im Zusammenhang mit einer Kanzleifusion besprechen." Puh, klang das offiziell. „Deshalb müsste ich leider schon um 10 Uhr hier aufbrechen."

„Ach, deshalb bist du so schick. Ist doch kein Problem. Ich erläutere dir eben noch mein Erfolgskonzept und dann kannst du anschließend ganz passgenaue deine Übungen dafür auswählen. Aber schick sie mir spätestens am Sonntag zu. Am nächsten Freitag ist doch der Seminartermin, da sollten wir den Ablauf spätestens am Montag durchsprechen. Nur dann läuft das geschmeidig ineinander!"

Vivian versprach alles und winkte milde gerührt Ina nach, als die um fünf vor zehn in ihren Mini stieg. Wie sehr doch eingehaltene Termine Eindruck auf pünktliche Menschen wie Ina machten!

Alle Hindernisse beseitigt, bin um 11 Uhr am Carlsplatz :-))), schrieb sie und stieg auf ihr Klapperfahrrad, um geschmeidig zum Bahnhof zu fahren.

Sie rollte gerade los, als es hinter ihr hupte. Zwei Autos hielten hintereinander an der Finkengasse 67. Nanu, ihre Schwiegereltern – im Mercedes und im Uraltgolf?

„Wir haben eine Überraschung für dich, vielmehr für euch beide", sagte ihre Schwiegermutter und Vivian wurde es mulmig. Das letzte Mal, als die Schwiegermutter eine Überraschung für sie vorbereitet hatte, hatten nachher fünf gestreifte Sofakissen in Rosa und Grau und eine passende Kunstpelzdecke das Sofa geschmückt. Es hatte Vivian viel Mühe gekostet, den Verkäufer zu überzeugen, die Kissen zurückzunehmen und ihr Geld dafür zu geben.

„Morgen ist doch der 1. April, euer Hochzeitstag, und da dachten wir, Herbert und ich schenken euch etwas, damit ihr als Paar ein bisschen Zeit miteinander habt", erläuterte die Schwiegermutter und ihr Mann nickte bekräftigend.

„Das ist eine prima Idee", stotterte Vivian. „Was ist es denn?"

„Na, verrat's ihr schon, Hildegard", sagte der Schwiegervater und ließ den Mercedesschlüssel vor Vivians Gesicht hin- und herbaumeln.

„Damit sollst du Felix heute abholen."

„In Berlin?"

„Nein, nicht in Berlin, an einem wunderschönen Ort", sagte die Schwiegermutter und sah ihren Mann schwärmerisch an. Vivian schwante Unheil. „Wunderschön" hatte bei ihrer Schwiegermutter oft mit ihrer eigenen Hochzeit zu tun.

„Hildegard hat eusch ein Hotel gebucht", sagte der Schwiegervater.

„In Bielefeld", ergänzte die Schwiegermutter mit vor Begeisterung kieksiger Stimme.

„Und da soll ich jetzt hinfahren?"

„Ja, genau. Felix wird disch dort erwarten. Im Bielefelder Hof. Und wir passen auf die Kinder auf. Dass ihr auch mal ein bisken Erholung habt."

Vivian atmete tief durch und spürte die gerührten Blicke ihrer Schwiegereltern auf sich. Vermutlich dachten sie, dass sie vor lauter Rührung selber ganz sprachlos war. Sie beschloss, sie in dem Glauben zu lassen und dankbar lächelnd nach Bielefeld zu fahren. Aber vorher würde sie ihr Wellnessdate in Düsseldorf treffen.

„Viel Spaß", sagten Herbert und Hildegard.

„Werde ich haben", sagte Vivian und brauste lächelnd mit dem Mercedes davon.

Sie fand eine Parklücke an der Kö und eilte zum Carlsplatz. Sie erkannte ihn von Weitem. Er trug zwei dicke Kopfhörer auf dem Kopf und strahlte, als er sie erblickte. Gemeinsam wanderten sie durch die Altstadt.

Es war herrlich, neben ihm herzugehen. Er war so schön groß. So groß, dass sie sich trotz ihrer vier Zentimeter hohen Absätze immer noch anschmiegen und zu ihm hochschauen konnte. War es das, was seinen Reiz ausmachte? War sie in Wahrheit ein Weibchen, das zu Ihm aufschauen wollte? Eine Schönwetterfeministin, die ihre Ideale von Selbstständigkeit und Gleichberechtigung begrub, sobald sie einen paarungsbereiten Schniedel in der Nähe witterte? Oder überrollten zur Abwechslung einfach mal ihre animalischen Instinkte alles andere? Seine Unbändigkeit, dieser Hauch von Verruchtheit und sein Geruch machten sie zur hungrigen Bestie.

Herk ließ seinen Blick über ihren Mantel wandern, als wollte er abtasten, was sie darunter trug. Als er beim roten Rocksaum angekommen war, der unter dem Mantel hervorguckte, blitzte ein Grinsen in seinem Gesicht auf. Vivian hätte sich ihm an den Hals werfen mögen, doch wie schon im Halali hielt etwas in seinem Verhalten sie zurück.

Versuchte er, Distanz zu halten, um sie gefühlsmäßig nicht zu nah an sich herankommen zu lassen? Waren 90 Prozent doch nicht genug? Oder war er gar nicht so verknallt in sie wie sie in ihn? Verwirrt stapfte sie neben ihm her über den Wochenmarkt. Die Eile, mit der Vivian ihren hastigen Aufbruch vor Ina und ihren Schwiegereltern gerechtfertigt hatte, war wie weggeblasen. Eile war nicht mehr nötig, sie war da, wo sie sein wollte. In Herks Gegenwart hatten Zeit und Raum ihre eigenen Gesetze. Gemächlich schlenderten sie hinter dem Carlsplatz über einen kleinen Platz nahe der alten Stadtmauer.

Herk blieb stehen. „Ich muss pissen." Ohne sie anzusehen, ging er mit langen Schritten zu einem Blumenbeet, griff sich in den Schritt und erledigte sein Geschäft, ohne sich darum zu scheren, ob irgendwelche Passanten zuguckten. Vivian hätte sich ins Gebüsch gedrückt, doch ihr wurde klar, dass Herk sich um derlei Nichtigkeiten nicht scherte. Oder benahm er sich mit Absicht so provozierend, weil er austesten wollte, wie sie darauf reagierte? Bei ihm war alles möglich. Er kam zurück, zur unsichtbaren Musik unter seinen Kopfhörend wippend, und grinste sie an. „Die sind so geil", sagte er, nahm die Kopfhörer und setzte sie ihr auf.

"Love it when the earth shakes", drang an ihr Ohr, und sie ließ sich von der Musik tragen.

Als sie die Kopfhörer abnahm, hielt er ihre Hand fest. „Baby, du bist geil, aber du bist wie ein Mercedes, der mit angezogener Handbremse fährt." Dann zeigte er mit der Hand zum Fernsehturm. „Da hinauf?"

Kribbeln und schlechtes Gewissen pulsierten um die Wette, als sie die Eintrittskarten lösten und mit dem Aufzug 180 Meter nach oben fuhren. Herk küsste sie und sie erwiderte den Kuss, während der Aufzugwärter diskret zu Boden blickte.

„Ich habe Durst", sagte Herk und sie gingen zur Bar, wo er Weißwein bestellte. Sie zögerte, es war höchstens Mittag und sie musste später noch fahren, doch in seiner Gegenwart verdampften ihre Bedenken. Sie nahmen auf den Barhockern Platz und küssten sich wieder und Vivian kam es vor, als rutsche ihr Kleid von selber immer höher. Er nahm sie bei der Hand und führte sie zu den schrägen Glasscheiben, hinter denen es in die Tiefe ging. 192 Meter sei die obere Plattform hoch, verriet ein Schild.

Sie konnte nicht hingucken, Schwindel ergriff sie.

„Höhenangst?“

Sie nickte heftig atmend.

„Leg dich auf den Rücken, dann musst du nicht runtergucken.“ Er zog sie an sich und hielt eine Hand unter ihrem Rücken. Zu wissen, dass zwischen ihr und dem Abgrund nur eine Panzerglasscheibe war, machte ihr Gänsehaut, doch um in Herks Armen zu liegen, nahm sie es auf sich.

Schweigend und innerlich jubelnd, weil sie ihre Höhenangst ein klitzekleines bisschen überwunden hatte, fuhren sie wieder nach unten und traten auf den Platz vor dem Turm. Krähen zeterten auf den noch kahlen Platanen. Herk zündete sich eine Zigarette an und blies den Rauch in die kalte Luft. Die Äste spiegelten sich in den Pfützen, auf denen dünne Eisscheiben glänzten, und die Kälte kroch unter ihren Mantel.

Jetzt war es Zeit für einen Ingwertee in Herks Wohnung, aber Herk machte keine Anstalten, dorthin zu steuern. Wusste er, wie rasend es Frauen machte, wenn sie einen Mann nicht haben konnten? Wie es ihre Jagdinstinkte auflodern ließ wie Feuer, wenn ein begehrenswerter Mann Interesse zeigte, sich ihnen aber nicht zu Füßen legte?

Vivian rieb sich die Hände, um sie wärmen, und sah auf die graugrünen Wellen des Rheins. Wer je behauptet hatte, Frauen könnten nur Begehren spüren, wenn sie mit dem Mann ihrer Träume sicher verheiratet waren, war ein Idiot. Sie sah zu, wie er den Zigarettenstummel ins Gebüsch schnipste.

Sie hielten kurz beim Kiosk, wo Herk Zigaretten kaufte. Als er wieder herauskam, trug er obendrein zwei Dosen Bier in der Hand, die er in die Jackentasche gleiten ließ. Ein weißhaariger Mann in grellgrünen Jogginghosen trabte langsam vorbei.

„Genau wie mein Dad“, sagte Herk, „der joggt auch immer wie ein Bekloppter rum. Er glaubt, dann bliebe er für seine Weiber fitter.“

„Seine Weiber?“ Vivian lachte. „Hat er mehrere?“

„Och, eine ganze Menge. Zumindest in seinen Träumen.“

„Und in der Realität?“

„Aktuell hat er es nur auf seine Gymnastiklehrerin oder sein Zimmermädchen abgesehen, sagt jedenfalls mein Bruder. Meine Stiefmutter wird fuchsteufelswild, wenn sie davon erfährt, denn wenn der Alte irgendwelchen Quatsch macht, könnte das ihre ganze Mission gefährden.“

„Was für eine Mission?“ Herk hatte in zwei Sekunden mehr Infos über seine Familie preisgegeben als an allen Tagen zuvor.

„Na, sie verhandelt und er sollte ihr helfen, aber das Einzige, was ihn interessiert, sind seine jungen Schnepfen. Und ich. Aber ich treffe ihn nicht. Ich treffe lieber verheiratete Frauen!“

Er sah sie an und wieder war ihr, als hätte sie nichts an. „Komm, Wunderweib“, sagte er endlich und fasste sie mit einem Griff um die Schulter, der ihr durch und durch ging. Für einen kurzen Moment hatte sie wieder das Gefühl, als müsse er sich nur mit den Füßen abstoßen und würde mit ihr auf dem Fernsehturm landen.

„Tee bei mir zu Hause?“

Sie nickte.

Aphrodite stelzte locker auf ihren langen Beinen dahin und Dio keuchte hinter ihr her, immer bemüht, sich unauffällig hinter der Liebesgöttin zu halten, die von Zeit zu Zeit das Aussehen wechselte, um nicht aufzufallen. Doch Herk und die Verheiratete schlenderten über den Markt, als gäbe es nur sie beide auf der Welt. Sie hielten keine Händchen, aber gingen so dicht nebeneinanderher, dass sich ihre beiden Körper immer wieder berührten. So rein von der Optik waren sie kein schlechtes Paar, das musste Dio zugeben. Und für einen winzigen Moment überlegte er, ob Aphrodite vielleicht doch nicht falsch gelegen hatte, als sie mit ihrem Spray diese Vivian angelockt hatte.

Jetzt mussten die beiden nur noch in der Kiste landen und Herk durfte nicht wieder schlappmachen. Er sah zu Herk und Vivian, die vor einem Schaufenster stehen blieben. Die beiden machten nicht den Anschein, als hätten sie es eilig, ins Bett zu kommen. Dio wurde immer ungeduldiger. Als die beiden gefühlte Stunden später in Herks Wohnung verschwunden waren, war er mit den Nerven am Ende. Aber diesmal würde alles gut gehen, dessen war sich Dio sicher. Er nahm Aphrodite das Fernglas ab und spähte angestrengt ins Innere der Wohnung. Noch saßen die beiden am Tisch, Teegläser vor sich. Das war okay, denn Dio hatte diesmal alle Trinkgefäße präpariert, die er finden konnte. Sogar die Teller hatte er mit ein paar Tropfen Wein benetzt. Herks Hand legte sich auf Vivians Schenkel und wenn ihn nicht alles täuschte, begann Vivian schneller zu atmen. Er blickte in Herks Gesicht und sah, wie seine Augen funkelten. Machte er sich lustig über sie? Das konnte nicht sein. Sein Bruder schob seinen Stuhl zurück und zog Vivian an sich und sagte etwas, das er natürlich nicht verstehen konnte, doch sie lachte und schmiegte sich an ihn.

Aphrodite zog ein zweites Fernglas aus der Seitentasche und blickte auch auf die Szene.

„Sie geht das Ganze langsam an. Das ist gut, denn dann wird Herk nicht nervös. Schlaues Mädchen!“ Sie wandte sich Dio zu. „Merk dir eins: Heiß und schnell ist Kino, im wirklichen Leben mögen auch Männer ausgiebige Streichelsessions, bevor es zur Sache geht.“

„Das musst du mir nicht sagen“, grummelte Dio und folgte den beiden mit den Blicken, bis sie hinter einer neu angebrachten Jalousie verschwanden und nur noch ein paar Schuhe auf dem Boden zu sehen waren.

„Schon wieder Ende der Show“, brummte Dio, doch Aphrodite grinste.

„Ich glaub, es wird Zeit für dies hier.“ Sie zog ein Gerät aus ihrer Tasche, das aussah wie ein Haartrockner mit einer Salatschüssel vorne dran, und nestelte zwei Ohrstöpsel heraus. „Steck dir das in die Ohren. Ist nur Baumarktqualität, aber sollte funktionieren.“

Dio gehorchte und hörte augenblicklich schnelles Atmen und leises Flüstern, dann ein erstickte Kichern und zartes Schaben des Bettes.

„Ich glaube, jetzt geht's los“, sagte Dio und lehnte sich behaglich zurück, wobei er den Lautstärkeregler noch ein wenig nach oben schob. Das hätte er nicht tun sollen. Ein schmerzhaft lautes Klopfen fuhr ihm wie ein Messer durch die Gehörgänge. Vorsichtig drehte er das Abhörgerät wieder auf Leise. Es klopfte wieder, diesmal noch kräftiger. Jetzt vernahm er auch Stimmen. Die Geräusche vom Bett waren verstummt, stattdessen ließ sich ein wütendes Grummeln aus der Schlafecke vernehmen. Es klang nach: „Wenn die hier weiter klopfen, bring ich sie um.“

Ein Schlüssel begann sich im Schloss zu drehen. Nackte Füße stapften auf und Herk erschien nur mit einer Unterhose bekleidet im Eingangsbereich. Im Gehen steckte er sich eine Zigarette an.

Die Wohnungstür wurde aufgeschoben und herein kamen eine grauhaarige Dame auf Pumps mit zwei Männern in Arbeitsanzügen im Schlepptau.

„Bitte sehr, hier können sie Praxistest machen“, sagte sie mit rollendem R und wies an die Decke.

Dio stieß Aphrodite an. „Das ist Herks Mutter!“

Vivians Gesicht wurde sichtbar, als sie vorsichtig um die Ecke spähte.

Herk stellte sich den Eintretenden in den Weg und brüllte: „Mama, ich verbiete dir …“ Weiter kam er nicht, ein durchdringendes Piepsen mischte sich mit dem Geschrei und einem Handyklingeln zu einem unerträglichen Brei aus Lärm. Dio riss sich die Stöpsel aus den Ohren und schnappte nach Luft.

Eine Weile betrachtete er die tonlose Szene, doch dann überwog seine Neugier und er hielt sich einen Stöpsel wieder ans Ohr.

„Herek, ich habe dir angekündigt Rauchmeldepflicht. Musst du lesen deine Post“, sagte die Frau, als spräche sie zu einem begriffsstutzigen Kind.

„So kann man doch nicht mit seinem erwachsenen Sohn reden“, sagte Dio kopfschüttelnd zu Aphrodite.

Das schien Herk auch zu finden. „Raus hier!“, brüllte er. „Und Schnauze da oben!“ Er griff an die Zimmerdecke, riss den immer noch piependen Rauchmelder ab und schleuderte ihn durchs offene Fenster hinaus. Die Dose machte einen schönen Bogen und verschwand in einem der Hinterhöfe.

In der Wohnung kam es zu einem Gerangel, doch Herk setzte sich durch. Er schob die Männer mitsamt seiner Mutter hinaus und knallte die Tür hinter ihnen zu. Dann öffnete er die Türe noch einmal und schrie in den Flur: „Ich verbiete dir, noch einmal meine Wohnung zu betreten!“

Er bückte sich und kam mit seiner Zigarette in den Fingern wieder hoch.

Vivian stand in einem roten Kleid neben Herk und sprach mit gerunzelter Stirn in ihr Handy. Dio drückte den Ohrstöpsel ans Ohr und hörte einzelne Wortfetzen.

„Äh, in einem, äh, Meeting. Ich versuch mein Bestes.“

Vivian ließ die Hand sinken. Ihr Gesicht drückte unsägliche Traurigkeit auf. Dio musste vor Mitleid schlucken. Herk nahm Vivian in die Arme. „Ciao, Wunderweib. Ich komm schon klar".

Sie verließ das Apartment, und die Wohnungstür fiel hinter ihr ins Schloss.

Wieder war ein Date mit Herk im entscheidenden Moment unterbrochen worden. Und das, obwohl sein Wein diesmal ganz sicher gewirkt hatte.

„Arme Socke, es ist echt nicht leicht, eine Affäre zu haben, wenn man eine Familie im Hintergrund hat", sagte Dio.

Aphrodite stieß zischend die Luft aus. „Dieses Weib ist ein gottverdammtes Pflichtenbündel. Aber langsam könnte sie sich entscheiden, auch mal was für sich zu tun."

„Ich hab' dir gleich gesagt, dass es Probleme gibt", sagte Dio. Aber er fühlte keinen Triumph, weil er recht behalten hatte.

Aphrodite drehte den Zündschlüssel und schnaubte. „Es kann doch nicht sein, dass die beiden nicht mal die erste Stufe der wahren Liebe hinbekommen, so wahr ich Aphrodite heiße." Sie drückte aufs Gas und der Chevy hob sich von sanftem Nebel umhüllt in die Luft, bevor sie ihn in einer Nebenstraße wieder auf dem Boden absetzte. Er verstaute die Ferngläser und das Abhörgerät im Seitenfach, während Aphrodite in die Ratinger Straße einbog.

„Es wird Zeit für härtere Maßnahmen."

So entschlossen hatte Dio die ewig coole Liebesgöttin noch nie gesehen. „Und woran denkst du genau?", fragte er vorsichtig.

„An eine Runde Highway-Dating. Hermes soll mir seinen neuen Wagen bringen. Der hat genau die richtige Power unter der Motorhaube."

21 SEX AT SIXTY

Vivian stapfte mit wütenden Schritten zum Parkhaus, bezahlte ihren Parkschein und fuhr den Mercedes ihrer Schwiegereltern aus der Garage. Im Radio dudelte Volksmusik, doch Vivian schlug auf die Aus-Taste und der Schlager erstarb. Sie zwang sich, langsam und vorsichtig nach hinten zu setzen, obwohl ihr nach einem Crash gewesen wäre. Wie sollte sie jemals Wellnesssex haben? Mit diesem heißen Typen, der machte, dass sie sich jung und attraktiv fühlte? Konnte sie ihre Familie nicht einfach mal ausknipsen? Und Dinge tun, die sie tun wollte? Einfach sich gut fühlen? Keine Kompromisse mehr machen?

Wütend auf sich selber drückte sie aufs Gas und fuhr mit Schwung um die Kurve. Ein rotes Licht blitzte auf. Verdammt, jetzt würden ihre Schwiegereltern auch noch ein Knöllchen bekommen. Langsamer fuhr sie auf die Autobahn, während ihr Herz bis zum Hals schlug. Der Freitagnachmittagsverkehr verstopfte die Straße und Vivian bremste ab. Sie musste aufpassen, sonst würde sie gleich wirklich ein Auto rammen. Lust dazu hatte sie. Aber es nützte ja nichts. Herk kam sie dadurch auch nicht näher. Sie fühlte sich so leer, als hätte man ihr die Brust ausgehöhlt.

Und wenn sie sich trennte und einfach bei Herk einzog? Dann würden sie vögeln, bis sie nicht mehr wusste, wo oben und unten war. Aber dann würden ihre Kinder sie vermissen und wer weiß, welchen Rosenkrieg sie mit Felix führen würde, wenn es zu einer Trennung käme. Und am Ende stünde sie alleine da und würde als alte Frau Pfandflaschen sammeln, wenn es ihr nicht gelang, beruflich auf einen grünen Zweig zu kommen. Der Gedanke war entsetzlich. Die Karosserie knackte, als der Wagen vom Asphalt auf Metallplatten wechselte. Das musste die Stelle der Autobahn sein, wo Felix seinen Unfall gehabt hatte. Die eingestürzte Straße war durch eine provisorische Metallkonstruktion ersetzt worden. Sie blickte nach links. Die

Pappeln daneben wirkten ziemlich gerupft. War dort das Auto ‚hineingeflogt', wie Tom gefragt hätte?

Sie lächelte beim Gedanken an ihren Jüngsten. Nein, Trennungen waren scheiße und eigentlich wollte sie ja auch mit Felix zusammen sein. Nur nicht gerade jetzt. Ihre Arme, ihre Beine, ihr Bauch. Alles hungerte nach Herk.

Sie richtete sich in dem Sitz auf. Zweieinhalb Stunden Fahrzeit bis Bielefeld zeigte das Navigationsgerät ihres Handys an. Warum nur hatte sie der Schwachsinnsidee ihrer Schwiegermutter zugestimmt, Felix in Bielefeld zu treffen?

Weil das schlechte Gewissen sie piekste wie Mückenstiche, das war es. Deshalb war sie aufgebrochen, als diese Handwerker und diese komische Frau aufgetaucht waren und Felix sie angerufen und gebeten hatte, sich zu beeilen.

Ihre Gedanken wanderten zurück zu Herk. Warum lebte dieser Typ in einer Wohnung, zu der seine Mutter einen Schlüssel hatte? Warum trank er am hellichten Tag Bier? Was war in seiner Familie alles schiefgelaufen?"

Fragen über Fragen, auf die sie keine Antwort hatte.

Aber vielleicht war es besser, wenn man nicht zu viele Fragen stellte. Schließlich wollte sie keine Beziehung mit ihm führen. Sie wollte Wellnesssex und war scharf auf ihn, das war alles. So scharf, dass es weh tat.

Unter ihrer Fleecejacke klebte das rote Kleid auf der Haut. Das Innenthermometer zeigte 30 Grad. Eine funktionierende Klimaanlage hatte dieser Mercedes jedenfalls nicht. Sie trank einen Schluck Sprudel aus der Flasche und verschluckte sich, als sie scharf auf die Bremse trat. Ein LKW zog dicht vor ihr auf die linke Seite. Wasser landete zwischen ihren Beinen auf dem Polster. Rasch breitete sich die Nässe aus.

Sie zog ihr Kleid von der Haut ab. Unterm Kleid war der BH verrutscht und ihre Brust guckte vorwitzig über den Rand des Körbchens. In ihrem Körper pochte die Erinnerung an Herk. Statt die Brust wieder zu bedecken, begann sie mit der einen Hand über ihre Brust zu streichen, während die andere Hand das Lenkrad hielt. Kleine Hitzewellen brandeten durch ihren Körper, als würde Herk sie berühren. Sie bekam Gänsehaut. Ohne nachzudenken, zog sie das Kleid hinunter und entblößte auch die andere Seite. Zwischen ihren sprudelfeuchten Schenkeln pulsierte es.

Sie musterte die Fahrer der Wagen links und rechts. Wie hässlich die meisten waren. Frustrierte Säcke. Und Säckinnen. Von rechts sah ein Glatzkopf im silbernen Audi gähnend zu ihr rüber. Seine Schweinsäuglein verengten sich, als er sie erblickte. Hilfe, er sah ihre nackte Brust! Rasch zog sie die Fleecejacke über. Von rechts konnte man nun nichts mehr sehen.

Denk nicht dauernd an Herk! Komm mal wieder langsam auf den Boden! Das mit Herk ist nur ein bisschen Wellness, wie Fitnessstudio. Lass nicht zu, dass dich das Tag und Nacht beschäftigt.

Wie zur Bekräftigung ihrer eigenen Ermahnungen drückte sie aufs Gas und ließ den mit den Schweinsäuglein weit hinter sich. Das Auto ihres Schwiegervaters ging ganz schön ab. Das war ihr die letzten Male, wo sie ihn hatte fahren dürfen, gar nicht so aufgefallen. Sie trat noch mal aufs Gaspedal und der Motor heulte satt auf. Hatte Herbert den Wagen tunen lassen – ohne es seiner Hildegard zu sagen? Beim Gedanken daran grinste sie. Dann konzentrierte sie sich wieder auf die Straße.

Das Grau des Asphalts erinnerte sie an einen wohlbekannten Pulli. Ihr Gesicht begann zu glühen, als sie in Gedanken in Herks Lächeln badete.

Plötzlich tauchten die Schweinsäuglein im Rückspiegel wieder auf. Dass ein Spanner sie begaffte, musste nun wirklich nicht sein. Sie gab Gas, um ihn abzuhängen, da sah sie etwas anderes: Ein auffälliger gelber Wagen schob sich langsam und mit lautem Röhren links an ihr vorbei. Die grelle Farbe flimmerte in ihren Augen. Felix hätte gewusst, was es für ein Fabrikat war; ihre Stärke waren Automarken nicht. In jedem Fall sah es ziemlich schnell aus. Im Vorbeifahren blinkte er und Vivian hatte das Gefühl, er zwinkerte ihr zu. Dann schoben sich andere Autos dahinter und der Wagen verschwand aus ihrem Blickfeld. Ein leises Bedauern durchfuhr sie und sie drückte das Gaspedal durch, um wieder näher heranzukommen. Zum Glück war der Verkehr so dicht, dass der Wagen nicht einfach abhauen konnte. Auf freier Strecke hätte sie keine Chance gehabt; das getunte Geschoss fuhr bestimmt über dreihundert. Dagegen machte der alte Mercedes keine Schnitte. Sie fuhr so dicht auf, wie sie konnte, und betrachtete die abgerundeten Chromleisten. Das war ein Auto nach ihrem Geschmack. Gelb, ein bisschen auffällig und ziemlich schön geformt. Spürte der Bolide ihren Wunsch, ihn nicht zu verlieren? Er rollte langsamer und scherte rechts vor ihr ein. Langsam begann ihr die Sache Spaß zu machen. Sie gab Gas, zog nach links und überholte nun ihrerseits den Wagen. Eine Fahrerin mit langen schwarzen Haaren saß drin. Sie kam ihr vage bekannt vor, auch wenn sie das Gesicht nicht wiedererkannte. Wie die Moderatorin von dieser Sendung. Aber die war blond gewesen. Oder nein, beim letzten Mal doch schwarz? War sie es womöglich? Wie cool das wäre!

Ihre Füße wippten auf dem Gaspedal. Die Fahrerin sah zu ihr herüber. Als wollte sie mit ihr flirten. *Speeddating*, schoss es Vivian durch den Kopf. Sofie hatte das schon ausprobiert. Jeweils zehn Minuten lang durfte sie mit einem Mann sprechen, um zu entscheiden, ob sie ihn näher kennenlernen wollte, dann kam der nächste.

Vivian hatte noch nie eine Frau geliebt, doch im flirrenden Licht der Nachmittagssonne schien nichts mehr ausgeschlossen. Frauen, Männer, egal. Nein, nicht egal.

Wie Champagnerperlen durchrieselten die Gedanken an Herk ihren Körper. Der Rennwagen, oder was immer er war, überholte sie erneut. Etwas bewegte sich auf der Beifahrerseite. Ein Mann oder eine Frau mit Hut. Die getönten Scheiben verbargen die Sicht ins Innere. Dafür bot sie der Fahrerin ihre unbekleidete Vorderseite dar. Ihr schoss das Blut ins Gesicht.

Was tat sie da eigentlich? Peinlich berührt zog sie den Reißverschluss ihrer Jacke hoch.

Mit zusammengekniffenen Augen versuchte sie, in den Nachbarwagen zu spähen, und hätte fast die aufleuchtenden Bremslichter vor sich übersehen. Sie stieg auf die Bremse und hinter ihr hupte es.

Das war knapp.

Sie zwang sich, auf den Verkehr zu achten. Der Hut fesselte sie. Nun schien er hinten zu sitzen. Dabei hatte der Wagen doch nur zwei Sitze.

Vivian, du bist auf der Autobahn. Aber warum blieb der Wagen dann so dicht bei ihr, dass sie sein wappenförmige Logo erkennen konnte, auf dem ein winziger Stier zu sehen war? Und warum hatte sie das Gefühl, von der Fahrerin beobachtet zu werden?

Benommen bewegte sie den Schaltknüppel vor und zurück, um im Stop-and-go-Verkehr den richtigen Gang zu finden.

Jetzt war der gelbe Bolide dicht hinter ihr. Sie drehte das Radio lauter und versuchte, sich auf die Nachrichten zu konzentrieren, aber ihre Gedanken glitten wieder zu Herk. Gleichzeitig spürte sie den Blick der Fahrerin auf ihrem Rücken, als sei die Autotür aus Glas. Oder saß daneben ein Beifahrer? Wenn es doch Herk wäre, der da hinter ihr fuhr! Seidigglatt lag der Steuerknüppel in ihrer Hand. Als würde er pulsieren.

Wie ein Scheinwerfer knallte die Sonne auf das Fahrerfenster. Ihr Kopf begann zu dröhnen, Lichter flirrten vor ihren Augen. Bleischwer legte sich die Hitze auf ihre Glieder. Größer und größer wurde das Fahrzeug vor ihr. Die Bremsen kreischten, als sie erneut im letzten Moment auf das Bremspedal stieg.

Adrenalin schoss durch ihren Körper. Zitternd wischte sie sich den Schweiß von der Stirn und fuhr langsam weiter. Die Autos schlichen vor und hinter ihr dahin wie eine Prozession psychedelisch funkelnder Glanzkäfer.

Sie sollte sich ausruhen, bevor sie einen Unfall baute. Doch weit und breit war keine Ausfahrt zu sehen. Dann eben laute Musik. Sie fand einen Oldie-Sender und drehte „Lola“ von den Kinks auf. Sie begann im Takt zu wippen. „La-la-la-la Lola“. Warm und zart schmiegte sich die glatte Metallkugel in ihre Handfläche. Die Bässe vibrierten durch ihre Hüfte, durch ihre Arme und bis in die Fingerspitzen.

Der Wagen saß ihr mittlerweile so dicht auf der Stoßstange, als schiebe er sie vorwärts. Sie stellte sich vor, Herk säße hinter ihr und schmiegte sich in das Polster, das sie zu umarmen schien, als habe es Hände.

Reib mich, sagte der Steuerknüppel in ihrer Hand, und sie massierte die Kugel und streichelte den glatten Metallschaft und das weiche Leder. Sie genoss den Schauder, der bei jeder Berührung durch ihren Körper wogte. Sie war sich nun sicher, dass die Schwarzhaarige von hinten jede ihre Bewegungen verfolgte, aber es war ihr egal. In ihren Gedanken war es sowieso Herk, der dort hinten saß.

Es war so heiß im Wagen, dass das Kondenswasser die Scheiben hinablief.

Zieh mich aus, sagte ihre Fleecejacke und wie auf Befehl streifte die Rücklehne sie ihr von den Schultern. Fingern gleich glitten die Blicke von hinten ihren Rücken hinab. Sie erkundeten ihren Oberkörper, ihre Arme, strichen durch ihre Haare und umspielten hauchzart ihre Lippen. Jetzt umfasste der Autositz ihre Hüften, massierte ihr die Pobacken und glitt zwischen ihre Oberschenkel. Immer tiefer rutschte sie in den Sitz und ließ es zu, dass er ihr das Kleid hochschob. Sie öffnete ihre Beine und stöhnte, als zarte Fingerkuppen ihre empfindlichste Stelle berührten. Sie hatte das Bedürfnis, die Beine auszustrecken, und hob das rechte Bein über die Mittelkonsole. So saß es sich viel besser. Sie rutschte nach vorne, bis sie das weiche Leder berührte. Während sie mit der linken Hand steuerte, begann der Wagen unter ihr rhythmisch zu dröhnen. Hart schabte der Anschnallgurt über ihre

Brustwarzen. Strahlend flimmerte der Wagen im Rückspiegel und tauchte alles in ein warmes gelbes Licht. Eine Schweißperle rann ihre Brust hinunter und hinterließ eine Gänsehaut. Kühl schmiegte sich der Schaltknüppel zwischen ihre nackten Oberschenkel und schickte heiße Wellen durch ihre Beine. Wie in einem Feuerbecken sammelte sich die Wärme in ihrem Unterleib.

Nicht die Fahrerin, das Auto selbst war es, das sie begaffte. Seine Blicke schlängelten sich über ihren Körper und wo sie sie berührten, explodierten kleine Hormonsalven. Immer schneller ging ihr Atem, während sich ihr Slip nach unten rollte und von den unsichtbaren Händen über die Knie nach unten gezogen wurde.

Die Landschaft draußen flimmerte in der Nachmittagssonne vorbei. Der Stau hatte sich aufgelöst. Mit links drückte sie aufs Gas und der Wagen schoss los, als wäre er lebendig. Es wunderte sie nicht im Geringsten, wie warm und weich das Armaturenbrett war. Vielmehr hatte sie das Gefühl, mit dem Wagen zu verschmelzen, der ihr mit geschmeidigen Fingern das Kleid von den Schultern zog, während gleichzeitig der Sitz sie in fließenden Bewegungen vor- und zurückbewegte. Weich und hart zugleich vibrierte das Metall an ihrer geöffneten Knospe. So nah an ihrer Muschelöffnung ging es diesem Knüppel ziemlich gut, das spürte sie, und sie wand sich, um ihm noch ein wenig mehr Nähe zu gönnen. Es war, als läge Herk unter ihr, Herk, dessen Schaft mit jeder Sekunde härter wurde.

Nimm mich!, röhrte er und sie rutschte nach vorne und nahm ihn in sich auf. Immer tiefer saugte sie ihn in sich hinein. Mit weit geöffneten Schenkeln stützte sie sich über ihm ab, ritt ihn und fühlte, wie er in Tiefen vordrang, die ihre wildesten Träume noch nicht erkundet hatten. Rund herum um sie wummerte es, als durchquere sie einen ausbrechenden Vulkan. Ihre schweißnassen Haare klebten auf ihrem Gesicht, während das Auto immer schneller rüttelte und alles vibrierte. Der Geschwindigkeitsmesser stieg und stieg. 210 km/h, 250, 280. Der gelbe Bolide hielt sie fest in der Spur. Die Felder sausten draußen vorbei. Vor ihren Augen flirrten die Autos und das Braun der Wiesen, funkelnde braune Augen und ein raues Lachen, das tief in ihrem Herzen nachhallte. Immer heller, immer greller wurde der Reigen. Rosa, Braun, Grün. Dann schrie sie auf und ihr Innerstes explodierte. Die Detonation trug sie mitsamt dem Wagen auf die rechte Spur und in eine Parkplatzausfahrt hinein. Quietschend kam sie zum Stehen. In ihr bebte es. Ihre Sitzlehne klappte nach hinten. Keuchend lag sie auf dem Rücken, während das Zucken in ihr allmählich verebbte.

22 ANGRIFF DER CENDRAKEN

Herk stieg aus dem gelben Lamborghini und wischte sich den Schweiß von der Stirn. „Heißes Gerät“, stieß er aus und nickte hinüber zu dem Mercedes, der ein paar Meter weiter gerollt war. Dann murmelte er etwas, das klang wie „geiles Luder“.

Dio hatte während der ganzen Fahrt zusammengequetscht auf dem Notsitz gehockt und wenig gesehen, aber er fand, dass sein Halbbruder nicht nur ziemlich gut, sondern auch ziemlich glücklich aussah. Herk fing seinen Blick auf und grinste.

Die späte Nachmittagssonne tauchte den verlassenen Parkplatz vor dem Fährturm an der Mosel in rotgoldenes Licht. In der Ferne waren Weinberge zu sehen.

„Mercedes ist ein bisschen eng für meine Beine, aber sonst …“, Herk verdrehte genießerisch die Augen und machte Anstalten, zum Mercedes zu gehen.

„Halt, nicht rübergehen“, sagte Aphrodite und stellte sich ihm in den Weg. „Dich hier zu sehen würde sie überfordern, das musst du akzeptieren.“

„Wenn’s sein muss. Auch wenn es mir schwerfällt. Dass ich das mal sagen würde …“, sagte Herk.

Ein gelber Pick-up stellte sich vor den Mercedes und senkte blitzschnell seine Ladefläche. Zwei Greifzangen fuhren heraus, packten die beiden Vorderreifen des Mercedes und zogen ihn hinauf. Die Tür klappte und ein magerer Mann mit Schirmmütze stieg aus.

„Jestatten, meine neue Einsatzzentrale. Todschick, wa?“, sagte Hermes und zeigte auf den Pick-up.

„Todschick sieht anders aus. Bist du sicher, dass du Vivian damit abschleppen willst“, fragte Aphrodite und zog die Augenbrauen hoch.

„Dit is nur Tarnung, die jefährliche Technik ist innen einjebaut."

„Wo bringst du sie hin?", fragte Herk mit zusammengekniffenen Augenbrauen. „Wenn ihr was passiert, dann gibt es Ärger." Er hob drohend seine Faust.

„Keene Sorge, Herakin, ick pass uff se auf wie 'ne Perle. Ick bring se nur nen Parkplatz weiter, damit ihr in Ruhe starten könnt."

Er nickte Herk bestätigend zu und fuhr davon.

„Voraussetzung Nummer eins für wahre Liebe ist erfüllt, würde ich sagen", sagte Aphrodite.

„Aber wir können Vivian doch nicht jedes Mal auf die Autobahn schicken, wenn sie mit Herk vögeln möchte", wandte Dio ein.

„Ist gar nicht mehr nötig. Ab sofort wirkt der Liebeszauber auch ohne mich."

„Was für ein Zauber? Ich hoffe, das ist nicht wieder so ein Scheiß wie das Spray?"

„Nein, absolut nicht. Hier wirkt ganz alte Magie und dass sie funktioniert, beweist, dass Vivian dabei ist, sich wirklich in Herk zu verlieben. Ist quasi ein erster Indikator, dass hier wahre Liebe im Spiel ist. Hab' ich im Museum in Köln getestet und heute dann richtig angewendet."

„Hä?"

„Ist ganz einfach. Sobald Vivian einen Gegenstand berührt und dabei intensiv an Herk denkt, kann sich Herk kurzzeitig in diesen Gegenstand verwandeln."

„Danke, dass ihr über mich redet, als wäre ich gar nicht da", sagte Herk und steckte sich eine Zigarette an.

„Sag erst mal schön Danke zu deiner lieben Kusine, dass sie dir gerade durch deine Midlife-Crisis hilft", sagte Aphrodite.

„Danke, Schätzchen, aber ich glaube, das mit Vivian bekomme ich in Zukunft alleine hin. Auch wenn die Geschichte heute ziemlich nett war. Ist das hier die Mosel? Guter Wein, Dio, was?"

Dio nickte eifrig. „Wir könnten eine Rieslingweinprobe machen."

„Warum nicht", sagte Aphrodite und rollte sich eine Tüte. Über den Himmel zogen rosa Wölkchen.

Plötzlich verkrampfte sich Herks Körper und er stöhnte auf.

„Du bist ja totenbleich! Was ist los, Kleiner?", fragte Dio. Trotz seiner Größe wirkte Herk zerbrechlich.

„Mir ist schlecht", brachte er hervor. Es kostete ihn sichtlich Mühe, zu sprechen.

„Oha, wir fahren besser gleich nach Hause", sagte Aphrodite und warf ihren Joint weg.

Bedauernd sah Dio ein letztes Mal auf die Weinberge, aber Herks Gesundheit ging vor.

Ängstlich sah er Herk in die Augen. „Was ist, musst du dich übergeben?"

Herk antwortete nicht, sondern taumelte auf den Beifahrersitz. Dio quetschte sich wieder auf den Rücksitz, und Aphrodite setzte zurück, dass die Reifen quietschten.

Genau in diesem Moment bogen drei Polizeiwagen mit Blaulicht und Sirene auf den Parkplatz ein und versperrten ihnen den Weg. Einer links, der zweite rechts und einer hinter ihnen. Abhauen ging nicht. Und um Nebel aufsteigen zu lassen, war es zu spät.

Drei Männer näherten sich.

„Was sollen wir tun?", rief Dio verzweifelt, während Herk keuchte, als ob er keine Luft bekäme.

„Bleib cool, das haben ich gleich", sagte Aphrodite und strich sich mit der Hand über die Haare, die auf einmal blond und lockig über ihren Rücken fielen.

Zwei der Polizisten schauten träumerisch zu ihr hinein, doch der dritte schnauzte: „Papiere, wird's bald?"

Aphrodite zog Führerschein und Fahrzeugpapiere aus dem Handtäschchen und Dio wartete darauf, dass auch dieser Beamte weich werden würde, doch anscheinend war er widerstandsfähiger als seine Kollegen. Ob sie mit überhöhter Geschwindigkeit gefahren seien. Aphrodite schüttelte den Kopf. Er hielt ihr einen Ausdruck hin. „Hier: 280 km/h und einmal 250. Erlaubte Höchstgeschwindigkeit war 120. Ich fürchte, Sie sind Ihren Lappen los. Außerdem wird ein Verfahren gegen Sie eröffnet werden."

„Bitte, lassen Sie uns fahren. Mein Cousin muss zu einem Arzt, es ist dringend!" Sie zeigte auf Herk.

Ein vierter Polizist, der ein Handy am Ohr hatte, tippte seinem hartnäckigen Kollegen auf die Schulter. „Moment, wir haben das überprüft. Die Kennzeichen stimmen nicht überein."

Der Angesprochene trat einen Schritt zurück und verglich stirnrunzelnd das Nummernschild und das Blatt, das ihm der Kollege hinhielt.

„Das gibt's doch nicht", murmelte er. Dann wandte er sich erneut Aphrodite zu. „Wir müssen hier etwas klären. Brauchen Sie einen Krankenwagen?"

„Nein, lassen Sie uns einfach fahren."

Die Streifenwagen machten Platz und Aphrodite stieg so schnell sie konnte ein. Sie fuhr ein paar Kilometer auf der Straße, dann zog sie auf den Seitenstreifen, ließ Nebel aufsteigen und erhob sich in die Luft. Es war keine Minute zu früh. Sie hatte kaum Flughöhe erreicht, als Herk heftig zu keuchen begann. Rund um ihn begann es zu flimmern. Eine Hitzewelle brandete durch das Auto, als habe man einen Backofen geöffnet. Dio berührte Herk an der Schulter und zuckte vor Hitze zurück.

„Der glüht ja, wir brauchen Wasser zum Abkühlen!"

„Kann das Auto schwimmen?", schrie Aphrodite.

„Bloß nicht, nachher ertrinken wir alle“, schrie Dio zurück. „Lande einfach am Ufer von diesem Fluss. Herk braucht etwas Kaltes.“

Eilig nestelte er seinen magischen Kelch aus seinem Täschchen und schwenkte ihn. Eine Ladung von feinstem dionysischen Wein landete auf Herks Kopf und Schultern.

Zum Löschen war der Wein nicht gedacht und eigentlich auch zu schade, doch Herk war es wert. Nun würde er sich entspannen. Doch zu Dios Entsetzen schlugen Flammen hoch und züngelten wie eine Aureole rund ums Herks Körper. Es war, als hätte er Öl ins Feuer gegossen.

„Bist du wahnsinnig, nimm das Zeug weg“, brüllte Aphrodite und ließ die Fenster runter. Eiskalter Wind knallte ins Auto. Doch da war noch etwas. Ein grau leuchtendes Etwas raste heran und kam rasch näher.

„Cendraken“, röchelte Herk.

„Das Ding kommt auf uns zu. Was soll ich machen?“, schrie Dio.

„Lass dir was einfallen!“

Das graue Etwas hatte das Auto erreicht und schnappte fauchend nach der Scheibe, die zerbarst. Dann war es drinnen und stürzte sich auf Herk. Es stank, als sei eine Chemiefabrik explodiert. Das Wesen hatte die Gestalt eines skelettdünnen Hundes, aus seinen Lefzen tropfte gräulicher Speichel. Es schnappte nach Herks Hals, der mit den Händen versuchte, es abzuwehren, doch es ließ nicht locker.

„Es will Herk töten“, schrie Dio verzweifelt und versuchte, mit seinem Kelch nach dem Viech zu schlagen, doch es peitschte mit dem Schwanz und fegte den Kelch zu Boden.

Aphrodite ließ mit einer Hand das Steuer los und schlug ebenfalls auf das Monster ein, doch es schnappte nach ihrer Hand, bevor es Herk wieder anfiel.

„Halt das Steuer fest“, schrie sie und begann, mit beiden Händen nach dem Dämon zu greifen, der ihr auswich. Dio reckte sich nach vorne, kam an einen Hebel und der Wagen stieg abrupt in die Höhe. Er quetschte sich auf den Fahrersitz und langte nach dem Lenkrad. Stattdessen landete er auf dem Höhenruder und das Fahrzeug sank steil nach unten. In letzter Sekunde gelang es ihm, den Hebel herumzureißen und sie vor einem Aufprall auf dem Boden zu bewahren.

Herk hatte aufgehört zu zucken und hing kraftlos und kaum atmend in der Lehne, sein Kopf schlenkerte willenlos hin und her, das Vieh hockte auf seinem Brustkorb.

„Tu was“, flehte Dio. Da bekam Aphrodite das Monster im Nacken zu fassen und riss es von Herk zurück. Es kreischte wie eine Säge, als sich ihre Fingernägel in seine knochigen Rippen bohrten. Mit einer Kraft, die Dio ihr nicht zugetraut hatte, schleuderte sie es durch das zerborstene Fenster nach draußen. Unter ihnen schimmerte der Fluss. Eine Fontäne zischte auf und erstarb, als der Angreifer ins Wasser plumpste.

Aphrodite griff nach dem Lenkrad und setzte den Wagen abrupt auf einem sandigen Uferstück ab.

Dio stieg aus und riss die Fahrertür auf. Die Scheinwerfer eines kleinen Jachthafens beleuchteten Herks schweißglänzendes Gesicht. Ein Blutrinnsal tropfte von seiner Stirn und seine Wange wirkte geschwollen.

Atmete er noch?

„Herk, wach auf, ist alles gut, das Viech ist weg“. Er streichelte beruhigend Herks Arm.

„He, Alter, dableiben“, sagte Aphrodite und stupste den Halbgott an. Endlich holte Herk tief Luft. Seine Lider zuckten und ein fast unbewusstes Lächeln huschte über seine Lippen. Dann legte er den Kopf zur Seite und regelmäßige Atemzüge verrieten, dass er eingeschlafen war.

„Er muss in ein Krankenhaus“, sagte Aphrodite und wies auf die Schramme.

„Und was erzählen wir denen?“ fragte Dio.

„Dass ihn ein Hund angefallen hat."

Auf dem Luftweg erreichten sie Trier in wenigen Minuten. In einem dunklen Kirchhof ließ Aphrodite den Lamborghini landen, dann folgten sie dem Navigationsgerät bis zu einem Krankenhaus, wo Hermes schon auf sie wartete.

„Vivian hab ick jut uffn Weg jebracht. Hab ihr nen Pfefferkaugummi jejeben, damit sollte sie bis nach Hause kommen. Sind nur knapp 200 Kilometer …" Er stoppte seinen Redeschwall, als er Herk entdeckte. „Ach du Scheiße, was issn mit dem los?", sagte er bestürzt. Während Aphrodite mit dem Arzt der Notaufnahme sprach, fischte Hermes eine Tinktur aus einer Kiste und begann vorsichtig, Herks Schramme damit abzutupfen. Dio hielt bibbernd Herks Hand. Sein Leinenanzug war für nächtliche Flugtouren am Fluss einfach zu dünn. Aphrodite hatte ihr frühlingshaftes Tagesoutfit sofort gegen Stiefel und einen langen Pelzmantel eingetauscht, kaum dass sie das Krankenhaus betreten hatten. Und Hermes trug wie immer eine schmuddelige Lederjoppe.

„Sie können morgen früh wiederkommen, er hat ein Beruhigungsmittel und was Krampflösendes bekommen", sagte die Oberärztin kurze Zeit später und Dio nickte zitternd.

Endlich bemerkte Hermes sein Zittern und schlug vor, in die Sauna zu gehen. „Und dann erzählt ihr dem alten Hermes mal, wer unsern Helden hier so zujerichtet hat."

„Sauna?", fragte Dio. „Gibt's das hier?"

Eine Kirchturmuhr schlug Mitternacht.

„Keene rejuläre Sauna, wa“ sagte Hermes, „aber wofür sin wa hier in der ältesten Stadt Deutschlands? Antike Ruinen, wohin de kiekst. Sogar Kaiserthermen hamse. Sind zwar keene griechischen, sonnern römische, aber in der Not frisst der Teufel Fliegen.“

Sie folgten etwa zwanzig Minuten lang Hermes’ altem Pick-up durch dunkle Straßen und eine kurze Strecke an der Mosel entlang und setzten schließlich über einen Metallzaun.

„Kaiserthermen. Erbaut von Kaiser Augustus“, las Dio auf einem kleinen Schild, das auf einem weitläufigen Ruinenareal stand. Zu beiden Seiten des Tales erhoben sich Weinberge.

Eine Ratte flitzte vor ihnen weg.

„Und was sollen wir hier?“

„Wirste schon sehen.“ Hermes parkte seinen Pick-up inmitten eines Halbkreises höherer Säulen und drückte ein paar Knöpfe auf dem Armaturenbrett. Wo eben noch dunkle Laubbäume zu sehen gewesen waren, die das Ruinenfeld zur Straße hin abschirmten, zog sich dichter Nebel wie eine Mauer um das Säulenhalbrund.

Plötzlich begann aus den Steinstufen zu ihren Füßen Wasser zu quellen.

„Zurück, sonst jibtet nasse Füße“, sagte Hermes und Dio und Aphrodite traten zurück. Bald hatten sich zu ihrer Linken und zu ihrer Rechten je ein Bassin gefüllt.

Hermes wies auf beide Becken. „Links ist heißes und rechts ist kaltes Wasser. Dahinter is die Dampfsauna.“ Aus einer Grotte strömte Wasserdampf hervor.

Dio tauchte vorsichtig einen Finger in das linke Becken. Es hatte herrliche Badewannentemperatur. „Wie machst du das?“

„Icke doch nich. Dit is ’n Trick vom ollen Acheron. Der Flussjott war mir ’nen Jefallen schuldig. Hab ’nen Schweinemastbetrieb anjezeicht, der seinen Dreck in den Fluss jelassen hat.“

Hermes unterbrach sich. „Kiekmal, die Aphrodite, die kann dit Posen einfach nich lassen.“ Dio und Hermes grinsten, als sie Aphrodite zusahen, die in Gestalt einer antiken Marmorstatue durch die Thermen flanierte.

Hermes zückte eine Kamera und filmte sie. „Dit schick ich dem Tourismusmanager von Trier, der kricht Stielaugen.“

Als sie genug herumgeklettert waren, setzten sich alle drei auf einen heißen Stein und genossen den warmen Wasserdampf. Hermes rauchte ein Zigarillo und Dio genoss ein Glas Riesling, den Hermes in seinem Pick-up gefunden hatte. Aphrodite unterstellte ihm, er habe ihn geklaut.

„Und jetzt verratet dem alten Hermes mal, wat dit mit dem Herk uff sich hat.“

„Erzähl du, Dio, das ist deine Baustelle“, sagte Aphrodite.

Dio seufzte. „Er ist von Cendraken angefallen worden.“

„Was issn das?“

„Kennst du die nicht? Cendraken sind die Brüder der Furien. Das Feuer der Furien spüren normale Menschen als Rausch. Ist der Alkohol verbrannt, erlischt das Feuer, und Asche bleibt übrig. Je größer der Rausch, desto mehr Asche. Sie ist das Fressen für die Cendraken, die ewig hungrigen Skeletthunde. Ein normaler Mensch bekommt sie nie zu Gesicht, aber ein Halbgott in Menschengestalt schon.

Solange ein Mensch trinkt, fällt genug Asche an, damit sie satt werden, aber wenn alles verbrannt ist, fallen sie den Menschen an. Es ärgert sie, wenn die Sterblichen wieder nüchtern werden. Trinken sie nicht weiter, attackieren sie einen. Mit Schmerzen, Krämpfen … das ganze Programm, bis man schließlich doch wieder trinkt. Und so geht das immer weiter. Letztlich trinken die Menschen nur weiter, um den Dämonen Nahrung zu liefern, und am Ende sterben sie.

Das Schlimme ist, ich kann da nichts machen. Rutschen Menschen auf die dunkle Seite des Rausches ab, entgleiten sie meiner Obhut. Und ein Halbgott wie Herk ist für sie ein besonderer Leckerbissen. In sterblicher Gestalt können sie ihn töten."

„Und wat kann man dajejen machen?", fragte Hermes.

„Herk ist ein Mensch. Er müsste in so eine Suchtklinik gehen", sagte Dio. „ich hab' nur das dumme Gefühl, er will das nicht."

„Moment mal. Was ist da vorne los?"

Aphrodite wies auf eine Wand, die in blaues Licht getaucht schien. Ein Schwarm Krähen fegte über das Wasserbassin. Dann formierten sie sich zu einem Kreis und umflogen die Säule. In ihrer Mitte flatterte etwas, das keine Krähe war, aber Flügel hatte.

„Die Botschafter der Moiren", flüsterte Aphrodite.

Das geflügelte Ding, das die Form einer Dose mit spitzem Schnabel hatte, blieb in der Luft vor der Säule stehen. Nach und nach traten eingemeißelte Buchstaben hervor.

Dio klettert die Stufen hoch, um die Buchstaben zu entziffern. Hermes und Aphrodite folgten ihm.

„Das ist Altgriechisch", sagte er.

„Ich hab' ihnen schon zigmal gesagt, dass sie auf Neugriechisch umstellen sollen, wenn sie wollen, dass jemand ihre Botschaften kapiert", sagte Aphrodite, doch gemeinsam gelang es ihnen, die Botschaft zu entziffern. Was sie lasen, ließ ihnen kalte Schauer den Rücken hinunterlaufen.

Sehr bald des sterblichen Leibes entkleidet,
Wird bald er von hinnen gerafft,
Wenn nicht der Götter Hand

Oder Heldenmut sein Schicksal noch wendet.
Dann wird Atropos zertrennen den Faden,
Und hinabsinken wird er in die ewige Nacht.

„Oh fuck, die reden von Herk. Sein Lebensfaden ist dünn geworden", sagte Aphrodite. Betroffen starrten sie auf die Stelle, wo die Schriftzeichen Ηεϱακλεσ aufglühten, die Dio sofort als „Herakles" entzifferte.

„Sie sagen aber auch, dass er sein Schicksal noch abwenden kann, oder?", fragte Dio.

„Ich denke, er hat noch eine Chance. Aber er muss sie nutzen – mit Heldenmut oder mit göttlicher Hilfe."

„Siehst du jetzt endlich ein, dass dein Plan vielleicht nicht ganz der Beste war?", fragte Dio.

Aphrodite schnaubte höhnisch. „Noch ist mein Plan nicht schiefgegangen, im Gegensatz zu deinem. Dein Wein hat diese Biester ja erst richtig aggressiv gemacht."

Dio schwieg und betrachtete den Kelch. Am liebsten hätte er ihn ins Wasser geworfen. Wein war offenbar wirklich nicht mehr das Mittel der Wahl. Da kam ihm ein Gedanke. „Sag mal, kannst du deine Tanten nicht einfach bitten, den Lebensfaden dicker zu machen?"

Aphrodite schüttelte den Kopf. „Das würden sie nicht tun. Kein Gott hat das Recht, sich den Entscheidungen der Moiren zu widersetzen. Aber wenn Herk unsterblich wird, bekommen sein Ich und auch sein Lebensfaden eine goldene Hülle. Dann werden die Moiren ihn heil und ganz lassen."

23 TOMS VIERTER GEBURTSTAG

20 Kilometer weiter nördlich schreckte Vivian aus einem Traum empor, in dem flammenspeiende Monster über Herk hergefallen waren. Es war, als wären die fliegenden Dämonen aus Felix' Computerspiel entkommen und hätten Herk mit ihren widerlichen Klauen gepackt. Er wehrte sich und entkam ihnen blutend. Erst langsam dämmerte ihr, dass sie im Mercedes ihres Schwiegervaters saß. Sie wischte sich den Schweiß von der Stirn und kurbelte das Fenster hinunter. Die kühle Abendluft verscheuchte den Traum. Sie stand auf einem Feldweg an einem Fluss. Die Sonne stand tief am Himmel und ihr war kühl. Sie sah an sich runter und bemerkte, dass sie ihr Kleid falsch herum anhatte. Die Unterhose ebenfalls.

Misstrauisch blickte sie sich um. Der Steuerknüppel hockte unschuldig auf der Mittelkonsole, auch sonst sah der Wagen aus wie sonst. Sie musste geträumt haben. Aber was für ein Traum! In dem ein gelber Rennwagen vorkam. Und in dem sie die Fahrt ihres Lebens erlebt hatte.

Sie atmete tief durch und stieg aus. Links von ihr parkte ein alter gelber Pick-up, der aussah, als würde er nicht mehr durch den nächsten TÜV kommen. Ein grauhaariges schmächtiges Männchen stand daneben, blickte sie verschmitzt an und zog an einem stinkenden Zigarillo. Sollte sie ihn fragen, ob er ein merkwürdiges Autorennen beobachtet hatte, bei dem ein gelbes Geschoss einen silbergrauen Mercedes vor sich hergeschoben hatte?

Wie albern war das denn? Sie inhalierte ein paar Züge Abendluft, dann stieg sie wieder ein und startete den Motor.

„Wollnse nen Kaugummi? Dann schläft man nicht ein."

Das Männchen streckte ihr ein Paket Wrigleys durchs offene Fenster rein. Vivian zögerte, doch dann nahm sie die Kaugummis dankend an. Der

Kleine wirkte ehrlich besorgt und wollte ihr sicher nicht schaden. Und Kaugummis hielten wach. Schließlich sollte sie doch allmählich in Bielefeld ankommen.

Wie spät war es überhaupt? 20 Uhr! Felix hatte bestimmt schon längst im Bielefelder Hof eingecheckt. Sie wendete, erreichte die Straße und sah in der Ferne ein Autobahnschild. „Trier, 10 km", las sie und stutzte.

Wohin war sie gefahren? Trier lag ungefähr so weit im Süden von Düsseldorf wie Bielefeld im Nordosten. Sie fuhr an den Rand der Landstraße und suchte nach ihrem Handy, das in den Fußraum gefallen war.

Sobald sie die Augen schloss, spürte sie ein Feuer, das in ihrem Inneren glühte. Kein Feuer, Herks Körper war es, der in ihr brannte. Das Gefühl war so stark, als müsse sie nur die Hand ausstrecken, um ihn zu berühren. Sie betastete das Lenkrad, den Sitz, den Schaltknüppel, aber alles war kalt. Und doch fühlte es sich in ihr so an, als hätte sie stundenlang mit Herk im Bett gelegen …

Sie strich sich über die Stirn, um den Tagtraum zu verscheuchen. Das Blau des Himmels über ihr wurde tiefer, im Westen strahlte der Himmel in satten Gelbtönen.

Das Handy summte. *Du geiles Luder*, stand auf dem Display.

Sie versuchte, ihn anzurufen, doch es ging nur der Anrufbeantworter dran. „Herk, ruf mich zurück, ich hab' von dir geträumt. Das war der Kracher. Aber ich habe mich monstermäßig verfahren. Und dann hab' ich geträumt, du würdest angegriffen. Bitte ruf mich an und sag, dass er dir gut geht", sprach sie auf den Anrufbeantworter.

Das Telefon klingelte, aber es war nicht Herk, sondern Felix.

„Wo bist du? Mein Gott, ich versuche seit Stunden, dich zu erreichen."

Ihr schlechtes Gewissen durchzuckte sie wie ein Stromschlag.

Sie konnte ihrem Mann doch nicht sagen, dass sie 10 Kilometer von Trier entfernt war. Verdammt!

„Ähm, ich bin bei Frankfurt. Also, im Taunus. Ich wollte einen Stau umfahren."

„Bei Frankfurt? Ja, und unser Date? Wie lange brauchst du denn noch nach Bielefeld?"

„Mir ist nicht gut, ich würde lieber nach Hause fahren. Die Woche war irgendwie anstrengend."

Felix' Stimme klang mehr besorgt als verärgert. „Schaffst du es denn wenigstens nach Hause?"

„Ich hoffe."

„Okay, ich nehme den Zug, dann fahren wir eben morgen zusammen nach Bielefeld.

„Übermorgen hat Tom Geburtstag."

„Stimmt, scheiße! Dann ein andermal."

Irgendwie kam sie nach Hause und schlief ein, kaum dass ihr Kopf das Kissen berührt hatte. Wieder tauchten Monster auf und Herk schrie. Sie schrak auf und der Traum entglitt ihr.

Felix lag friedlich schnarchend neben ihr, draußen war es taghell. Die Vögel zwitscherten im Garten, doch im Haus war es still. Kein Wunder, die Kinder waren ja noch bei den Schwiegereltern. Sie betrachtete ihren Mann. Die blasse Haut verriet, dass er zu viel am Schreibtisch saß, aber er war ihr Mann. Zuneigung wallte in ihr auf und sie küsste ihn.

Dann rollte sie sich auf den Rücken und sah an die Decke. Wenn sie die Augen schloss, spürte sie immer noch den Griff des Autositzes um ihre Hüfte. Sie griff nach ihrem Handy, um Herk eine Nachricht zu schicken. *Bitte schreib mir. Geht es dir gut? Ich mache mir Sorgen um dich und ich …* Sie zögerte, weil sie *ich liebe dich* schreiben wollte.

Stattdessen schrieb sie: … *ich sehne mich nach dir.* Doch das Handy blieb stumm. Ging es Herk wirklich schlecht und er wollte es nicht zugeben? Ärger wallte in ihr auf. Diese blöden Typen, die nie zugeben konnten, dass es ihnen mal nicht so gut ging. Scheiß Männlichkeitswahn!

Felix schlug die Augen auf. „Alles in Ordnung, Vivian?"

„Keine Ahnung, bin noch ziemlich durch den Wind", sagte sie wahrheitsgemäß.

„Kein Wunder nach gestern. Ferien wären gut." Vielsagend hob er die linke Augenbraue. „Nur wir zwei, so wie damals auf Rhodos."

Auf Rhodos hatten sie Urlaub gemacht, als Mika drei Jahre alt war und die Großeltern das niedliche Kleinkind für zwei Wochen gehütet hatten. Sie waren gewandert und hatten Sex am Strand gehabt, das war sehr schön gewesen. Doch das war lange her und die Erinnerung ebenso verblasst und verschlissen wie das Laken ihres Ehebetts. Sie blickte an die Decke und spürte wieder den irritierenden Griff um ihre Hüfte. Felix missdeutete ihren Blick und sagte: „Moment, ich geh' mich mal frisch machen. Um Spaß zu haben, muss man nicht bis Bielefeld fahren."

Sie sah ihm hinterher. War sie als finanziell abhängige Frau automatisch in der Zwangslage, mit dem Mann, der den überwiegenden Teil des Haushalts finanzierte, auch schlafen zu müssen, obwohl sie sich nach Herk sehnte? Wütend schleuderte sie ein Kissen zu Boden. Die Gedanken begannen, durch ihren Kopf zu rasen, und formten sich zu einer unerträglich vernünftigen Predigt.

Liebe Vivian, weil du den größten Teil des grässlichen Haushalts erledigst – ohne Bezahlung –, bist du leider davon abhängig, dass der Typ, mit dem du vor über 13 Jahren Ringe getauscht hast, dir die Kohle gibt. Wenn du dich trennst und die Kinder bei dir bleiben, kriegen die Kinder einen mickrigen Unterhalt und du fast gar nix. Und wenn du alt bist, wirst du deine praktisch nicht vorhandene Rente damit aufbessern müssen, dass du bei Aldi an der Kasse sitzt oder gleich Pfandflaschen aus Mülleimern klaubst. Wenn du ein bisschen Grips in deinem Spatzenhirn übrig hast, hältst du dir den Ehemann warm und den Lover geheim.

Sie klaubte das Kissen vom Boden auf und traf eine Entscheidung. Das Ganze war so ungerecht wie nur was, aber sie hatte jetzt keine Zeit, sich damit zu beschäftigen. Und für eine Trennung hatte sie erst recht keine Zeit und Lust darauf schon gar nicht. Sie brauchte ihre Energie für sich und Herk. Sie musste herausfinden, was es mit ihm auf sich hatte. Und sie wollte ihn wiedersehen und den Autotraum in die Wirklichkeit umsetzen. Also würde sie fürs Erste weiterhin die treusorgende und liebende Ehefrau geben.

Felix kam frisch geduscht zurück und sein Ständer wippte erwartungsfroh.

„Ich massier dir den Rücken", sagte sie lächelnd. Felix grunzte wohlig und drehte sich auf den Rücken. Das war so nicht geplant, aber sie schloss die Augen und stellte sich vor, sie hätte Herk vor sich.

Zufrieden summend setzte sich Felix eine halbe Stunde später an den Tisch und schüttete sich Milch in sein Müsli. Er sah auf, als Vivians Handy summte. „Hier, für dich."

Sie zuckte zusammen. Hatte Felix Herks Nachricht gelesen? Sie musste Herk dringend bitten, ihr erst zu schreiben, wenn alle aus dem Haus waren.

Sie ging in den Flur, ehe sie die Nachricht las. *Mir geht's gut, keine Sorge, muss fürn paar Tage nach Südafrika, heißer Job*, stand auf dem Display.

Bevor sie in die Küche zurückging, fragte sie Herk, was er dort tue.

Werbespot drehen. Mit Löwen und Beachballchicks, die fast so groß sind wie du. Aber nicht so hübsch. Regards, Herk.

Es ging ihm gut und er hatte sie hübsch genannt! Sie strahlte. *I feel pretty, oh so pretty*, summte eine weibliche Stimme in ihrem Kopf. Vivian summte mit. Es klang nach einem interessanten Job, den sie ihm von Herzen gönnte. Aber sie vermisste ihn mehr denn je.

Mika und Laurent, die offenbar die Erlaubnis erhalten hatten, alleine im Haus zu übernachten anstatt wie Tom und Emily bei den Schwiegereltern, kamen in die Küche geschlendert.

„Cornflakes und Milch sind schon wieder alle", maulte Mika und die Stimme in Vivians Kopf verstummte.

„Jammer nicht so rum, hier, kauft euch Brötchen beim Bäcker", sagte Felix und drückte den Jungs einen Fünf-Euro-Schein in die Hand.

„Geht doch", sagte er und lachte Vivian an. Ihr schlechtes Gewissen erwachte heftiger als je zuvor, als sie ihren Mann betrachtete. Auch wenn sie ihn gerade nicht begehrte, liebte sie ihn und fühlte sich mies, weil sie ihn anlog. Aber sie musste ein Doppelleben führen. Wenn sie doch wenigstens Sofie hätte anrufen können, doch die hatte ihr ja deutlich genug erklärt, was sie von ihrer Affäre hielt: nämlich gar nichts.

Als sie ins Arbeitszimmer ging, fiel ihr Blick auf die Unterlagen, die ihr Ina am Freitag gegeben hatte. Wenn sie ihre Kooperationspartnerin nicht verärgern wollte, sollte sie sich noch heute hinsetzen und so sorgfältig, wie sie nur konnte, weitere Übungen zusammenstellen. Dann konnte sie den Ablauf wie mit Ina vereinbart am Sonntag durchsprechen. Das Problem war nur, dass Tom am Sonntag vier wurde. Zwar würden nur die Schwiegereltern und Paten kommen, aber wenn sie die Gäste nicht an einen leeren Tisch setzen wollte, musste sie einkaufen und aufräumen und Wäsche waschen.

Sie seufzte.

Während Felix zu seinen Eltern fuhr, um Emily und Tom abzuholen, fuhr sie zum Supermarkt und ergatterte zwei Tiefkühlkuchen, Sahne, bunte Kerzen und einen Blumenstrauß. Wenigstens die Schwiegereltern würden begeistert sein.

Anschließend bemühte sich Vivian den ganzen Samstagabend redlich, irgendwelche Beispiele und Übungen zusammenzustellen, anhand derer sie ihren Teilnehmern beibringen konnte, wie man knackige Gastbeiträge in Zeitungen schrieb, aber es war komplizierter, als sie gedacht hatte. Vivian verfluchte sich, dass sie Ina am Freitag so früh hinauskomplimentiert hatte, sonst hätte sie ihr helfen können.

Am Sonntag wollte sie weitermachen, nachdem alle Tom hatten hochleben und die Kerzen an seinem Geburtstagskuchen auspusten lassen, doch Tom bestand darauf, dass sie zum Spielplatz gehen sollten, wo er mit seinem neuen Laufrädchen fahren wollte.

Wie ein Rennfahrer umrundete er die Kinderwagen und Omas, und Vivian lachte, als sie ihn beobachtete. Ihr Jüngster wurde nur einmal vier. Das Seminar konnte sie auch noch am Abend zu Ende vorbereiten.

Punkt 15 Uhr klingelten die Gäste an der Türe. Die Schwiegereltern zeigten sich sehr angetan von dem schön gedeckten Tisch. Sie stellten die Kalte Schnauze auf die Kaffeetafel, einen fettigen Schokoladenkuchen, von dem Vivian jedes Mal schlecht wurde, und setzen sich. Es klingelte wieder, und Sofie, die Toms Patentante war, kam herein.

„Na, du siehst ja ein bisschen angeschossen aus“, kommentierte sie, als sie an Vivian vorbei zur Kaffeetafel stapfte. Vivian sah ihr an, dass sie insgeheim vor Neugier brannte, mehr über sie und Herk zu erfahren. Aber Sofie durfte nichts mehr erfahren, am Ende erzählte sie Felix noch etwas.

„Mir geht's gut“, sagte sie und stellte ihrer Freundin eine Tasse Kaffee hin. Als die Türklingel wieder ging, eilte sie rasch hinaus.

Tobias stand vor der Tür. Erstaunt sah sie ihn an. Zwar war er Toms Patenonkel, aber normalerweise vermied er es, bei Familienfesten aufzukreuzen. Was hatte ihn hergetrieben?

Tom stürzte sich auf ihn. „Ich hab' dich so vermisst!" Er jubelte, als eine Playmobil-Insel und eine Hot-Wheel-Bahn zum Vorschein kamen. Emily half ihm, die Fahrzeuge auszupacken. Selbst Mika und Laurent legten ihre Handys beiseite und halfen, die Bahn aufzubauen. Felix verschanzte sich mit seinem Vater und Sofie hinter der Kaffeetafel. Vivian betrachtete die Szene von der Wohnzimmertür aus und kam sich vor, als stecke sie im falschen Film. Gewiss, es war ihre Familie, aber alles, was sie sich wünschte, war ein Knopf, mit dem sie alle abschalten konnte. Und ihren blöden Auftrag am besten gleich mit.

Sie ging ins Arbeitszimmer, um einen Stuhl für Tobias zu holen, doch ihre Füße gingen zum Regal, wo sie ein Holznashorn herausnahm – ein Mitbringsel ihres Vaters vom Kilimandscharo. Das war zwar nicht Südafrika, aber wenigstens der afrikanische Kontinent. Da, wo Herk gerade hinflog. Liebevoll fuhr sie über das glatte Holz. Die leichte Berührung reichte aus, um ein Prickeln durch ihren ganzen Körper zu schicken. Sie schloss die Augen und fühlte kräftige Arme, die mit ihr Dinge taten, von denen sie bisher nicht zu träumen gewagt hatte. Verstohlen guckte sie auf ihr Handy, doch keine Nachricht war zu sehen. Klar, Herk hatte anderes zu tun, als Nachrichten zu schreiben, wenn er auf dem Weg nach Südafrika war. Aber sie sehnte sich so danach, etwas von ihm zu hören. Und sie wollte wissen, ob er womöglich auch von ihr geträumt hatte.

Das Wohnzimmer summte vom Geplauder der Gäste und vom Klirren des Kaffeegeschirrs. Felix saß in der Mitte und erzählte lautstark von seinem Auftrag und seiner Dienstreise nach Berlin. Sofie und seine Eltern nickten bewundernd. So wie es aussah, hatte der gesamte Kulturausschuss dafür gestimmt, eine neue Charta zu verfassen, welche die Grundlagen der europäischen Kultur schützen sollte. „Und dazu gehören die Immobilien, deren Rückkaufwert wir geschätzt haben", sagte Felix und trank einen

Schluck Kaffee. „Es wird Unsummen kosten, alles wieder zurückzukaufen", setzte er seinen Bericht fort. „Die griechische Regierung hat seinerzeit nicht nur das Tafelsilber verkauft, sondern die Tischdecke und den Tisch gleich dazu."

„Und wird das mit dem Rückkauf klappen?", fragte sein Vater.

Felix nickte mit wichtiger Miene. „Die griechischen Bemühungen um die europäische Kulturcharta sind auf einem guten Weg. Man sagt, das Dinner zwischen Eleni Theodorakis und der Bundeskanzlerin sei exzellent verlaufen. Sie haben über alles geredet, was zum europäischen Kulturerbe gehören soll. Von Musik über Essen über Handwerk bis hin zu Gärten und Bauwerken. Am Ende war die Kanzlerin so weit, dass sie sogar sächsische Klöppelwaren mit auf die Liste nehmen wollte – ihre Tante kommt aus dem Erzgebirge. Und dann haben die Delegierten so begeistert dafür gestimmt, eine neue Kulturcharta abzufassen, als hätte man ihnen was in den Wein gemischt."

Hätte sie doch auch mal so einen coolen Auftrag gehabt. Doch sie schaffte es ja noch nicht mal, ein simples Seminar ordentlich vorzubereiten.

„Wollen wir auf Tom anstoßen?", fragte Tobias, und Vivian ging in die Küche, um eine Flasche Sekt aus dem Kühlschrank zu holen. Vor ihrem inneren Auge erschien Herk, wie er am Kiosk Bierdosen kaufte. Wie merkwürdig eigentlich – am Kiosk kauften nur Alkis ihren Stoff. Herk jedoch war komplett unabhängig. Von allem. Der brauchte nichts und niemanden. Ganz anders als sie. Sie brauchte ständig Zeichen der Anerkennung. Jetzt zum Beispiel tat sie alles, um als kompetente Hausfrau zu erscheinen, die alles im Griff hatte. Nur damit niemand auf die Idee käme, sie zu kritisieren. Und nur dank Herks bewundernden Blicken fühlte sie sich jung und begehrenswert.

Sie lud Gläser auf ein Tablett, schenkte den Sekt ein und fügte Orangensaft für die Kinder hinzu. Auf einmal kam es ihr unpassend vor, auf das

Wohl eines kleinen Kindes Alkohol zu trinken. Aber sie traute sich nicht, das vor den Gästen laut zu sagen. Vor allem vor Tobias nicht. Zum Teufel mit ihrer Gefallsucht!

Herk hatte ganz recht, wenn er sagte, sie sei ein Mercedes, der mit angezogener Handbremse fuhr. Aber wenn der wüsste, wie sie am Freitag auf der Autobahn gefahren war. Zumindest in ihrem Tagtraum hatte sie alle Bremsen losgelassen. Vielleicht würde sie es dank Herk auch schaffen, im richtigen Leben die Bremsen zu lösen.

Alle nahmen sich ein Glas, und Sofie stimmte „Happy Birthday to you" an. Die anderen fielen ein. Sogar Felix konnte schön singen, wenn er wollte. Sie setzte sich neben Felix und nahm ein Stück Kuchen.

Sie hatte gerade abgebissen, da beugte Tobias sich zu Felix und Vivian vor. „Dein alter Herr hat mit seinem Mercedes am Freitag die Polizei ganz schön aufgemischt", sagte er mit gedämpfter Stimme und wies mit dem Daumen unauffällig zu Felix' Vater. Felix zog die linke Augenbraue hoch, und Vivian spürte die Atembeklemmung, die immer kam, wenn etwas sie stresste. Jetzt war klar, warum Tobias hier war. Nicht wegen des Geburtstags, sondern um Felix auf den Zahn zu fühlen. Wegen Freitag. Vivian wurde es leicht mulmig. Sie hatte sich nicht nur komplett verfahren, der Mercedes war der Polizei aufgefallen. In was für einem Blackout war sie durch die Gegend gebraust?

„Lass uns in die Küche gehen", schlug Felix vor. „Also, erzähl, was war da los?"

„Tja, eine typische Rasergeschichte. So ein getuntes Geschoss ist durch die Gegend gebrettert. Lamborghini. Fährt 300 Sachen. Ein Kollege hat die Verfolgung aufgenommen."

Vivian atmete so flach, wie sie nur konnte. Sie war die ganze Zeit von einem gelben Flitzer verfolgt worden.

„Und was hat das mit meinem Vater zu tun?", unterbrach Felix.

„Geduld. Wir haben den Wagen schließlich gefunden und die Fahrer gestellt. Auf einem Parkplatz. Die wollten wegfahren, aber wir kennen ja unsere Pappenheimer. Schön den Wagen blockiert und Ausweise von der Fahrerin kontrolliert. Voll das Luder. Blonde Locken bis zum Arsch runter, Titten wie 'ne Barbiepuppe und Glitzerkostüm und 'ne Stimme wie'n Pornostar. Sorry, Vivian."

Vivians Gedanken rasten. Wie ein Déjà-vu ploppte die Erinnerung an die Frau im Sassafras auf, die zuerst blond und dann dunkelhaarig gewesen war. Oder umgekehrt. Aber die Fahrerin war doch dunkelhaarig gewesen, oder nicht? Anscheinend konnte sie sich auf ihre Erinnerung nicht mehr verlassen.

„Hab schon gedacht, die hätten keine Papiere, aber dann holt sie sie doch raus. So, pass auf und jetzt kommt's."

Vivians Hände zitterten.

„So was hab' ich noch nie erlebt. Genau als sie die Papiere zeigt, kommt mein Kollege rüber und schreit ‚Stopp! Der gelbe Lamborghini wurde gar nicht geblitzt. Technikpanne. Der Raser hat das Kennzeichen D PS 1802. Und das ist das irre, der Wagen ist zugelassen auf Herbert Sammer. Dein Papa, Felix."

„So ein Schwachsinn!" Felix zog die Augenbrauen hoch.

„Hat dein Vater mal an seinem Wagen rumgeschraubt? 280 Stundenkilometer ist nicht ganz langsam."

Felix lachte so schallend, dass er sich am Kuchen verschluckte und husten musste. „280 Sachen? Die olle Schrabbel von meinem Vater? Da hatte die Radarfalle wohl 'n Knick in der Optik. Und wann soll das gewesen sein? Freitag? Da war Vivian mit dem Fahrzeug unterwegs. Die würde doch niemals so schnell fahren!"

Vivian hatte das Gefühl, durch den Fußboden in den Keller zu fallen. War sie im Delirium durch die Gegend gerast? Das tiefe Röhren des Wagens kam ihr wieder in den Sinn. Sie hatte nicht gemerkt, dass sie geblitzt worden war, aber sie hatte auch an ganz andere Dinge gedacht. Vivian hatte noch nie in ihrem Leben einen Filmriss gehabt, aber sie vermutete, dass es sich so anfühlen musste: etwas getan zu haben und keine Erinnerung mehr daran zu haben. Andererseits *hatte* sie Erinnerungen. Und was für welche! Sie wischte sich über die Stirn.

„Alles klar, Vivian?“, fragte Felix und musterte sie.

„Jaja, alles in Ordnung.“

„Vivian wollte zu mir nach Bielefeld fahren. Bist du auf der Fahrt geblitzt worden?“, fragte Felix.

„Keine Ahnung“, antwortete sie. Die Erinnerung an ihren Traum ließ ihr die Hitze ins Gesicht steigen. Sie spürte Tobias’ Blick auf sich. Polizisten hatten einen sechstens Sinn für Ungereimtheiten. Jetzt fiel es ihr ein. „Doch, am Anfang der Fahrt, in Düsseldorf. Bin wohl zu schnell auf die Autobahn gefahren.“ Sie atmete tief durch.

Tobias schüttelte den Kopf. „Geblitzt wurde der Wagen in der Nähe von Koblenz. Übrigens zweimal. Einmal bei 250 km/h und einmal bei 280 km/h.“

Ein neuer Hitzeschauer überfiel Vivian. Radarfallen machten Fotos.

„Wir haben Fotos“, sagte Tobias, als hätte er ihre Gedanken gelesen, und Vivian hatte das Gefühl, im freien Fall ins Erdinnere zu rasen.

„Aber das Komische ist, das Gesicht des Fahrers ist immer verdeckt oder verschwommen, so als sei Nebel im Wagen. Dafür haben uns die Idioten bei der Verkehrsüberwachung ein paar Oben-ohne-Bilder geschickt, die angeblich von den Radarfallen aufgenommen wurden.“

„Ihr glaube, ihr solltet mal eure Datenbank auf Viren überprüfen. Ihr verfolgt einen gelben Lamborghini, blitzt meinen Vater bei zweihundertachtzig Stundenkilometern und heraus kommen nebulöse Oben-ohne-Bilder. Seid ihr noch ganz dicht?“, sagte Felix und zog eine Grimasse.

Tobias grinste schwach. „Du weißt, was gestern für ein Tag war?“

Der freie Fall stoppte. „Der 1. April“, rief Vivian.

„Exakt. Wir vermuten, ein Spaßvogel bei der Techniküberwachung hat ein bisschen Datenlotto gespielt.“

Als Vivian die Gäste verabschiedet hatte, ging sie ins Bad und schrieb Herk eine Nachricht. *Das ist total schräg. Ich hab' dir doch erzählt, dass ich mich am Freitag verfahren habe. Übrigens, weil ich von dir geträumt habe, Chéri. Ziemlich heißer Traum … Sie fügte ein paar Smileys, Herzchen und den Pfirsich mit der Aubergine in ihre Nachricht ein. Aber jetzt wird's komisch. Der Polizei ist meine Irrfahrt aufgefallen. Oder zumindest wurde das Auto meines Schwiegervaters, in dem ich unterwegs war, geblitzt. Und es kursieren Oben-ohne-Bilder. Das ist das Schrägste, was mir je passiert ist.*

Natürlich kam keine Antwort.

24 KOITUS IN KETTEN

„Dit sin mal saubare Oben-ohne-Bilder. Ihr solltet öftar Highway-Dating machen“, sagte Hermes und ließ seine Federbüschel über den Ohren flattern. Dio und Hermes saßen in der Hotelsauna des Plaza Divino und der Ofen blubberte gemütlich. Etwas wehmütig dachte Dio an die Kaiserthermen in Trier zurück, wo sie noch vor zwei Tagen wahrhaft göttliche Wellness genossen hatten.

Leider hatte Aphrodite angeordnet, dass er und Hermes zurück nach Düsseldorf fahren sollten. „Nicht, dass Zeus Dummheiten macht, wenn er ohne Aufsicht ist“, sagte sie. Also waren er und der Diebesgott in Hermes' Pick-up zurückgefahren, während die Liebesgöttin bei Herk blieb, um ihn am Montag nach Düsseldorf zurückzubegleiten.

Als Dio auf die Fotos guckte, die ihm Hermes hinhielt, wurde ihm vor Schreck eiskalt. Deutlich war eine nackte Frau hinter dem Steuer eines Mercedes zu erkennen. Nur ihr Gesicht war vom Rückspiegel verdeckt.

„Das hat sie super hingekriegt, die Aphrodite. Jetzt kriegt Vivian doch mit, dass da was nicht stimmt, und ihr Mann auch“, sagte Dio sarkastisch. „Warum geht sie nicht gleich zu Vivian und erzählt ihr, dass sie sie mit einem Halbgott verkuppelt hat?“

Hermes ließ ungerührt eine Keller Wasser auf dem Ofen verdampfen. „Aus demselben Grund, aus dem icke diese Vivian am Freitag enen Parkplatz weiter schofiert habe: Damit se nüscht verwirrt wird. Außerdem ist se doch nich mal zu erkennen. Und weste überhaupt, was Freitag fürn Tag war? Der erste April! Die Polizei denkt, dit mit den Bildern war 'n Aprilscherz.“

Er schlang sein Handtuch um die klapprig dünnen Hüften und ging zu den Duschen. Dio folgte ihm.

„Aber irgendwann kriegt die Polizei das raus", sagte er „und dann erfährt es auch Vivians Mann."

„Warum sorgt ihr nicht für Waffengleichheit?", schlug Hermes vor. „Soll ick den Kerl mal in die richtigen Clubs mitnehmen? Dann steht es eins zu eins, wenn er von Vivians Techtelmechtel erfährt."

Der Götterbote ließ sich einen Schwall kaltes Wasser über den struppigen Rücken laufen. Dio bekam ein paar Tropfen ab und zog rasch seinen seidenen Bademantel über.

„Lieber nicht, das verdoppelt den Ärger nur."

„Achtung, wir kriegen Gesellschaft", sagte Hermes, als sie an der Bar saßen, und hob grüßend die Hand zur nicht vorhandenen Mütze. „Wen haben wir denn da? Den Juru höchstpersönlich!"

Dio traute seinen Augen nicht. Zeus' Bademantel war aus schwarzem Netzstoff und durchsichtig.

„Heute ist der Tag der Tage", sagte der Herr des Olymps und schlenkerte lässig mit den Kordeln seines Bademantels.

„Wie bitte?", fragte Dio misstrauisch.

„Heute wird der Retter Europas gezeugt", sagte Zeus und wandte sich zur Kellnerin. „Bitte einen Milchshake für mich."

Er nahm einen Schluck und leckte sich genießerisch den weißen Milchschaum von der Oberlippe. „Mit einer wunderschönen Frau, die meiner geliebten Prinzessin Europa wie aus dem Gesicht geschnitten ist. Sie ist noch ein bisschen zurückhaltend, aber das war Europa anfangs auch. Doch dann hat ihre Neugier gesiegt und sie kam, um den weißen Stier zu streicheln."

„Du redest jetzt aber nicht von deiner Gymnastiklehrerin?", fragte Dio. Hatte Aphrodite die nicht in die Flucht geschlagen?

„Gymnastiklehrerin? Ach was! Kunst und Gesang – sind Nadjas Berufung. Sobald sie den Sohn oder die Tochter mir gebar, kometenhaft steigen wird ihr Stern am Ruhmeshimmel."

„Und die Big Lady hat nüscht dagegen?", fragte Hermes.

Dio hielt den Atem an, doch Zeus winkte mit einer ausladenden Geste ab. „Heras Veto ist hier von minderer Bedeutung. Es geht um den Retter Europas."

„Sollte dit nich Herk erledijen?", fragte Hermes.

„Ich habe keinen Sohn mehr, der Herk heißt. Europa braucht einen starken Mann, mein getreuer Gott der Reise. Keine Memme, die sich hinter Weiberröcken versteckt."

„Starker Mann? Dit war für Europa noch nie ne jute Lösung, wenn icke mir recht entsinne", sagte Hermes.

Zeus schüttelte den Kopf. „Unwissenheit aus deinen Sätzen spricht, oh Gott der Reisenden. Nicht das Cäsarentum, die Republik soll neu erstehen; sie, die edelste aller Staatsformen. Selbst die Römer ahmten sie nach den Athenern, den ruhmreichen. Dann wichen sie ab vom Ideal, wofür sie teuer bezahlten."

„Ich komm nicht ganz mit", gestand Dio.

„Dann höre mir zu, kurzbeiniger Rebenherrscher. Als die römischen Führer sich zu Kaisern ausriefen, besiegelten sie damit den Untergang des Römischen Reiches als Großmacht. Deshalb, mein Sohn, ist und bleibt die Republik das Staatengebilde der Wahl. In ihr hat die Stimme jedes Bürgers das gleiche Gewicht. Und das Gemeinwohl ist das Ziel der Politik. Nicht die Anhäufung von Kapital und Macht bei jenen, die auch unsere Tempel und Inseln an sich gerissen."

Die Bedienung starrte Zeus an, als käme er von einem anderen Stern. Womit sie ja auch nicht ganz falsch lag.

„Und wat soll der starke Macker machen?", fragte Hermes.

„Er soll die wahren Feinde entlarven“, dröhnte Zeus. „Und nun gehabt euch wohl, denn ich habe zu tun.“

Er erhob sich, nickte grüßend in die Runde und schritt mit ausladenden Schritten zur Umkleide.

Dio starrte ihm hinterher. „Ich rufe Aphrodite an, die Geschichte hier wird mir zu heiß.“ Er eilte in die Umkleide und fand sein strassbesetztes Handy.

„Aphrodite, du musst sofort kommen, es wird ernst mit Zeus’ Retter!“

Hermes zeigte auf das Handy, um ihm zu bedeuten, dass er mithören wollte. Dio stellte auf Laut.

„Wir sind schon unterwegs, stehen gerade am Rastplatz, eine rauchen. Weißt du, was Herk Vivian erzählt hat? Er hat ihr vorgelogen, er würde nach Südafrika fahren. Behauptet, Löwen hätten ihn gekratzt.“

„Warum erzählt er Vivian solchen Quatsch?“, fragte Dio.

„Er will nicht zugeben, dass er angegriffen wurde.“

Das war typisch Herk. Dio seufzte.

„Und mal ’ne Therapie machen, wat hält der Mann davon?“, mischte sich Hermes ein.

„Herk hat mir gesagt, dass er lieber stirbt, als noch mal in eine Klinik zu gehen“, antwortete Aphrodite. „Das hätte er schon mal versucht und die hätten ihn auf kalten Entzug gesetzt und die Cendraken hätten ihn fast umgebracht.“

Davon wusste Dio gar nichts, aber es sah Herk ähnlich, solche Erlebnisse für sich zu behalten.

„Da hätte icke ’ne sanftere Idee“, sagte Hermes. „Hat mir die Artemis, die Jagdjöttin, verklickert, is der letzte Schrei. Therapie mit Tieren. Herk sucht sich ein Tier aus und das hilft ihm, von der Sucht loszukommen. Schick ihn einfach in den Zoo.“

„Jetzt reicht's aber mit euren Schwachsinnsplänen!", rief Dio und fächelte sich empört Luft zu.

Doch Aphrodite erwiderte: „Mach ich. Und ihr behaltet den alten Affen im Auge. Denkt dran, wenn er Ärger macht, drückt der Götterrat für uns die Rückkehrtaste. Richtmikrofon liegt in meinem Hotelzimmer", fügte sie hinzu.

„Richtmikrofon?", fragte Hermes. „Müssen sich die mächtijen Jötter uff billje Hardware valassen? Neenee, lass mal stecken, Dio. Icke werd dir helfn, den Juru zu beschattn. Ick heiße nich umsonst Jott der Diebe, wa."

Um kurz vor sechs betrat Nadja die Lobby des Plaza Divino. Sie war perfekt geschminkt und das enge schwarze Kleid betonte jede Kurve ihres Körpers. Ein in einen smaragdgrün schimmernden Anzug gekleideter Zeus begrüßte sie mit einem Kuss auf die Wange.

Zwei ziemlich kleine Raumpfleger in der Uniform des Hotels mit roten Hosen und schwarz-weiß gestreiften Kitteln standen an der Garderobe und warten geduldig, während Zeus und Nadja ein paar Austern und Champagner zu sich nahmen und ein Pianist im Hintergrund leise Akkorde klimperte. Kurz vor sieben wurde es kurz laut, als ein Trupp Anzugträger und mehrere sehr kurz berockte Damen krakeelend durch die Lobby drängten und in den Aufzügen verschwanden.

Kurze Zeit später nahmen auch Zeus und Nadja den Lift.

Als sie im achten Stock ausstiegen und in Richtung Präsidentensuite schritten, begegneten ihnen die zwei kurz gewachsenen Raumpfleger wieder. Der eine von ihnen war etwas dicklich und hatte kurze Beine und der andere hatte eine schmächtige Statur und struppiges graues Haar, das aussah, als hätte es eine Bürste nötig.

Hätte Zeus genauer hingeguckt, hätte er Dio und Hermes erkennen können, doch er hatte nur Augen für die junge Frau, deren Kleid mit seinem

Anzug um die Wette schimmerte. Arm in Arm betraten sie die Nummer 811. Die beiden Raumpfleger blieben vor der Nummer 812 stehen. Der Magere nahm ein Kärtchen aus der Tasche und drückte den Raum auf.

Volle und leere Weinflaschen und halb gefüllte Gläser standen in der Suite herum. Vom Balkon her ertönten Stimmen und Gelächter, so, als seien die Bewohner eben mal zum Rauchen auf den Balkon gegangen.

„Ups, die Suite ist belegt, schnell, da entlang", sagte Hermes und schob Dio an der Wandvertäfelung entlang und um ein großes Ehebett herum. Blitzschnell hebelte er mit einem Schraubenzieher eine Platte aus der Wand und wies auf eine schmale Öffnung. „Kabel- und Lüftungsschacht, bitte sehr. Baucheinziehen nicht vergessen."

Dicht gedrängt standen sie in dem engen Schacht. Aus Nummer 811 war ein sonores Grollen zu hören. Das klang eindeutig nach Zeus. „Chérie, machst du mir eine kleine Freude?"

„Ick will wat sehn für mein Jeld", zischte Hermes und zog einen Akkubohrer und eine Fernbedienung aus der Tasche. Er drückte darauf und lautes Rauschen ertönte. Im Schutz des Lärms bohrte er vier Gucklöcher in die Wand. Drei zu Zeus' Zimmer, eins in das Apartment hinter ihnen. In zwei der Löcher schob er je ein kleines Röhrchen, an dem zwei Miniaturausgaben der Flügel über seinen Ohren surrten. Dann lud er Dio ein, durch ein Loch zu gucken. Dio sah Zeus, der mit einer Tüte wedelte, auf der Dolce Vita stand. Ihm gegenüber stand Nadja. Sie rollte mit den Augen, doch dann nickte sie zustimmend, grapschte nach der Tüte und stolzierte damit ins Bad.

Nun wurde Zeus aktiv. Er warf sein grünes Sakko auf den Sessel, zündete zwei Kerzen an und zog einen Champagnerkühler näher ans Bett. Hemd und Hose ließ er auf den Boden fallen und Dio sah, wie er hastig einen gestreiften Tanga überzog. Dabei verlor er das Gleichgewicht und fiel aufs Bett, doch er rappelte sich wieder hoch und warf den Netzbademantel über, den Dio schon aus der Sauna kannte. Der trotz Training immer noch recht dicke Bauch bewirkte, dass der Mantel vorne zu kurz war und knochige Knie darunter hervorguckten. Doch das schien Zeus nicht zu stören; selbstverliebt tänzelte er vor dem großen Spiegel hin und her und strich sich über die graue Lockenmähne.

Dann griff der Obergott nach einer Parfümflasche und sprühte sich so reichlich ein, dass der Duft sogar durch das winzige Guckloch hereinströmte und Dio zum Niesen brachte. Sicherheitshalber stellte Hermes das Rauschen wieder an, um Dio zu übertönen. Doch das wäre nicht nötig gewesen, denn Zeus hatte nur Augen und Ohren für Nadja, die in der Badezimmertür erschienen war und ein Glas Champagner in der Hand hielt.

Zeus schlenderte auf sie zu und ließ im Gehen den Bademantel fallen. Im Spiegel war seine Brust zu sehen, die aussah wie ein frisch gerupftes Huhn.

Hermes und Dio hinter ihren Gucklöchern verdrehten die Augen und hustend flüchtete Nadja zum Fenster und versuchte, es aufzumachen.

„Na, Baby. Gefall ich dir?“, sagte Zeus, fasste sie um die Taille und küsste sie schmatzend.

„Lass mich los!“

„Du bist wunderschön.“, sagte Zeus und versuchte, den Ausschnitt ihres Satinbademantels zu streicheln, während Nadja sich energisch aus seiner Umarmung wand.

Dann schien Zeus sich auf seine guten Manieren zu besinnen und reichte ihr sein Glas. „Prost, auf uns!“

Dabei ließ er seine Schultern spielen, so als hoffte er, dass sie ihn anschauen würde. Doch Nadja drehte sich weg und trank das Glas auf einen Zug leer.

„Dit hat der Guru früher aber besser hinjekriecht. Der ist wirklich alt geworden“, wisperte Hermes und kratzte sich am Hinterkopf. „Vielleicht hilft ihm n bisschen Musik uff die Ohren.“

Er drückte seine Fernbedienung und plötzlich füllte Walzermusik den Raum. Zeus’ Miene hellte sich auf und er fasste Nadja um die Taille und drehte sie im Dreivierteltakt durchs Zimmer.

Dabei stieß er gegen einen Champagnerkühler. Champagner und Eiswürfel fielen zu Boden und Zeus torkelte mit Nadja im Arm aufs Bett. In großen Wellen fielen ihre braunen Haare über die Schulter.

„Sag mal, sollten wir Zeus nicht daran hindern?“, flüsterte Dio beunruhigt.

„Dit kriegt die eiserne Lady doch jar nicht mit“, wisperte Hermes.

Auf einmal war Nadja überhaupt nicht mehr abweisend, sondern räkelte sich geradezu aufreizend vor Zeus.

„Nu wird der Stringtanga langsam enge, wa?“, sagte Hermes und Dio zuckte zusammen.

„Verdammt, dafür hat der Alte den Wein von mir haben wollen. Und mir hat er erzählt, es wäre gegen seine Schlafstörungen. Hermes, wir müssen da rein.“

Hermes guckte an die Decke, wo es vernehmlich knirschte. An der Decke der Suite genau über dem Bett strahlte ein riesiger Kronleuchter, an dem Hunderte glitzernder Kristalle hingen. Wie ein riesiges Netz. Es knirschte wieder.

„Was ist das, Seuss?“, säuselte Nadja und fuhr mit ihren Fingern über Zeus’ Brustwarzen.

„Nichts, mein Schatz“, sagte Zeus ohne sein übliches Pathos und widmete sich Nadjas violetter Korsage.

Das Knirschen wurde lauter. Von hinten aus Nummer 812 ertönte Geschrei und laute Musik.

Zeus kletterte vom Bett herunter und betätigte den Lichtschalter. Das Licht ging aus und wieder an. Das Knirschen hatte aufgehört.

„Alles in Ordnung, Chérie", sagte Zeus und stieg zurück aufs Bett. Die Abendsonne tauchte die Suite in goldenes Licht.

"Juut, juut, ick glaube, die Kleene will es hinter sich bringen", sagte Hermes. „Dann ändern wia mal den Rhythmus." Anstelle des Walzers begann Tangomusik aus den Lautsprechern zu dudeln.

Wieder knackte es an der Decke. Diesmal deutlich lauter. Zeus hielt inne.

„Was ist, Seus?",

„Nichts, du mein Augenstern." Er beugte sich über Nadjas Bauchnabel und umspielte ihn mit der Zunge. Dann lehnte er sich zum Tisch, benetzte den Nabel mit Champagner und strich über den transparenten Stoff auf Nadjas Schambein.

Es knirschte direkt über den beiden.

Zeus ignorierte es und rollte sich über Nadja, die verführerisch ihre Beine spreizte und ihre Korsage öffnete.

„Nicht schlecht", machte Hermes, als Nadjas Brüste sichtbar wurden, groß und rund mit hoch angesetzten Brustwarzen. Zeus senkte den Kopf zwischen die beiden Hügel und schob gleichzeitig seinen Stringtanga von den Hüften.

Da geschah es. Es summte, als habe ein Hochspannungskabel die Suite unter Strom gesetzt, die weißen bodenlangen Vorhänge flatterten und die tausend goldenen Kettchen flimmerten wie eine Discokugel. Das, was Dio für die kristallbehangenen Fransen des Kronleuchters gehalten hatte, war ein riesiges Netz, das sich wie ein Fallschirm über dem Bett von Zeus und Nadja entfaltete. Kurz vibrierte es in der Luft, dann fiel es herab und bedeckte das Paar auf dem Bett. Zeus griff hinter sich, um es wegzuschieben. Doch das Netz klickte und zog sich fest. Zeus und Nadja waren gefangen.

„Ick glaub's ja nicht, dit war die olle Lady."

„Du meinst, Hera hat das gemacht?“

„Na, klar wie Kloßbrühe. So wie damals. Da, wo Aphrodite und Ares unterm Netz lagen. Die eiserne Lady hat einfach die Idee recycelt.“

„Ich bekomm keine Luft“, kreischte Nadja, die unter Zeus lag und strampelte, aber das war eine Lüge. Sie bekam sehr wohl Luft, sonst hätte sie niemals so gellend schreien können.

„Sie sollte den Mund halten. Je mehr sie kreischt, desto fester legten sich die Fesseln um sie herum.“

„Oh bitte, lass ab von dem Schreien!“, bat Zeus gereizt.

„Du perverser Fiesling! Ich hasse Sadomaso-Tecknick. Kapito?“

„Wenn du einhältst, befrei’n ich uns werde.“

Zu Dios Überraschung verstummte Nadja sofort.

„Wir müssen erreichen den Blitz. In meiner Hose er steckt. Mein Blitz, also, äh, einen Schlüssel ich meine.“

Er ruckte mit seinem Becken auf dem Bett und Nadja machte mit. Hauruck, sie kamen in Fahrt. Zeus streckte seinen Zeh aus. Er stöhnte auf. „Noch ein winziges Stück.“ Er zog das Bein an und die Hosenbeine streiften über seine Schenkel, da schrie der Fürst des Olymps auf: „Mein Ischias mich quält!“

Die Hose fiel herunter und die Kette mit dem Blitz plumpste zu Boden.

„Hermes, wir müssen den beiden helfen, sonst wird der Ärger titanisch.“

„Wia kommen da nicht durch, ick hab’s schon probiert, da is dicker Betong.“

„Dann da, wo wir rein gegangen sind.“

Vorsichtig lauschten sie in den Raum hinter sich. Keuchen war zu hören und ein erstricktes Schluchzen, jemand grölte etwas. Ein klatschendes Geräusch ertönte.

„Jroßer Merkur, die feiern ne Orje“, sagte Hermes.

„Wenn du nichts tust, rufe ich die Polizei“, sagte Dio.

„Mach das bloß nicht, damit lieferst du den Guru ans Messer. Icke funke den Hotelmanager an."

Er zückte ein Funkgerät und sagte: „Einsatzleiter von Plaza Divino, kommen!"

„Zentrale hört, kommen."

„Mayday in 811, kommen."

Er steckte das Funkgerät weg. „Jetzte beeilen sie sich, pass auf."

Zeus ruckelte und Nadja begann wieder zu schreien, während in Nummer 812 das Keuchen und Kreischen weiterging. In Zeus' Suite ging die Tür auf.

Der Hotelmanager kam herein, gefolgt von mehreren Hotelpagen.

„Entschuldigen Sie, können wir helfen?"

„Schmähling gefangen wir sind", sagte Zeus.

„Du lügst, perverses Schwein. Fesselspiele will er machen."

Der Hotelmanager versuchte, so auszusehen, als sei dies eine Routineangelegenheit. „Herr Palakios, wir bemühen uns, Sie so rasch wie möglich zu befreien. Würden Sie uns bitte erklären, wie Sie diese Bondages angebracht haben? Wir möchten Ihr Eigentum nicht zerstören."

„Das ist mein Eigentum nicht, eine Falle uns wurde gestellt. Reicht mir meine Hose behend'. Ich werde wegsprengen das Netz."

„Wegsprengen?", kreischte Nadja. „Geben Sie ihm bloß nichts!" Der Hotelpage ließ erschrocken Zeus' Hose fallen.

„Nun geben Sie mir die Hose in die Hand."

„Bloß nicht", schrie Nadja.

Hilflos versuchte ein eilig gerufener Techniker, mit einem Bolzenschneider das Netz zu zerschneiden. Doch als zöge er sich vor der Klinge zurück, entglitt ihm der Netzstoff. Fluchend gab er auf. „Lasst uns das Bett hochheben", sagte er zu seinen Kollegen.

„Es bewegt sich keinen Millimeter“, sagte der Hotelpage. Nadja fing wieder an zu schreien.

„Beruhige dich, Weib“, sagte Zeus mit seiner Nase neben Nadjas Brüsten.

„Bleib weg, du perverses Schwein! Rufen Sie die Polizei!“

Offenbar versuchte Zeus nun selber, zu rutschen, doch er steckte fest. Mit dem Kopf über Nadjas Schambein ragten seine Beine in die Luft.

„Hermes, wir gehen da jetzt durch“, sagte Dio und schob alle Bedenken zur Seite. Er schob die Holzvertäfelung aus dem Weg und zuckte gleich wieder zurück. Zerknautschte Decken lagen am Boden, leere Flaschen und Gläser. Um das Bett, hinter dem sie hinter der Wandvertäfelung in den Lüftungsschacht hineingekrochen waren, hatten sich die Gruppe herumgeschart. Ihre Hosen hatten sie runtergelassen und Dio sah ihre nackten Hinterteile. „Los, gib's ihr“-Rufe waren zu hören.

„Lass sie noch einen Schluck trinken“, schrie einer. Wieder ertönte ein Klatschen und eine Frau weinte.

„Fuck, die machen hier eine Gangbangparty und dit Bett versperrt uns den Weg zur Tür“, sagte Hermes und guckte Dio an.

„Na, los, Orgien sind deine Baustelle, wa.“

Dio fühlte Brechreiz aufsteigen. Orgien waren schon seit Jahrhunderten nicht mehr nach seinem Geschmack. Ein Schluck feiner Castiglioncello erregte ihn wesentlich mehr als sieben nackte Männerleiber auf einmal. Es war ihm egal, wenn die anderen Götter ihn deshalb als spießig bezeichneten.

„Da irrst du dich“, sagte er und musterte die Typen. Sie waren ihm schon in der Lobby unangenehm gewesen. Sie sahen kräftig und böse aus und er und Hermes waren klein und alles andere als Schlägertypen.

„Na ja, icke finde die auch nich dolle. Jetzt jeht es uns wie dem ollen Odysseus“, sagte Hermes düster. „Der saß zwischen Skylla und Charybdis fest.“

„Ich wünschte, ich hätte meine Satyrn mitbringen dürfen, die könnten wenigstens mit ihren Hörnern zustechen“, sagte er und Hermes nickte.

„Und icke wünsch mir meinen neuen Elektroschocker.“

Stumm knirschte Dio mit den Zähnen, als ihm plötzlich die rettende Idee kam.

Es war gefährlich und er riskierte, dass einer der Typen ihm eins auf die Nase gab, aber er würde es tun.

„Ich geh da jetzt raus“, sagte er so entschlossen, wie er nur konnte.

„Um Gottes willen, die nehmen dich gleich mit ran. Was hast du vor?“

„Jeder der Typen muss so viel magischen Wein ins Gesicht bekommen, dass er in Trance fällt.“

„Ick jeb dia Deckung“, sagte Hermes und Dio nickte entschlossen.

So schnell sie konnten, rannten sie in die andere Ecke des Raumes, wo ein Servierwagen stand. Hermes tat, als würde er Flaschen aufsammeln, und Dio schüttelte seinen Kelch, als ginge es um sein Leben. Der eine Typ lag im Bett auf einer Frau. Als Dio ihm einen Schwall Wein ins Gesicht klatschte, japste er kurz auf und brach auf der Frau zusammen. Die schrie auf und strampelte, um freizukommen.

„Casses-toi“, brüllte ein dicker Mann, der ihnen mit offenem weißen Hemd entgegentorkelte, doch als ihm Dios Wein ins Gesicht schwappte, hustete er und sackte auf dem nächsten Bett nieder.

„Hier, füll mir auch was in ein Glas“, sagte Hermes und Dio schüttete so viel Flüssigkeit, wie der Kelch auf einen Schlag hergab, hinein.

„Wir nehmen sie in die Zange“, zischte er Hermes zu. „Los, eins, zwei, drei.“ Gleichzeitig drängten sie sich ans Bett, tauchten unter den Zuschauenden durch und Hermes schleuderte den Wein auf den Mann, der gerade die Frau unter sich bumste.

Dio schöpfte mit der Hand Wein aus dem Kelch und warf drei Männern Flüssigkeit ins Gesicht. „Weg, ihr Kröten“, schrie ein großer Dunkelhaariger und schleuderte Dio zur Seite. Der Gott taumelte gegen den Servierwagen, fiel hin und kippte dem Mann im Umdrehen den Wein ins Gesicht. Schlagartig fing der Getroffene an zu lallen und plumpste neben dem Bett zu Boden.

Die Frau auf dem Bett rollte sich zusammen wie ein Embryo und ächzte. Dios Herz zog sich vor Mitleid zusammen. „Ich hol' Hilfe“, sagte er und sprühte ihr rasch ein paar Tröpfchen Wein ins Gesicht, um ihre Schmerzen zu lindern.

„Komm jetzt“, drängte Hermes und zog ihn über die am Boden liegenden Typen nach draußen.

Ihnen entgegen kam eine Gruppe Polizisten. Dio sank das Herz in die Hose, doch Hermes stellte sich den Beamten direkt in den Weg. „Da müssen Sie rein“, sagte er und wies auf Nummer 812.

„Uns wurde 811 gesagt.“

„Muss ein Irrtum sein, hier drin werden Minderjährige vergewaltigt.“

Dio begriff, dass Hermes Zeus schützen wollte. Die Truppe diskutierte und setzte sich gerade in Bewegung zu Nummer 812, als ein Schrei aus 811 ertönte. „Ich erstatte Anzeige“, kreischte Nadja. „Verhaften Sie ihn!“

Die Truppe teilte sich.

Das war das Ende. Wenn Zeus inhaftiert wurde, war es aus. Sobald er das Gefängnis erreicht hätte, würde die fliegende Depesche des Götterrats ankommen und ihnen mitteilen, dass sie ihre Menschengestalt verlassen und binnen einer Stunde die Rückreise antreten sollten. Zeus' Körper würde tot in der Untersuchungshaft gefunden werden und die Medien würden spekulieren, ob man einen so alten Mann überhaupt hätte festnehmen dürfen. Dios Inseln würden in den habgierigen Klauen wahnsinniger Superreicher bleiben, und was immer Aphrodite für Herk eingefädelt hatte, Tiertherapie oder was auch immer, würde ohne sie stattfinden. Und Herk würde krepieren, ohne unsterblich geworden zu sein.

Dio fühlte, wie die Beule an seinem Kopf zu wachsen begann, und ging zu einem im Flur stehenden Servierwagen, wo er sich aus einem Sektkühler einige Stückchen Eis fischte, die er sich an den Schädel hielt. Mit der freien Hand zog er sein Handy aus der Tasche und rief Aphrodite an. Natürlich ging sie nicht ans Telefon.

Hermes schlüpfte hinter den Polizisten in Zeus' Suite und kam nach kurzer Zeit wieder heraus.

„Habs jeschafft, hab das magische Netz uffjeschnitten. Jeht doch nüscht über nen jutes Diebesbesteck." Er klappte sein Messer zusammen und grinste zufrieden.

„Hey, Dickerchen, nu lass den Kopp nich hängen."

„Aber es ist alles vorbei."

„Quatsch mit Soße! Die Hera wird ihr oberjöttliches Veto einlegen, alles andere wäre völlijer Nonsenz. Stell dir mal vor, der Zeus wird abberufen, wenn er in U-Haft sitzt, da wär hier die Hölle los."

„Genau daran hab' ich gedacht. Und an Herk." Dio musste schlucken.

„Na, nu trockne mal die Tränen. Ick fahr flugs die Hera holen und denn machen wa 'ne Krisensitzung. Wa?"

„Ich weiß nicht, bisher ist alles schiefgegangen."

„Ach was! Und der Herk hat doch 'ne dolle Tusse – oder?

„Schon, aber …"

„Nu komm, du hast den Herk schon aus janz andern Kalamitäten rausjeholt. Damals, dat mit dem vielköpfijen Monster. Wenn du da nich mit deinem Wein nachjeholfen und das Vieh besoffen jemacht hättest, hätte der Herk schon damals den Styx überquert."

Dio lächelte bei der Erinnerung an Herks Kampf mit der vielköpfigen Schlange Hydra.

„Aber das ist lange her. Und jetzt wirkt Wein bei Herk tödlich."

„Na, denn kredenzte deinen Wein halt der Tusse vom Herk. Munter sie 'n bissjen uff und sag ihr, sie soll Herk die Stange halten, dit tut se doch eh jerne."

Dio wog grübelnd seinen Kelch in der Hand, während die Polizei sieben Männer in Handschellen an ihm vorbeiführte und Sanitäter zwei Tragen herausbrachten.

„Vivian aufmuntern? Meinst du wirklich?"

„Na sicher, die macht sich doch volle Kanne Sorgen. Gib mir ein Schlückchen, dann spür ick se auf und verabreiche ihr nen Tröpfchen."

Dio füllte Hermes' Wasserflasche. „Aber pass auf, dass es nicht die Falschen abkriegen."

„Keine Sorge, dit mach ich schon", sagte Hermes und verschwand.

25 ANFALL IM NASHORNGEHEGE

Am Montag nach Toms Geburtstag hatte Vivian ihre Tage und fühlte sich wie eine undichte Regentonne. Wie hatten die Frauen das früher nur gemacht, als es noch keine Monatsbinden extradick gab? Klar war jedenfalls, dass die männerkonsumierende Domina in ihr Ferien hatte. Sogar ihre Sorge um Herk war gedämpft. Und die Lust, die in ihr aufgewallt war, so oft sie an die Autofahrt dachte, war gleichfalls versiegt. An diesem grauen, milden Vorfrühlingsmorgen kam sie sich alt und schwabbelig vor. Unattraktiv und unordentlich. Genauso unordentlich wie ihr Haus und die Belege, die sie dringend abheften sollte, sonst würde Felix wieder nörgeln, wenn er sich dazu bequemte, ihre Buchhaltung zu machen.

Langsam schlurfte sie in die Küche.

Niemand aus ihrer Familie hatte es für nötig gehalten, den Dreck nach dem Geburtstagskaffeetrinken wegzuräumen, und Geschenkpapier, Hot-Wheel-Autos und Kuchenkrümel machten sich überall breit. Hatte sie nicht vor wenigen Tagen noch wie eine Irre geputzt? Viel war davon nicht mehr zu sehen.

Rot geränderte Pupillen guckten sie aus dem Badezimmerspiegel an, auf dem weiße Spritzer von Toms Schlacht mit der Zahnbürste zeugten. Erschöpfung machte sich in ihr breit und kein Herk war da, um ihr das Gefühl zu geben, jung und begehrenswert zu sein. Hinzu kam, dass sie die Seminarbeispiele nach Tobias' merkwürdigem Bericht natürlich nicht mehr fertig gemacht hatte. Sie sollte Ina dringend anrufen, um den Ablauf mit ihr zu besprechen, aber wenn sie vorher nicht ein bisschen aufräumte, konnte sie ihren Laptop nicht einmal auf dem Küchentisch abstellen. Angespannt machte sie sich an die Arbeit.

Während sie staubsaugte, begannen ihre Gedanken wieder um Herk zu kreisen. Nun hatte er sich schon 24 Stunden nicht gemeldet. Steckte er immer noch im Flieger? Wie lange brauchte man nach Südafrika? Oder war er schon wieder auf dem Rückflug? Oder war ihm doch etwas passiert, obwohl er behauptet hatte, es ginge ihm gut? Die Monster aus ihrem Traum gingen ihr nicht aus dem Kopf.

Als sie schließlich so weit war, sich an den Küchentisch zu setzen und sich mit ihrem Seminar zu beschäftigen, klingelte es an der Haustüre und Emily stand weinend davor.

„Mama, ich hab' Zahnschmerzen!" Vivian nahm ihre schluchzende Tochter in den Arm und strich ihr tröstend die Tränen von den Wangen. Dann packte sie Emily aufs Fahrrad und fuhr zur Praxis von Inas Mann Joshua.

Die Sprechstundenhelferin nahm dem Paketboten ein Paket ab und führte sie dann ins Behandlungszimmer, wo sie aus einer Plastikflasche Sprudel in ein Glas goss. Sie streckte den Arm aus, um es Emily zu reichen, da kam eine zweite Sprechstundenhelferin dazu und sagte: „Sie müssten bitte in Sprechzimmer Nummer zwei gehen, dort ist der Kinderbehandlungsstuhl."

Vivian und Emily folgten ihr.

„Der Zahnarzt kommt gleich", sagte die Sprechstundenhelferin freundlich und füllte Wasser aus dem Hahn in ein Glas, das sie Emily reichte.

Vivian sah nervös auf die Uhr – jede Minute, die sie hier vertrödelten, fehlte ihr bei der Seminarvorbereitung.

„Wieso dauert das so lange?", fragte Emily.

Das Wasser im Glas schwappte leise. Wie um zu antworten, klirrte das Zahnarztbesteck rhythmisch, so als stieße jemand kraftvoll gegen den Behandlungsstuhl. Durch die halb geschlossenen Jalousien schien die Sonne ins Zimmer. Schläfrig streichelte Vivian die Hand ihrer Tochter und beobachtete die langsam vorbeifahrenden Autos auf der Straße.

Nach einer Ewigkeit kam der Zahnarzt ins Zimmer gerauscht, umgeben von einer Deo-Wolke, und strahlte Emily und Vivian eine Spur zu breit an. „Gleich zwei schöne Frauen, da wollen wir doch mal sehen, was wir hier tun können“, sagte er, während er vorsichtig Emilys Zähne untersuchte.

„Bist du ein tapferes Mädchen?“, fragte er Emily, und Emily nickte ernsthaft. „Dann möchtest du dem Lilo bestimmt eine Spritze geben, der hat nämlich auch Zahnschmerzen. Oder?“, fragte er und Emily nickte wieder. Die Sprechstundenhelferin reichte Emily eine Puppe mit großen Augen und der Zahnarzt setzte fachgerecht die Spritze am Mund der Puppe an.

„Jetzt du“, sagte er und ließ Emily die Spritze durchdrücken. „So machen wir das jetzt bei dir, okay?“

Emily nickte ihm vertrauensvoll zu, und Vivian dachte, dass er vielleicht doch kein so schlechter Zahnarzt sei, auch wenn er seine Frau an ihrem Geburtstag hatte links liegen lassen.

Sie musste dringend zur Toilette und ging hinaus in den Gang. Im Flur vor Zimmer drei stand Sofie mit dem Rücken zu ihr. Klar, die ging ja auch zu Joshua.

„Hallo, Sofie“, sagte Vivian und ihre Freundin fuhr herum.

„Was macht ihr denn hier?“, fragte Sofie.

„Das Gleiche wie du, nehme ich an.“

Ihre Freundin starrte sie mit glasigen Augen an. Offenbar hatte Sofie eine Spritze bekommen.

„Was machen deine Zahnschmerzen?“, fragte Vivian.

„Viel besser!“, sagte Sofie und wurde aus irgendeinem Grund rot. Ihre Stimme lallte ein bisschen, als seien ihre Lippen taub. „Und wie geht’s dir?“

„Emily hatte Zahnschmerzen und mit geht’s heute so lala“, sagte Vivian und versuchte, das mulmige Gefühl in ihrem Bauch zu verscheuchen. Ina wartete dringend auf ihre Mail. Warum machte sie die Sachen auch immer auf den letzten Drücker? Verschieben konnte sie das Seminar auf keinen Fall, was sollte der Kunde denken? Aber sie würde es schaffen, schließlich hatte sie ja noch vier Tage.

Als sie mit Emily an der Hand ins Freie trat, summte ihr Handy. Herk hatte geschrieben. *Bin zurück. Hab ne kleine Schramme im Gesicht, von den Babylöwen, aber wenn dich das nicht stört, können wir uns sehen.*

Es war die Nachricht, auf die sie seit einer gefühlten Ewigkeit gewartet hatte. Vivians Herz machte einen Luftsprung vor Freude und zog sich gleichzeitig vor Mitleid zusammen. Er war verletzt, wollte es aber nicht zugeben. Am liebsten wäre sie sofort zu ihm gefahren.

Sie schob sofort alle Gedanken an das Seminar beiseite. Herk war wichtiger. Und das gute Gefühl, das sie jedes Mal bekam, wenn sie ihn sah. *Ich möchte dich sehen. Wann und wo?*, schrieb sie.

Es vergingen einige Sekunden, ehe seine Antwort kam.

Wir können uns im Zoo sehen. Die wollen noch ein paar Close-ups von den Löwen drehen. Bin ab 14 Uhr da.

Ratlos starrte Vivian auf den Bildschirm, dann ging ihr ein Licht auf. Natürlich, Herk war ja mit einer Filmcrew in Afrika gewesen. Und in dem Reservat hatten sie sich vermutlich den Löwen nicht so weit nähern können, wie das für den Werbespot notwendig war. Deshalb würden sie das jetzt im Zoo filmen.

„Mama, hör endlich auf zu schreiben“, ermahnte Emily sie und Vivian steckte das Handy in die Tasche.

Zu Hause fand sie Felix, der früh nach Hause gekommen war, mit einem Buch auf der Terrasse und griff zur nächstbesten Ausrede, die ihr einfiel. „Könntest du dich heute Nachmittag um die Gören kümmern? Ich müsste noch mal zu Ina fahren, um mein Seminar zu besprechen. Das ist ja am Freitag."

„Wenn du mich nicht hättest", sagte Felix und sie gab ihm einen Kuss auf die Wange.

Lächelnd ging sie ins Haus zurück. Emily hatte keine Zahnschmerzen mehr und sie konnte Herk sehen.

Sie wischte den Anflug von schlechtem Gewissen weg. Das hier war doch wohl wichtiger als irgendein Training für Anwälte. Außerdem war Ina eine erfahrene Seminarleiterin, die war in der Lage, etwaige Unsicherheiten ihrer Co-Trainerin auszugleichen. Sie hüpfte ins Bad, um sich die Beine zu rasieren. Im Hintergrund hörte sie Felix telefonieren.

Sie legte gerade Lidschatten auf, als es an der Tür klopfte und Felix, ohne ihre Antwort abzuwarten, hereinkam. Er zog die Augenbrauen hoch, als er das rote Kleid sah. „Nanu, so schick?"

Sie murmelte etwas von „Später noch mit Sofie ausgehen", doch Felix schüttelte den Kopf. „Geht nicht. Ich muss heute Abend nach Düsseldorf. Die Frau von diesem Thinktank hat kurzfristig in Düsseldorf zu tun und will uns sehen. Also mich und meinen Chef."

„Mein Seminar ist aber auch wichtig", beharrte Vivian, die ihr Treffen mit Herk in Gefahr sah. Langsam wurde es zur Gewohnheit, Felix anzulügen, aber gut fühlte es sich immer noch nicht an.

„Na gut, ich ruf meine Mutter an."

Vivians Herz begann wie verrückt zu klopfen. Teils aus schlechtem Gewissen Felix gegenüber und teils aus Nervosität wegen des bevorstehenden Seminars. Erst als sie im Regionalexpress nach Krefeld saß, erlaubte sie sich, sich auf Herk zu freuen. Als sie eine halbe Stunde später in Krefeld ausstieg und zur Zookasse ging, strahlte sie vor Vorfreude, und ihr rotes Kleid unter dem schwarzen dünnen Mantel schien ebenfalls fröhlich zu leuchten.

Gleich würde sie ihn sehen. *Lass uns am Nashorngehege treffen*, hatte Herk geschrieben. Aber wo waren die Nashörner? Sie sah sich um. Direkt hinter dem Eingang wohnten die Murmeltiere, dann kam eine Wiese, auf der grellrosa Flamingos herumstelzten, dann das Affenhaus.

Die Sonne schien kräftig auf ihren schwarzen Mantel und Vivian atmete dankbar die warme Frühlingsluft ein. Überall war Summen und Quietschen und es war nicht zu unterscheiden, ob es nach Eis quengelnde Kinder oder Affen waren, die da herumlärmten. Klar war nur, dass viele Leute die Idee gehabt hatten, bei dem schönen Wetter in den Zoo zu gehen. Kleinkinder auf Laufrädchen und Eltern, die Kinderwagen schoben. Mindestens drei Schulklassen schienen ebenfalls dem Nashorngehege zuzustreben.

Links lag der Eingang zum Raubtierhaus, er war abgesperrt, bestimmt wegen der Filmaufnahmen. Davor standen Männer in Sneakern, die aussahen, als könnten sie dazugehören. Im Außengehege tollten zwei Löwenbabys auf ihrer Mutter herum. Wie kleine Katzen sahen sie aus. Aber kein Herk war zu sehen.

„Ich suche eine Filmcrew, die Löwen filmt", sagte sie zu einem Mann, den ein Namensschild mit Zooemblem als Günther Markenscheider auswies. Die Frau neben ihm trug den Namen Angela Müller und ein Klemmbrett.

„Hier filmt niemand Löwen, das wüsste ich", sagte der Mann.

„Sie meint das Fernsehen. Die waren gestern da", sagte die Frau zu Vivian.

„Ach so, ja, danke", sagte Vivian und kam sich bescheuert vor, dass sie überhaupt gefragt hatte. Sie eilte weiter, bis sie zum Elefanten- und Nashornhaus kam. Der Platz vor dem Außengelände war mit Felsblöcken übersät, und die Gruppe Schüler mit Taschen und Baseballkappen kam gleichzeitig mit ihr an und nahm sofort alles in Beschlag. Die mutigeren kletterten auf die Felsen. Vivian trat zur Seite, um einen Kinderwagen vorbeizulassen.

Noch war Herk nirgends zu sehen, aber ein Kribbeln hatte sich ihrer bemächtigt und ihr schien, als flirre die warme Luft verheißungsvoll. Um sich abzulenken, betrachtete sie die Afrikanischen Elefanten, die rüsselschwenkend ihr Gehege umrundeten. Dann sah sie die Nashörner an, die im Nachbargehege hin und her tappten. „Tunda, männlich, 4 Jahre, Berlin. Sonny, weiblich, 3 Jahre, Krefeld", stand auf dem Schild. Eine Frau in grüner Funktionsjacke, die vermutlich die Lehrerin der Schulklasse war, dozierte mit lauter Stimme: „Es ist sehr selten, dass Breitmaulnashörner in Gefangenschaft Nachwuchs zeugen. Es wäre aber gut, wenn sie das täten, denn in den Reservaten in Afrika sind sie wegen ihrer Hörner stark von Wilderei bedroht."

„Die da sollen poppen?", raunte ein Schüler neben Vivian und sein pickliger Kollege begann zu prusten. Unwillkürlich sah sich Vivian um, ob in den Büschen Wilderer lauerten. Doch nur das ausdauernde Piep-piep der balzenden Meisen war zu hören. Wenn nichts dazwischengekommen war, musste Herk jetzt auftauchen.

Da kam er und ein wohliger Schauer lief über ihren Körper. Hätte jemand sie jetzt gefragt, wie viel 3 + 3 sei, hätte sie ihm keine Antwort geben können. Sie stand nur da und starrte ihn an. Seine Haare schienen länger geworden zu sein, was seinen schön geformten Kopf zur Geltung brachte. Auf seiner Wange war eine Schramme, die seiner Attraktivität keinen Abbruch tat. Im Gegenteil, wenn überhaupt möglich, sah er noch besser und männlicher aus, als sie ihn in Erinnerung hatte.

Er strahlte, als er sie sah, als könne auch er nicht fassen, dass sie da war, dann schlang er seine Arme um sie. Ihr Körper sagte mit allen Fasern: *Geliebter, ich habe mich nach dir gesehnt, mit jeder Pore meiner Haut. Meine Nase bebt vor Verlangen, deinen Duft zu atmen, mein Innerstes und mein alles zittert von Sehnsucht nach dir.*

Ihr Mund sagte banale Dinge, wie, dass sie mit dem Zug gekommen sei, worauf Herk fragte, was sie denn noch vorhätte. Als ob sie irgendetwas anderes vorhaben könnte, als mit ihm hier zu stehen! Ihr Mund sagte, das sei unerheblich und er amüsierte sich über den Ausdruck „unerheblich“. Er erzählte von seinem Dreh und den Löwen und es klang ähnlich wirr, doch im Grunde hätte er ihr aus dem Telefonbuch vorlesen können, sie hätte an seinen Lippen gehangen. Sie stellte sich auf die Zehenspitzen, um einen Kuss auf seine Wange zu drücken. Er roch nach Herk, wild, männlich, und ein Sturm von Schmetterlingen flatterte in ihrer Brust.

Er fasste sie bei den Schultern und hielt sie auf Abstand. „Du Wahnsinnsweib“, sagte er mit rauer Stimme. Ihr wurde schwindelig, als sie seine Hand auf der Schulter spürte und die andere Hand irgendwo in ihrem Mantel. Wo er sie berührte, konnte sie nicht sagen; wie im Sassafras waren seine Hände überall.

Vorsichtig berührte sie sein Gesicht. Neben der Schramme war ein kleiner blauer Fleck. „Tut es noch weh?“, fragte sie.

„Nicht schlimm, verfickte Monster!“

Die Schmetterlinge taumelten bei dem Wort Monster, als hätten sie einen kalten Wasserguss abbekommen.

„Ich hab’ geträumt, dass du von Monstern angefallen wurdest, das hat sich so echt angefühlt.“ Sie schauderte bei der Erinnerung.

Er legte den Arm um sie: „Das hier fühlt sich auch echt an.“ Zögernd begannen die Schmetterlinge wieder zu flattern.

„Und wie war euer Dreh?“

„Erzähl ich dir später, komm, wir gehen da rüber.“

Er war kein Mann, der sein Herz auf der Zunge trug, trotzdem zog er sie an wie das Licht die Motten. Sollte sie ihm beschreiben, was sie auf dieser Autofahrt geträumt hatte? Er hatte überhaupt nicht auf ihre Chatnachricht geantwortet. Hatte er überhaupt kapiert, was sie ihm hatte mitteilen wollen? Sie sah ihn von der Seite an, doch Herk schaute auf das Gehege und sie entschied, nicht nachzufragen. Sie lehnten sich am Rande des Geheges an ein Geländer. Dahinter wuchs eine niedrige Hecke, dann folgten ein weiterer Zaun und ein nicht allzu tiefer Graben.

„Guck mal, von vorne hat ihr Gesicht die Form von zwei aufeinander gestellten Dreiecken“, sagte Herk.

„Und die Ohren stehen links und rechts ab wie zwei Pinsel“, sagte Vivian.

Das zierlichere der beiden Tiere musste Sonny sein, das Weibchen, wenn man bei derartig urwüchsigen Viechern überhaupt von zierlich sprechen konnte. Immer wieder blickte es mit seinen hübschen schwarzen Augen um sich, als wollte es sich vergewissern, dass das Männchen ihm auch folgte. Dann stieg es auf die Erhöhung in der Mitte des Geheges und hangelte mit seiner langen Zunge Gras aus dem Korb. Das Männchen stupste es von hinten an, als wollte es sagen: „Ich will auch mal.“

Vivian lachte. „Das Männchen ist wie mein Sohn Tom. Der sperrt auch den Mund auf, wenn es Süßigkeiten gibt.“ Sie griff in ihre Tasche, wo sie einen Apfel fand, den sie Herk hinhielt.

„Hier, Futter für das Nashorn.“

Es durchfuhr sie wie ein Stromschlag, als Herk erst in den Apfel und dann in ihren Finger biss. Ihr Oberschenkel drückte sich an Herks Oberschenkel. Vergessen war der Morgen, an dem sie sich alt und schwabbelig gefühlt hatte.

Es war sein Geruch, der sie scharf machte wie eine läufige Hündin. Oder wie ein brünftiges Nashorn, dachte sie beim Anblick der sich gegenseitig verfolgenden Tiere. Einmal trieb Tunda Sonny vor sich her, dann wieder schob Sonny den Bullen mit ihrem gewaltigen Kopf zurück. Dabei schnauften und quietschten sie wie zwei riesige Blasebälge.

„Jetzt kämpfen sie.“ Vivian starrte fasziniert auf die beiden Urviecher, die einander mit gesenktem Kopf gegenüberstanden. Der Bulle hob seinen Kopf und schob sein Horn an ihrem Maul vorbei nach oben. Vivian drehte sich zu Herk um und fand sein Gesicht dicht vor ihrem Gesicht. Es war ihr egal, dass sich an die fünfzig Menschen auf dem Platz drängten, sie musste ihn einfach küssen. Zart drückte sie ihre Lippen an die seinen. Er erwiderte ihren Kuss und knabberte an ihren Lippen. Der Geschmack nach Apfel und Mann flutete durch sie hindurch und ließ sie erzittern. Vor ihren Augen flimmerte es so stark, dass der Park und die Menschen um sie herum verschwammen. Herks Blick ruhte auf ihr, mit einer Mischung aus Liebe und Trauer. Oder war es Spott, weil sie ihm so verfallen war? Es war Spott! Das konnte sie sich nicht bieten lassen. Sie schubste ihn.

„Vorsicht, du wirfst mich den Nashörnern vor“, lachte er und hielt sie fest, sodass sie sich nicht mehr bewegen konnte. Links von ihnen war ein Gebüsch und dahinter ein leeres Gehege mit einer Vorratskammer für das Futter der Dickhäuter. Herk nahm sie beim Arm und ging mit ihr hinein. Sanft drückte er sie an die Mauer, die den Hof umgab. Die Wärme seiner Hände drang durch ihren Mantel. Er bog ihren Kopf ein wenig nach links, sodass ihr Gesicht voll in der Mittagssonne lag. Die Luft flirrte in tausend Farben, Sonne und Körperwärme verschmolzen. In ihr prickelte das Gefühl, etwas Verwegenes zu tun. Die Furcht, irgendjemand könnte sie durch die Hecke hindurch beobachten, war verschwunden. Sie küsste ihn wieder. Warm züngelte die Sonne über ihren Körper und zart glitten Herks Hände unter ihr Kleid und fanden den Weg in ihre weiche nasse Öffnung. So prall geschwollen waren sie, dass es schmerzte. Herk ließ sich vor ihr nieder und hauchte warm auf ihren Venushügel. Seine Zunge kam hervor und leckte über das Hautkäppchen, unter dem sich ihre empfindlichste Stelle verbarg. Wie ein Stromschlag stob die Lust in alle Winkel ihres Körpers. Seine Finger tasteten geschmeidige Flüssigkeit, sie war bereit, Herk in sich aufzunehmen, der vor ihr stand und seinen Schatten auf sie warf. Vor ihr lag ein Felsbrocken, wie gemacht, sich darauf abzustützen. Sie ließ es zu, dass Herk sie sanft nach vorne bog und sich an sie drängte. Hatte er je Erektionsprobleme gehabt? Das, was sich gegen ihre heiße Spalte drückte, war beinhart. Warm tänzelte die Aprilluft auf ihren Leibern, als Herk in sie eindrang und sie bis ins Innerste erfüllte. Zitternd vor Gier saugte sie ihn ein, umschloss ihn und entließ ihn wieder. Die Luft vibrierte, Herk keuchte und drang härter und schneller in sie ein. Seine Hände umfassten ihre Brüste, während sie ihre Schenkel wieder und wieder gegen ihn presste. Mit den Unterarmen stützte sie sich auf dem Felsen vor ihr ab. Immer härter und schneller zog sich ihr Innerstes zusammen, vor ihren Augen tanzten rote Schleier, während seine Hand sie rieb. Die Schleier wurden immer feuriger, und Zeit und Raum wurden eins. Golden brannte die Sonne auf ihr Gesicht, ihre Hände krallten sich in den Felsen und ihre Lust erreichte ihren Gipfel, als er sich zuckend in ihr entlud. In der Ferne kreischte ein Affe. Ein feiner Duft nach Stroh und blühenden Bäumen zog über sie hinweg.

Vivian atmete durch und strich sich ein paar Äste von den Knien. Sie musste auf dem Felsen eingedöst sein. Etwas verlegen rutschte sie von dem Felsen runter und reckte ihren steifen Rücken. Ihre Tasche lag neben ihr auf dem Boden. Herk war nirgends zu sehen, dafür drängten sich die Schulkinder und zahlreiche Erwachsene vor dem Nashorngehege und zeigten einander laut palavernd ihre Handys. Neugierig blickte sie einem Schüler über die Schultern.

„Da, zuerst lässt sie ihn nicht ran“, geiferte ein Junge, an dessen Kinn die ersten Bartfusseln sprossten.

„Aber wat ne Latte“, erwiderte sein Klassenkamerad, dessen gerötete Wangen vor Pickeln strotzen.

„Aber jetzt kommt er." Vivian reckte den Kopf und sah zwischen den zwei Köpfen auf das Display eines Smartphones. Die Vorderhufe des Nashornmännchens ruhten auf dem Rücken des Weibchens. Sein dunkelgraues, etwa armlanges Geschlecht hob sich und klappte wieder nach unten. Das Weibchen trottete ein paar Schritte vorwärts. Der graue Schaft verschwand unter dem in die Höhe gerechten Schwänzchen der Nashornkuh. Schwer lag der Bauch des männlichen Tieres auf ihrem Rücken. Ihre Vorderhufe knickten ein und schabten über den felsigen Untergrund. Vivian warf einen Blick in das Nashorngehege, aber keines der Nashörner war mehr zu sehen. Im Video bewegte das Männchen sein Becken in heftigen und zugleich seltsam innigen Bewegungen. Das Licht der Sonne beleuchtete die beiden Tiere von hinten und bildete einen Strahlenkranz um sie. Zärtlich und unbeholfen schnüffelte das riesige Maul auf dem Rücken herum, als gäbe er ihr lauter kleine Küsse. Es rührte Vivian, das Video zu betrachten.

Herk kam durch die Menge zurück.

„Hi, Großer", sagte sie und lächelte ihn an. „Wo warst du?"

„Pissen."

Sie grinsten beide.

„Du wolltest mir noch von deinem Dreh in Südafrika erzählen."

„Vivian, ich muss dir was sagen."

Der frühlingshafte Wind wurde plötzlich eisig.

„Hat nichts mit dir zu tun", sagte Herk, als hätte er ihre Gedanken gelesen, „sondern mit mir. Ich war nicht in Südafrika. Dafür hatte ich hier ein kleines Gespräch. Dahinten ist so eine Klinik", er zeigte mit der Hand hinter das Tiergehege, „die machen Therapie mit Tieren. Alle wollen, dass ich da hingehe, aber ich will nicht."

„Wie, nicht in Südafrika? Und die Schramme hier kommt nicht von Löwen? Die Erinnerung an ihren Traum kehrte mit Macht zurück.

Herk schüttelte den Kopf. „Das war ein Hund, der greift an, wenn ich aufhöre zu trinken."

Er redete wirr und Vivians Brust zog sich vor Sorge um ihn zusammen.

„Entschuldige mich, mir wird übel", sagte er und schwankte ein wenig. Sie versuchte, ihn zu stützen. Da verzerrte sich sein Gesicht zu einer Grimasse. Seine Augen drehten sich nach oben, sodass das Weiße zu sehen war, er zuckte und sein ganzer Körper krümmte sich, als habe ein unsichtbarer Riese ihm einen Stromschlag versetzt. Vivian versuchte, ihn zu halten, doch vergebens. Wie in Zeitlupe sackte er neben ihr zusammen und schlug schwer auf dem Schotterboden auf.

„Hilfe", schrie sie und ein Bild aus ihrer Schulzeit blitzte vor ihr auf. Eine Klassenkameradin von ihr litt an epileptischen Anfällen und hatte einen davon auf einer Klassenfahrt gehabt. Alle Kinder hatten geschrien: „Steckt ihr ein Holzstück in den Mund, sonst beißt sie sich die Zunge ab", aber keiner hatte den Mut gehabt, das Mädchen zu berühren. Vivian war die einzige gewesen, die sich getraut hatte, hinzugehen und sie im Arm zu halten, damit sie sich nicht verletzte, während sie krampfte. Jetzt war es Herk, der am Boden lag und zuckte. Sie hielt ihn, so gut sie konnte, bis sich sein zuckender Körper beruhigte und sein Atem wieder regelmäßig ging. Er sah aus, als ob er tief eingeschlafen sei.

Erst allmählich drang das Schnattern der Zoobesucher wieder an ihr Ohr und das Heulen einer Notarztsirene.

„Was hat der Mann, Mama?"

„Einen Krampfanfall."

„Stirbt der?"

„Nein, davon stirbt man nicht."

„Große Krampfanfälle können tödlich enden", sagte ein Herr mit tiefer Stimme.

„Bitte zurücktreten“, sagte eine weibliche Stimme, und Kinderwagen, Roller und Passanten bildeten eine Gasse.

Vivian beugte sich über Herk. Jetzt atmete er ganz ruhig. Nur an seiner Stirn war Blut.

„Gehören Sie dazu?“, fragte ein Sanitäter.

„Äh, nein, also ja.“

„Sind Sie verwandt oder verheiratet?“

„Nein, aber …“

„Dann treten Sie bitte zurück.“

Drei Sanitäter luden Herk auf eine Liege.

Vivian drängte sich hinterher, doch der Mann in Rot-Weiß schlug die Tür vor ihrer Nase zu. Tränen traten in ihre Augen.

„Vermutlich Alkoholiker, die haben so was“, sagte der grauhaarige Mann neben ihr.

„Irgendwann verreckt er, ein Assi weniger.“

„Selber Assi“, zischte Vivian wütend.

„Mach dir nix draus, Kleine“, sagte eine alte Dame mit operierter Nase zu ihr. Vivian kam sie vage bekannt vor, aber ihr fiel nicht ein, woher sie die Dame hätte kennen sollen. So viele Schönheitsoperierte hatte sie nicht in ihrem Bekanntenkreis.

„Setz dich, du zitterst ja“, sagte die Frau und Vivian folgte ihr willenlos zu einer Bank.

„Menschen, die trinken, sind nicht asozial. Im Gegenteil, oft sind sie die Sensibleren“, sagte die Dame nach einer Pause. „Sie spüren, dass die Welt nicht in Ordnung ist, und nur der Alkohol lässt sie das vergessen.“

Vivian starrte sie schweigend an. Ihr fiel nichts ein, was sie hätte sagen könnten.

„Leider hat der Alkohol es an sich, dass sein Feuer Dämonen nährt“, fuhr die Dame fort. „Und irgendwann trinkt der betreffende Mensch nicht mehr, um seine Ängste zu vertreiben, sondern um die Dämonen zu besänftigen."

Wieso redete die Frau von Dämonen? Ihr Kopf fühlte sich an, als habe jemand Matsch hineingefüllt, aber die Worte der Dame klangen irgendwie tröstlich, auch wenn sie keine Ahnung, warum eine Fremde ihr quasi aus dem Nichts Trost zusprechen sollte.

„Und da kann man nichts machen? Also gegen die, äh, Dämonen?" fragte sie.

„Doch. Kämpfen", sagte die Dame und stand auf.

Vivian starrte ihr nach, bis die Frau zwischen den Schulkindern und Handyträgern nicht mehr zu sehen war.

In der Straßenbahn zum Bahnhof waren die poppenden Nashörner Thema Nummer eins. Sogar die Lehrer erörterten, ob nun bald das lang ersehnte Babynashorn geboren werden würde.

„Die Tragzeit bei Nashörnern dauert über ein Jahr", erklärte ein dicker Mann, der eine abgetragene Aktentasche auf dem Schoß hielt. Vivian rieb sich die Augen. Es schien wirklich, als hätte sie das Ereignis des Tages verpasst.

Felix holte sich den Stapel an Planungsrechnungen heran, die Gustav ihm zum Durchsehen gegeben hatte, doch er war nicht ganz bei der Sache. Um 15 Uhr sollte sich eine neue Controllerin in der Firma vorstellen und ihr Name erinnerte ihn fatal an ein Mädchen, das er vor 18 Jahren bei einem Jahrgangstreffen angebaggert hatte. Erfolglos. Wie immer eigentlich, seit er mit ungefähr acht Jahren zum ersten Mal eine Frau interessant gefunden hatte. Er war mit seinen Eltern in die Ferien gefahren und schlich zum FFK-Strand, wo er versuchte, einen Blick auf die nackten Frauen zu werfen. Er hatte kaum etwas gesehen, als ihn seine Mutter an der Hand nach Hause zog.

Der erste Kuss in der fünften Klasse ging in die Hose, was ein dummer Ausdruck war, aber das Mädchen lief weg, bevor er sie richtig küssen konnte.

Den ersten Sex hatte er mit einer Bezahlten, die ihn über den Tisch zog. Sie rieb ihn einfach zwischen ihren pink-metallic lackierten Fingernägeln, wo er sofort kam, ohne ihn überhaupt reingesteckt zu haben. Weil er sowieso dauernd kam und das Porno-Video, das er von seinem Cousin bekommen hatte, Schlieren hatte, so oft hatte er es angeguckt.

Felix hörte, wie die Türglocke klingelte und die Sekretärin jemanden hereinbat. Jetzt kamen sie den Gang entlang. Er öffnete seine Tür einen Spaltbreit und spähte unauffällig in den Gang. Sie war es. Und soweit er sehen konnte, sah sie noch fast genauso aus wie damals, nur war sie ungefähr 20 Kilo schwerer. Na gut, auf Dicke hatte er noch nie gestanden, eher auf große Sportliche wie Vivian. Es war ein Wunder, dass er sie angesprochen hatte, aber irgendwie hatte sie Gefallen an ihm gefunden. Jedenfalls wollte sie damals ihn, und sie wollte Kinder. Das war toll, aber leider wollte sie ihn viel zu selten. Zweimal im Monat Sex bedeuteten 28 oder 29 Tage ohne

Sex. Für andere okay, aber nicht für ihn. Pornodarsteller hätte er werden können, so oft wie er konnte.

Widerwillig wandte sich Felix den Berechnungen zu, doch seine Gedanken wanderten immer wieder ins Chefbüro, wo seine damalige Flamme jetzt saß und sich womöglich um Kopf und Kragen redete, denn die Hellste war sie nicht gewesen und es war nicht sicher, ob sich das geänderte hatte. Aber sie war sexy, dick hin oder dick her.

Sollte er vielleicht einen Blick ins Büro seines Chefs riskieren? Sein Anzug machte etwas her, auch wenn er sich körperlich ein bisschen hatte gehen lassen. Speck auf den Hüften war nicht gerade sexy. Aber da zu Hause eh nicht viel passierte, war das letztlich auch egal.

Überhaupt war der Stress mit Kids und auf der Arbeit das reinste Gift für das Sexleben. Bisher waren sein Schwanz und seine Hand eine solide Ersatzbeziehung eingegangen, selber lutschen ging ja nicht. Die ganzen Pornos halfen schon ziemlich. Sicherheitshalber hatte er seinen Rechner mit einem Passwort geschützt, damit die Kinder oder Vivian nicht versehentlich über seine Abos bei Sexhammer & Blowride stolperten. Nur die Handtücher mit den weißen Flecken sahen sie manchmal, wenn er vergaß, sie in den Wäschekorb zu werfen.

Er seufzte und versuchte, sich darin zu bestätigen, dass ein Handjob im Grunde ja nicht die schlechteste Lösung war, erst recht, wenn man drei Kinder hatte. Aber eine kleine Stimme in ihm moserte, dass er sich das schon anders vorgestellt hätte. Schließlich war der Zeugungsakt zum dritten Kind ja wohl ziemlich geil gewesen. Felix gab der Stimme recht.

Es war während der Führung in Versailles im Spiegelsaal passiert. Vivian war so rattig gewesen, dass sie ihn in eine der Nischen hinter die schweren Vorhänge gedrückt hatte, wo er es ihr besorgt hatte. Sex an ungewöhnlichen Orten – auf so was stand er ja total. Leider war sie dann prompt schwanger geworden und konnte ihn wieder nicht mehr riechen. Ihre Hormone würden sich durch die Schwangerschaft verändern, behauptete sie jedesmal. Aber dann hätte es nach der Geburt ja wieder losgehen müssen, bloß war das nicht der Fall. Wahrscheinlich war ihr gesamtes Zärtlichkeitsbedürfnis durch das niedliche Baby gestillt. Und das Sexleben war mausetot.

Er lauschte, aber die Wände des Büros waren zu dick, als dass er etwas hätte verstehen können. Das Vorstellungsgespräch dauerte schon lange. Ob sein Chef sie womöglich vögelte?

Hatte Gustav eigentlich irgendeine Art von Sexleben? Oder wo suchte er sich Ersatzbefriedigung?

Und was war, wenn er sich traute und die Frau einfach vor dem Büro ansprach? Ihm wurde vor Aufregung ganz heiß. Lieber nicht. Nachher wies sie ihn wieder ab. Wegen seiner Brille und seinem schütter werdenden Haar und seinem Bauchansatz. Das wäre ja oberpeinlich.

Felix seufzte. Er war kein geübter Flirter, der jede Menge passende Anmachsprüche zur Hand hatte, so wie Tobias vermutlich. Und was war, wenn es klappte? Dann hatte er am Ende eine Zweitbeziehung am Hals. Um Gottes willen! Sich von Vivian trennen, das wollte er auf keinen Fall. Sie und die Kinder, das ging schon in Ordnung, auch wenn es zeitlich der Overkill war. Aber er liebte sie, und die Kinder auch.

„Schade", hörte er seinen Chef sagen, „aber dann melden Sie sich doch in einem Jahr noch mal, dann haben wir vielleicht auch wieder Bedarf."

„Danke, mach ich, und grüßen Sie bitte Felix Sammer von mir, den kenne ich noch aus der Schule", sagte sie und Felix wurde knallrot.

Sie erinnerte sich an ihn, mehr wollte er gar nicht wissen. Schade, dass sie offenbar nicht in der gleichen Firma arbeiten würden. Er zwang sich, sich auf die Zahlen zu konzentrieren, und als er fertig war, legte er sie seinem Chef auf den Tisch. Dann fragte er ihn auch nach der Bewerberin.

„Patente Frau, aber kann leider erst in einem Jahr hier anfangen, ihr Kind ist noch zu klein. Hat sich hier übrigens vorgestellt, weil sie sich erinnert hat, dass du hier arbeitest, Felix. Schon als du in der Schule warst, kanntest du offenbar tolle Frauen. Respekt, Kollege!"

Felix sagte nichts, sondern spürte nur, wie das Kompliment seine Kehle hinunterfloss. Dann fuhr er, braver Familienvater, der er war, direkt vom Büro nach Hause, wo Vivians Umsatzsteuererklärung auf ihn wartete.

Seine Mutter war dagewesen und hatte aufgeräumt. Sie hatte Fischstäbchen gebraten und die Kinder ins Bett gebracht. Selbst die Dunstabzugshaube über dem Herd schien zu strahlen. Aber vielleicht war das auch das letzte Zeichen von Vivians Putzaktion. Als er Tobias erzählt hatte, wie ausufernd Vivian nach dem Besuch des Kammerjägers geputzt hatte, sagte sein Freund: „Setz doch in einem halben Jahr einfach eine Schabe aus, dann putzt deine Alte wieder wie ne Irre."

Solche Tipps konnte nur Tobias geben. Kein Wunder, dass sich aus keinem seiner vielen Internetdates eine echte Beziehung entwickelte.

Felix belegte die übrig gebliebenen Fischstäbchen und Möhren mit einer Extraportion Käse und ließ das Ganze in der Mikrowelle schmelzen. Sich vollzufressen, machte zufrieden und beseitigte das leicht nagende Gefühl von unbestimmter Sehnsucht, das ihn seit dem Fast-Treffen am Nachmittag befallen hatte.

Die Tür ging und Vivian kam herein. Mit einem Anflug von schlechtem Gewissen lächelte er sie an.

„Na, schön das Seminar vorbereitet?"

Sie wirkte, als ob sie erst nachdenken musste. Dann sagte sie: „Ja, war ganz okay".

„Das Seminar ist für diese Anwaltskanzlei, die du nach Karneval als neuen Kunden bekommen hast, nicht wahr?", fragte er. Ihm sollte niemand nachsagen, dass er sich nicht für die Angelegenheiten seiner Frau interessierte. Er fand sich richtig gut.

„Äh, ja, bisschen chaotisch, aber sonst ganz gut."

Sie klang, als ob sie erst nachdenken musste, was sie am Nachmittag gemacht hatte, aber er gab sich mit der Auskunft zufrieden. Dann fragte er sie, ob sie ihre Belege für die Umsatzsteuervoranmeldung schon zusammengesucht habe. Als sie den Kopf schüttelte, seufzte er nachsichtig.

Natürlich hatte er es nicht anders erwartet, aber ein bisschen mehr Begeisterung für seine Arbeit hätte er schon ganz gerne gehabt.

Er ging ins Arbeitszimmer und suchte selber nach den Belegen. Sie lagen wie üblich auf einem der vielen Stapel auf dem Schreibtisch und warteten darauf, von ihm säuberlich auf Papier aufgeklebt oder in Klarsichthüllen abgeheftet zu werden. Er war nun mal derjenige im Haushalt, der für Ordnung zuständig war.

„Na, ich sortiere deine Belege schon mal vor und frag dich dann, wo die fehlenden Sachen sind", sagte er und fischte Vivians Geldbeutel aus ihrer Handtasche, um auch die Kassenzettelchen herauszufischen.

Mit geübten Fingern sortierte er die Belege vor. Private Belege von Supermarkteinkäufen auf die eine Seite, dienstliche Belege für Druckerpapier oder Fahrkarten, aus denen sie die Umsatzsteuer geltend machen konnte, auf die andere Seite.

Ein Taxibeleg fiel ihm in die Hände und er stutzte. „70 Euro" stand darauf.

„Sag' mal, bist du verrückt? Wohin fährst du für 70 Euro mit dem Taxi?", rief er in die Küche. Vivian war es sichtlich peinlich. Sie faselte etwas davon, dass sie Sofie wegen eines Typen hätte trösten müssen und deswegen die letzte Bahn verpasst hatte.

„Ich wollte am Morgen hier sein, weil du nach Berlin aufgebrochen bist", sagte sie.

Felix erinnerte sich an den Morgen, wo sie ungewöhnlich früh aufgestanden war, und fühlte sich versöhnt. „Pass auf, wo das Geld hingeht", grummelte er und heftete den Beleg ab.

Im Wohnzimmer hörte er, wie Vivian Mika und Laurent bat, doch ins Bett zu gehen, doch die Jungs weigerten sich, sie wollten noch weiter zocken.

Das war ihr Pech, denn nun bekam Laurent mit, wie laut es wurde, wenn sich seine Gasteltern anbrüllten. Als Nächstes fand Felix nämlich Vivians Handyrechnung. Er öffnete den Umschlag und fiel fast vom Stuhl. Die Rechnung betrug über 150 Euro. Hatten die sich verrechnet? Er fuhr mit dem Finger die Posten hinunter und blieb bei den Kurznachrichten hängen. Sechshundert Nachrichten hatte sie an eine ausländische Nummer geschickt. Sechshundert Nachrichten, die mit je 20 Cent abgerechnet worden waren. Langsam wurde es doch Zeit, seine Frau mal auf den Pott zu setzen.

„Du haust Geld auf den Kopf wie nichts Gutes, aber machst keine entsprechenden Umsätze!", brüllte er und wedelte mit dem Blatt.

„Wem hast du da Nachrichten geschrieben? Für den Preis kannst du ja Telefonsex mit Honolulu kaufen."

Das mit Honolulu hatte er nur so dahingesagt, aber dass Telefonsex teuer war, wusste er aus schmerzvoller Erfahrung. Die wenigen Male, wo er sich das geleistet hatte, war seine Handyrechnung aus allen Nähten geplatzt.

Vivian starrte ihn an wie eine Kobra kurz vorm Zubeißen. Ihm wurde bewusst, dass der Spruch mit dem Telefonsex wohl eher unpassend gewesen war.

„Ich kann mir Nachrichten schreiben, mit wem ich will!", schrie sie ungewohnt heftig. „Bloß weil du meine Buchhaltung machst und das meiste

Geld heimbringst, musst du nicht denken, dass du entscheiden darfst, wofür ich mein Geld ausgebe. Und außerdem verdiene ich jetzt Geld, davon ist nur noch nicht viel auf dem Konto."

Hallo? Wer quälte sich hier jeden Tag für Frau und Kinder ins Büro? Ihm war, als gäbe Tobias ihm die Stichworte in den Mund. „Hab' ich ‚hier' geschrien, als der Job des Familienpapas ausgeschrieben wurde?", fragte er ruppig. „Ein bisschen Dankbarkeit dafür, dass ich noch hier bin, wäre schon angebracht."

Und das eine oder andere Mal mir-einen-blasen könnte auch noch dazukommen, fügte er in Gedanken hinzu.

Vivian sah ihn an, als hätte er es laut gesagt.

„Und wer bedankt sich bei mir, dass ich hier die ganze Arbeit mit den Kids mache?", schrie sie und ließ ihre Stimme überschnappen. Der Ton alleine genügte, um jegliche Gedanken an Blasen oder ähnliche Vergnügungen für die nächsten zehn Jahre in die Gefriertruhe zu verbannen.

„Du wolltest doch die Kinder, jetzt beschwer dich nicht", sagte er, „ich mach hier schon mehr, als andere Typen je machen würden."

„Deswegen bin ich auch mit dir zusammen und nicht mit anderen Typen", schnaubte sie.

„Dann gib dich mit mir auch zufrieden", sagte er und hatte das Gefühl, Tobias nickte ihm in Gedanken anerkennend zu. Das beflügelte ihn noch mehr.

„Und noch was", fügte er mit gerunzelter Stirn hinzu und fand sich richtig gut dabei, „es zwingt dich niemand, deine Buchhaltung von mir machen zu lassen. Ich bin nicht dein Heiopei."

Er knallte den Stapel mit den Belegen theatralisch auf den Schreibtisch und ging in die Diele, um seinen Mantel zu holen.

Das genügte, um Vivian weichzuklopfen. Sie kam und streichelte beschwichtigend seine Schulter, doch er guckte sie nur kühl an und zog den Mantel über.

„Ich fahre zu Tobias. Ich habe Feierabend. Normale Leute gehen da aus.“

Mit einem Rumms ließ er die Haustür ins Schloss fallen. So war er normalerweise nicht, aber heute tat es gut, mal ein bisschen den Macker raushängen zu lassen. Die Kälte pfiff ihm ins Gesicht, als er Tobias anrief und ihm sagte, dass sie gerne noch ausgehen könnten.

„Lass uns in der Meerbar treffen“, schlug Tobias vor und Felix stimmte zu.

27 KRISENSITZUNG MIT HERA

Kopfschüttelnd betrachtete Dio die Schlagzeilen auf dem kleinen Bildschirm vor ihm, während er sich genervt die Glatze kratzte und dabei den Sitz seines Toupets prüfte. Genau wie Aphrodite es angeordnet hatte, trug er zur Tarnung einen schwarzen Anzug und eine dunkelbraune Perücke über seiner Glatze.

„Bei einer Krisensitzung bleibt man inkognito, verstanden?“, hatte Aphrodite gesagt.

„Ich bin eigentlich nach Düsseldorf gekommen, um die Feiergewohnheiten der Menschen zu studieren. Krisenmanagement gehört nicht zu meinem Repertoire“, hatte Dio geantwortet.

„Dann musst du dein Repertoire eben erweitern. Das Liebes- und Balzverhalten antiker Götter verursacht naturgemäß Katastrophen bei den Menschen, die das Pech haben, ihre Wege zu kreuzen.“

Der Nachteil an seinem geänderten Outfit war, dass der Kellner ihn nicht erkannte und ihn längst nicht so aufmerksam bediente wie sonst. Er winkte ein weiteres Mal zur Bar und wandte sich wieder dem Bildschirm zu. *„Für Delegationschef wird es eng: Nach seiner Festnahme in Düsseldorf hat ihn das Zimmermädchen identifiziert. Und in Griechenland droht eine weitere Klage.“*

„Delegationschef soll Zimmermädchen Schweigegeld geboten haben.“

„Studie: Diplomaten beuten Hausangestellte häufig aus“.

Wo blieben Aphrodite und Hera? Wenn Hera für Zeus kein gutes Wort einlegte, würde der Götterrat den Herrn des Olymps zurückrufen und ihn und Aphrodite gleich mit. Das mussten sie verhindern.

Am Nebentisch nahmen, halb verdeckt von zwei gigantischen Silbervasen, aus denen blühende Kirschzweige aus Plastik sprossen, zwei braunhaarige Männer mittleren Alters Platz und begannen sofort eifrig miteinander zu reden. Der eine krempelte die Ärmel seines weißen Hemdes hoch und offenbarte beeindruckend muskulöse Unterarme. Er sah ordentlich aus, aber für Dios Geschmack war er sich seines guten Aussehens zu sehr bewusst, als dass er wirklich attraktiv gewesen wäre. Auch sein Kollege trug ein weißes Hemd, doch der Oberkörper darunter gehörte eher zur Kategorie Waschbärbauch. Und der Gesichtsausruck verriet zwar Freundlichkeit, aber auch einen gewissen leichten Frust.

„Das war ein Anschlag, das sag ich dir!"

„Ich glaub, das waren Kids, die eine Mutprobe gemacht haben."

Dio hörte das Bierglas auf den Metalltisch knallen und sah, wie Mister Superbody vom Nachbartisch zu den Toiletten ging. Er kam ihm vage bekannt vor, aber er hätte nicht sagen können, woher. Sein Handy summte und Hermes teilte mit, dass er in wenigen Minuten mit Hera ankäme.

Obgleich es Montag war, waren viele überwiegend männliche Geschäftsleute im Raum. Ein Raunen ging durch die Bar, als die Liebesgöttin eintrat, rothaarig und in einem weißen kurzen Kleid über langen silbernen Stiefeln.

Sie sah sich prüfend um und lächelte, als sie Dio in seiner Verkleidung entdeckte.

„Na, hat wohl nicht ganz hingehauen mit der Überwachung von Zeus", sagte sie.

Dio schnaubte. „Wir konnten nichts machen, da war eine Orgie im Nebenzimmer." Dio schauderte, als er sich an die fiesen Typen erinnerte. „Unter Lebensgefahr haben wir uns daran vorbeigeschlichen. Und ich habe solche Typen mit meinem Wein außer Gefecht gesetzt." Er zeigte mit der Hand, wie groß die Kerle gewesen waren.

„Tapferer Weingott", sagte Aphrodite und lächelte ihm gebührend anerkennend zu, und Dio dachte, dass sie vielleicht doch ganz nett war. Leider wechselte sie sofort das Thema und erzählte, dass Herk schon wieder im Krankenhaus sei.

Dio spürte einen Stich im Magen wie immer, wenn er hörte, dass Herk etwas zugestoßen war. Hatte es nicht gereicht, dass er an der Mosel diese Attacke des Dämons hatte erleiden müssen?

„Das könnten Cendraken gewesen sein. Wenn die angreifen und niemand bei ihm ist, vergisst er vor Schreck zu atmen."

„Vivian war bei ihm und eine ganze Menge andere Leute. Ich kam dazu, als er schon in den Krankenwagen getragen wurde", sagte Aphrodite. „Hab mich neben Vivian gesetzt und ihr gut zugeredet."

Das war immerhin etwas. Er starrte für einen Moment trübe auf sein Altbier, dann hob er den Kopf.

„Ist er denn jetzt bereit, in so eine, äh, Entzugsklinik zu gehen?"

Aphrodite schüttelte den Kopf. „War eine Scheißidee von Hermes. Dafür haben Herk und Vivian es in Nashorngestalt miteinander getrieben, vermutlich kriegen die Viecher jetzt Nachwuchs."

„Wie bitte?"

Aphrodite zuckte mit den Schultern. „Die beiden sind echt ineinander verliebt, sonst hätte sich Vivian nicht auch verwandelt."

„Aber attackiert wurde Herk trotzdem", sagte Dio bitter und ein grässlicher Gedanke stieg in ihm auf. „Oder wurde er attackiert, weil er zuvor verwandelt war? Scheiß Magie!"

„Ach Quatsch, ihm geht's schon wieder gut. Hier ist übrigens sein Pulli. Ist ihm runtergefallen, als ihn die Sanitäter abgeholt haben."

Dio nahm Herks Pulli und legte ihn achtlos auf den Tisch, wobei er das Bierglas vom Tisch stieß. Es fiel zu Boden und zersprang.

Der duftende Biernebel diffundierte in den Raum und Dios Nasenhärchen zitterten leicht, als die Moleküle seine Riechschleimhaut erreichten, jenes fantastische Organ, das den Schlüssel zum Geruchsgedächtnis bildete, dem zuverlässigsten Erinnerungsspeicher der Menschen. Dio erkannte die Geruchskombination aus Herks goldenem Geruch und Kneipe wieder, die Vivian vor wenigen Wochen im Sassafras gerochen hatte. Damals hatte er sich entschieden, mit Aphrodites Unterstützung Herk zu helfen, das würde er jetzt durchziehen.

„Okay, wir machen weiter. Aber sag mir bitte genau und ohne komplizierte Erklärungen, was Herk und Vivian noch zur wahren Liebe fehlt? Sex hatten sie jetzt ja wohl ausgiebig."

„Sie brauchen Wahrhaftigkeit. Vivian muss sich zu Herk bekennen, sonst bleibt die ganze Sache Augenwischerei. Achtung, da kommt Hera."

Ein Dröhnen ertönte und durch den geöffneten Vorhang am Eingang blitzte der wohlbekannte gelbe Rennwagen auf. Ein Windstoß fuhr durch den Raum und in ein zum Platzen enges Kostüm gewandet rauschte die Göttermutter herein und steuerte sofort auf die Bar zu.

Der rundlichere der beiden Männer am Nebentisch sah auf und kniff die Augen zusammen, als wollte er sich vergewissern, dass er richtig sah, dann rückte er ein wenig hinter die Silbervase, als wollte er sich verstecken. Was völlig überflüssig war, denn Hera hatte ausschließlich Augen für Aphrodite und Dio.

„Hallo, Big Lady, Sehnsucht nach Düsseldorf gehabt?", fragte Aphrodite höhnisch.

„Sehnsucht ganz bestimmt nicht, aber mir bleibt ja nichts anderes übrig", fuhr die Göttermutter auf. „Kaum lässt man den Alten einmal in eurer Obhut, schon geht er ab wie eine Silvesterrakete."

Im violetten Licht der Bar schimmerte ihr grünes Schlangenarmband. Je schneller sie sprach, desto schneller umzüngelten die beiden Schlangen ihr Handgelenk.

„Und wer musste unbedingt ein Netz über dem Hotelbett anbringen? Ich dachte, es gab genug Gelächter, als Hephaistos damals mich und Ares unter einem magischen Netz gefangen hat“, sagte Aphrodite.

„Irgendetwas musste ich ja tun, damit es nicht zum Äußersten kommt“, sagte Hera pikiert. „Stell dir mal vor, das Netz wäre nicht dagewesen, dann würde in neun Monaten ein weiteres vaterloses Blag da rumkrebsen. Und der alte Sack würde sich nach der nächsten Schnepfe umgucken.“

„Alter Sack, sagst du?“ Aphrodite beugte sich vor. „Darf ich dich mal was fragen? Bist du sicher, dass du überhaupt noch Bock auf den Alten hast? Bist du nicht in Wahrheit froh, wenn er sich jemand anders sucht? Oder was für Reflexe lebst du aus, wenn du ihn überwachst wie der Geheimdienst höchstpersönlich?“

Hera schwieg und kippte den Whiskey runter, den ihr der Kellner auf Dios Zeichen hin gebracht hatte. Es war gut, wenn die Göttermutter Whiskey trank, das machte sie im ersten Moment zwar noch cholerischer, doch dann kam ihre sentimentale Seite durch – und das war nötig, wenn es um Herk ging.

Die Liebesgöttin klapperte mit silbern lackierten Fingernägeln auf der Tischplatte. „Brauchst nichts sagen. Aber sie hat dir schon damals gefallen, die Fesselnummer, nicht wahr?“

„Mein Gott, Ihr versteht auch gar nichts. Hauptsache, Zeus hat seine Lektion bekommen. Außerdem ist er alt und …“

„… du hast Angst, dass jeder finale Schuss sein letzter sein könnte?“, beendete Aphrodite Heras Satz.

Hera schnaubte. „Er gefährdet mit seinen Abenteuern meine Mission in Berlin“, sie nahm einen Schluck Whiskey, „und außerdem war das Zimmermädchen noch viel zu jung.“

„Mit fünfundzwanzig ist man erwachsen“, widersprach Aphrodite. „Sie hat mit ihm für 5.000 Euro auf der Kö eingekauft.“

„5.000 Euro?“, Heras Augen weiteten sich. „Herrgott, ich verhandle mir einen Wolf, um die griechischen Tempel mit in den Etat der Kulturcharta aufzunehmen, und der miese Grapscher hat nichts Besseres zu tun, als das Geld auf die Straße zu schmeißen. Verdammt, der Alte hat vom ersten Tag an nur Ärger gemacht.“

Dio winkte dem Kellner zu und streckte zwei Finger in die Luft, während er auf Hera zeigte. Der Kellner verstand und brachte einen doppelten Whiskey.

„Und wie helfen wir deinen Gatten jetzt aus seinem kleinen Fickfiasko heraus?“, lenkte Aphrodite das Gespräch zurück auf Zeus.

Hera kniff die Lippen zusammen. „Ich habe natürlich schon SOS nach Griechenland gefunkt. Wenn Athene es rechtzeitig schafft, wird sie morgen früh eine Kaution hinterlegen, damit Zeus aus der Untersuchungshaft kommt, bevor er zurückfährt. Es würde sich nicht gut machen, wenn er in der U-Haft tot umkippt und sein Körper auf unerklärliche Weise verschwindet.“

„Wieso ausgerechnet Athene?“, fragte Aphrodite.

„Wieso nicht? Sie ist Zeus' Lieblingstochter und kommt als Starverteidigerin Anastasia Freudokis. Was Klügeres als sie kannst du vor Gericht nicht bekommen. Für morgen habe ich zwei Exklusivinterviews mit einem Fernsehsender und einer Zeitung vermittelt.“

Dio hielt die Luft an. Ein klein wenig Aufschub hatten sie gewonnen. Genau so lange, wie Athene brauchen würde, um Zeus aus der U-Haft herauszubekommen. Vorher würde der Götterrat sie sicher nicht zurückbeordern. Aber würde das reichen, um Herk zu helfen? Auf keinen Fall. Doch Hera würde ihm niemals die Erlaubnis geben, ohne Zeus in Deutschland zu bleiben. Es sei denn, sie machten ihr klar, dass Herk ohne ihre Hilfe verloren war. Verzweifelt nippte er an seinem Altbier, während Aphrodite mit Hera diskutierte, als gäbe es keine Gefahr.

„Und du trittst vor Gericht als das gehörnte Eheweib auf, das dem Gatten die Stange hält?", spottete Aphrodite. „Dann kannst du den Journalisten auch genau erklären, wie du die magischen Ketten über dem Bett befestigt hast."

„Langsam reicht's mir mit deinen Seitenhieben", sagte Hera und die Schlangen zischelten wütend. „Ich bin nicht als Frau von diesem Sack hier, sondern als Mitglied der griechischen Delegation. Von mir aus könnten sie ihn in der U-Haft behalten, bis er Moos ansetzt!"

„Ich glaube, wir sollten uns mal über deine Ehe unterhalten", sagte Aphrodite.

Dio hatte das dumpfe Gefühl, dass Hera kurz vor einem Vulkanausbruch stand. „Misch dich da nicht ein, *ich* bin die Göttin der Ehe und Familie", fauchte sie.

„Und ich bin die Göttin der Liebe", gab Aphrodite zurück. „Die gibt es auch außerhalb einer Ehe."

„Sehr passendes Stichwort", schnappte Hera und fixierte Dio. „Was macht denn Herk? Hast du ihn nicht getroffen, alter Traubenentsafter?"

Reflexartig schüttelte Dio zuerst den Kopf, doch dann besann er sich und nickte.

„Ja, habe ich. Ich glaube, er hat seine große Liebe gefunden. Aber ihm geht es nicht so gut und wir wollten dich bitten, dass wir noch länger bleiben dürfen."

Hera packte ihn am Arm. „Große Liebe? Hast du sie unter Drogen gesetzt? Oder ist sie genauso ein Wrack wie Herk?"

„Glaub's ihm, Hera", mischte sich Aphrodite ein „Herk liebt diese Frau. Lies selbst, was er mir über Vivian geschrieben hat: *I adore her*. Nur falls du dich wunderst, Herk schreibt manchmal Englisch, er war als Kind auf einer amerikanischen Privatschule. Jedenfalls ist seine Flamme eine glücklich verheiratete Ehefrau mit drei Kindern. Groß, hübsch, zärtlich und völlig verknallt in ihn. Erfindet alle möglichen Geschäftstermine, um sich mit ihm zu treffen!“

„Ist ja rührend. Herk, der Looser, findet die große Liebe.“ Hera kippte ihren Whiskey runter und sagte mit schon leicht lallender Stimme. „Moment, was hast du gesagt? Verheiratet ist sie und Kinder hat sie? Ihr fördert aktiv einen Seitensprung?“ Sie knallte das leere Glas auf die Theke. „Das muss auf der Stelle aufhören!“

Dio klopfte das Herz bis zum Hals, doch er nahm all seinen Mut zusammen. „Aber wenn du Herk und Vivian auseinanderreißt, stirbt Herk, bevor er unsterblich wird.“

Hera lachte höhnisch auf. „Das wünsche ich dem großkotzigen Sack seit 4.000 Jahren, du kleiner Weinpanscher. Hast ihm schön beim Feiern geholfen, hast nur nicht daran gedacht, dass Halbgötter nicht so viel Alkohol vertragen, Prösterchen!“ Sie hob ihr leeres Glas und warf es hinter sich.

Dio ballte seine Fäuste und überlegte, wie sie röcheln würde, wenn er seine Hände um ihren Hals legen würde. Doch dann würden die Schlangen auf ihn losgehen. Er ließ die Fäuste sinken, aber Aphrodite baute sich vor Hera auf. „Sag mal, wen oder was beschützt du eigentlich, du alte Giftspritze? Die Ehe oder was?“

„Genau, du Blitzmerkerin.“

„Dann erklär ich dir jetzt mal was …“, Aphrodites Stimme war schwarz wie die Nacht und die Luft um sie herum flimmerte rötlich, während sie ihren Barhocker heranzog.

Der muskulöse Mann vom Nachbartisch ging langsam zur Bar und warf immer wieder Blicke in Richtung der beiden Frauen.

Aphrodite zeigte auf ihn. „Guck mal, den da, Hera. Was wäre, wenn *du* jetzt Bock auf diesen Typen hättest?“

„Lass mich in Ruhe!“

„Er gefällt dir, nicht wahr? Aber nach deiner Auffassung darfst du nichts mit ihm anfangen, weil du mit Zeus verheiratet bist, der dich mit dem Arsch nicht mehr anguckt und auf den du selber nicht mehr scharf bist, gib's doch zu!"

Hera rutschte von ihrem Barhocker und stand vor Aphrodite. Die chillige Hintergrundmusik schwoll zu einem machtvollen Rhythmus an, und um die beiden Frauen funkelte es, als träfen sich zwei Blitze in der Luft. Der Mann vom Nachbartisch ließ sich unbeeindruckt von der lauten Musik zwei Getränke in hohen Gläsern geben, seine sehnigen Arme schimmerten im Licht der kristallbehangenen Deckenlüster.

„Womöglich steht der Typ da auch auf Fesselsex, du solltest ihn ansprechen", sagte Aphrodite.

Hera gab ein Knurren von sich. Vorsichtig näherte sich Dio dem Tresen, auf den der Kellner einen neuen Whiskey gestellt hatte. Gerade noch rechtzeitig, bevor Heras Hand zugriff, ließ er ein paar Tröpfchen Wein hineinrinnen.

„Ups, vielleicht nicht gerade den Typen", sagte Aphrodite plötzlich und richtete ihre Blicke auf den Mann, „ich glaube, das ist unser Polizist von der Autobahn."

Jetzt fiel auch bei Dio der Groschen, woher ihm der Mann bekannt vorkam. Allerdings hatte der Polizist an der Mosel Uniform und Helm getragen.

„Lass uns lieber woanders hingehen", sagte Dio.

„Keep cool, uns erkennt der auf keinen Fall. Wir sind doch getarnt."

Das stimmte, Dio griff sich ans Toupet.

Hera starrte den Mann an, ohne sich zu bewegen. Es schien, als hätte der Polizist mitbekommen, dass über ihn gesprochen wurde. Er musterte die beiden Frauen, als versuchte er, zu überlegen, ob er sie schon einmal gesehen habe. Schließlich nahm er seine Drinks und kam näher.

„Kennen wir uns?" fragte er mit einer angenehm tiefen Stimme. Seine Blicke verschlangen Aphrodite, aber er konnte sie offenbar nicht zuordnen.

„Noch nicht, aber vielleicht trinken wir einfach einen gemeinsamen Drink", säuselte Hera mit einer Stimme, die nach tiefschwarzem Kaffee und Zigarren klang.

Der Mann zuckte zurück. „Vielleicht gleich", sagte er und zeigte hinter sich. „Ich muss mal wieder an meinen Tisch." Die Musik wummerte weiterhin so laut, dass man sein eigenes Wort kaum verstehen konnte. Er nahm seine Getränke und kehrte zu seinem Tischnachbarn zurück.

„Du hast ihn vertrieben, Hera", sagte Aphrodite, doch Hera schüttelte den Kopf.

„Kann gar nicht sein. Womit hast du diese Vivian verhext, Aphrodite? Das Zeug brauche ich auch."

„Oh, haben wir unsere Meinung geändert?", fragte Aphrodite und kniff die Augen zusammen.

„Lass sie", flüsterte Dio und über Aphrodites Gesicht huschte ein verstehendes Lächeln.

„Hast du deine Meinung geändert, Hera?"

„Hab' ich nicht", schnappte Hera und rülpste so laut, dass die Männer am Nachbartisch zusammenzuckten. „He, Sie da, bringen Sie dem Mann einen Champagner!" Der Kellner zuckte zusammen, als wenn man ihn beim Schlafittchen gepackt hätte, und eilte hinter die Bar.

„Äh, hattest du nicht was gegen die Seitensprünge?", fragte Aphrodite unschuldig.

„Es geht nicht um die Seitensprünge, es geht um die Pflichten in der Familie. Wenn Frauen und Männer ihre Pflichten in der Familie und füreinander erfüllen, dürfen sie auch einmal ausbrechen."

Aphrodite schnitt eine Grimasse. „Du meinst, wenn Ehepartner jedes Mal miteinander ins Bett gehen, bevor sie fremdvögeln, ist das okay, oder wie?“, fragte Aphrodite.

„Du denkst auch immer nur an das eine. Ich rede davon, dass sie die familiären Gesetze der Gerechtigkeit befolgen müssen.“

„Hä?“, machten Dio und Aphrodite gleichzeitig.

Hera richtete sich auf und ihrer Stimme war von dem Whiskey nichts mehr anzumerken. Dafür schlängelten ihre Schlangen schneller als je zuvor um ihr Handgelenk und ließen ihr Kostüm und die ganze Bar geheimnisvoll schimmern.

„Die Gesetze der Gerechtigkeit befehlen, dass Partner Verantwortung übernehmen – für die Kinder und füreinander. Verdient der eine Partner das Geld und steckt der oder die andere zurück, um die Kinder großzuziehen oder die Eltern zu pflegen, muss der mit dem Geld dafür sorgen, dass der mit der Pflege im Alter nicht betteln muss und ein Dach über dem Kopf hat.“

„Gesetze sind doch überall anders“, widersprach Aphrodite.

Hera schüttelte majestätisch das Haupt. „Menschliche Gesetze sind Krücken. Ich spreche von den fundamentalen Gesetzen der Gerechtigkeit. Sie treten in Kraft, sobald ein Mensch Verantwortung für Kinder übernimmt und damit eine Familie begründet. Ob Mann oder Frau, ist in diesem Fall egal.“

Dio schien es, als zischten die Schlangen zur Bekräftigung.

Hera fuhr fort: „Sie beinhalten indes, oh Göttin der Liebe, keine Pflicht, sich miteinander zu vereinigen und die körperliche Liebe auf die Ehe zu beschränken. Das haben die Priester nur erfunden, um die Ausbreitung von Krankheiten einzudämmen.“

Aphrodite nickte zu Heras Worten, als sich endlich Hermes zu ihnen gesellte. Dio vermutete, dass er den Wagen, in dem er Hera hergebracht hatte, irgendwo geparkt hatte.

„Aber wieso biste dann uff Zeus' Seitensprünge so sauer, wenn icke mal bescheiden frajen darf?", mischte sich der Gott der Diebe sofort ein.

„Das wüsste ich auch mal gerne. Zeus tut doch seit Jahrtausenden nichts anderes als fremdzugehen. Und Herk, den du so hasst, ist das Ergebnis eines Seitensprungs", sagte Aphrodite und rollte sich eine Zigarette.

„Wollt ihr es nicht verstehen oder könnt ihr es nicht verstehen?", dröhnte Hera. Der Kellner blieb so abrupt stehen, dass der Champagner überschwappte und eine kleine Pfütze auf seinem Tablett bildete. Heras Stimme wurde mit jedem Wort lauter. „Das Schlimme ist nicht der Seitensprung, das Schlimme ist, dass dieser Gott Kinder zeugt und sich dann nicht kümmert. Weder um die Frau noch um die Kinder."

Die laute Musik und Heras Stimme vereinigten sich zu einem schier unerträglichen Dröhnen, als die Göttermutter sich die roten Haare raufte. „Warum hat mich das in zweieinhalb Jahrtausenden eigentlich noch niemand gefragt?"

„Und wat haste dann jejen Herk?", schrie Hermes gegen den Lärm an.

„Der legt genauso los wie Zeus."

„Das stimmt nicht", sagte Dio, doch der Krach verschluckte seine Stimme.

Der Kellner setzte das Tablett vor den beiden Männern ab und deutete auf Hera.

Die Männer haben prostend die Gläser und Aphrodite stupste Hera an, die ihren Mund zu einem Lächeln verzog. Plötzlich stutzte sie. „Ups, den da kenn ich", sagte sie.

„Wie bitte?", fragte Hermes.

„Der zweite da …“, sie deutete mit dem Glas auf den etwas korpulenteren der beiden Männer, „… der ist von der Firma, die unsere Zahlen prüft.“

Aphrodite runzelte die Stirn. „Ist das wahr? Dann solltest du dich vielleicht zurückhalten. Never fuck the company, sage ich immer.“

Hera schüttelte den Kopf. „Der interessiert mich auch nicht, aber der andere schon, ich geb’s ja zu. Dio, mach dich auch mal nützlich und heiter ihn ein bisschen an. Ich will mich draußen mit ihm unterhalten. Hier versteht man sein eigenes Wort nicht mehr.“

Gehorsam bestellte Dio ein Glas Rotwein und mischte sorgfältig einige Tropfen seines Weines hinein. Sobald der Polizist davon trank, würden sich nicht nur alle seine Sorgen, die er jemals gehabt haben mochte, vorübergehend in Luft auflösen, er würde auch das dringende Bedürfnis nach frischer Luft verspüren.

Als er Hera das Glas reichte, nahm er all seinen Mut zusammen. „Hera, ich weiß, du magst Herk nicht, aber er ist nicht so ein großkotziger Muskelprotz, wie du denkst. Innendrin ist er verletzlich. Ich glaube, er trinkt, weil er seine unermessliche Angst betäuben will, nicht dazuzugehören – und das Gefühl …“, Dio suchte nach Worten, „als toller männlicher Held gescheitert zu sein. Und Kinder hat er in diesem Erdenleben noch keine gezeugt, das weiß ich.“

„Unser Weingott hat recht“, sagte Aphrodite. „Herk leidet darunter, seine seelischen Nöte nicht kommunizieren zu können – wie alle typischen Männer und wie sein Vater auch. Aber ich habe den Eindruck, gegenüber Vivian taut er auf. Deshalb ist sie die Einzige, die Herk helfen kann, unsterblich zu werden.“

„Du musst den Götterrat bitten, Zeus und uns Verlängerung zu geben“, flehte Dio.

Doch Hera schüttelte den Kopf. „In erster Linie muss ich mich jetzt mal mit diesem Herrn dort unterhalten.“ Sie zeigte auf den Polizisten, der Anstalten machte, seine Jacke anzuziehen. „Hermes, du bringst ihn bitte zu meinem Hotel und holst mich dann nach.“

Sie hatte kaum die Worte ausgesprochen, da war Hermes auch schon verschwunden.

Leicht schwankend ging der Mann zur Tür, begleitet von seinem Kumpel. Mit etwas Abstand folgte ihnen Hera.

„Ich gehe mit, die krieg ich schon noch weichgeklopft“, sagte Aphrodite zu Dio.

Dio nippte an seinem Altbier und betrachtet den dicklicheren der beiden Männer, der wieder zurückkam und sich an den Tisch setzte. Irgendetwas mochte er an ihm. Vielleicht, dass er keinen so durchtrainierten Körper hatte wie sein Kumpel und nicht diese Ich-kann-jede-haben-Attitüde ausstrahlte.

Es dauerte nicht lange und Hermes kam zurück. „Du kannst meinen Wagen nehmen, steht vor der Türe“, sagte er zu Aphrodite.

Dio und Hermes sahen der Göttin hinterher.

„Na, der Kumpel wird einen schönen Abend haben“, sagte Hermes halblaut, „dann sollten wa uns um den anderen kümmern, wa Dio?“

„Der sieht sympathisch aus, aber ich versteh nicht, was du von dem willst?“

„Haste keene Ahnung, wer das is? Du liest wohl Vivians Nachrichten an Herk nüscht, sonst wüsstest du, dass Vivians Mann mit einem Polizisten befreundet ist. Und zwar mit dem da.“ Hermes wies zur Tür, wo der muskulöse Mann verschwunden war.

„Ja und? Er kann doch mit irgendwem in einer Bar sitzen.“

„Aber zufällich sitzt er jenau mit dem Typen am Tisch, den Hera bei ihrer Immobilienjeschichte einjespannt hat. Hab ick soeben jecheckt." Hermes wies auf ein Gerät, das aussah wie eine Blechbüchse mit Flügelchen dran und einem kleinen Schlitz, den er Dio ans Ohr hielt. Eine blecherne Stimme sagte: „Felix Sammer, verheiratet mit Vivian Sammer, wohnhaft Finkengasse 67 in Düsseldorf."

„Das gibt's ja gar nicht."

„Oh doch, dit is der jehörnte Ehejatte, dem musst du auch wat ins Jetränk mischen. Dit is nur fair. Die Hera entführt den Polizisten und wir führn uns den Jemahl zu Jemüte.

Ick ha auch schon die passende Bejleitung herjeholt. Aus deinem Sumpf. Is alles jeritzt."

Dio kratzte sich am Kopf. Alleine das verdammte Toupet loszuwerden, war es wert, zu gehen. Aber vorher würde er dafür sorgen, dass dieser Felix in etwas glücklichere Stimmung kam.

Er winkte dem Kellner. „Bitte noch einen Rotwein für den anderen Herrn." Er sah auf die Karte und beschloss, für Vivians Mann einen besseren Wein zu nehmen. Als Ausgleich für die ganzen Scherereien, die sie in seiner Ehe angerichtet hatten. „Bitte den Brunello di Montalcino Pinino von 2010."

„Wehe, wenn sie losgelassen", murmelte Dio und inhalierte das Bouquet des Rotweins, bevor er ihn mit wenigen Tröpfchen aus seinem Kelch präparierte.

Felix und Tobias plauderten über dies und das, bis plötzlich Felix' Kundin aus Berlin auftauchte und ihnen aus unerfindlichen Gründen einen Champagner und dann noch einen Wein ausgab. Dabei schien sie merkwürdigerweise vor allem Tobias im Auge zu haben, ihn schien sie gar nicht zu bemerken. Felix war extra tief hinter eine Dekopflanze gerutscht, damit sie ihn nicht sah. Bekanntschaften zu machen war ja gut und schön, aber mit einer offensichtlich angeschickerten Alten anzubandeln, die noch dazu seine Auftraggeberin war, war nicht das, was er unter einem gelungenen Abend verstand, und Tobias auch nicht. Trotzdem nahm sein Kumpel sowohl den Champagner als auch den Wein an.

Das führte natürlich dazu, dass Tobias, das alte Weichei, schon nach zwei Stunden schlappmachte. „Ich bin so müde", sagte er nach dem Wein und stand auf. „Ich brauche frische Luft, kann sein, dass ich dann heimgehe."

Er schwankte geradezu vor Müdigkeit.

Sicherheitshalber begleitete Felix ihn hinaus und winkte ein Taxi für ihn heran.

Ein leicht amerikanisch aussehendes Taxi in Form eines Pick-ups hielt an und Felix diktierte dem Fahrer zur Sicherheit Tobias' Adresse.

„Ick kümmer mich um den", sagte der Taxifahrer, als Tobias auf dem Rücksitz zusammensackte, und brauste los.

Felix ging zurück in die Bar und trank Tobias' Wein leer.

Der Wein war wunderbar und er winkte dem Kellner, dass er ihm noch einen bringen sollte.

Der zweite Wein schmeckte noch um Längen besser und Felix fühlte sich immer wohler. Was sollte er mit dem angebrochenen Abend anfangen? Okay, es war 22 Uhr, aber noch lange nicht Zeit, ins Bett zu gehen. Und

Vivian ein bisschen warten zu lassen, war gar nicht so schlecht. Er fühlte sich angenehm aufgekratzt und beschwipst. Zunehmend mutig betrachtete er die Rothaarige, die ziemlich sexy war, im Gegensatz zu der Alten mit ihrem explodierenden Kostüm und ihrem monströsen Vorbau. Bei der Vorstellung, seinen Schwanz zwischen ihre Boobs zu stecken, wurde er hart. Aus dem Augenwinkel sah er den Taxifahrer zurückkommen. Er wechselte ein paar Worte mit der Rothaarigen, die daraufhin aufstand und das Lokal verließ. Felix sah ihr bedauernd nach, als ihr kleiner dicker Begleiter und der Taxifahrer an seinen Tisch kamen und begannen, ihn vollzuquatschen.

Der Dicke schwärmte von Weinsorten, die man getestet haben müsse, und von großartigen Anbaugebieten auf der ganzen Welt. Felix tat, als ob es ihn interessierte, aber je länger der Typ redete, desto interessanter fand er es tatsächlich und überlegte, wann er wohl mal Gelegenheit haben würde, in all die Gegenden zu reisen, von denen der Mann erzählte.

Der Taxifahrer, der aussah, als müsste er mal wieder zum Friseur, hatte offenbar Feierabend, denn er trank ebenfalls Rotwein, und auch Felix nahm noch ein Glas. Der Taxifahrer prostete Felix zu und schlug vor, in den Club der frustrierten Ehemänner zu gehen. Felix, der so gut drauf war wie seit Langem nicht, lachte sich kaputt über den Namen.

„Doch, doch, den jibt's wirklich“, behauptete der Taxifahrer, „dit sollte man kennenjelernt haben, ehe man den Löffel abjibt.“

Sie mussten nicht weit gehen. In einer Seitenstraße der Königsallee ging es eine Treppe runter, und ein Türsteher öffnete ihnen eine schwere Metalltür.

So viel rosa Plüsch und Glasperlenketten auf einem Haufen hatte Felix bisher nur in seinen Filmen gesehen. Gleich an der Bar standen drei große Frauen, zwei braunhaarige, eine blonde. Groß hieß größer als Vivian und das wollte etwas heißen. Eindeutig mit Brüsten und High Heels, aber mit markantem Kinn. Der Dicke nickte ihm zu und schob ihm ein Glas rüber.

Vermutlich war etwas in dem Glas, das den Ausschlag gab. Als die Blonde ihm die Hand auf den Oberschenkel legte, wusste er, dass er mit dieser Braut ins Bett wollte.

Irgendwo in seinem betrunkenen Hirn war ihm schon klar, dass es bezahlter Sex war, aber damit hatte er keine Berührungsängste, und die Ladys machten den Eindruck, als wären sie richtig scharf auf ihn. Dann konnte es ja nur okay sein. Außerdem vergaß er das sofort wieder, als er der einen Lady einen Stapel Scheine in ihre muskulösen Krallen gedrückt hatte.

Sie lockerte sofort ihren BH und dirigierte ihn mit ihrem Atombusen bis zu einem Zimmer, wobei sie ihm ihren süßlichen, nach Gin und Tabak riechenden Atem ins Genick blies. Im Zimmer angekommen drehte sie ihn um, schlang ein netzbestrumpfhostes Bein in roten Pumps um ihn und drückte ihn rücklings aufs Bett. Felix seufzte ergeben. Davon hatte er seit Jahren geträumt.

Er atmete tief aus, als die Dame ihren blondgelockten Kopf über seine Mitte senkte und seine Männlichkeit heraussaugte, bis er dumpf stöhnend explodierte. Dann knöpfte sie ihren kurzen Rock auf und entblößte einen beachtlichen Ständer. Etwas in seinem benebelten und zugleich seltsam klaren Hirn sagte ihm, dass Frauen normalerweise keinen Ständer hatten, doch er schob diese Erkenntnis beiseite. Sie oder er, das war ihm für den Moment scheißegal, denn er war scharf wie noch nie in seinem Leben.

Er griff nach dem Wunderwesen, das eine Lady war und doch wieder nicht. Doch das zeigte auf sich, als wollte es ihm mitteilen, dass es selber aktiv werden wollten. Willenlos ließ sich Felix auf den Bauch rollen, bekam ein Kissen untergeschoben und hörte eine Flasche gluckern. Auf einmal wurde es sehr glitschig an seiner hinteren Öffnung und dann ging es los. Er schnappte nach Luft, denn dieser Ausgang war noch nie bearbeitet worden.

„Entspann dich“, sagte eine vertraute Stimme, und in dem Spiegel neben dem Bett entdeckte er den kleinen Dicken, der ihm stundenlang etwas über Weinbouquets vorgefaselt hatte und jetzt dabei war, der Blonden die Oberweite zu kneten. Das war sehr aufmerksam von ihm, denn Felix lag ja auf dem Bauch und hatte genug damit zu tun, sich aufzustützen und „Oh“ und „Ah“ zu brüllen.

29 VIVIANS KRISE

„Aufstehen“, sagte Vivian zu Tom und kitzelte ihn an den Füßen, wobei sie versuchte, das mulmige Gefühl in ihrem Magen zu unterdrücken.

„Wo ist Papa?“, fragte Emily, während Mika und Laurent die Treppe herunterpolterten.

„Der Papa hat bei Tobias übernachtet“, sagte Vivian und begriff, dass Felix sich überhaupt nicht gemeldet hatte, seit er verärgert die Tür hinter sich zugeschlagen hatte. Wo außer bei Tobias sollte er sonst sein?

„Ich will auch zum Tobias“, maulte Tom und Vivian versprach, Felix auszurichten, dass Tom seinen Patenonkel zu sehen wünschte.

Als sie am Schreibtisch saß, kam ihr zu Bewusstsein, dass Ina ihr noch gar nicht zurückgeschrieben hatte, was sie von Vivians Übungen und Beispielen hielt.

Du dumme Kuh, beschimpfte sie sich selber. *Du hättest Ina treffen oder anrufen sollen, anstatt das nur zu behaupten. Selber schuld, wenn du jetzt dumm dastehst.*

Als hätte ihr Mailpostfach ihre Gedanken gelesen, ploppte eine Mail von Ina auf. Die Selbstvorwürfe packten Vivian wie eine eiserne Faust.

Liebe Vivian, ich weiß nicht, wie du dir das vorstellst.

Erst lässt du mich Ewigkeiten warten, dann schickst du mir Beispiele, die völlig unbrauchbar sind. Mit so einer unprofessionellen und mangelhaften Vorbereitung blamiere ich mich nicht.

Mir reicht es und ich kündige hiermit unsere Zusammenarbeit! Das Seminar am Freitag kannst du alleine halten, ich werde nicht mehr dabei sein. Damit du nicht völlig untergehst, ist hier der Ablaufplan und ein Skript für den Part, den ich gehalten hätte. Ich nehme an, du bist einverstanden, wenn ich dir meinen Aufwand mit einem halben Tagessatz in Rechnung stelle.

Beste Grüße

Vivian ließ den Kopf auf den vollgemüllten Schreibtisch fallen. Das musste ja so kommen. Warum hatte sie die blöden Textbeispiele immer wieder aufgeschoben? Warum nur hatte sie es zugelassen, dass ihre Affäre ihre Gedanken gekapert hatte wie Piraten ein Beuteschiff? Weil sie süchtig war nach Herk und dem Gefühl, das er in ihr entfachte.

Sie ging auf die Terrasse und rückte die Terrassenstühle gerade. Und weil ihre Arbeit sie anödete! Schnöseligen Typen beizubringen, wie sie die Zeitungen mit ihren langweiligen Aufsätzen überfluten konnten, war nichts, auf das sie am Ende ihres Lebens stolz sein würde. Es knackte und die Armlehne des Stuhls hing nach unten. Genervt klappte Vivian den morschen Stuhl zusammen. Der Stuhl war genauso wackelig wie ihre Vorbereitung, und sie stand da wie der letzte Depp. In nur einem Tag zur perfekten Seminarleiterin zu mutieren, war unmöglich. Sie brauchte Ina, aber Ina war nicht mehr da und sie musste das Ding alleine wuppen.

Vollversagerin!

Voller Wut über ihre eigene Unzulänglichkeit stapfte sie zurück ins Arbeitszimmer. Dabei stieß sie gegen den Zeitungstapel, der darauf wartete, abtransportiert zu werden. Der Stapel kam ins Rutschen und Vivian bückte sich, um ihn wieder aufzurichten. Dabei erwachte ihr Trotz.

Waren die Beispiele wirklich so schlecht? Wer kannte sich denn mit Pressetexten aus? Sie oder diese mustergültige Ina? Na, der würde sie es zeigen! Wäre doch gelacht, wenn sie das nicht auch selber hinkriegen würde. Selbst war die Frau. Grimmig schob sie die Blätter auf ihrem Schreibtisch zu einem Stoß und straffte den Rücken, um die Herausforderung anzunehmen, aber sie kam nicht weit.

Das Türschloss knackte und die Schwiegermutter kam ins Haus. Vivian hörte, wie sie Emily und Tom ermahnte, ihre Schuhe auszuziehen, und sah schuldbewusst auf ihre eigenen Füße, die noch in Straßentretern steckten.

Sie hob den Zeitungsstapel auf und ging die Treppenstufen zum Eingang hinunter, um ihrer Schwiegermutter die Taschen abzunehmen. Tom und Emily drängten sich an ihr vorbei und schlugen ihr versehentlich die Zeitungen aus der Hand.

„Mama, die Emily haut mich“, brüllte Tom.

„Lügner“, gab Emily zurück.

„Ich habe gekochtes Möhrengemüse mitgebracht“, sagte Hildegard. „Ich wollte nur noch kurz einen Nachtisch kaufen. Sei so lieb und fang schon mal an, die Fischstäbchen aufzubraten, ja?“

Vivian nickte und merkte, dass sie nicht mehr richtig durchatmen konnte. Anspannung und Nervosität zogen sich wie Stahlbänder um ihre Lunge zusammen.

Sie ging in die Küche, wo sie zerstreut die Fischstäbchen wendete und das Möhrengemüse umrührte.

„Deck schon mal den Tisch“, rief sie Emily zu, die sich heimlich an Vivians Computer geschlichen hatte, um ein paar Videos anzugucken.

Betont langsam schlurfte Emily in die Küche. Das Telefon klingelte irgendwo und Vivian sah sich suchend nach einem Mobilteil um. Schließlich fand sie eins unter dem Esstisch. Sie zuckte, als sie die Nummer von Emilys Schule erkannte. Hatte Emily mal wieder die Hausaufgaben vergessen? Sie straffte die Schultern und hob ab.

„Frau Sammer“, tönte eine hohe Stimme aus dem Hörer, „Ihre Tochter hat fünfmal nacheinander die Hausaufgaben nicht gemacht. Wir sollten dringend miteinander reden!“

Gleich fünf Mal? Vivian war sich sicher, dass sie ihre Tochter in dieser oder der letzten Woche schon mindestens einmal nach den Hausaufgaben gefragt hatte. Und dass Emily mit großen Augen beteuert hatte: „Mama, natürlich hab' ich meine Aufgaben gemacht!"

„Könnten wir ein andermal telefonieren, ich muss gerade das Essen …", begann sie, doch die Lehrerin war offenbar froh, sich endlich ihr Leid mit Emily von der Seele reden zu können, und hörte einfach nicht auf. Vivian stieg über die Schuhe in der Diele, um Emily direkt nach dem Telefonat zur Rede zu stellen, als lautes Zischen sie in die Küche zurückrief. Begleitet von einem fettig-verbrannten Geruch, der ihr in der Nase kitzelte.

Emily kam um ihre Strafpredigt herum und Vivian kratze mit einem Messer die allzu schwarzen Stellen von den Fischstäbchen. *Einer Ina wäre das bestimmt nicht passiert.*

Laurent und Mika polterten ins Haus und Vivian fragte sich für einen winzigen Moment, wie sie je die wahnsinnige Idee hatte haben können, mehr als ein Kind großziehen zu wollen und dann auch noch einen Austauschschüler zu beherbergen.

Alle aßen, nur Mika maulte. Ein großes Nashorn trabte vor Vivians innerem Auge entlang. Ihre Sehnsucht nach Herk wuchs ins Unermessliche.

Nach dem Essen kontrollierte sie Emilys Hausaufgabenheft. Nein, sie hatte nicht hineingeguckt, sonst hätte sie die roten Anmerkungen entdeckt. Die Haustür klappte und Hildegard kam zurück.

„Ich hab' euch noch ein paar Plätzchen mitgemacht!" Sie zog eine Schachtel Kekse aus ihrer Tasche hervor und kräuselte die Nase. Aber sie sagte nichts und wenig später fuhr sie mit Tom und Emily ab. Mika und Laurent weigerten sich, mitzukommen, weil sie skaten wollten.

Normalerweise konnte Vivian unter Druck gut arbeiten, und normalerweise hätte es sie zu Höchstleistungen angespornt, auf den letzten Drücker etwas schaffen zu können, doch heute klappte es nicht. Wie ein Güterzug rollte der Seminartermin heran und Vivian saß wie versteinert auf den Gleisen und rührte sich nicht vom Fleck. „Das Hamburger Verständlichkeitsmodell“, las sie auf Inas Ablaufplan. Daneben stand die Anweisung, hierzu ein Bild in die Powerpoint-Präsentation aufzunehmen. Wie in Trance öffnete sie das Programm und fing an, die Texte aus Inas Skript in Folien zu übertragen.

Plötzlich blinkte das goldene Godsapp-Symbol auf.

Don't worry, you are so beautiful.

Ein Lebenszeichen. Von Herk! Kam es aus dem Krankenhaus?

Ich hatte Glück, es ist nicht Schlimmeres passiert. Um 18h war ich wieder voll bei Sinnen. Jetzt muss nur noch das Kinn genäht werden.

Gottseidank, hatte solche Angst um dich. Hab Blutflecken auf dem Mantel.

Ein Anfall mit eher gravierender Verletzung hat was: körpereigene Chemie mit der Wirkung Überleben. Willst du mich am Krankenhaus abholen?

Für dich reise ich bis ans Ende der Welt. Ich muss nur noch ein Seminar vorbereiten, aber dann komm ich.

Sie legte auf und gestattete sich eine kleine Arbeitspause, in der sie die Fotos durchsah, die sie und Herk sich in den letzten Wochen gegenseitig geschickt hatten. Als sie bei den lasziven Bildern landete, die sie im Büro von Dr. Dornfelder ausgetauscht hatten, wurde ihr Unterleib so heiß, dass sie aufstehen und eine Runde durch den Garten drehen musste. Erst als sie einen neuen Meisenknödel aufgehängt und ein paar Legofigürchen eingesammelt hatte, war sie klar genug im Kopf, dass sie wieder zurück zum Schreibtisch gehen konnte.

Jetzt brauchte sie noch ein paar knackige Schlagzeilen, damit sie ihren Teilnehmern den Unterschied zwischen einem spannenden Pressetext und dem Titel eines Fachaufsatzes erläutern konnte.

Sie klickte sich durch die Onlinezeitungen. Der „Diplomatenbumbum“ war das beherrschende Thema. Die Artikel ergingen sich in wilden Beschreibungen der Sexaffäre, so als wären die Journalisten dabei gewesen, was sie vermutlich gerne gewesen wären. Von Sadomaso war die Rede, von Orgien und immer wieder von der Tatsache, dass ein Zimmermädchen es gewagt hatte, Anzeige gegen einen Diplomaten zu erstatten. Damit hatte sie offenbar ein Tabu gebrochen. Vivian öffnete ein neues Fenster und sah die neuesten Tickermeldungen der Presseagenturen durch. Erste Kommentatoren und Kommentatorinnen warfen die Frage auf, ob in Deutschland nun ein prüder, viktorianischer Puritanismus Einzug halte, der jegliche Fleischeslust als politisch unkorrekt verdamme. Die Gegner plädierten dafür, die Affäre zum Anlass zu nehmen, endlich den Sumpf erotischer Geschäftsreisen trockenzulegen. Offensichtlich war der Chef der griechischen Delegation mit Anlauf ins Fettnäpfchen gesprungen.

Sie kopierte ein paar Headlines in ihre Präsentation hinein. „Bizarre Sex-Affäre: Zimmermädchen identifiziert hochrangigen Diplomaten als Täter" und „Hat das Zimmermädchen gelogen? Fristlose Kündigung!"

Beim Stichwort Kündigung schwappte eine neue Flut von schlechtem Gewissen über Vivian herein. Dr. Dornfelder hatte ihr überhaupt keine Rückmeldung gegeben, ob ihm der Einladungsentwurf zu seinem Kündigungsvortrag gefallen hatte. Was war, wenn er das Schreiben ganz furchtbar gefunden hatte? Sollte sie ihn anrufen? Um Himmels willen – hatte er womöglich gemailt? Fahrig klickte sie die Mails der letzten Tage durch. Als sie im Spamordner eine Mail von Dr. Dornfelders Sekretärin fand, wurde ihr schlecht.

Rufen Sie bitte dringend einen Kollegen von Dr. Dornfelder zurück, der hat ein wichtiges Pressethema, dazu müsste sofort eine Pressemitteilung verschickt werden.

Die Mail war von Montagnachmittag, als sie mit Herk im Zoo gewesen war. Vivian wankte in die Küche und holte sich ein Glas Wasser. Der rollende Güterzug war nicht mehr zu bremsen.

Als sie das kalte Wasser hinuntergeschluckt hatte, zwang sie sich, zurück zum Schreibtisch zu gehen und sich die Mail genauer anzugucken. Wenn es wirklich dringend war, konnte sie die Pressemitteilung auch noch heute verschicken, obwohl das bedeutete, dass sie dann um einiges länger an der Seminarvorbereitung sitzen würde.

Mit zittrigen Fingern wählte sie die angegebene Handynummer und bekam die sonore Stimme eines Menschen namens Dr. Münchhofer zu hören.

Mit vor Aufregung gepresster Stimme erklärte sie ihm, dass sie die neue PR-Frau von Herrn Dr. Dornfelder sei und es ihr furchtbar leid täte, aber dass sie wegen unaufschiebbarer Angelegenheiten erst jetzt dazu gekommen wäre …

„Das ist überhaupt kein Problem, Frau Sammer“, unterbrach sie die Stimme. „Es wäre mir nur wichtig, wenn wir damit ins Handelsblatt und in den Spiegel kommen. Und es wäre schön, wenn auch mein Fachanwaltstitel genannt würde. Ich habe bemerkt, dass gewisse Publikationen diesbezüglich sehr nachlässig sind.“

„Worum handelt es sich denn, wenn ich fragen darf?“

„Ja, also die Hochschule Ruhr West hat mich am vergangenen Freitag im Rahmen einer kleinen exquisiten Feierstunde – übrigens im Beisein von Professor Vogel, der Ihnen sicherlich ein Begriff sein wird –, also die Fachhochschule hat mich zum Honorarprofessor im Fachbereich Wirtschaftswissenschaften ernannt. Ich denke, ein Zeitungsartikel könnte idealerweise meine Antrittsvorlesung mit abdrucken. Es geht um den deutschen Anteil an der Gestaltung des modernen japanischen Handelsgesetzbuches.“

Vivians Anspannung wich einem leichten Anflug von Wahnsinn. Es ging offensichtlich nicht um die Einladung, das war klar. Aber ebenso klar war auch, dass es kompletter Schwachsinn war, mit dem sie ihre Lebenszeit vergeudete. Allenfalls ein Branchenmagazin würde melden, dass ein eitler Rechtsanwalt Honorarprofessor geworden war, aber niemals eine große Tageszeitung oder ein Magazin. Und unter keinen Umständen würde dieses

Blatt eine ganze Antrittsvorlesung abdrucken. Sie entschied, dass es in ihrer jetzigen Lage zu viel Zeit kosten würde, dies Herrn Dr. Münchhofer auseinanderzusetzen, und versprach ihm, die Meldung unverzüglich fertigzustellen.

Für einen Moment gestattete sie sich, nach draußen zu gucken und die Sehnsucht nach Herk zu spüren, die bis in ihre Fingerspitzen floss.

Das Telefonklingeln riss sie aus ihren Gedanken.

„Haben Sie Herrn Münchhofer schon in die Zeitung gebracht?"

Die Stimme der Sekretärin klang fast so piepsig wie die der neuen Babysitterin.

„Nein, ich habe eben erst mit ihm telefoniert."

„Der Spiegel-Artikel wäre sehr wichtig, Herr Münchhofer ist ein wichtiger Partner der Kanzlei."

„Ich tue, was ich kann, aber ich denke, seine Professur ist eher ein Thema für die Personalrubrik einer Branchenzeitschrift."

„Das wird ihm nicht gefallen. Prüfen Sie bitte, ob Sie doch was mit dem Spiegel oder Handelsblatt machen können. Dafür bezahlen wir Sie ja schließlich!" Die Stimme nahm einen vorwurfsvollen Ton an und Vivian überlegte, ob sie lachen oder weinen sollte.

„Aber was ich eigentlich sagen wollte, diese Einladung, die Sie uns geschrieben haben … die muss dringend überarbeitet werden. In diesem flapsigen Tonfall sprechen wir unsere Mandanten in der Regel nicht an. Außerdem waren mehrere Flüchtigkeitsfehler drin. Haben Sie das geschrieben?"

Vivians Magen klumpte sich zusammen. Warum nur hatte sie die Einladung zwischen blauen Müllsäcken zusammengeschustert, bedröhnt vom Reinigungsmittel des Kammerjägers? Das musste ja schiefgehen. Für eine Sekunde war ihr, als säße sie als kleines Mädchen am Tisch und starrte ihren eigenen Vater mit großen Augen an, der sie fragte, warum sie in Latein nur eine Drei geschrieben habe. Sie versprach, sich darum zu kümmern, und legte auf.

Es war höchste Zeit, das Seminar weiter vorzubereiten, doch aller Elan war verflogen. Schlimmer noch, ihr Gehirn steckte in den Klauen eines Dämons, der ihr pausenlos zurief: *Versagerin, Versagerin.*

Eine andere Stimme krakeelte: *Handbremse lösen*, aber Vivian wusste nicht wie. Ihr schien, dass sie dazu Herk brauchte.

Sie versuchte, die Stimmen abzuschalten und sich zu konzentrieren, doch ihr Kopf wurde umso leerer, je mehr sie ihn mahnte, doch endlich zu funktionieren.

Vier Runden Solitär, die ultimative Kapitulationserklärung, waren das einzige Produktive, das sie in den nächsten zwei Stunden hinbekam. Ihr Gehirn zerfloss, wenn sie versuchte, sich auf irgendetwas anderes zu konzentrieren als das Klicken der virtuellen Karten auf dem Bildschirm vor ihr. Ihr Rücken schmerzte, aber sie wagte nicht aufzustehen. Schließlich stand sie doch auf, weil sie Hunger bekam.

Danach schaffte sie es, ihre nach Bewegung schreienden Gliedmaßen zu ignorieren, während sie stoisch am Schreibtisch sitzend ihre Folien für das Seminar zusammenstellte.

Als die Uhr sechs schlug, hatte sie eine einigermaßen ansehnliche Präsentation beisammen, die verdeutlichte, was den Unterschied zwischen einem Zeitungsartikel und einem Fachzeitschriftenartikel ausmachte. Jetzt durften die Teilnehmer kommen. Sie war vorbereitet.

30 FELIX IST ERKÄLTET

Als Felix am nächsten Tag erwachte, hatte er dumpfe Schmerzen im gesamten Unterleib und seine Hirnmasse tropfte in weißglibberigen Fäden aus seiner Nase heraus.

Wo war er überhaupt? Um ihn herum, war ein weißes Bett und alles sah sehr nach Hotel aus. Sein Handy war nirgends zu sehen, deshalb griff er nach dem Hoteltelefon. Er krächzte hinein, dass das Büro heute ohne ihn auskommen müsse, und zog sich die Decke über den Kopf. Nach ein paar Sekunden hatte er das Gefühl zu ersticken und streckte den Kopf wieder hervor.

Was oder wer auch immer ihn in dieser Nacht geritten hatte, eins war klar. Vivian durfte nichts davon erfahren. Und Tobias erst recht nicht.

Erst am Nachmittag fühlte er sich so weit besser, dass er aufstehen und mit einem Taxi nach Hause fahren konnte. Den Autoschlüssel seines Vaters hatte er wie durch ein Wunder nicht verloren, also setzte er sich hinein und fuhr zum Supermarkt, als hätte er den ganzen Tag nichts anderes vorgehabt.

Er wuchtete zwei Kisten voller Joghurts, eingeschweißter Käsescheiben, Saftkartons, Äpfel und Schokosticks auf die Küchenablage.

Vivian saß am Computer, die Kinder waren offenbar nicht da.

„Na?“, brachte er heraus und begriff, dass er sich nicht in der Lage fühlte, seiner Frau in die Augen zu gucken.

„Na?“, sagte sie und brachte ein Lächeln mit geschlossenen Lippen zustande. Entweder war sie noch sauer oder sie dachte, dass er noch sauer auf sie wäre. Im Normalfall hätte er das in zwei Sekunden geklärt, doch sein Hirn fühlte sich an, als sei es dazu nicht fähig.

„Ähm, du müsstest noch Eis kaufen. Ich muss noch mal zu Tobias, hab da was vergessen, die Kinder übernachten ja bei meiner Mutter, oder?“, faselte er und sah Vivian leicht schief an.

Doch Vivian schien selber nicht ganz auf der Höhe zu sein. „Ähm, die beiden Kleinen übernachten. Mika und Laurent nicht, die sind skaten und haben morgen frei. Ich bin gerade an dem Seminar dran, aber vielleicht muss ich auch noch mal kurz los. Kann ich den Wagen haben?"

31 ZEUS BEIM HAFTRICHTER

„Ihr Mandant wird jetzt dem Haftrichter vorgeführt“, sagte der Polizist und Dio und Aphrodite nickten verständig.

Eine ziemlich kleine und ziemlich rundliche Frau mit dunkelbraunem Pony mit einer Aktentasche in der Hand betrat den mit grauem Plastik gefliesten Raum, dessen Fensterbank ein fast blattloser Ficus zierte.

Zielsicher steuerte sie auf Dio und Aphrodite zu.

„Gestatten, Anastasia Freudokis“, sagte die Frau grinsend und klopfte Dio auf den Arm. Aphrodite beugte sich vor und gab Athene ein Küsschen auf die Wange.

„Wann kommt Zeus raus?“, fragte Dio.

„Tja, jetzt wird er erst mal dem Haftrichter vorgeführt. Der kann bei dringendem Tatverdacht und wenn ein Haftgrund besteht, zum Beispiel Fluchtgefahr, Untersuchungshaft anordnen. Das wird er zwar nicht tun, aber falls doch, stellen wir Haftprüfungsantrag. Und obendrein stelle ich einen Antrag auf Freilassung gegen Kaution.“

„Wie lange dauert das?“

„Keine Sorge, das geht sehr schnell.“

„Ähm, vielleicht könnte das auch länger dauern? Wir bräuchten hier noch Zeit für Herk.“

Athenes dunkelbraune Kulleraugen Augen flitzten zwischen Dio und Aphrodite hin und her.

„Worum geht's? Unsterblichkeit? Hera hat da so was angedeutet.“

Athene war schlau und es hatte keinen Zweck, ihr irgendetwas außer der Wahrheit zu sagen. Dio hätte auch gar nicht gewusst, was er ihr hätte vorlügen können.

„Ja, es geht um Herk. Er braucht noch mindestens zwei Wochen Zeit, um wahre Liebe zu erringen.“

„Tu mir den Gefallen, Tinchen“, sagte Aphrodite.

Athene hob die markant nachgezogenen Augenbrauen. „Hera wollte, dass ich das Verfahren beschleunige, aber ich kann es auch verlangsamen. Dann muss Zeus leider ein paar Tage in den Bau und Hera wird mich töten, aber wenn dir das so wichtig ist, kann ich zwei Wochen arrangieren. Achtung, da kommt Zeus schon.“

Zwei Polizisten führten den Herrn des Olymps in den Warteraum vor dem Gerichtsaal. Hinter ihm wurden eine Gruppe Männer mit finsteren Gesichtern hereingeführt.

Dio zuckte zusammen. Das waren die Typen aus der Suite 812. Athene bemerkte sein Zucken und nahm beruhigend seine Hand, während die Männer ihnen drohende Blicke zuwarfen.

Der Polizist, der Zeus hereingeführt hatte, sagte: „Einen Moment“, und verschwand im Büro. Schweigend standen sich die beiden Grüppchen gegenüber. Dios Herz schlug ihm bis zum Hals. Einer der Männer bewegte sich lässig in Zeus’ Richtung und schlug ihm leicht gegen den Kopf.

Zeus griff nach dem Blitzstab, doch Athene flüsterte ihm zu: „Warte“. Dann nahm sie ihn zur Seite und redete mit leiser Stimme auf ihn ein.

Anschließend standen sie vor dem Haftrichter, einem dünnen näselnden Mann mit runder Hornbrille.

„Die Staatsanwaltschaft Düsseldorf beantragt gegen Sie den Erlass eines Haftbefehls. Ich bin der Richter, der darüber zu entscheiden hat. Demnach sind Sie dringend verdächtig, gestern eine Straftat begangen zu haben. Konkret: Sie versuchten, um 18 Uhr im Hotel Plaza Divino die Zeugin zu vergewaltigen. Die Staatsanwaltschaft nimmt Fluchtgefahr an und hält es für zwingend notwendig, dass Sie in der Hauptverhandlung anwesend sind. Was sagen Sie dazu?“

„Ich bin unschuldig“, dröhnte Zeus, „die Frau war einverstanden. Ihre Hauptverhandlung können Sie in den Hades schicken, erscheinen werde ich nicht, und wenn Sie die Titanen mir schicken.“

Die teigigen Züge des Haftrichters verhärteten sich. Er hob das Diktiergerät zum Mund. „Der Beschuldigte plant, Komma, nach eigener Aussage, Komma, sich dem Verfahren zu entziehen. Der Haftgrund der Fluchtgefahr liegt somit vor. Wollen Sie zu dem Vorwurf noch etwas sagen?“

„Eine Falle das war“, dröhnte Zeus. „Lasst mich gehen sofort oder ich richte meinen Blitz auf Sie.“

„Ich glaube, das überlegen wir uns noch einmal“, sagte die näselnde Stimme. „Jetzt erlasse ich erst einmal Haftbefehl, Sie kommen in den Knast.“

Mit leicht schlechtem Gewissen verließen Aphrodite und Dio das Untersuchungsgericht. Athene ging zu ihrem Jaguar und fuhr davon. Hermes wartete mit seinem Pick-up auf sie.

„Na, ham wa nen büschen Zeit jewonn’n?“

„Ja, ein bisschen“, antwortete Aphrodite. „Und die sollten wir nutzen. Jetzt ist Wahrheit gefragt. Das heißt, Vivian muss ihre Affaire zugeben.“

„Und wie sollen wir das hinkriegen?“

„Indem wir unsere Kräfte bündeln. Hast du noch eine Portion von meinem Nektar da, Hermes?“

„Na klar, verehrte Göttin“, sagte Hermes und begann, in seinem Handschuhfach zu wühlen.

Felix schlug die Tür hinter sich zu, ohne dass sie ein weiteres Wort miteinander geredet hatten.

Vivian betrachtete ihre Unterlagen und entschied, dass sie den letzten Schliff auch noch nachts erledigen könnte, wenn sie Herk getroffen hätte, und dass die sensationellen News von Dr. Münchhofer bis morgen warten konnten. Dann nahm sie den Schlüssel und ging zum Mercedes ihres Schwiegervaters.

Langsam fuhr sie am Krankenhaus vorbei und guckte suchend nach links und rechts, um eine Parklücke zu finden, da entdeckte sie Herk. Er lehnte neben dem Eingang zum Krankenhaus, trank Bier aus einer Dose und rauchte eine Zigarette. Seine Haare hingen ihm verwegen ins Gesicht und begannen, sich an den Schläfen zu wellen. Sein rechtes Auge war von einem dunkelblauen Ring umgeben, ein blutiger Kratzer auf dem Jochbein gab ihm das Aussehen eines Kriegers.

Als er sie sah, strahlte er und Vivians Herz hüpfte, als er einstieg. Hinter ihr hupte es und Vivian beeilte sich, weiterzufahren.

„Sollest du dich nicht lieber ins Bett legen?“, fragte sie Herk zehn Minuten später, als sie die Ratinger Straße erreicht hatten. Herk schüttelte den Kopf. „Die Weißkittel haben das auch gesagt. Aber weißt du was, Kleine? Es ist mir so was von wumpe, was diese Quacksalber sagen. Komm, wir gehen was trinken.“

Er stellte seine Sporttasche im Hauseingang ab, legte den Arm um sie und führte sie auf die andere Straßenseite ins Ohme Jupp.

An einem Stehtisch blieb er stehen und winkte den Kellnerinnen.

„Einen Kaffee à la Herk?“, fragte die Kellnerin und guckte neugierig Herks Veilchen an.

„Ja, bitte, und für die Dame einen Cappuccino", sagte er und beugte sich zu Vivian.

„Baby, nu mach dir nicht ins Hemd. Zeig mir deine Titten."

Sie musste lachen. Er war grenzenlos unverschämt und wickelte sie gleichzeitig mit seinem Charme um den Finger wie eine heiße Spaghetti. Trotzdem versuchte es das Muttertier in ihr noch einmal.

„Meinst du nicht, du solltest vielleicht doch noch mal in so eine Klinik gehen? Wegen dem Zeug da?" Sie zeigte ins dämmrige Innere der Kneipe, wo der Zapfhahn und Hunderte von Gläsern zu sehen waren.

„Niemals. Die haben mich letztes Mal fast draufgehen lassen. Dann lebe ich lieber noch drei schöne Monate mit ein bisschen Vergnügen und gehe dann kaputt, als noch einmal in die Klinik zu gehen. Außerdem hab' ich Hunger und muss pissen." Er schob dem Kellner den Deckel zu und zog seine Jacke an.

Es war sein Leben und er war erwachsen. Aber es tat ihr weh, wenn er so gar nicht auf sich aufpasste. Er trank viel zu viel. Seine Verschlossenheit, seine Coolness, seine zuweilen unergründliche Traurigkeit – war all das dem Alkohol geschuldet? Oder dem verdammten Männlichkeitskult, der Männer auch im 21. Jahrhundert dazu brachte, keine Schwäche zu zeigen und über ihre Gefühle zu schweigen? Außer sie waren schwerst besoffen oder frisch verknallt. Doch die Phase war bei Herk offenbar vorbei.

Ihr Ärger verdrängte den Schmerz.

„Musst du immer solche Scheiße reden und so abgebrüht tun? Auch wenn es dir egal ist, mir ist es nicht egal, wenn dir was passiert." Ihre Stimme wurde immer lauter. „Tu doch was!"

Herk stoppte abrupt und seine Augenbrauen gingen in die Höhe.

„Oh, ich habe was Falsches gesagt, böser Junge."

Sein höhnischer Ton warf sie zurück.

„Ich liebe dich, aber wenn du nicht willst, dass ich da bin, gehe ich jetzt.“

Sie hatte es ausgesprochen. Ich liebe dich. Und sie liebte ihn. Mehr als alles andere. Wie eine heiße Dusche strömte die Gewissheit durch ihren Körper. Das war Liebe, da war sie sich ganz sicher.

Herks Blick fiel auf ihr Gesicht und der höhnische Ausdruck verschwand. Er klang so nüchtern wie Felix, wenn er die Buchhaltung machte. „Baby, ich liebe dich auch. Aber ich zeige es nur mit Alkohol.“

Das war ein Eingeständnis seiner Sucht. Sie schluckte. „Warum tust du dann nichts daran?“

„Weil ich es liebe, alleine und tief unten im Keller zu sein. Dann muss ich niemandem etwas vormachen.“

Der Klumpen in ihrem Hals schwoll an, bis sie fast keine Luft mehr bekam. Sie wollte ihn in den Arm nehmen, aber sein Blick hatte sich wieder geschlossen. Er war so unzugänglich wie ein Eisklotz.

„Das meinst du nicht ernst.“

„Keulchen, schau mal. Ich bin genervt. Ich wohne mit meiner Mutter im gleichen Haus. Ich esse bei meiner Mutter, wenn ich keine Aufträge habe. Ich bin ein Versager. Und du bist Ehefrau. Du fährst jetzt heim zu deinem Gatten und fickst ihm das Hirn aus dem Kasten, und mein Alter sitzt im Kasten. Passt also alles zusammen.“

Er beugte sich vor und küsste sie kurz, aber intensiv auf den Hals. Dann nahm er den Bierdeckel, auf dem die zwei Kaffees standen, und warf seine Lederjacke über die Schulter.

Sie stand da wie vom Donner gerührt. Warum war er so schrecklich abweisend? War sie mit diesem Mann gestern zusammen gewesen, als gäbe es kein Morgen?

„Du bist kein Versager“, rief sie ihm hinterher.

Er stoppte. „Wer in meiner Branche was zu sagen hat, ist jetzt im Frühjahr in Cannes oder Paris, aber nicht auf der Ratinger Straße. Also habe ich keinen Platz in der Nähe von Erfolg und seinen Kriegern. Da fühle ich mich unwohl und fehl am Platz."

Das Pflaster hallte unter seinen Schritten, als er durch die Menschen ging, die sich biertrinkend und krakeelend in der Kneipe drängten.

Tränen rannen über Vivians Wangen, während sie zurück zum Parkhaus ging und feststellte, dass das Eis zu Suppe geschmolzen war. Was hatte man mit ihm gemacht, dass sein Lebensmut derart gebrochen war? Mit seinem Vater hatte er Konflikte, mit seiner Mutter ebenso. Er hatte keine Familie und keinen Erfolg und er hatte sie abgewiesen, obwohl er sie liebte, wie er behauptete. Nein, er tat es, er behauptete es nicht nur. Das fühlte sie.

Zu Hause stapfte sie in die Küche, um nach Süßigkeiten zu suchen. Als sie nichts fand, ging sie an den Schrank mit dem Alkohol und goss sich ein Glas Aperol mit Weißwein ein. In ihrem Kopf schwadronierte die Stimme ihrer Schwiegermutter: *Was für ein Jammer, dass sie sich mit dem Felix so auseinandergelebt hat.*

Jetzt ließ sich Sofie vernehmen. *Ja, ich glaube auch, es gab da doch tief liegende Probleme zwischen Vivian und Felix.*

Hildegard setzte nach: *Na, vielleicht war sie doch nicht die richtige Frau für unsern Felix. Und immer dieses Arbeiten und von zu Hause, ach, neeneenee, das konnte ja nicht gut gehen.*

Jetzt fiel auch noch Ina in den Chor ein: *Ein bisschen Disziplin wäre schon nötig, wenn man auf so vielen Hochzeiten tanzen will!*

Was wollten all die Weiber in ihrem Kopf? Sie kippte den Aperol runter und brüllte: „Schnauze!". Dann pfefferte sie die Küchentür zu, dass die Glasscheiben im Türrahmen klirrten, und begann, die Skateboards, die im Eingang lagen, einzusammeln. Als sie ins Arbeitszimmer zurückkehrte, blinkte der Anrufbeantworter.

Hildegard teilte wortreich mit, dass es den Kindern gut gehe, sie hätten ein Video von Tim und Struppi geguckt und würden jetzt ins Bett gehen. Sie hätte noch eine Packung Wiener Würstchen im Kühlschrank deponiert, die könnten Mika und Laurent essen oder Vivian und Felix, falls sie Appetit darauf hätten.

Auf dem AB hörte sich ihre Stimme kein bisschen schrill, sondern lieb und freundlich an und Vivian schämte sich ein bisschen, weil sie ihr in ihrer Fantasie so eine eklige Stimme gegeben hatte.

Sie drückte auf Löschen, da ertönte Sofies vorwurfsvolle Stimme vom Band. „Hallo Vivian, Ich versuche seit Tagen dich zu erreichen, kannst du vielleicht mal ans Telefon gehen? Oder deine Nachrichten abrufen? Wir haben jetzt Montag, 18 Uhr, ruf mal zurück, muss dir was erzählen! Tschühüs!“

Verdammt, und sie hatte behauptet, am Montag um 18 Uhr mit Sofie verabredet zu sein. Felix musste den Anruf mitbekommen haben; sogar abgehört hatte er ihn noch einmal, deshalb blinkte das Lämpchen nicht mehr.

Sie nahm den Hörer in die Hand, um Sofie zurückzurufen. Dann ließ sie ihn wieder sinken. Wenn sie anriefe, würde Sofie nach Herk fragen … und sie würde ihr irgendetwas vorlügen. Oder sie log nicht und würde sich dafür Sofies Vorwürfe anhören müssen. Solche Gespräche mit Sofie konnten sehr lang werden, doch dazu hatte sie keine Zeit. Seufzend machte sie sich an die Arbeit.

„Ich geh jetzt ins Bett, mit dir ist ja wohl nicht mehr zu rechnen“, sagte Felix um 23 Uhr, und Vivian schüttelte den Kopf.

„Muss das Seminar weiter vorbereiten.“

Als sie um drei Uhr morgens schließlich im Bett lag, hatte sie Atembeklemmungen und konnte nicht einschlafen. *Vivian, du hast das gut vorbereitet, beruhige dich*, versuchte sie sich zu sagen, doch es half nichts.

Schließlich musste sie doch weggedämmert sein. Als sie mit klopfendem Herzen erwachte, war das Bett neben ihr leer.

Sie tastete nach dem Nachttischlicht. Ein zerknitterter Zettel lag auf dem Kissen. „Schlafe heute im Keller."

Es fühlte sich komisch an, nicht neben Felix zu liegen. So, als ob etwas zu Ende ging. Aber mit Herk war es auch vorbei. Es gab keine Affäre mehr. Sie konnte ihm nicht helfen und er wollte sich nicht helfen lassen. Und eine erfolgreiche Businessfrau gab es gleich gar nicht. Nur eine nervöse Trainerin, die wenig Erfahrung hatte und schlecht vorbereitet war.

Sie hockte auf der Bettkante und fühlte sich so unzulänglich, so wertlos. Nichts von dem, was sie großspurig angestoßen hatte, hatte sie zu Ende gebracht. Irgendetwas störte sie. Ein Geräusch war es nicht. Ein Geruch?

Sie ging in Mikas Zimmer. Er, Laurent und drei Freunde lagen auf den Boden auf Matratzen eingemummelt und schliefen. Ein feiner Duft nach süßlichem Gemüse lag in der Luft. Felix hätte ihn vermutlich nicht einmal wahrgenommen, doch Vivians feine Nase führte sie direkt zur Fensterbank. Ein Küchenmesser lag dort und winzige dunkelgrüne Krümel. Sie zerrieb sie zwischen den Fingern und schnupperte daran: Kein Zweifel, was ihr Sohn da auf der Fensterbank liegen hatte, war ein Souvenir aus einem Roermonder Coffeeshop oder einem anderen Ort nahe der niederländischen Grenze.

Sie ging in die Küche, um eine Tüte zu holen, in die sie die Beweiskrümel hineinstreute. Dann trat sie auf die Terrasse und atmete tief durch. Ihr bloßer Fuß stieg gegen etwas Weiches. Sie bückte sich und hob ein totes Rotkehlchen auf. Es musste gegen die Scheibe geflogen sein. Sie trug es zu den Rhododendronbüschen, buddelte mit den Händen ein kleines Loch und legte es hinein, damit Don Johnson es nicht fraß. Ihre Pläne waren gestorben wie dieser kleine Vogel. Wie verblendet war sie gewesen – tolle Mutter und Liebhaberin und erfolgreiche Businessfrau. Und alle hatte sie enttäuscht.

Keinen Ansprüchen war sie gerecht geworden. Während sie den kleinen Vogel mit Erde bedeckte, ließ sie ihr Scheitern Revue passieren. Ihr neuer Kunde war verärgert, Ina hatte die Zusammenarbeit gekündigt und Sofie machte ihr Vorwürfe wegen Herk. Emily kam in der Schule nicht mit, weil sie sich nicht kümmerte. Und Mika rebellierte, indem er mit seinen Skaterfreunden Gras rauchte und sie anlog. Das war kein Wunder, das Lügen hatte sie ihm ja lange genug vorgemacht. Ihre Beziehung mit Felix war ein Theaterstück, bei dem die Schauspieler mit Valium bedröhnt vor leeren Stuhlreihen spielten. Und wenn sie sich trennen würden, müsste sie ihr Geld als Büchsenstaplerin im Supermarkt verdienen.

Das Haus, das unordentliche mit dem verwilderten Garten, den sie so liebte, müssten sie verkaufen. Und die Nachfolger würden die Büsche, in denen die Rotkehlchen brüteten, ausreißen und Kies darüber streuen – so wie in allen modernen Gärten, in denen alles Grün unter Kies erstickt war wie unter Grabplatten.

Und Herk? Er würde sterben. Das hatte er selber gesagt. Lieber noch drei schöne Monate und dann Schluss als noch einmal in so eine Klinik. Ein Schluchzen rang sich durch ihre zusammengedrückte Kehle nach oben. Hatte er das wirklich gesagt, dass er lieber noch drei gute Monate leben würde, als in eine Klinik zu gehen?

Sie starrte in den nachtgrauen Himmel und sah Herk vor sich, wie in der Nacht, als sie von ihm geträumt hatte. Die Monster, die ihn angriffen, waren so mager, dass sich jeder Knochen durch die aschgraue Haut abzeichnete. Zwischen den langen Zähnen lief Geifer raus. Sie attackierten Herk mit ihren scharfen Krallen und rissen blutige Striemen in seinen Rücken.

Sie rappelte sich auf und blinzelte kräftig, um das Bild zu verscheuchen. Irgendetwas flatterte vor ihrem Gesicht vorbei. Wahrscheinlich eine Fledermaus. Der Wind wehte einen Dufthauch der blühenden Kolkwitzie herüber. Jenseits der Gartenmauer dröhnte ein Automotor auf. Flüchtig dachte sie an das satte Röhren, das ihre Autobahnirrfahrt untermalt hatte. Es dröhnte wieder und Vivian drehte lauschend den Kopf.

33 DIO AN VIVIANS WOHNUNG

Eine Mauer trennte den Parkplatz von einem dicht mit Bäumen und Sträuchern bewachsenen Garten. Offensichtlich hielten die Bewohner nichts von akkurat gemähten Rasenflächen. Oder sie überließen das Abknabbern dem Knäuel von drei oder vier Meerschweinchen, die in einem umzäunten Gehege leise vor sich hin schnauften.

„Da oben brennt Licht, könnte das Schlafzimmer sein", sagte Aphrodite.

Ein lautes Maunzen ertönte und eine Katze schoss wie ein Blitz zum hellen Fenster. Das Fenster ging auf und eine Männerstimme fragte: „Was ist denn los, Don Johnson?"

„Mach nicht so einen Krach, Hermes", zischte Aphrodite.

„Ick kann nix machen, ein Lamborghini ist nu mal keen Elektromobil."

„Warum hast du uns nicht mit dem Pick-up geholt?"

„Der muss Battarien uffladn."

„Und wie kommen wir zu Vivian?"

„Wir kommen nicht zu ihr."

„Okay, dann hinterlassen wir ihr ein Zeichen", sagte Aphrodite. „Es ist superwichtig, dass sie sich nicht von Herk trennt. Auch wenn er sich benommen hat wie eine offene Hose."

„Ich bin einverstanden", sagte Dio und nickte.

Aphrodite zog einen Gegenstand aus ihrer Handtasche. „Hier, das hat Herk im Zoo gekauft. Wollte es Vivian vermutlich für ihre Kids geben, aber wahrscheinlich hat ihn sein Anfall daran gehindert."

Dio nahm ihr das Ding aus der Hand. Es war ein kleines Nashorn aus Gummi.

34 VIVIAN FINDET EIN NASHORN

Motorengeräusch war in der Stadt normal. Ungewöhnlich war nur die Richtung, aus der es kam. Vivian lief durch den Garten und lugte über die brusthohe Mauer. Jenseits der Gartenmauer war der Lager- und Parkplatz eines längt geschlossenen Elektrogroßhandels. Als sie das vom Mondlicht beschienene Auto erkannte, stockte ihr der Atem. Es war der gelbe Lamborghini.

„Halt", schrie sie und begann, über die Mauer zu klettern, doch der Wagen setzte zurück und verschwand zwischen den riesigen leeren Kabeltrommeln, die die Firma zurückgelassen hatte. Sie starrte ihm nach. Barfuß eine Verfolgungsjagd über das Fabrikgelände zu starten, war keine gute Idee. Aber wenn sie durchs Haus auf die Straße lief, konnte sie das Fahrzeug vielleicht noch sehen.

Keuchend erreichte sie die Straße, doch sie war zu spät, am oberen Ende der Finkengasse verlor sich der Motorenlärm. Mit den nackten Zehen stieß sie an einen in Zeitungspapier eingewickelten Gegenstand. Sie fummelte das Papier ab und fand zu ihrer Überraschung ein Nashorn. Ein Zettel fiel herunter. Ein schlichter linierter Zettel, aus einem Notizblock gerissen. Die Schrift war schwungvoll mit großen Über- und Unterlängen.

„Für Vivian zum dran Denken: Lass Herk nicht im Stich! Best, Dio." Fröstelnd betrachtete sie die Schrift und das Fläschchen. Wer immer ihr das geschickt hatte, er kannte ihren Namen und wusste etwas von ihr und Herk. Es mussten Herks Freunde sein. Die Frau und der kleine Dicke. Sie gehörten zu Herk. Wie doof war sie eigentlich gewesen, dass sie das nicht schon viel eher zusammengesetzt hatte? Waren diese Typen extra hergekommen, um ihr das mitzuteilen? Aber warum hatten sie dann nicht geklingelt? Das war schräg. Vielleicht hatte Herk es ihnen verboten? Aber es lag ihnen etwas an Herk, das war klar.

Sie ging hinein und stellte das Nashorn vor sich auf den Küchentisch. Dann nahm sie es hoch und betrachte es von allen Seiten. Es sah aus, als lächelte es.

Ein angenehmes Kribbeln breitete sich in ihr aus und verscheuchte ihre Nervosität. Ihr ganzer Ärger auf sich selbst war verschwunden.

Lächelnd sah sie sich in der schwach erleuchteten Küche um. Hatte sie sich eben noch beschimpft, weil sie so unordentlich war? Sie strich mit den Fingern über die Arbeitsplatten, auf denen Geschirr, Zettel, Playmobilfigürchen und verwelktes Basilikum standen. Gewiss, diese Küche war nicht so steril wie ein OP-Saal. Aber hier wohnten Menschen, die atmeten und sich bewegten. Menschen, die zu ihr gehörten. Neue Wärme flutete durch sie hindurch.

Vorsichtig, als traute sie dem neuen wohligen Gefühl in sich noch nicht so recht, ging sie ins Arbeitszimmer, wo Felix ihre Belege für die Umsatzsteuererklärung ausgebreitet hatte, ehe er türenknallend das Haus verlassen hatte, um sich mit Tobias zu treffen. Der Beleg ihrer Taxifahrt von Herk lag obenauf. Hätte sie ihn nicht einfach wegschmeißen können? Ein weiteres Lächeln stieg in ihr auf und ließ sie den Kopf schütteln. *Nein. Du konntest diesen Zettel doch nicht wegwerfen. Er ist ein Erinnerungsstück an die erste Nacht mit deinem Geliebten.*

Sie ließ sich in ihren Schreibtischstuhl sinken und stieß sich mit den Beinen ab, sodass sie sich wie in einem Karussell drehte. Es war doch so einfach. Auf einmal wurde ihr alles klar. Es war richtig, dass sie Herk liebte. Und das würde sie Felix nicht länger verschweigen. Sie würde die Wahrheit sagen und mit den Lügen aufräumen. Nicht am Morgen, da würde sie das Seminar halten, aber danach. Sie richtete sich wieder auf und legte den Beleg sorgfältig in die Schreibtischschublade. Auch Ina und Sofie und den Kindern würde sie es erzählen. Na ja, vielleicht Mika. Den Kleinen vielleicht noch nicht.

Und als Erstes würde sie es Herk sagen.

Während der Himmel sich langsam gelb färbte, legte sich Vivian aufs leere Bett und schrieb Herk eine Nachricht.

Ich beichte Felix, dass es dich gibt. Und ich muss dich wieder treffen, auch wenn du im Keller bist. Pass auf dich auf. Ich liebe dich! Vivian.

„Hast du das gelesen? Sie will es ihm sagen! Die Sache geht voran“, sagte Aphrodite, die auf dem Beifahrersitz saß, während Hermes den Lamborghini mit quietschenden Reifen durch den Vorort steuerte.

„Dit hat ja schnell jewirkt, wa?“, sagte Hermes.

„Hab das Viech ja auch mit meinem Nektar und einem Schluck von Dios Wein eingerieben“, sagte Aphrodite.

Dio starrte auf das Handy der Liebesgöttin. So hatte er sich das mit der Wahrheit nicht vorgestellt. „Ich finde das nicht gut. Jetzt geht ihre Ehe kaputt und Herk kannst du vergessen, denn den wird sie nicht mehr treffen können.“

„Hier, Dickerchen, nimm nen Zug und entspann dich. Die Wahrheit ist genau das, was Herk jetzt braucht beziehungsweise was ihre Liebe braucht, damit er unsterblich wird.“

„Und nich vajessen, der Herr Jemahl is och kompromittiert“, sagte Hermes und ließ den Wagen mit angezogener Handbremse um eine Kurve schleudern.

„Fahr etwas langsamer“, sagte Aphrodite, „wir sind zwar unsterblich, aber wenn du im Baum landest, müssen wir trotzdem den Matsch wegmachen.“ Hermes ging ein wenig vom Gas.

„Schau mal, Dio, der Herk findet das super. Er schreibt: *Hey Babe, viel Spaß beim Beichten. Ich werd dich dann besuchen, wo wohnst du noch gleich?*“

„Plant der nen flotten Dreier?“, fragte Hermes. „Warum eijentlich nicht, bei unserm Clubbesuch war der Herr Jemahl och nich abjeneigt, stimmt's Dio?“

Dio schnaubte. Aphrodite und Hermes nahmen alles viel zu leicht. „Dafür, dass du mich in diesen bescheuerten Club genötigt hast, bist du mir noch einen schuldig.“

„Hat es dir nicht gefallen, dem Hermaphrodit die Brüste zu streicheln?"

„Nein, ganz sicher nicht. Das habe ich nur gemacht, weil er mich ausdrücklich darum gebeten hat. Ich stehe nicht auf Brüste, sondern auf harte Brustmuskeln, das weißt du."

Dio kochte vor Wut. Dass sich Aphrodite dauernd einmischte, war mehr als ärgerlich, doch dass jetzt auch noch Hermes hineingefunkt hatte, war zu viel. Felix hatte zwar einen schönen Abend gehabt, aber die Geschichte mit dem Hermaphroditen wäre nun wirklich nicht nötig gewesen.

„Können wir jetzt bitte in unser neues Hotel fahren? Ich will ein paar Stunden Ruhe haben, bevor wir Zeus in der U-Haft besuchen", sagte er.

„Geht klar, Chef", sagte Hermes und bog mit Karacho auf die Autobahnzufahrt ein, die in die Innenstadt führte.

Im Untersuchungsgefängnis trafen sie auf einen sehr zerknirschten Zeus, der ohne Unterlass von Nadja quatschte.

„Hilflos gefesselt lag sie da. Wie verblendet ich war. Einen Retter wollte ich zeugen und stattdessen ward eine Frau in Ketten gelegt!"

Dio sah sich in dem hässlichen Raum um, dessen einziger Farbtupfer die plastikgelben Stühle waren. Zeus griff nach Dios Hand wie ein Ertrinkender, und die Wärterin, die gelangweilt auf einem Stuhl hinter ihnen Platz genommen hatte, stand auf.

„Bitte nehmen Sie die Hand von der Hand Ihres Besuchers."

Zeus sah sie verzweifelt an, dann schlug er den Kopf auf die Tischplatte, und die Wärterin sagte, wenn er damit nicht aufhöre, würde er ein Beruhigungsmittel bekommen.

„Ihr schöner Leib und ihr wallendes Haar. Europa muss von ihren Ketten befreit werden, in die alte Männer wie ich sie gelegt haben."

„Das mit dem Retter zeugen war wohl nichts“, sagte Aphrodite ungerührt. „Also solltest du deine Bemühungen vielleicht doch auf Herk konzentrieren und ihn befreien.“

„Ich soll den Helden befreien? Schmachtet auch er im Kerker?“, fragte Zeus und Dio nickte.

„Na ja, er braucht jedenfalls deine Hilfe.“

„In gewisser Weise liegt er wirklich in Ketten“, mischte sich Aphrodite wieder ein, „und muss befreit werden – aus seiner Sterblichkeit und aus den Fängen der Cendraken.“

„Dann soll er kommen zu mir und Rat mit mir halten“, sagte Zeus. „Ich werde ihn hören. Wenn ich meinen Leib dann noch nicht habe verlassen.“

„Untersteh dich. Athene hinterlegt eine Kaution für dich.“

Als sie den Besuchsraum verließen, warf Dio einen Blick durch eine Türe. Ein Gang mit vergitterten Türen war zu sehen. Eine Glocke bimmelte und ein Wärter öffnete mit einem großen Schlüsselbund eine der Türen. Auf einem Wagen stand ein großer Topf, aus dem er Eintopf in einen Teller füllte. Dazu gab es Saft aus einem Becher.

„Sie dürfen Ihren Mandanten morgen wieder besuchen“, sagte die Wärterin und schob sie nach draußen, wo Hermes mit seinem Pick-up auf dem Parkplatz wartete.

36 SCHNIEDELBILDER

Obwohl sie nur zwei Stunden geschlafen hatte, war Vivian gleich nach dem Erwachen klar im Kopf. Jetzt würde es sich zeigen, ob ihre Vorbereitung etwas taugte, doch vorher würde sie Mika und Laurent zur Rede stellen.

Sie sah auf ihr Handy, wo eine Nachricht von Herk angekommen war, die ihr Glückshormone durch den Körper jagte. *Wunderweib, ich liebe dich.*

Eilig schrieb sie zurück: *Ich dich auch. Aber jetzt muss meinen Sohn zusammenfalten, er hat mit seinen Freunden Gras geraucht.*

Zeig ihm, wo der Hammer hängt. Du sitzt am längeren Hebel.

Mach ich. Und heute Abend können wir uns treffen, vorausgesetzt, ich überlebe das Seminar.

Schwierig. Ich treffe heute meinen Vater.

Vivian zog einen Flunsch, die Aussicht, Herk zu treffen, hätte ihr genau die Ermutigung für das Seminar gegeben, die sie brauchte. Nun musste sie ohne das klarkommen.

Sie ging in die Küche, um die Jungs zur Rede zu stellen.

Beklommen aneinandergedrängt saßen ihr zwölfjähriger Sohn und der dreizehnjährige Gast da und schwiegen. Gegen diese verstummten Jugendlichen war Herk die Redseligkeit in Person.

Ja, sie hätten schon mal geraucht. Einmal? Nein, schon öfter.

Felix, der dazugekommen war, warf ein, dass das Hanf, das heutzutage verkauft würde, bis zu zwanzigmal so stark sei wie früher, worauf ihn Mika fragte, ob er das schon ausprobiert habe. Felix sagte, das hätte er von Tobias erfahren und der sei Polizist.

Vivian überließ es Felix, weiter mit den Jungen zu reden, und fuhr los. Auch um Mikas Willen war es unerlässlich, dass sie die Wahrheit sagte. Kinder spürten es, wenn ihre Eltern nicht wahrhaftig waren, und dann fingen sie selber an zu lügen und verbotene Dinge zu tun. Aber das würde aufhören, dafür würde sie sorgen.

Während sie im Aufzug zur Kanzlei hochfuhr, kam ihre Anspannung wieder. Als hätten sie darauf gewartet, quetschten sich ihre Versagensängste im letzten Moment mit in die Kabine und schnürten ihr die Luft ab. Vivian biss die Zähne zusammen und versuchte, sie zu verscheuchen, doch als sie die zehnte Etage betrat, schmerzte ihr Bauch vor lauter nervösem Zittern.

Sie redete ihrem ängstlichen Ich zu wie einem wütenden und traurigen kleinen Kind: *Nein, du wirst nicht gehauen. Mama ist da und passt auf dich auf. Und nein, deine Kunden schlagen dich auch nicht. Im Gegenteil. Sie schätzen dich und deine Ideen. Und anschreien tun sie dich auch nicht. Also komm und trau dich.*

Die Empfangssekretärin führte sie in den Seminarraum, der zu allen Seiten Fenster hatte. Ganz Düsseldorf war zu sehen. Vivian schloss den Beamer an, bekam einen Cappuccino serviert und lächelte den hereinkommenden Anzugträgern und Kostümträgerinnen zu, die sie leicht gelangweilt, aber diszipliniert musterten.

Ein Hauch von Panik verschloss ihr die Luftröhre, als sie auf einmal ganz deutlich Herks Stimme hörte: „Vivchen, mach dir nicht ins Hemd wegen der Proleten."

Unwillkürlich zogen sich ihre Mundwinkel nach oben und zu ihrer Überraschung begannen die Gesichter vor ihr ebenfalls zu grinsen.

Vivian begrüßte die Anwesenden und begann zu erläutern, wie wichtig attraktive und leicht verständliche Texte seien, wenn die Leser und Leserinnen nicht gezwungen würden, sie zu lesen, sondern selber entscheiden dürften, ob sie Zeit aufwenden wollten, sie zu lesen.

Zustimmendes Nicken begleitete ihre Ausführungen und Vivian fing wieder an zu atmen. Sie leitete die Teilnehmer durch zahlreiche Vorher-

und Nachher-Beispiele, ließ sie miteinander diskutieren und behandelte das Thema knackige Überschriften und anschauliche Beispiele, die Kino im Kopf der Leser erzeugten. Am Beamer führte sie Inas Vorher-nachher-Beispiele vor, die wirklich gut waren, wie sie dankbar feststellte.

Anschließend teilte sie Übungsblätter aus und stellte auch hier fest, dass die Teilnehmer anstandslos mitmachten.

Als sie erläuterte, wie man mithilfe von Signalwörtern und Schlüsselreizen die Aufmerksamkeit lenken könne, war sie schon fast so weit, sich zu entspannen, als sich ein jüngerer Anwalt mit runder Hornbrille räusperte.

„Frau Sammer, was meinen Sie damit genau?"

Vivian wiederholte, dass bestimmte Signalwörter wie *jetzt*, *einfach* oder *schnell* automatisch das Gefühl von Dringlichkeit erzeugten und klickte noch einmal durch das Vorher-nachher-Beispiel.

Dröhnendes Gelächter der männlichen Teilnehmer antwortete ihr. Die zwei Frauen sahen sie leicht irritiert an.

Verwirrt sah sie in die grinsenden Gesichter. Was war an dem Beispielsatz „5 einfache Tricks, wie Sie ihren Chef schnell überzeugen" so komisch? War er zu banal und reagierten die Teilnehmer jetzt mit höhnischem Gelächter? Leichte Röte stieg in Vivians Wangen.

Am besten ignorierte sie das Lachen, dann würde es schon aufhören.

„Ich zeig Ihnen noch weitere Beispiele", sagte sie und drückte ihren Presenter.

„Weitermachen!", riefen zwei andere.

Verwirrt starrte sie abwechselnd in die Gesichter und auf den Bildschirm ihres Laptops, wo ein Zitat aus einem juristischen Fachaufsatz erschienen war: „Erfahrungen mit der Runderneuerung von Rechtsformen des Gesellschaftsrechts". Die zwei weiblichen Teilnehmer verzogen das Gesicht, als wüssten sie nicht, ob sie lachen oder vor Ekel ausspucken sollten.

Vivian verzog den Mund zu einem leichten Grinsen, so als sei es beabsichtigt, dass die Teilnehmer von Zeit zu Zeit in Gelächter ausbrachen. Dabei sah sie verstohlen an ihrem Anzug hinunter, um zu sehen, ob nicht ein großes Loch oder eine andere Peinlichkeit die Heiterkeit auslöste.

„Sie sehen hier die typische Länge eines juristischen Fachaufsatztitels. Was können Sie tun, um das Thema für eine Publikumszeitschrift oder das Internet ins richtige Format zu bringen? Haben Sie Ideen?"

„Dran lutschen", sagte ein Teilnehmer und seine Kollegen gackerten, bis ihnen die Tränen runterliefen. „Können wir das noch mal sehen?", fragte sein Nachbar und brach in wieherndes Lachen aus. „Das da", er zeigte mit den Fingern auf die Leinwand.

Vivian klickte zurück, kniff die Augen zusammen, und drehte dann den Kopf zur Leinwand. Es war keine optische Täuschung. Entspannt lag er da. Auf einem weißen Laken. Darunter stand „Pause".

Eine Hitzewelle schwappte in ihr Gesicht. Hektisch drückte sie die Escape-Taste, doch die Präsentation schien sich selbstständig gemacht zu haben. Das nächste Bild zeigte eine Zunge, die genießerisch die Lippen leckte. Ihr Mund. Die Wände des Seminarraums schienen zu vibrieren. Wie waren die Fotos in ihre Präsentation geraten? Und wieso hörten sie nicht auf? Sie tippte auf der Tastatur herum, was zur Folge hatte, dass ein leicht gewachsener Schwanz sichtbar wurde, gefolgt von einem noch weiter geöffneten Mund.

„Ist das hier das Storytelling, von dem Sie sprachen?", fragte einer der Teilnehmer.

„Na klar, Fortsetzungsstory", antwortete sein Kollege.

Vivian klappte den Rechner zu, aber dieser Schwanz war eindeutig zum Leben erwacht. Herks Schwanz, um genau zu sein. Das nächste Bild zeigte ihn in deutlicher Aufrichtung.

Darunter stand: „Gehen Sie nicht zu sehr in die Tiefe".

Wo war der Aus-Knopf? Unauffällig sah sie an die Decke, wo unerreichbar der Beamer hing, während die Show weiterging. Wenn sie die Stühle aufeinanderstapelte, kam sie vielleicht dran. Oder sollte sie eine Tasse hochschleudern, damit das Ding kaputtging? So musste sich ein Reh fühlen, kurz bevor der Jagdhund zuschnappte. Schließlich blieb ihr irrlichternder Blick an einem Kabel auf dem Tisch hängen. Sie griff danach und zog den Stecker heraus, doch vergebens, die Bilder hörten nicht auf.

„Wollen Sie noch mehr?", fragte die nächste Folie und die Teilnehmer schrien: „Ja"

Vivians Erstarrung löste sich. Sie musste wegrennen, bevor die Juristen sie mit Schimpf und Schande davonjagten.

„Mach dir nicht ins Hemd, Keulchen", sagte eine Stimme in ihrem Kopf. Diesmal hatte Herk mit ihr geredet, nicht nur die Stimme in ihrem Kopf. Aber wo war er? Ihr Kopf fuhr herum, aber da waren nur die Moderationspinnwände, an die sie rosa Zettelchen gehängt hatten.

„Die finden das geil."

Doch, die Stimme sprach nur in ihrem Kopf. Vivian blieb stehen, wo sie war, und spürte, wie warmes Sonnenlicht durch ihre Adern strömte und die Härchen auf ihrem Arm flimmern ließ. Es gab keinen Grund mehr zu fliehen. Sie drehte sich um und sah den Damen und Herren freundlich lächelnd ins Gesicht.

„Genau", sagte sie, als habe sie soeben dem Bäcker an der Ecke bestätigt, dass sie zwei Roggenbrötchen kaufen wollte. „Gute Bilder und Headlines erzählen eine Geschichte und machen neugierig auf mehr …"

Sie drehte sich halb zur Leinwand, wo Herks Schwanz in voller Aufrichtung verharrte, und machte eine bedeutungsvolle Pause, „… aber man soll aufhören, wenn es am schönsten ist." Sie klickte auf den Presenter, ohne zu wissen, warum sie es eigentlich tat, doch plötzlich gehorchte ihr das Gerät wieder. Der Schwanz verschwand und sichtbar wurde ein leeres weißes Laken. Darunter stand „Kaffeepause."

Schuhe kratzen über den Teppich und Stühle polterten, als sich die Anwälte und Anwältinnen lebhaft plaudernd erhoben und den Raum verließen.

Nur schnell raus hier. Eilig schritt sie der Türe zu. „Hallo, Frau Sammer", sagte eine tiefe Stimme und Vivian erstarrte. Im Türrahmen wurde die Silhouette ihres Kunden sichtbar. Ihre Arme und Beine fühlten sich an, als habe sie jemand spontan in Gummi verwandelt.

Sie sah hektisch hinter sich. Aus dem Fenster springen war im zehnten Stock keine Option. Der einzige Fluchtweg war an ihm vorbei. Betont ruhig ging sie zu Dr. Dornfelder, schüttelte ihm freundlich die Hand und sagte: „Ich bin gleich für Sie da, ich müsste einmal die Waschräume aufsuchen.

„Lassen Sie sich Zeit, Frau Sammer, ich wollte nur mal Hallo sagen. Mir scheint, die Jungs sind gut dabei. Sie hätten etwas unkonventionelle Methoden, sagen sie, aber sie hätten noch nie ein so inspirierendes Seminar erlebt. Genau das habe ich von Ihnen erwartet. Machen Sie weiter so."

Vivian zwang sich, so gelassen zu gucken, als hätte sie nicht gerade Bilder von Herks nacktem Schniedel gezeigt.

„Das Geheimnis besteht darin, Kopfkino zu erzeugen, ohne platt zu wirken", sagte sie und stolperte zur Tür hinaus.

Das Handy plingte. *Bleib geil*, stand in der Nachricht.

37 ZEUS UND HERK REDEN

„Verdammt, hier ist niemand mehr. Der Alte ist schon von Herk abgeholt worden“, sagte Aphrodite.

„Na, super, wie finden wir die beiden jetzt?“, fragte Dio.

„Keen Problem, ick orte sie mal eben.“

Hermes verschwand im Führerhäuschen seines Pick-ups und kam wenig später mit einem Zettel heraus, auf den er sich die Koordinaten von Herks Aufenthaltsort geschrieben hatte.

„An der Rheinpromenade jehn se spaziern“, verkündete Hermes. Er wendete und bog statt zur Autobahn nach rechts zu einem großen Fabrikgelände ab, wo er im Schatten des Gefängniszauns die Nebelmaschine startete. Leise tuckernd erhob sich der Pick-up und Dio sah, wie die roten Dächer, die in Form eines riesigen H angeordnet waren, immer kleiner wurden, während zwei Seen und in der Ferne das glänzende Band des Rheins aufblitzten.

Wenig später schlichen sie den oberen Teil der Rheinpromenade entlang. Auf dem unteren Teil der Promenade, direkt am Rhein, flanierten Zeug und Herk nebeneinanderher.

„Hier, steckt euch die ins Ohr“, sagte Hermes und reichte ihnen Ohrstöpsel, die sich bei näherem Hinsehen als Kopfhörer mit Lautstärkeregler entpuppten.

Dio drückte auf Lauter und hörte Zeus’ Stimme, als stünde er neben ihm. „Ich war verblendet, doch die Verblendung ist von meinem Geiste gewichen und mir ist klar: Du bist der Held, der das Rettungswerk vollenden soll.“

„Was hast du geraucht, Papa?“

„Lenke mich nicht ab. Dein Schicksal ist es, das Volk wieder zur Macht zu führen.“

„Alter Herr, selbst wenn ich dazu Lust hätte, wovon keine Rede sein kann, hättest du zehn Jahre früher kommen müssen."

„Wo liegt das Hindernis?"

„Hier."

Herk wies abwechselnd auf seine Brust und seinen Kopf. „Ich: Wrack. An meinem Bette sitzen jede Nacht die Cendraken. Bereit zuzuschlagen, wenn ich ihnen zu lange nüchtern bin."

„Dann verlasse deine menschliche Hülle und wähle dir ein neues Gefäß."

„Schön wär's. Wenn ich abtrete, geht's ab in den Hades."

„Dir fehlt die Unsterblichkeit?", fragte Zeus und Dio konnte die Ratlosigkeit förmlich hören. „Dann musst du sie erkämpfen!"

„Zu spät. Aber war nett, mal wieder mit dir geplaudert zu haben. Wir sehn uns, Papa."

Herk winkte und ließ einen kopfschüttelnden Zeus stehen.

„Dit war 'n konstruktives Jespräch."

„Typisch Männer", sagte Aphrodite.

38 BEICHTE AN FELIX

Felix nahm einen Schluck Sprudel und dachte nach. Früher war Vivian oft ausgegangen und hatte bei Sofie übernachtet, wenn sie die letzte U-Bahn oder S-Bahn verpasst hat, aber in den letzten Jahren immer seltener. Irgendwie war sie richtig häuslich geworden.

Vielleicht hatte sie das unglücklich gemacht. Sie war ja so ein neugieriger Typ, der gerne unter Menschen war. Ihn hingegen nervten die Leute und die meisten waren ihm einfach nur oberpeinlich. Da hielt er sich lieber fern, sonst färbte das noch auf ihn ab.

Vermutlich hasste er deshalb auch all das Netzwerken und Treffen mit Leuten, das Vivian gerne hatte. Er war völlig zufrieden, wenn er nach der Arbeit Monster erlegen und ab und zu in diesen Club gehen konnte.

Oder war er doch nicht so zufrieden?

Tobias behauptete ja, er lebe in einem Gefängnis, das er mit goldenen Kissen gepolstert hätte.

In jedem Fall brauchte Vivian Menschen um sich herum und vor allem Anerkennung. Und dafür war sie wirklich viel zu selten ausgegangen.

Das hatte sich an Karneval ganz plötzlich geändert. Plötzlich hatte sie lauter Termine in der Stadt gehabt. Das hätte ihm auffallen können. Und dann war da diese merkwürdige Clique in der Kneipe. Die hatten von ihr geredet, so bescheuert das klang. So viele Vivians, die drei Kinder hatten, gab's doch gar nicht. Und sie hatten von diesem Diplomaten geredet, der mit seinem Zimmermädchen was hatte.

Womöglich gehörten sie am Ende dazu? Vivian fand Diplomaten ja toll. Wäre ja selber am liebsten eine geworden. Das hätte sie auch geschafft, wenn sie nicht Familie gegründet hätte und ihn, Felix, dazu gebracht hätte, alles mitzumachen.

Er drehte den Kopf und sah Vivian an.

Sie saß neben ihm auf dem Bett und wand sich wie ein Aal. Er ahnte, was kommen würde, aber plötzlich war er sich nicht mehr sicher, ob er das, was sie ihm erzählen würde, tatsächlich hören wollte.

Seine Nackenhaare stellten sich auf und kitschigerweise begann sein Herz zu klopfen.

Was auch immer du sagst, bitte zieh nicht aus, ich will keine Trennung, okay?

An ihrem blauen ausgeleierten Lieblingsschlafanzug fehlten drei Knöpfe.

„Felix, ich will dir nichts mehr vorlügen."

Wie falsch ihre Stimme klang. Wie einstudiert. Die Hände kneteten einander. Sie schluckte und er sah ihr in die Augen. Ihre Augenlider zuckten, als ob sie gleich in Tränen ausbrechen würde.

„Ich lieb dich, also, ich habe dich die ganze Zeit geliebt. Aber ich habe mich an Karneval in einen anderen Mann verknallt und war mit ihm im Bett."

Felix schluckte. Jetzt passten alle Puzzleteile zusammen. Er war nicht einmal überrascht, aber es war komisch, das so direkt gesagt zu kriegen.

Er blinzelte und überlegte. War jetzt die Zeit für einen gefährlichen Wutanfall gekommen? Für aggressive Männlichkeit und bloß keine Gefühle? Er spürte ihren ängstlichen Blick auf seinem Gesicht. Der Kater maunzte vor dem Fenster und wollte rein. Er stand auf und öffnete ihm. Für einen Moment starrte er hinaus. Wolken zogen in ziemlicher Geschwindigkeit über den Himmel.

Er wusste nicht, was er spürte, aber es war keine Wut. Eher Ärger, dass sein innerer Seismograph nicht früher ausgeschlagen hatte. Als Unternehmensberater war er ein Regelfuchs, der Excel-Tabellen lesen konnte wie andere Leute Kochrezepte. Und er war jemand, dem Unstimmigkeiten auffielen. Wenn es krumme Dinger gab, fand er sie, da hatte er einen siebten Sinn.

Aber bei Vivian hatte er gepennt, sonst hätte er gemerkt, dass da was im Busche war. Und zwar schon lange, bevor er den komischen Taxibeleg und die hohe Handyrechnung entdeckt hatte. Oder bevor der Anruf von Sofie kam, dass sie sich so lange nicht gesehen hätten, obwohl Vivian behauptet hatte, sie träfe sich genau an diesem Abend mit Sofie.

Er schrak fast auf, als Vivian weiterredete.

„Die Geschichte ist nicht vorbei, ich will ihn weitertreffen.“

Was wollte sie? Weiter fremdgehen?

Neben seinem Ärger erwachte ein neues Gefühl. Verwunderung, dass seine vermeintlich so lustlose Frau so etwas wie sexuelle Bedürfnisse hatte. Vermutlich hatte das jeder, aber bei Vivian war ihm das immer so verschüttet vorgekommen.

Auf seine sexuellen Bedürfnisse hatte sie jedenfalls nie ausreichend geachtet. Fand er. Aber dafür hatte er jetzt ja den Club. Da wollte er definitiv noch mal hin. Das nächste Mal vielleicht sogar mit zwei Frauen auf einmal. Oder mit dieser Lady, die selber eine Latte hatte? Die war nur ein einziges Mal dagewesen, aber so, wie die sich benommen hatte, war sie ganz schön heiß auf ihn gewesen. Das war nicht gespielt gewesen, da war er sicher.

In jedem Fall war er mit Vivian quitt, wenn er seine Clubbesuche gegen ihren Seitensprung aufwog. Oder anders gesagt: Sie durfte fremdvögeln und er durfte fremdvögeln. Das war ein Deal. Aber davon konnte er ihr nichts verraten, auf keinen Fall. Puffs standen bei ihr ungefähr auf einer Ebene mit Mord. Ihr taten die Frauen leid und sie fand die Ausbeutung zum Kotzen. Dass er schon ganz schön viel Geld in dem Club gelassen hatte, konnte er ihr erstens schlecht sagen und zweitens hätte sie trotzdem was dagegen gehabt.

Was konnte er sagen, um ihren Deal perfekt zu machen, ohne sich zu verraten? Nachdenklich pflückte er eine von Toms Legofiguren aus der

Bettritze und schmiss sie unters Bett. Don Johnson strich maunzend um seine Beine und wollte Futter. „Nicht jetzt“, sagte er und schob ihn weg.

„Felix, ich liebe dich, das ist die Wahrheit, aber wir gehören einander nicht. Wir sind füreinander da, aber …“ sie stockte. „Du bist ein freier Mensch. Wenn du gehen möchtest, ich halte dich nicht. Wir können zusammenbleiben, aber wir müssen nicht.“

Sie sah ihn an, als versuchte sie, seine Gedanken zu ergründen. Ihre Haare waren offen und hingen ihr ins Gesicht.

„Wer redet denn von gehen?“, sagte er und merkte, dass er ein bisschen neben sich stand. Offenbar nahm ihn die ganze Situation doch mehr mit, als er es sich eingestand.

Tobias würde jetzt explodieren. Er würde den anderen Typen aufsuchen und ihm eine reinhauen. Für Tobias war völlig klar, dass er das eine oder andere erotische Abenteuer haben konnte, manchmal sogar zwei oder drei gleichzeitig, aber wehe, die Frau nahm sich heraus, ihn zu betrügen. Das war ihm einmal passiert, da hatte er seine Freundin in flagranti im Auto mit einem anderen Typen erwischt. Sie hatte oben gesessen, sonst hätte er sie nicht erkannt. Das hatte sein männliches Ego so tief getroffen, dass er der Guten nicht mal eine Abschieds-SMS geschrieben hatte, obwohl er sie richtig gerngehabt hatte.

Aber Tobias war nicht verheiratet. Nie gewesen. Und Felix wurde genau in diesem Auenblick klar, dass er zu dem Thema Seitensprung eine andere Meinung hatte als Tobias.

„Ich will zusammenbleiben“, sagte er. *Ich will bleiben, aber auch Spaß haben*, dachte er. Äußerlich blieb er ganz ruhig, während sich in seinem Hirn die Argumente sortierten: *Hier herrscht Gleichstand, du Trottel. Sie hat dich betrogen, aber du sie auch. Und du wirst das noch weiter tun. Du wirst deine Superspermien großzügig verteilen. In diesem Club. Und sie kann diesen Typen vögeln. Und um die Familie kümmert ihr euch gemeinsam.*

Er sah Vivian genauer an. Die Stirnfalte, die sich immer bildete, wenn sie sich Sorgen machte, furchte sich tief zwischen ihren Augenbrauen, aber sonst sah sie gut aus. Dann lächelte sie.

Er liebte es, wenn sie ihn anlächelte. In ihrem Lächeln war alles vereint, Zuneigung, Spott, Übermut. Zusammen nannte man das wohl Liebe.

„Vielleicht werde ich mir auch die eine oder andere Freiheit nehmen", sagte er und nahm sie in den Arm. Sie hatte einen Lover, aber sie war seine Frau. Warum zum Henker sollte seine Männlichkeit davon abhängen, dass seine Frau nur mit ihm fickte? So verwegen es klang, aber wenn er es sich recht überlegte, törnte ihn die Vorstellung, dass sie sich mit jemand anderem vergnügte, sogar an. Alles Weitere würde sich finden. Vorausgesetzt, sie fand nicht heraus, was er in seiner Freizeit tat.

39 VIVIAN IST HAPPY

Vivian war es, als hätten ihr Geständnis und das Seminar einen Propfen im Flaschenhals gelöst. Sie durfte Herk treffen und sie würde ihn treffen. Sie war so glücklich, dass es in ihr hüpfte. Während sie hellblaue Tücher und Muscheln als Tischdeko für Mikas Konfirmationsessen ausprobierte und Emily und Tom versuchten, im Garten ein Zelt aufzubauen, las sie Herks neueste Nachricht: Er hatte sich ein Fahrrad gekauft. Das Foto zeigte ein mattglänzendes schwarzes Modell, das von der Sonne beschienen an einer Bootsanlegestelle lehnte.

Gratuliere, schrieb sie und fügte eine Ladung Smileys dazu. *Und – wie ist es, wieder mobil zu sein?*

Als wenn ich einen alten Kumpel getroffen und er mir richtig freundschaftlich in den Arsch getreten hätte. Kurz: geil.

Wow! Würde glatt rüberkommen, aber hier übernachten zwei kleine Kids im Zelt.

Dann sperr die Wildkatzen ein und lad die Taschenlampen auf.

Sie wollte Herk besuchen, das war keine Frage, aber Felix war noch nicht da und auf ihrem Schreibtisch warteten drei neue Entwürfe für Pressetexte auf sie. Obendrein rückten Laurents Abschied und Mikas Konfirmation mit großen Schritten näher. Und bei diesem Fest würde es nicht damit getan sein, Bratwürste von der Fleischtheke zu holen.

Ein Foto von einem roten Arm und Bein erschien auf ihrem Smartphone.

Kuss und pusten, schrieb sie und sah, dass auch Felix eine Nachricht geschickt hatte. *Bin noch dienstlich unterwegs*, stand da, was immer das heißen mochte.

Vivian entschied, dass Herks Sonnenbrand ihre persönliche Anwesenheit erforderte, und rief nach Mika und Laurent.

„Papa muss noch arbeiten und ich muss nach Düsseldorf. Könntet ihr den beiden Zeltkindern helfen? Dann habt ihr sturmfreie Bude."

„Klar", antworteten Mika und Laurent wie aus einem Mund und Vivian machte sich auf den Weg.

Herk wartete in der Pizzeria auf sie und wies den Grappa zurück, den der Kellner ihnen unaufgefordert hingestellt hatte. „Kein Alkohol mehr für mich. Ich habe aufgehört zu trinken", verkündete er. Dann erzählte er Vivian, dass er seinen Vater abgeholt hätte, verriet aber nicht, wo das gewesen war. Er war zwar nüchtern, aber sein Gerede klang viel wirrer, als wenn er etwas getrunken hatte.

„Ich habe vier Stunden sein Altmännergeseiere ausgehalten. Das geht mir so was von auf die Eier, das kannst du dir nicht vorstellen!"

Vivian lachte ihn liebevoll an. „Doch, kann ich, oder vielmehr, ich kann mir vorstellen, dass du gelitten hast. Ich kenn dich inzwischen ein bisschen."

„Kannst du nicht. Der seiert ohne Punkt und Komma, von Europa und Rettung und von dem, was er an mir versäumt hat."

„Das ist doch schon mal gut. Und vor allem ist es gut, wenn ihr miteinander redet."

„Irgendwie schon. Der Sack hat mich gefragt, ob das genetisch vererbt wird, das Trinken."

„Und, was hast du geantwortet?"

„Dass ich mir das selber angewöhnt hätte, um den ganzen Scheiß auszuhalten. Da hat er tatsächlich neben all dem Stuss gesagt, es täte ihm leid."

Vivian verschluckte sich an ihrer Pizza. „Was täte ihm leid?"

„Dass er sich nicht um mich gekümmert hat, damals, als ich noch klein war. Aber ich hatte ja meinen Hund, dem hab' ich alles erzählt."

Vivian rutschte neben Herk und legte den Kopf auf seine Schulter. „Scheiße, du Armer.“

„Vermutlich lag es am Knast, dass er so weich geworden ist.“

„Knast? Dein Vater war im Knast? Was hat er denn ausgefressen?“

„Das Übliche, hat rumgevögelt … hat meine Stiefmutter betrogen, aber diesmal hat sie ihm eine Falle gestellt – behauptet er zumindest, aber er redet viel, wenn der Tag lang ist. Und jetzt erzählt er mir dauernd, ich solle meine Aufgabe erfüllen.“

„Ich verstehe nur Bahnhof. Welche Aufgabe?“

„Eine Prinzessin retten.“ Herk lachte. „Aber ich hab’ hier meine Prinzessin. Los, zeig mir endlich deine Titten.“

Er strich über ihren Ausschnitt und Vivian wurde es heiß.

„Nicht hier vor all den Leuten“, sagte sie und die Erinnerung an ihren Traum von der Autofahrt trieb ihr die Röte ins Gesicht. Sie hatte immer noch nicht gewagt, Herk zu erzählen, dass sie in ihrem Tagtraum gewissermaßen von dem Auto ausgezogen worden war. Aber sie genoss es, dass Herk ständig Sachen sagte, die ihrer Schwiegermutter das Entsetzen ins Gesicht gemalt hätten.

„Würde dir hier gefallen, dich auszuziehen, du kleines Luder, was?“, sagte Herk.

Vivian protestierte, aber er funkelte sie an. „Lass uns zum Rhein fahren. Wenn ich schon nicht saufe, will ich wenigstens vögeln.“

Sie fuhren mit dem Fahrrad den Rhein entlang, bis sie die Masse der Menschen, die die Rheinkirmes besuchten, hinter sich gelassen hatten, und der Feldweg links eine Wiese und rechts einen Kiesstrand erreichte.

Vivian ließ sich neben ihm auf den Strand sinken. Aus dem Augenwinkel nahm sie wahr, dass in der Ferne Spaziergänger vorbeigingen, aber sie beschloss, es auszublenden.

Erst als sie gemeinsam auf dem Rücken lagen und die Flugzeuge beobachteten, die sich zum Landeanflug auf Düsseldorf senkten, kam sie auf ihr Gespräch zurück.

„Bei was für einer Aufgabe sollst du deinem Vater helfen? Ich hoffe, du gehst nicht weg?"

Ohne Herk würde sie sich nicht mehr jung und begehrt fühlen. Mit ihm hingegen war alles möglich. Er durfte nicht weggehen!

Ein Hauch von schlechtem Gewissen erwachte in ihr, denn wie oft ging sie weg, wenn sie mit ihm zusammen gewesen war, aber sie drückte den Gedanken beiseite.

Herk beruhigte sie. „Ich geh auch nicht, es gibt andere, die sich nicht die Lunge weggeraucht haben und die das besser können."

„Was besser können?"

„Helden spielen. Alles für ein Ziel geben und so was."

Ein paar Möwen jagten über den Strand. Der milde Abendwind ließ sie frösteln. Sie setzte sich auf und zog ihr Kleid wieder über. „Du bist mein Held."

Er steckte sich eine Zigarette an und fluchte dabei. „Diese Kippen bringen mich noch um. Echte Helden überwinden ihre Schwächen."

„Auch deine Schwäche für Altbier?"

„Ja, das versuche ich, aber wenn ich nicht aufpasse, kommen die Monster. Und jetzt muss ich pissen."

Die letzten Sonnenstrahlen tauchten einen splitternackten Herk in goldenes Licht.

Vivian wartete, bis er sein Geschäft erledigt hatte, dann ging sie barfuß durch die Kiesel und Muscheln zu ihm.

Ihr war auf einmal kalt. „Wie sehen sie aus? Also, die Monster?" Sie verstummte.

„Sie sehen nicht aus wie Schoßhunde, falls du das wissen wollest. Denen möchtest du nicht begegnen, wenn die Sonne weg ist.“

Die Möwen kreischten auf, als sei ein Raubvogel zwischen sie geschossen.

„Doch“, sagte Vivian, „ich glaube, ich möchte das.“

Herk bückte sich und warf einen Gesteinsbrocken. Er gluckste dumpf, als er versank.

„Wenn du es aushältst, denen zu begegnen, liebe ich dich, bis ich alt und tattrig bin. Und jetzt fahren wir zurück, ich habe Durst.“

Schweigend radelten sie zurück in die Altstadt. Die Sterne wurden am Himmel sichtbar und die Fahrgeschäfte der Rheinkirmes funkelten in allen Farben des Regenbogens. Auf der Oberkasseler Brücke drängten sich die Kirmesbesucher. Herk kurvte mit seinem neuen Fahrrad so schnell durch die dicht gedrängten Menschen, dass Vivian ihn aus den Augen verlor. Erst an der Tonhalle wartete er auf sie und lachte sie an.

In der Ratinger Straße verabschiedeten sie sich. Rund um sie her summte die Menge.

„Ich muss nach Hause, morgen früh halte ich wieder ein Seminar. Herr Dr. Dornfelder hat mich zum zweiten Mal gebucht, was ein kleines Wunder ist nach dem letzten Mal, wo ich Bilder von deinem Schniedel gezeigt hab.“

Die Erinnerung an das Seminar trieb ihr die Röte ins Gesicht.

Herk lachte tief und dreckig. „Keule, jeder will meinen Schwanz sehen. Sogar dein Herr Dornfelder.“

Vivian reckte sich hoch, um ihn zum Abschied zu küssen.

„Aber ich komm wieder, so schnell ich kann“, sagte sie. Wieder erwachte ihr schlechtes Gewissen, weil sie heimfuhr zu Felix und den Kindern.

Herk nahm ihr Gesicht in seine Hände und sah sie so liebevoll an, dass ihr ganz schwindlig wurde.

„Keulchen, ich glaube, ich liebe dich.“

Vivian fuhr durch die dicht an dicht stehende Menge über das Kopfsteinpflaster davon. Ihr war so glücklich und gleichzeitig so beklommen zumute, dass sie es gar nicht sagen konnte. Sie bremste und drehte sich um. Da stand er, groß, attraktiv und umgeben von einer Aura aus Traurigkeit und funkelndem Duft und winkte ihr zu.

Schon von Weitem sah sie Ina, die am Taxistand auf die U-Bahn wartete. Ihr erster Impuls war es, wegzulaufen. Wie peinlich hatte sie sich benommen, als sie sie dauernd wegen der Beispiele vertröstet hatte. Wäre sie mutig gewesen, hätte sie ihr einfach die Wahrheit gesagt. „Nein, ich kann die jetzt nicht machen“, hätte sie gesagt, „mein Liebesleben läuft gerade aus dem Ruder.“

Doch bevor sie sich verstecken konnte, hatte Ina sie entdeckt und kam auf sie zu. „Na, wie geht's dir so?“

Vivians Gewissen strampelte wie Tom, wenn er sich partout keine Jacke anziehen lassen wollte. Doch sie holte tief Luft und gebot ihrem Gewissen Ruhe.

Der Taxifahrer fuhr ohne Ina ab, während Vivian ihr alles erzählte. Wie entsetzlich das Seminar gelaufen war und was für Bilder sie gezeigt hatte. Und dass Herr Dornfelder sie trotzdem noch mal buchen wollte. Und dass Felix absolut nicht impotent war, sondern Herk beim ersten Mal keinen hochbekommen hatte. Dass seine Latte jedoch ansonsten der magischste Zauberstab war, den man sich wünschen konnte. Inas Augen wurden größer und größer. „Darf ich dich einmal umarmen?“

Vivian guckte sie erstaunt an.

„Weil du so ehrlich zu mir warst. Joshua belügt mich ohne Unterlass. Er ist auch kein bisschen impotent. Er poppt mit seinen Nutten …“, sie spie das Wort voller Ekel aus, „… sogar in seiner Praxis.“

Ein Gedanke kristallisierte sich in Vivians Kopf heraus, genauer gesagt, ein Geräusch, ein Schwappen, das sie in Joshuas Praxis gehört, dem sie aber keine Bedeutung beigemessen hatte. Es mischte sich mit der Erinnerung an Sofies hochroten Kopf im Flur der Zahnarztpraxis.

„Ach, du Scheiße", murmelte sie. Sofie, die versucht hatte, sie vom Fremdgehen abzuhalten, hatte aus irgendeinem Grund mit ihrem Zahnarzt gepoppt. Anscheinend spielten auch bei ihr die Hormone verrückt.

„Ganz genau", antwortete Ina. „Deshalb werde ich mich von ihm trennen. Und arbeiten gehen werde ich auch wieder. Diesem Miststück muss man die Wäsche nicht nach Farben sortiert in den Schrank legen."

Jetzt waren es Vivians Augen, die aufgingen. „Vielleicht sollten wir mal tanzen gehen. Dann lernst du auch jemand kennen."

„Das wäre eine gute Idee."

Ina lächelte und winkte ihr nach, als sie die Rolltreppe zur U-Bahn hinunterfuhr. Doch anstatt zur U-Bahn hinunterzugehen, stieg Vivian auf der anderen Seite wieder hinaus und wanderte ein paar Straßen weiter. Mitternacht war vorüber, doch da musste Sofie jetzt durch.

Sie wartete ziemlich lange, ehe Sofie den Türöffner drückte. Sie drückte die Haustür auf, dann schirmte sie mit der rechten Hand ihr Gesicht ab, um nicht in die Tiefe des Flurschachts gucken zu müssen.

Sofie bat sie auf das weiße Sofa und erzählte ihr ohne Umschweife, was passiert war.

„Ja, ich hab' mich in den Zahnarzt verguckt, und nein, ich hab' nicht nachgefragt, ob er verheiratet ist oder nicht. Dabei hattest du mir das sogar gesagt, aber das habe ich verdrängt.

Erst als er nach unseren ersten Treffen ewig keine Zeit hatte, bin ich misstrauisch geworden. Da hat er mich in die Praxis bestellt und gesagt, ich sollte schon mal warten, er müsse noch einen anderen Patienten behandeln. Ein kleines Kind.

‚Trink noch einen Schluck Wasser, das entspannt', hat er gesagt. Ich bin ein bisschen weggedöst und habe an ihn gedacht. Auf einmal war er da, und wir haben es auf seinem Behandlungsstuhl getrieben. Ich weiß nicht, was in mich gefahren ist."

Sofie klappte ihr Schlafsofa aus, gab Vivian eine Decke und holte Wein und Schokolade. Mit ihrem Glas setzte sie sich neben Vivian aufs Sofa und prostete ihr zu. „An dem Tag ist mir klar geworden, dass er verheiratet ist. Da habe ich sofort einen Schlussstrich gezogen."

Sie nahm einen großen Schluck Wein.

„Auch wenn der Typ echt süß war, aber das geht gar nicht."

Vivian schluckte. Es war der Tag der Geständnisse und sie entschied, dass auch Sofie die Wahrheit vertragen musste.

„Ich hol noch 'ne Flasche Wein", sagte Sofie, als Vivian mit ihrer Beichte durch war.

„Und jetzt führt ihr eine offene Beziehung?", fragte sie schließlich.

Vivian zuckte ratlos mit den Achseln. „Ich weiß es nicht. Ich bin mit Herk zusammen und Felix lässt mich. Er ist sowieso die meiste Zeit nicht da." Sie biss ein Stück Schokolade ab. „Wir sprechen nicht weiter drüber. Ich mach mein Ding und er seins."

Sie wusste wirklich nicht, was in ihrer Ehe Sache war, aber sie wollte nicht darüber nachdenken.

„Warum hast du mich an diesem Montag eigentlich angerufen?", fragte sie Sofie stattdessen.

„Weil ich dich fragen wollte, ob du ein neues Büro haben möchtest. Joshua vermietet die Räume über seiner Praxis und du willst vielleicht mal raus aus diesem Homeoffice."

Ein eigenes Büro? In dem sie arbeiten und Kunden einladen konnte? Nein, viel besser: in dem sie sich mit Herk treffen konnte. Trotz des Weins, der ihre Gedanken benebelte, musste Vivian lächeln, als Sofies Vorschlag langsam in sie einsickerte.

„Klar“, sagte sie. „Ein eigenes Büro ist die Lösung für all meine Probleme.“

40 FELIX IST STAMMKUNDE

Dio legte die Beine hoch und sah einer Hummel zu, wie sie aus den Margeriten Nektar saugte. Von seinem Liegestuhl im Garten konnte er direkt auf einen schmalen Deichweg sehen, wo Inlineskater, Spaziergänger und Radfahrer das klare Licht und die sanfte Wärme der Augustsonne genossen.

Aphrodite war am Nachmittag weggefahren, ohne zu sagen, wo sie hinfuhr. Das hatte sie in den vergangenen Wochen öfter getan, aber er war zu beschäftigt gewesen, um darauf zu achten. Er war zwischen Herks verlassener Wohnung und Berlin hin- und hergependelt, wo Hera wie ein Ackergaul schuftete und immer wieder mal Wein aus seinem magischen Kelch benötigte, um einen widerspenstigen Abgeordneten weich zu stimmen.

Dafür klappte die Tür und Athene kam auf die Terrasse. War es ihr endlich gelungen, Zeus aus der Untersuchungshaft freizubekommen? Eine Kaution von fast einer Million Euro sollte doch genug sein.

„Athene!“

Dio winkte und die füllige lockige Frau lenkte ihre Schritte zu seinem Liegestuhl.

„Hier, bedien’ dich“, sagte Dio und zeigte auf die Bar, die er im Wohnzimmer aufgebaut hatte.

„Mein Gott, ihr habt euch ja richtig häuslich eingerichtet.“

„Hera braucht noch zwei Monate und da haben wir uns einen Bungalow gemietet, um in Ruhe ein Auge auf Herk und Vivian zu haben.“ Er zeigte auf die Wohnung.

„Ich glaube, die Nacht mit diesem Polizisten hat Hera in gute Laune versetzt“, fuhr Dio fort, „sie sagte: ‚Ich bin auf eurer Seite, auch wenn dieser Muskeltyp partout keinen hochbekommen hat. Vor allem ist mir wichtig, dass ihr dafür sorgt, dass es dieser Vivian gut geht und dass sie Herk zur Unsterblichkeit verhilft.“

„Die hat ja nicht nur gute Laune, die hat ihre Meinung um 180 Grad gedreht." Athene nahm sich ein Getränk und schnupperte daran. „Mmh, dionysischer Wein. Und, klappt das mit Herk?"

„Mit der dritten Voraussetzung ist es kniffelig, denn Vivian muss Herk die Freiheit geben, zu gehen, und danach sieht es kein bisschen aus. Aber Aphrodite schwört auf ihren Plan und er ist offen gestanden die einzige Chance, die wir noch haben.

Und warum ist das Verfahren gegen Zeus immer noch nicht eingestellt?"

„Eigentlich sollte es längst eingestellt sein, aber sie haben begonnen, wegen bandenmäßiger Zuhälterei gegen ihn zu ermitteln. Um ein Haar hätten sie ihm eine elektronische Fußfessel angelegt, aber ich habe den Richter überzeugt, dass die Kaution von einer Million Euro genug ist, um ihn dazubehalten."

„Huch, und warum Zuhälterei?"

„Kannst du dir das nicht denken? Während Zeus mit seiner Nadja zugange war, haben, wie du ja weißt, ein paar Männer im Nebenzimmer eine Orgie veranstaltet. Ihnen werden diverse Straftaten vorgeworfen: Freiheitsberaubung, Vergewaltigung von Minderjährigen und andere Verbrechen. Die Polizei vermutet, dass Zeus in dem Skandal drinhängt."

„Niemals!" Dio schüttelte den Kopf. „Zeus hatte nur Augen für Nadja! Das können wir bezeugen."

„Das hat Hermes schon. Er hat bei der Vernehmung gesagt: ‚Nadja ist freiwillig mitgegangen, die wollte das so. Und das Netz ist eine Falle der Ehefrau.' Leider haben die Typen exakt das Gleiche gesagt, nämlich: ‚Die Frauen wollten das so.' Kam sehr gut an bei der Untersuchungsrichterin!"

„Puuh."

„Na, jetzt konzentriere ich mich auf Nadja." Athene lächelte. „Wenn wir sie überzeugen, dass Zeus ihr nicht wirklich übelwollte, zieht sie ihre Anzeige zurück. Dann ist er aus der Gangbangnummer raus."

„Aber das schaffst du doch, oder?"

„Ich arbeite dran. Danke für den Drink."

Sie stellte das leere Glas ab und verließ den Bungalow.

Wieder klappte die Eingangstüre, Frauenstimmen ertönten und dann trat Aphrodite auf die Terrasse. Sie trug High Heels und einen schwarzen kurzen Rock, was nichts Ungewöhnliches war, doch die Vehemenz, mit der sie ihren Schlüsselbund auf den Terrassentisch knallte, ließ ihn aufschrecken. Eilig rappelte er sich hoch und fragte, was los war.

„Ich muss mich betrinken und selbst das wird nichts helfen", sagte sie.

„Wovon redest du?"

Dio schüttete Eis in das Glas, füllte es mit Gin und Tonic Water auf und sah zu, wie Aphrodite es gierig hinunterschüttete.

„Ich rede von Hermes und von dem Typen, den ich heute im Club Seven Heaven zwischen meinen Beinen hatte."

Sie knallte das leere Glas auf die Bar zwischen Küche und Wohnzimmer, zog ihre Schuhe aus und warf sie mit Karacho gegen die Tür. „Hab ihn ausgetestet. War gut in Form. Von den untrainierten Armmuskeln wollen wir jetzt mal nicht reden. Aber von der Potenz her war er gut dabei."

„Verstehe ich das richtig: Du warst in einem Puff und hast dich zwischen die käuflichen Ladys gemischt?"

„Feldforschung betrieben", sagte Aphrodite und setzte das leere Glas ab.

„In einem Puff?"

„Ich gucke von Zeit zu Zeit, wofür die Leute meinen guten Namen missbrauchen. Als ob man Liebe und Begehren kaufen könnte. So ein Blödsinn."

So in Rage hatte Dio die stets coole Liebesgöttin noch nie erlebt, aber über was sie sich genau aufregte, war ihm noch nicht klar.

„Lag es am Club, dass du dich so ärgerst?"

„Zum Teil. Das war mal ein guter Club, jedenfalls soweit ein Puff gut sein kann. Aufgemacht haben ihn zwei Landfrauen mit unehelichen Kindern. Die haben sich gedacht, wenn sie schon als Huren bezeichnet werden, können sie damit auch Geld verdienen. Das ging gut, bis vor ein paar Jahren die Mafia begonnen hat, die Hand aufzuhalten. Jetzt zahlen sie Schutzgeld und die Zuhälter schleusen vorzugsweise junge Moldawierinnen, Ungarinnen und Rumäninnen in den Club. Denen ist es strengstens verboten, den Kunden etwas davon zu sagen, auch nicht, dass sie zum Teil erst siebzehn sind; sie behaupten, sie wären mindestens 24. Nach außen sind sie nett und fidel, überhaupt wirkt das Ganze deutlich edler als die üblichen Saunaclubs, ist auch teurer, aber achtzig Prozent ihrer Einnahmen müssen sie an den Chef der Bande abdrücken. Das hat er bei mir auch versucht, aber ich hab' ihm die Eier zugedrückt, bis er grün im Gesicht wurde."

„Und warum regst du dich jetzt so auf? Es gibt nun mal Puffs."

Vom Deich her ertönte Geschrei, offenbar war ein irgendein Kind gestürzt, ein Mann sprach tröstend auf den Kleinen ein.

„Es geht um Vivian."

„War Vivian im Puff?"

Aphrodite sah ihn an, als sei er nicht recht bei Trost. „Denk doch mal nach."

Endlich fiel der Groschen.

„Sprichst von dem Felix? Vivians Mann?"

„Jawohl. Hier sind die 150 Euro, die Felix bezahlt hat. Und zwar nicht zum ersten Mal. Man könnte sagen, er ist Stammgast und Hermes sein Stammtaxifahrer. Na, der kriegt noch was von mir zu hören." Sie schnaubte.

„Er geht das regelmäßig hin?

„Ja, du Blitzmerker."

„Das wird Vivian aber nicht gefallen."

„Darauf kannst du einen lassen. Keiner Frau gefällt es, wenn ihr Mann zu Prostituierten geht, deshalb verschweigen es auch alle."

„Aber Felix ist ein netter Typ, soweit ich das mitbekommen habe", sagte Dio und sah dem Vater hinterher, der mit seinem Kind davonradelte. „Der fickt keine minderjährigen Zwangsnutten, oder? Er hat vielleicht einfach ein bisschen viel Druck auf der Düse."

„Das haben sie alle und ja, er ist ein Netter. Ich habe ein bisschen Smalltalk mit ihm gemacht, bevor er das zweite Mal gekommen ist. Aber er ist genauso gleichgültig wie die anderen Scheißsäcke. Er nimmt es für selbstverständlich hin, dass da Frauen sind, die es ihm besorgen. Er bildet sich sogar ein, sie hätten Spaß daran, mit ihm zu vögeln. Nach dem Motto, warum soll ich eigentlich dafür bezahlen? Sie fand es doch auch geil."

„Gefällt es ihnen nicht?"

„Das ist völlig egal. Sie vögeln ihn ja nicht, weil sie auf ihn geil sind oder ihn gar lieben, sondern weil er zahlt. Ihre Gefühle interessieren ihn einen Dreck."

„Das ist doch Teil des Deals. Sie verkaufen Sex, er gibt Geld. Das ist Geschäft mit Dienstleistungen."

„Hast du in den letzten paar Tausend Jahren eigentlich gar nichts gelernt? Das ist keine Orgie wie von deinen Anhängerinnen früher. Hast du schon mal drüber nachgedacht, warum sich die meisten Nutten mit Alk oder Drogen zudröhnen?"

Dio schüttelte den Kopf.

„Weil es nicht um Liebe geht", sagte Aphrodite. „Du kannst deine Wohnung an Feriengäste vermieten und weggehen, während sie drin sind. Aber du kannst deinen Körper nicht verlassen, während ein alter Bock in dir drinsteckt und du ihm vorspielst, geil zu sein."

„Puuh", machte Dionysos. Ihm driftete das Gespräch deutlich zu sehr in Richtung Psychotalk. Ihm kam ein Gedanke. „Aber wenn Vivian das erfährt, würde sie sich bestimmt von Felix trennen. Und das wäre super, denn dann hätte sie Zeit und könnte sich ein Leben mit Herk aufbauen."

Aphrodite atmete durch und drehte sich eine ihrer kleinen Tüten.

„Gar nicht super. Vergiss nicht, sie haben Kinder. Wenn die sich trennen, gibt das Rosenkrieg. Und glaub mir, eine Scheidungsschlacht an der Backe ist nicht das, was du für eine Liebesbeziehung brauchst. Und noch was viel Wichtigeres."

„Was denn?"

„Vivian braucht mehr Selbstbewusstsein. Sie muss begreifen, dass sie selber toll ist und nicht nur, weil sie ein Typ wie Herk sie toll findet. Solange das nicht der Fall ist, wird sie ihn niemals freiwillig ziehen lassen. Aber genau das ist die dritte Voraussetzung dafür, dass sie ihn wahrhaft liebt. Kapito?"

Das leuchtete Dio ein. „Also darf Vivian nichts von Felix' Hobby erfahren, richtig?"

„Felix sollte sich von diesem ‚Hobby' verabschieden."

Sie zog an der Zigarette und blies den süßlichen Rauch über die Terrasse.

Dio stöhnte. „Okay, okay, aber komm von deinem Missionstrip runter. Du bist zwar Liebesgöttin, aber einer Industrie kannst auch du nicht die Stirn bieten."

„Aber ich weiß, dass es genug Begehren gibt, damit *alle* Beteiligten Lust verspüren können. Und wenn die andere Person nicht möchte, darf man sie nicht zwingen. Auch nicht gegen Geld. Liebe und Sex sind keine Handelswaren, aus der Zuhälter und Puffmütter Geld schlagen sollten."

Die Abendsonne warf auf die vor ihnen liegenden Rheinwiesen immer länger werdende Schatten.

„Und ich kann Vivians Mann dazu bringen, das zu begreifen. Ich glaube, ich hab' da eine Idee."

Dio schrak auf. „Bitte nicht! Immer, wenn du Ideen umsetzt, geht es in die Hose.“

„Chéri, das ist mein Revier“, erwiderte Aphrodite.

41 VIVIAN KANN SICH NICHT ENTSCHEIDEN

Wenige Tage nach ihrem Treffen mit Sofie bezog Vivian das neue Büro, das praktischerweise schon Schränke und eine Sitzecke hatte. Als sie den Teppich unter der Sitzecke ausrollte, malte sie sich aus, wie sie und Herk sich hier treffen würden. Sie würde eine Decke und ein paar Kissen in dem schicken weißen Aktenschrank deponieren, oder sie würden es einfach auf dem Schreibtisch machen, so wie die Paare im Kino. Leider kam sie nicht dazu, sich mit ihm zu verabreden.

Dr. Dornfelders Anwälte standen Schlange und wollten Gastbeiträge geschrieben oder Pressemitteilungen versendet haben. Und zum ersten Mal, seit Vivian von der Zeitung die Kündigung erhalten hatte, sammelte sich ein bisschen Geld auf ihrem Konto an. Sie spürte eine gelassene Art von Stolz, die nicht damit zusammenhing, wie attraktiv sie sich gerade fühlte oder wie gut sie allen möglichen Pflichten nachkam.

Zugleich rückte Mikas Konfirmation rasant näher, und diesmal war es nicht damit getan, Bratwürste an der Metzgertheke zu kaufen. Vivian wollte, dass die Konfirmation perfekt wurde. Sie dachte lange nach, wie sie all das Essen gekocht kriegen sollte, ehe sie auf die Idee kam, es einfach zu bestellen. Sie rief einen Cateringservice an und verbrachte einen Bruchteil der fürs Kochen und Backen angesetzten Zeit damit, gemeinsam mit Mika und Laurent die Menüfolge zusammenzustellen.

Agathe, die Putzfrau, war endlich zurückgekommen und schrubbte die Bude, dass es nur so schäumte. Mittendrin rief Sofie an und fragte, ob Vivian einen gebrauchten, jedoch todschicken Schreibtisch für ihr neues Büro kaufen wolle. Vivian sagte zu und ließ sich von Agathes Mann helfen, das riesige weiß-silberne Ding in das Büro über der Zahnarztpraxis zu tragen. Stolz schickte sie Herk ein Foto ihrer neuen Büroeinrichtung und ihrer eindrucksvollen Zu-erledigen-Liste.

Organisiere wie eine Wilde.

Herk antwortete: *Und mir organisierst du bitte mal wieder Anwesenheit.*

Anwesenheit? Sie stutzte. Das klang so anders als bisher, als immer sie diejenige gewesen war, die sehnsüchtig auf ein Treffen wartete. Zumindest war es ihr so vorgekommen. Sie griff zum Hörer und schlug ihm vor, doch bei ihr vorbeizukommen, doch Herk lehnte ab. „Das ist dein Spielfeld. Da mische ich mich nicht ein", sagte er.

Vivian betrachtete den Hörer in ihrer Hand. Alles lief so gut, ihr Business nahm Fahrt auf, Felix ließ ihr alle Freiheiten und das Haus begann vor Sauberkeit zu funkeln. Ausgerechnet jetzt weigerte sich Herk, daran teilzunehmen. Herk, ihr Glücksbringer! Liebte er sie nicht wirklich? Das musste sie sofort klären. „Soll ich dich besuchen?", fragte sie.

„Wenn es dir nichts ausmacht, dass ich in einer Besenkammer wohne."

„Besenkammer? Deine Wohnung ist doch ein Palast."

„Gewesen. Wenn man erwachsen wird, zieht man zu Hause aus, oder?"

Vivian, die sich mühte, die noch von Weihnachten übrig gebliebenen Schneemänner von der Terrassentür abzukratzen, damit Agathe die Scheiben putzen konnte, brauchte eine Weile, ehe sie begriff, was Herk damit meinte.

„Du bist – ausgezogen?"

„Yes, ich wohne ab sofort im Eiskeller. Fürs Protokoll: Eiskellerstraße 1, Besenkammer links. Und ich habe Mutti verboten, mich für die nächsten sechs Wochen anzusprechen, geschweige denn zu klingeln. Und wenn die sechs Wochen vorbei sind, kommen die nächsten sechs Wochen, aber das weiß sie noch nicht."

„Und darauf lässt sie sich ein?"

„Sie meint es gut, aber sie muss aufhören, mich als ihren Lebensinhalt zu betrachten. Sie soll sich jemand anders suchen, den sie vergöttern kann."

Staunend ließ Vivian die Aufkleberreste in den Mülleimer fallen. Auch bei Herk schienen die Dinge in Bewegung gekommen zu sein. Das war schön, doch prompt erwachte ihre Furcht. Was war mit der Aufgabe, von der Herk gesprochen hatte? Was wurde aus ihr, wenn Herk sich nun bereit dazu fühlte und wegfuhr? Ohne ihn war sie ein Nichts! Ihr ganzer Erfolg würde in sich zusammenfallen. Vor Aufregung stellten sich ihre Nackenhaare auf.

„Wenn du in einer Besenkammer wohnst, besuche ich dich in einer Besenkammer", sagte sie entschlossen.

Herk lachte sein tiefstes, dreckigstes Lachen und ihre Härchen zitterten. Die Nachmittagssonne zauberte ein Glitzern auf die mit Fingerabdrücken übersäten Fensterscheiben.

„Ach, Keulchen weißt du, ich wollte schon immer mal ins Hyatt. Zieh schöne Unterwäsche an und komm zu mir."

Mit klopfendem Herzen bat Vivian Felix, nach den Kindern zu schauen, und fuhr zu Herk. Er empfing sie in der Bar des Hotels und dirigierte sie zum Kaminzimmer. Als sie in zwei tiefen, ledernen Clubsesseln saßen, sah sie ihn fragend an. Was war mit seinen Plänen und was war mit seinem neulich geäußerten Entschluss, keinen Alkohol mehr zu trinken? Wenn er es ernst meinte, durfte er auf keinen Fall etwas trinken, jeder Schluck Alkohol brachte schlagartig die Sucht zurück und war deshalb zu vermeiden, das hatte sie gelesen, doch Herk anscheinend nicht. Er grinste sie mit seinem typischen Herklächeln an. „Heute ist eine Pause von der Pause."

Vivian öffnete den Mund, um etwas zu sagen, doch dann schloss sie ihn wieder. Es würde nichts bringen, ihn zu belehren, sie musste ihn nehmen, wie er war, oder es lassen.

Der Kellner trat an ihre Sitzecke. Sein sorgfältig gestutzter Bart schimmerte rötlich. „Nehmen Sie den Lagavulin Malt Whisky, 16 Jahre alt, steht nicht auf der Karte, aber ist köstlich und zart torfig".

„Der ist doch viel zu teuer", warf Vivian ein, als könnte ein hoher Preis Herk davon abhalten, Alkohol zu trinken.

„Geld zählt nicht, Baby."

Herk war erwachsen.

„Dann nehmen wir den." Sie nickte dem Kellner zu.

Als sie mit dem Aufzug zu ihrem Zimmer hochfuhren, legte Herk die Hand auf ihre Hüfte. „Mit dir hätte ich eine Familie gegründet", sagte er mit tiefer Stimme.

Vivian lachte ihn an und genoss die Schwerelosigkeit in ihrem Kopf. Dann küssten sie sich, bis die Aufzugtüren aufgingen.

„Wenn ich dich vor zehn Jahren kennengelernt hätte …" Er beendete den Satz nicht.

Das war kein Heiratsantrag, beide wussten es, aber es war ein: „Ich liebe dich und ich vertraue dir", und ein Funkenregen rieselte auf sie nieder. Tief unter ihnen glitzerten die Lichter des Medienhafens und das Wasser des Rheins.

Sie trat dicht an ihn heran. „Da drin", sie zeigte auf ihr Herz, „ist immer ein Platz für dich reserviert. Auch wenn …", sie stockte, „auch wenn du mal eine Frau findest, mit der du doch noch eine Familie gründen willst. Oder wenn du weggehst, um deine Aufgabe zu erfüllen."

Was hatte sie da gesagt? Er durfte nicht weggehen, sie brauchte ihn! Er war ihr Garant dafür, dass sie sich jung fühlte. Ihr Talisman.

Später hielt sie ihn im Arm und merkte auf einmal, dass er eingeschlafen war. Sie betrachtete sein Profil im Schein des Mondes, der zum Fenster hereinleuchtete. In der Ferne malten die Scheinwerfer des Fernsehturms gelbliche Kreise an den wolkenverhangenen Himmel.

Etwas hatte sich an ihm verändert, aber er war trotzdem er. Mit all den Eigenschaften, die ihn ausmachten. Mit seinem Humor, seiner Coolness, seinem Sarkasmus und seiner Männlichkeit, die so herzzerreißend mit seiner Besorgtheit kontrastierte, wenn er sie ermahnte, beim Fahren die Brille aufzusetzen.

Sein Atem rasselte in seiner Brust, wenn er einatmete. Das waren die Zigaretten, von denen er immer sagte, sie würden ihn umbringen. Wenn er ausatmete, klang es, als weine eine Eidechse. Sie küsste ihn hauchzart auf den Mund. „Du bist mein Held und ich bin deine Heldin", flüsterte sie.

Am nächsten Tag kam Vivian kurz vor Mittag bei dem Parkstreifen an, wo sie am Abend zuvor den Mercedes geparkt hatte. Doch der Platz war leer.

Vivian, die ihre Brille im Handschuhfach gelassen und Kontaktlinsen getragen hatte, rieb sich die kurzsichtigen Augen. Warum nur hatte sie den ganzen Samstagvormittag verschlafen? Vervögelt, genauer gesagt. Hatte jemand das Auto geklaut?

Keuchend erreichte sie die Polizeiwache, als ihr dämmerte, dass der Wagen wahrscheinlich nur abgeschleppt war. „Gegen eine kleine Verwaltungsgebühr von 120 Euro dürfen Sie ihn abholen", sagte der Polizeibeamte mit einem spöttischen Lächeln.

Vivian grinste belämmert und starrte auf ihr Handy. *In meinen Träumen gibt es den Charakter eines erwachsenen Herk. Der taucht nach so tollen Momenten wie mit Dir gestern anschließend auf.*

An den leicht verschwommen aussehenden Passanten vorbei ging sie zur Straßenbahn. So emotional wie am Vorabend hatte Herk noch nie mit ihr gesprochen. Bei der Erinnerung daran lief ein Schauer durch ihren Körper, denn das hieß, dass er sie innig liebte. Doch anstatt sich zu beruhigen, klopfte ihr Herz nur schneller.

Die Kirchturmuhr schlug drei, als sie ihr Zuhause in der Finkengasse erreichte. Felix war einkaufen gegangen, Laurent und Mika waren beim Skaten. Tom und Emily hockten neben dem ausgezogenen Tisch im Wohnzimmer inmitten eines großen Legohaufens und sprangen auf, als die Türe ging.

„Na, wie geht's, wie steht's?", fragte sie.

„Wo warst du, Mama?", fragte Emily.

„Bei einem Freund."

„Mama …", ihre Tochter hatte eine steile Falte auf der runden Stirn, „was ist das für ein Freund?" Sie druckste herum. „Hast du was mit dem?"

Vivian schüttelte reflexhaft den Kopf. Verdammt, an diesen Aspekt hatte sie überhaupt nicht mehr gedacht! Die ehrliche Variante der Dreiecksbeziehung, „Du Schatz, ich geh jetzt wieder den Lover bumsen", war wohl nur etwas für Fortgeschrittene und nichts, was man den Kindern mal eben so erzählte.

Als Felix mit zwei vollen Tüten ins Zimmer kam, warf sie ihm ein schiefes Lächeln zu. Würde er Emily die Wahrheit sagen? Vivian hatte von einer exzentrischen britischen Schauspielerin gelesen, die den Zeitungen zufolge offiziell eine Beziehung mit zwei Männern lebte. Aber außerhalb von Filmen kannte sie keinen, der das versuchen würde. Oder redete nur keiner von denen, die es taten, darüber?

Verflixt, aber sie brauchte Herk und sie wollte mit ihm zusammen sein! Irgendwie musste es doch möglich sein, ihn in ihre Familie zu integrieren.

Am besten würde sie ihn einfach so oft besuchen, dass er sich schließlich doch dazu entscheiden würde, sie zu besuchen. Erst in ihrem Büro und später zu Hause.

Abends, als sie ihrer Tochter ein Schlaflied vorgesungen hatte und ihr einen Gutenachtkuss gab, schlang Emily ihr die Arme um den Hals. In ihren Augen schimmerten Tränen. „Du darfst dich nie von Papa trennen."

Das konnte sie ihr reinen Gewissens zusichern. „Nein, ich trenne mich nicht von Papa."

„Versprichst du mir das?"

„Ja, mein Schatz. Und jetzt schlaf gut."

42 FELIX' NETTE KOLLEGIN

Am Montag hatte Felix einen Termin in der Augenchirurgie, welcher seine Brille überflüssig und seine Augen so scharf wie die eines Adlers machen würde.

Das würde Vivian gefallen, wenn sie sich denn dafür interessieren würde. Da war er sich zurzeit nicht so sicher. Gegen diesen Typen aus Düsseldorf machte er keine Schnitte. Nicht mal den neuen Audi, den er als Ersatz für den kaputt gefahrenen Peugeot gekauft hatte, hatte sie gelobt.

Dafür bekam er in letzter Zeit immer öfter Komplimente von seiner neuen Kollegin Anastasia. Sie war Rechtsanwältin und arbeitete eigentlich für seine Auftraggeberin. Doch zurzeit lief sie andauernd über seinen Büroflur. Irgendetwas an ihr bewirkte, dass er Schweißausbrüche bekam, wenn er ihr begegnete.

Als er Anastasia am nächsten Tag am Kopierer begegnete, sagte sie beiläufig: „Wenn manch Leute Bedürfnisse haben, vereinbaren sie ein PM. Dafür gibt es ein Internetportal."

Sein Chef Gustav kam vorbei und auf Felix' Stirn traten ein paar Schweißperlen. Dabei war überhaupt nichts passiert, außer dass die Kollegin einen unverständlichen Vorschlag gemacht hatte.

„Entschuldigen Sie, wovon sprachen Sie gerade?", fragte er mit etwas trockener Stimme, als Gustav in seinem Büro verschwunden war.

„PM. Steht für Pleasure und Meeting. Also Vergnügungstreffen."

„Sie reden von einem, äh, Datingportal?" Felix schluckte, das war kein Thema, über das man sich mit einer Kollegin unterhalten sollte. Vor allem, wenn die Kollegin kein Stroh im Kopf, aber jede Menge Holz vor der Hütte hatte. Sie war einen knappen Kopf kleiner als er und während sie redeten, konnte er problemlos die Aussicht auf ein wohlproportioniertes Dekolleté genießen.

Ahnte diese Anastasia, wo er einen Teil seiner Freizeit und einen immer größer werdenden Batzen seines Verdienstes investierte? Er musste sie wohl etwas schockiert angeguckt haben, denn sie versicherte: „Nein, das ist nicht, was du vielleicht denkst."

Jetzt duzte sie ihn auch noch.

Er überlegte, wie Tobias in dieser Situation reagieren würde. Vermutlich würde er irgendwas Cooles sagen, schließlich besorgte er sich seine Bettbekanntschaften ausschließlich über irgendwelche Portale. Aber ihm fiel nichts Passendes ein.

„Äh ja", sagte er schließlich, „denn das käme für mich nicht in Frage", sagte er und sah sie so treuherzig an, wie er konnte.

„Nee, ist schon klar, das ist einfach für Leute, die ungezwungen Sex haben wollen", sagte sie und schaute ihn ihrerseits so treuherzig an, als hätte sie ihm gerade empfohlen, eine Kollektion Gartenzwerge zu kaufen.

Gustav kam zurück und Felix ging in sein Büro. Sollte er Tobias anrufen und um Rat bitten? Nein, das war zu peinlich. Außerdem konnte er ja nicht in jeder Situation Tobias anrufen, sondern musste auch mal spontan reagieren.

Genervt wandte er sich seinen Exceltabellen zu. Da summte sein Handy.

Ein Hund war darauf abgebildet und darunter stand: *H.U.N.D. Gruß, Anna Tina!*

Was sollte das schon wieder heißen?

Das Handy summte erneut und in der Nachricht stand: *P.S. Übersetzung: Habe. Unten. Nichts. Drunter.*

Felix starrte auf das Handy.

Das war die reinste und eindeutigste Anmache, die er je erlebt hatte. Und er hatte nichts dafür bezahlt. Gab es solche Frauen wirklich? Felix war so verdattert, dass er zwei Stunden brauchte, ehe er ihr zurückschrieb:

Auf so was stehe ich.

Kaum hatte er die Nachricht abgeschickt, wollte er vor Scham im Boden versinken. Doch da summte es und ein Smiley erschien, der sich die Lippen leckte. Offenbar hatte sie das nicht peinlich gefunden.

Womöglich fand sie seine Nachricht sogar richtig sexy?

Er kratzte sich am Kopf und beschloss, sich die Haare kurz schneiden zu lassen. Vivian versuchte schon seit Jahren, ihn dazu zu überreden, aber erst nach Anastasias Nachricht fühlte er sich bereit dafür.

Während er die Zahlenreihen durchklickte, malte er sich aus, wie es wäre, wenn er mit dieser Kollegin ein kleines Abenteuer erleben würde.

Never fuck the company, schoss es ihm durch den Kopf. Andererseits war Anastasia überhaupt keine Kollegin, sondern arbeitete für eine Kundin. Außerdem war sie für seinen Geschmack auch ein bisschen zu üppig. Felix' bisheriges Beuteschema waren möglichst schlanke oder muskulöse Frauen gewesen, so wie Vivian in ihren besten Zeiten. Bei Anastasia versteckten sich die Muskeln unter ziemlich voluminösen Fleischmassen. Also war sie gar nicht sein Beuteschema und er konnte sich entspannen.

Trotzdem betrachtete er sie beim nächsten Meeting verstohlen. Ihr Gesicht war definitiv sehr hübsch, vor allem, wenn sie spitzbübisch lachte, so wie jetzt gerade.

„Apropos Fremdgehen!", sagte sie im Hinausgehen, als hätten sie über dieses Thema gesprochen. „Es gibt auch Paare, die geben einander gewisse Freiheiten."

Felix war wie vom Donner gerührt. Ahnte sie, dass er genau über diese Art von Deal nachdachte? Immerhin gab er Vivian die Freiheit, sich mit Herk zu treffen, wenn auch aus schlechtem Gewissen, weil er immer wieder diesen Club besuchte. Genau genommen ging er dort so oft hin, dass der ganze Bonus draufging, den er für den Auftrag dieses Thinktanks bekommen hatte.

Doch bevor er Anastasia eine passende Antwort geben konnte, rief ihn ein Anruf zurück in sein Zimmer.

Als er schließlich mit Telefonieren fertig war, hatte die Kollegin das Büro bereits verlassen, aber ihre Worte klangen in seinem Ohr nach. „Einander gewisse Freiheiten geben", murmelte er vor sich hin, als er ins Taxi stieg, das ihn zum Flughafen bringen sollte.

Er checkte für den Flug nach Berlin ein und dachte darüber nach, dass es Leute geben musste, die sich auch innerhalb einer Ehe gewisse Freiheiten gönnten.

Was wäre, wenn er nicht ins Seven Heaven ging, sondern sich mit einer Frau wie Anastasia traf?

Während er sein Köfferchen in den Flieger schob, fiel ihm ein, dass er Emily versprochen hatte, in den Sommerferien Urlaub in einem Hotel zu machen. Mit seinem Bonus hätte er genug Geld gehabt, doch das Geld war jetzt fast weg. Es reichte nur für die übliche Ferienwohnung mit Selberkochen. Vivian wusste nichts davon. Sie hatte keinen Zugriff auf sein Konto und merkte nicht, wie viel Geld dort hinkam und wieder runterging, aber wenn Emily quengeln würde, würde es Vivian auffallen.

Felix lehnte sich zurück und nippte an dem von der Stewardess bereitgestellten Orangensaft. Dabei ließ er seinen Blick über all die Anzugträger gleiten, die ebenfalls den Abendflug nach Berlin nahmen. Mit den 150 Euro, die er für eine Dreiviertelstunde Triebabfuhr im Seven Heaven ausgab, konnte er ein ganzes Abendessen mit Getränken bestreiten. Und mit den sechshundert Euro, die er an jenem Abend für diese Lady mit Latte bezahlt hatte, konnte er eine ganze Hotelübernachtung finanzieren, plus einem neuen Outfit.

Für ein neues Outfit würde ihm Anastasia bestimmt wieder ein Kompliment machen. Erst recht, wenn er die Haare dazu kurz tragen würde. Und im neuen Audi angefahren kam, den er bald als Ersatz für den kaputten Peugeot kaufen wollte. Der Flieger setzte zum Landeanflug an und Felix merkte, dass seine Prioritäten dabei waren, sich zu verschieben.

43 DIE FRANZOSEN REISEN AB

Als Felix von seiner Dienstreise zurückkam, war er blendender Laune. Anscheinend fand er Gefallen daran, öfter nach Berlin zu fahren. Beiläufig erwähnte er, dass er eine neue Kollegin bekommen habe, die ziemlich gut sei. Sie käme von einem Thinktank, mit dem sie irgendein Projekt gemeinsam bearbeiteten. Er ließ offen, ob sie gut aussah oder im Job gut war, aber Vivian fragte nicht nach. Hauptsache, er ließ sie mit Herk in Ruhe.

„Ich müsste noch in die Stadt fahren", sagte sie, ohne zu betonen, dass ihre Sehnsucht nach Herk der Grund dafür war, und ihr Mann nickte.

„Ich will noch ins Fitnessstudio, aber ich kann die Kinder vorher ins Bett bringen."

Im Fitnessstudio war Felix seit Jahren nicht gewesen, doch wie es aussah, hatte er sich sogar neue Sportklamotten gekauft, die er ihr stolz präsentierte. Sie sah von ihrem Handy hoch und grinste Felix flüchtig zu, bevor sie Herk schrieb:

Ich glaub, ich muss dich besuchen. Hast du Zeit?

Die Antwort kam sofort: *Für dich eigentlich immer. Habe ein Treffen mit Füchschen, aber das ist tolerant.*

Das Füchschen war Herks Stammkneipe. Er würde einen im Tee haben, wenn sie sich sahen. Aber das war eben so bei Herk. Er konnte so viele Macken haben, wie er wollte, sie liebte ihn trotzdem.

Braves Füchschen. Ich guck nach den Blagen, dann komm ich.

Oho, ja, sie würde kommen, sie konnte förmlich spüren, wie das geschehen würde, als sie eine Stunde später im Abendsonnenschein hinter Herk herstrampelte, der ihr zuerst davonflitzte, doch ein paar Minuten später umdrehte und ihr gentlemanlike anbot, sein neues Fahrrad zu nehmen. Der Sand des Rheinufers rieb an ihren Knien, als sie auf ihm saß, aber sie fühlte sich so ganz. „Du großes geiles Mannsbild", flüsterte sie ihm ins Ohr.

„Bin kurz davor, dich ernst zu nehmen", sagte er und lächelte.

Flüchtig dachte Vivian daran, dass sie sich im Winter in ihrem Büro würden treffen müssen. Denn ein vereister Rheinstrand wäre keine gute Alternative zu einer Besenkammer. Im Winter war sein Besuch in ihrem Büro Pflicht, das stand fest.

Am Montag vor der Konfirmation kamen Laurents Eltern, um ihren Sohn abzuholen. Vivians besorgte Frage, ob sie diesmal übernachten wollten, verneinten sie; sie hätten bereits ein hübsches Hotel am Park gebucht und würden zu Fuß kommen, wenn es recht wäre.

Vivian war es nur zu recht und als Laurents Eltern mit einer Weinflasche vor der Tür standen, begrüßte sie sie deutlich entspannter als bei ihrem ersten Besuch. Die Luft war so mild, dass Vivian die Gäste auf die Terrasse bat, und auch Felix setzte sich dazu. Erst schwieg er, weil er kein Französisch konnte, doch nach einem Glas Wein fing er an, auf Englisch von seinem neuen Auftraggeber und der europäischen Kulturcharta zu erzählen. Die Franzosen schienen nicht ganz mitzukommen, doch beim Stichwort „europäisch" lächelten sie und Vivian schlug vor, doch auf die deutsch-französische Freundschaft und auf Europa anzustoßen.

Daraufhin schlugen die Franzosen vor, auf Vivian und Felix anzustoßen und Vivian schlug vor, auf ihre Söhne Laurent und Mika anzustoßen. Als die Flasche leer war, schlug sie vor, doch den Konfirmationswein auszuprobieren.

Nach der dritten Flasche boten die französischen Eltern Vivian und Felix das Du an. Am Himmel schimmerten einzelne Sterne durch den Großstadtdunst und nach der vierten Flasche beschloss Vivian, Pascal und Carine die Wahrheit über Mikas Haschisch-Probierereien zu sagen, auch wenn sie damit riskierte, dass sie Mika womöglich nicht mehr zum Gegenbesuch einladen würden.

Zu ihrer Erleichterung lachten Pascal und Carine herzlich. „Das machen die französischen Kids auch“, sagte Fabienne auf Französisch und Vivian übersetzte Felix, was sie gesagt hatte.

„Das Wichtigste ist, dass Kinder liebevolle und verständnisvolle Eltern haben, und Erfolgserlebnisse in der Schule und bei Freunden. Aber da haben wir keine Bedenken bei dir“, sagte Pascal und Vivian wurde es warm bei dem Kompliment.

Gegen zwei Uhr nachts begleiteten sie Pascal und Carine durch den Park zu ihrem Hotel, und Carine sagte, sie sei sehr froh, dass Laurents Gastfamilie doch nicht so typisch deutsch und förmlich sei, wie sie anfänglich befürchtet habe.

Vivian erwiderte, dass da wirklich keine Gefahr bestehe und dass sie sehr erleichtert sei, dass sie ihnen bei der Ankunft kein verdorbenes Gulasch vorgesetzt habe, sondern es gerade noch rechtzeitig geschafft habe, das Gammelfleisch durch Sauerkraut und Würstchen zu ersetzen.

Pascal blieb mitten auf der Rasenfläche stehen und sagte, dass wahre Freundschaft entstehe, wenn man gemeinsam Gefahren überlebt habe, und dass jetzt die deutsch-französische Freundschaft erst wirklich besiegelt sei, und er begann, „Freude, schöner Götterfunken“ zu singen.

Vivian und Felix stimmten ein und ein nächtlicher Kneipenheimkehrer drückte sich eilig an ihnen vorbei.

Erst als die Franzosen am nächsten Tag mit ihrem Sohn abgereist waren, nachdem Vivian und Felix ihnen dreimal versprochen hatten, dass sie ganz sicher zu einem Gegenbesuch nach Frankreich kommen würden, konnte Vivian wieder zu Herk fahren. Jetzt war der Moment gekommen, wo sie ihm sagen würde, dass er in ihr Leben kommen sollte. Ohne Wenn und Aber.

Herk lehnte im Hauseingang der Eiskellerstraße 1 und trug nichts als eine Unterhose. Er lachte, als er sie sah. Vivian lief auf ihn zu und drückte sich an ihn. „Herk, ich muss … nein … ich wollte dich fragen, ob du am Sonntag zu mir kommen willst. Mika feiert seine Konfirmation und alle, die wichtig sind, kommen. Und die sollen dich endlich kennenlernen."

Herk schüttelte den Kopf und Vivian verstummte.

„Baby, das ist dein Leben", er zeigte mit dem Finger irgendwo hinter sie, „das ist schon vollgestopft mit wichtigen Dingen, da passe ich nicht mehr rein. Und als Dekorationsgegenstand bin ich zu groß.

Und jetzt entschuldige mich bitte, ich muss mich anziehen, mein Vater wartet auf mich."

„Nein, du passt da rein", protestierte Vivian und drängte sich in den Hausflur, doch Herk küsste sie einfach auf den Mund, hielt sie kurz fest und trat zurück.

„Wir sprechen uns nach dieser Konfirmation wieder und dann vögeln wir, versprochen. Und du setzt deine Brille schön auf, wenn du heimfährst", sagte er und schob sie sanft nach draußen. Vivian starrte auf die alte, mit Drechselarbeiten verzierte Holztür und versuchte, den Kloß in ihrer Kehle hinunterzuschlucken.

Während sie mit Agathe die Tische für die Konfirmationsgäste zurechtrückte, begannen in ihrem Kopf die Stimmen ihrer Freundinnen zu diskutieren.

Vivian hält ihn wie einen Toyboy, um geilen Sex zu haben. Am Anfang war das okay, aber mittlerweile will er mehr und jetzt leidet er, sagte die Sofie-Stimme.

Mit einer Frau, die nicht vergeben ist, könnte er überhaupt keine Beziehung führen, so beziehungsunfähig wie er ist, sagte die Ina-Stimme.

Inzwischen könnte er eine Beziehung führen, aber Vivian ist nicht frei dafür, protestierte die Sofie-Stimme. *Wenn sie nicht so egoistisch wäre, würde sie ihn freigeben.*

Oder sich von Felix trennen und nur noch mit ihm zusammen sein, aber dazu ist sie zu feige.

Nix feige, verantwortungsbewusst ist sie, konterte die Ina-Stimme.

„Schnauze", murmelte Vivian, während sie die silbernen Kerzenhalter verteilte, die ihre Schwiegermutter ihr geliehen hatte. Agathe fragte sie besorgt, ob alles in Ordnung wäre.

„Jaja", sagte Vivian und tropfte mit einer Kerze flüssiges Wachs in die Kerzenständer, um die Kerzen zu befestigen. Dann ging sie in den Keller, wo die Schwiegereltern fünf Klappstühle deponiert hatten, und schleppte sie nach oben. Don Johnson strich vorwurfsvoll maunzend um ihre Beine, als wollte er gegen die neue Ordnung des Wohnzimmers protestieren. „Am Sonntag räumen wir hier wieder auf", versprach sie ihm und verteilte die Stühle.

Die Sofie-Stimme hatte in einem Recht. Neuerdings wollte Herk sie sehen. Er hatte den Panzer abgelegt, unter dem er seine Gefühle verborgen hatte, und zeigte ihr, dass er sie liebte. Hieß das, er litt umso mehr unter ihrer Abwesenheit? Sollte sie sich von ihm trennen, damit er aufhörte zu leiden? Doch Schlussmachen würde ihm auch nichts helfen. Wie zur Bekräftigung rückte sie den Stuhl gerade. Damit würde sie ihn möglicherweise so verletzen, dass er nie wieder aus seinem Panzer herauskam. Da war es doch besser, die Dinge blieben, wie sie waren.

An der Haustür klingelte es, und die echte Sofie ächzte mit einem Korb voller Blumengestecke die Treppe hoch.

„Hier, hab mir einen abgebrochen, um die ganzen Schleifen um die Blumentöpfe rumzufrickeln, aber hier sind sie."

„Die sehen ja entzückend aus, vielen Dank!"

Vivian nahm ihr den Korb ab und holte Sofie etwas zu trinken.

Sofie trank gierig ihr Glas leer, ehe sie Vivian forschend anguckte. „Und, alles klar bei dir?"

Vivian schwieg.

„Was ist los? Ist was mit Herk?"

„Bin genervt, weil ich ihn so selten sehen kann."

„Dann musst du dich eben von Felix trennen. Hat die Frau von meinem Zahnarzt auch gemacht. Also von meinem Ex-Zahnarzt."

„Du meinst Ina?"

„Wenn die Ina heißt, ja."

„Das möchte ich nicht."

„Dann ist es dir auch nicht ernst. Du willst die Romantik, aber du willst die Konsequenzen nicht ziehen."

„Den Sex nicht zu vergessen."

„Okay, aber davon und von deiner Sehnsucht hat er nichts. Nicht auf lange Sicht."

Vivian ließ sich Sofies Worte durch den Kopf gehen. Wenn Herk zu Abend aß, war sie nur in Gedanken bei ihm, weil ihr Körper in der Finkengasse war. Rauchte er seine Gutenachtzigarette, las sie Tom und Emily eine Gutenachtgeschichte vor. Wachte er morgens auf, lag sie mit Felix in einem knarzenden alten Ehebett. Und es half nichts, dass sie dort meistens alleine lag, weil Felix immer öfter auf der Couch im Arbeitszimmer schlief.

Sofie hatte recht, jedenfalls zum Teil. Trotzdem protestierte sie: „Es wäre furchtbar für die Familie."

„Die kämen schon klar. Ruf mich an, wenn ich noch was helfen kann. Ansonsten sehen wir uns Sonntag in der Kirche."

Am nächsten Tag wartete Vivian mit mühsam unterdrückter Ungeduld im Kaufhaus, bis Mika sich ein Sakko ausgesucht hatte.

„Nein, ich möchte keine 500 Euro für ein Sakko ausgeben, das mein Sohn nur einen einzigen Tag trägt", sagte sie entnervt zu der Verkäuferin und nahm das klingelnde Handy aus der Tasche. Zu spät sah sie, dass ihre

Schwiegermutter dran war und vermutlich ein längst besprochenes Thema sicherheitshalber noch einmal besprechen wollte.

„Also, ich bringe dann eine Kalte Schnauze mit, die essen doch alle so gerne und du besonders."

Vivian, die in Gedanken mal wieder die Diskussion mit Sofie weiterführte, sagte ohne nachzudenken: „Mir wird davon schlecht."

Am anderen Ende der Leitung trat ein betretenes Schweigen ein, und Vivian wurde bewusst, dass sie gerade ihre Schwiegermutter beleidigt hatte.

„Was halten Sie von diesem Sakko?", fragte die Verkäuferin.

„Gibt es nichts anderes?", fragte Vivian zurück.

„Ich kann auch einen Obstkuchen backen, aber das musst du mir schon sagen", sagte Hildegard.

„Entschuldige, ich meinte nicht dich", sagte Vivian.

„Ich hab' dich schon verstanden und ich komme damit klar. Aber das nächste Mal bist du bitte gleich ehrlich zu mir."

Es tutete, die Schwiegermutter hatte aufgelegt.

Am Abend lag Vivian todmüde im Bett, aber sie konnte vor Anspannung nicht einschlafen. Als sie schließlich doch eingenickt war, kam Felix hereingepoltert, um ihr seinen rappelkurzen Haarschnitt zu zeigen.

„Lass mich schlafen, ich klapp sonst zusammen, bevor diese verdammte Feier durch ist", sagte sie genervt.

„Du wolltest unbedingt groß feiern, jetzt beschwer dich nicht", sagte Felix.

„Das ist auch wichtig für Mika. Eine Konfirmation ist ein Ritual, das man feiert, wenn man erwachsen wird."

„Das interessiert doch nen Toten, Mika macht das nur mit, weil er Geld geschenkt bekommt, war bei mir auch so. Dann schlaf gut, ich geh ins Arbeitszimmer."

Der Ärger hatte Vivian wach gemacht. Wenn das, wofür sie sich den Hintern aufriss, nur Tote interessierte, konnte sie auch zu Herk ziehen. Der interessierte sich vermutlich auch nicht dafür, aber dafür vögelte er gut.

Don Johnson maunzte wie jeden Abend und Vivian ging zum Fenster, um ihn hereinzulassen. Der Nachtwind blies ins Zimmer und ließ Vivian frösteln. Doch in ihrem Körper pulsierte es vor Freude. Das hatte sie Herk zu verdanken. Er hatte ihren Körper wieder zum Leben erweckt. Und er hatte ihr den Mut eingeflößt, es nicht mehr allen recht machen zu wollen. Sie öffnete die Tür zum Flur und der Kater glitt geschmeidig die Treppe hinunter. Auf der Straße blinkte der alte Mercedes ihres Schwiegervaters im Schein der Straßenlaterne.

„Sieht aus, als hätte ich die Handbremse gelöst, was Herk?“, murmelte sie. Die Konfirmation würde sie noch feiern helfen. Aber am Montag würde sie ausziehen. Und wenn Herk einverstanden war, bei ihm einziehen. Besenkammer hin oder her. Auf lange Sicht würden sie etwas anderes finden. Felix würde Augen machen, wenn sie weg war.

„Such dir einfach ’ne neue Köchin und Babysitterin“, sagte sie halblaut in die Nacht. Irgendwo bellte ein Hund.

Am Freitag vor der Konfirmation rief sie mehrmals Herk an, um ihm anzukündigen, was sie am Montag vorhatte, doch niemand nahm ab. Spätabends, als die Kleinen längst im Bett waren und sogar Mika schlief, probierte sie es noch einmal. Diesmal meldete er sich mit einem rasselnden „Ja?“

„Können wir uns sehen? Ich muss dir etwas sagen.“

„Ich sag das ungern, aber mir geht’s nicht besonders gut. Und ich möchte nicht, dass du mich so siehst.“

Vivians Brust zog sich zusammen.

„Das ist mir doch egal! Also, nicht, dass es dir schlecht geht, sondern wie du aussiehst."

„Aber mir nicht, Baby."

„Wie kommt es?" Sie zögerte. „Liegt es am Alkohol?"

Sie biss sich auf die Zunge, kaum dass sie die Worte ausgesprochen hatte.

„Ich hab' keinen Tropfen getrunken, seit ich dich zum letzten Mal gesehen habe."

Er klang, als *habe* er etwas getrunken.

„Und jetzt bring ich das zu Ende. Dank dir schaff ich das."

Plötzlich war sie hellwach. „Wovon redest du? Was schaffst du?"

„Ich schaffe den Alkohol ab."

„Muss man das nicht in einer Klinik machen?"

„Bleib mir vom Leib mit deiner Klinik. Damit bin ich durch! Entzug kann ich selber."

„Kann ich etwas tun?"

„Hör auf, dir Sorgen um mich zu machen!"

Es tutete. Er hatte das Gespräch abgebrochen.

So schnell sie konnte, lief sie ins Arbeitszimmer und fuhr ihren Laptop hoch, der nutzlos herumlag, seit sie in ihrem Büro einen neuen Computer benutzte. Mit zitternden Fingern gab sie „Entzug" in die Suchmaschine ein. Sie wurde sofort fündig: *Der körperliche Entzug (die Entgiftung) sollte in jedem Fall unter ärztlicher Aufsicht, am besten aber stationär in einer Suchtfachklinik erfolgen. Da bestimmte Begleiterscheinungen des Entzugs – wie Delirien, Krampfanfälle, Kreislaufschwäche und Depressionen – lebensgefährlich sein können, ist von einem Selbstentzug oder vom ‚Runtertrinken' zu Hause dringend abzuraten. Es besteht die Gefahr von Krampfanfällen, die im schlimmsten Fall, als sogenannte Grand Mals, tödlich enden können.*

Wusste Herk, was er da riskierte? Wieder und wieder wählte sie seine Nummer, doch er nahm nicht ab.

Baby, pass auf dich auf, schrieb sie ihm, doch es kam keine Antwort. Nervös starrte sie über die Tische, die im Wohnzimmer darauf warteten, gedeckt zu werden. Gegen Mittag würden die Verwandten kommen. Da musste sie da sein, und am Sonntag erst recht, der Cateringservice würde nicht bezahlt werden und überhaupt, das ganze Fest würde schiefgehen, wenn sie jetzt zu Herk fuhr.

Aber konnte sie nicht vielleicht ganz kurz zu ihm fahren? Wo war Felix? Sie rief ihn auf seiner Handynummer an und weil keiner antwortete, schließlich im Büro. Die Nachtsekretärin sah im Kalender nach.

„Ihr Mann ist heute und morgen Vormittag auf der Tagung in Köln. Möchten Sie ihm etwas ausrichten? Ich kann Ihnen die Nummer des Tagungshotels geben."

Wie konnte es sein, dass Felix am Tag vor Mikas großem Fest auf eine Tagung ging? Das war so typisch, dass heißer Ärger in ihr hochwallte. Plötzlich hörte sie auch noch Felix' Stimme in ihrem Kopf: *Diese Kollegin ist wirklich super, ich freue mich auf die Konferenz*. Traf sich ihr Mann mit dieser Anastasia?

Ein merkwürdiges Gefühl stieg in ihr auf. Vivian brauchte eine Weile, bis sie begriff, dass es Eifersucht war. Die neuen Klamotten, die kurzen Haare – all das diente nur dazu, eine andere Frau zu beeindrucken!

Fester als sonst streichelte sie Don Johnson übers Fell und zuckte zusammen, als der Kater mit der Tatze nach ihr schlug. Blut tropfte aus dem Kratzer und Vivian lief ins Bad, um ihn auszuwaschen.

Wütend musterte sie ihr Spiegelbild.

„Dein Mann hat alles Recht der Welt, sich mit einer anderen Frau zu treffen", schien es zu sagen, „schließlich triffst du dich selber mit einem anderen Mann. Du willst sogar zu ihm ziehen."

„Fuck you, aber das muss er doch nicht jetzt machen", gab sie zurück und sah auf die Straße hinunter, wo der Nachbar Einparken in 24 Zügen übte. Vielleicht hatte Felix ein Recht dazu, aber er hatte kein Recht dazu, sich völlig aus der Verantwortung zu stehlen, nur weil er nichts davon hielt, Feste zu feiern, die vorzubereiten Arbeit verursachte.

Wenn sie doch Freunde von Herk hätte anrufen können. Die Typen mit dem gelben Lamborghini hatten zu ihm Kontakt, das stand fest. Aber wie konnte sie sie erreichen? Sie ging wieder zu ihrem Laptop und gab „Aphros Liebeszauber“ in die Suchmaschine ein. Doch so viel sie auch suchte, der Eintrag schien gelöscht zu sein und Informationen über Aphrodisiaka und Liebesperlen halfen ihr jetzt auch nicht weiter.

Sie stieß sich mit den Füßen ab und rollte mit dem Schreibtischstuhl nach hinten. Ihr Blick glitt über die vollgestopfte Bücherwand und blieb an dem Nashorn hängen.

Sie konnte die Typen nicht erreichen, aber die Typen vielleicht sie. Wenn sie ihnen ein Signal gab.

„Baby, es tut mir leid, aber ich mach mir Sorgen um dich. Ich hab’ Angst, dass dir etwas zustößt, dass dein Körper diesen kalten Entzug nicht einfach so wegsteckt. Ich will dich nicht verlieren. Bitte helft mir“, flüsterte sie und drückte auf Senden.

An Schlaf war nicht mehr zu denken. Nervös begann sie, in der Küche aufzuräumen. Um eins kam Mika zu ihr und fragte, was sie da mache.

„Ich kann nicht schlafen.“

„Chill mal, Mama, ist doch nur ’ne Konfirmation.“

„An der du nur wegen den Geldgeschenken teilnimmst“, sagte Vivian bitter, doch Mika protestierte.

„Ich bin doch nicht Papa. Mir ist das wichtig, aber du sollst dir trotzdem nicht so viel Stress machen, Mama. Geh auch schlafen.“

„Wenn du das sagst“, sagte Vivian und strubbelte ihrem Sohn, der sie in der Größe schon knapp überholt hatte, durch die Haare.

Als sie aufwachte, war es immer noch stockdunkel und still. Dafür summte ihr Handy und das Chatsymbol blinkte, als wäre eine Nachricht angekommen, doch als sie draufklickte, war die Nachricht leer. Dafür war das Handy glühend heiß. „Autsch!" entfuhr es ihr. Sie steckte die Finger in den Mund, um sie abzukühlen. An den Stellen, mit denen sie das Handy berührt hatte, wölbten sich Brandblasen.

Geh schlafen, Vivian!, sagte die rationale Vivian.

Tu was!, schrie die angsterfüllte Geliebte.

Vivian setzte sich im Bett auf und knipste die Nachttischlampe an. Eigentlich war sie nicht abergläubisch. Monster gab es in Felix' Computerspielen, wo Zauberer oder Helden sie mit magischen Waffen niedermetzelten. Ausgeschlossen, dass ein in Düsseldorf lebender Filmproducer von derartigen Viechern attackiert wurde. Auch wenn sie davon geträumt hatte.

An der Wand bewegten sich Schatten. Das war nur der Vorhang, der sich im Wind bauschte, doch durch ihren Körper lief ein Zittern. Mit Herk waren ihr schon so viele merkwürdige Dinge passiert. Sie fasste sich an ihre Ellbogen. Warum hatte sie die Nashörner nicht poppen sehen, wie all die anderen Leute ringsherum? Sie starrte in den dunklen Garten. Dort hinten, hinter der Gartenmauer, auf dem verlassenen Fabrikparkplatz, hatte der gelbe Lamborghini gestanden, den sie wenige Wochen zuvor auf der Autobahn gesehen hatte. Warum hatten die Blitzer eine Fahrerin bei 280 Stundenkilometern geblitzt? Ein Windstoß fuhr durch ihr dünnes Schlafshirt und auf ihren Armen stellten sich die Härchen auf. Vielleicht weil sie dort wirklich entlanggerast war? Während sie mit Herk vögelte? Ihre Brustwarzen zogen sich zusammen. Das war doch nicht möglich! Vivian schwankte und hielt sich mit beiden Händen an der Fensterbank fest. Jetzt war das Handy nur noch warm, vermutlich hatte sich einfach der Akku überhitzt. Sie ließ sich zurück aufs Bett plumpsen. Da begann das Symbol wieder zu blinken.

Das lag nicht am Akku. Das war ein Notruf von Herk.

Jetzt musste Mika es alleine schaffen, denn sie würde zu Herk fahren. Konfirmation hin oder her. Auf einmal war diese Entscheidung sehr leicht. Sie griff nach ihrer Sporttasche und warf Zahnbürste, Unterwäsche und ein bisschen Kleidung hinein. Sollte sie einen Schlafsack mitnehmen? Sie entschied sich dagegen, eine Decke würde er ja wohl haben.

Draußen war es, soweit Dio das von seinem Bett aus sehen konnte, tiefste Nacht. Warum in aller Götter Namen stand dann Aphrodite vor ihm – gekleidet in einen geblümten Putzkittel?

Er gähnte und sagte mit schläfriger Stimme: „Wieso störst du mich? Schlafen zu können, ist die wunderbarste Fähigkeit des Menschenkörpers."

„Schön, dass du so viel Freude am Schlafen findest", sagte Aphrodite, „aber Vivian funkt SOS. Wir müssen zu ihr. Sonst beißt Herk ins Gras, bevor er unsterblich geworden ist."

Dio griff zur Sprudelflasche auf seinem Nachttisch und trank ein Schlückchen. Jetzt kapierte er gar nichts mehr. „Wenn es Herk schlecht geht, müssen wir zu ihm, nicht zu Vivian."

„Herks Rettung ist ihre Aufgabe, dazu können wir nichts beitragen. Aber wir können ihr beistehen. Na los, zieh dich an."

Sie reichte ihm eine Hose und Dio gehorchte. Erst als er sie hochzog, merkte er, dass sie seinen schönsten Anzug erwischt hatte. Den türkisen mit lila Streifen.

„Warte, ich muss mich noch umziehen", protestierte er, doch die Liebesgöttin schob ihn zum offenen Fenster, wo Hermes mit dem Pick-up wartete.

„Warum bringn wa die Vivian nich einfach zu Herk? Ick fahr se jerne hin", schlug Hermes vor und reichte der Liebesgöttin eine Thermoskanne mit heißem Tee.

„Ausgeschlossen", sagte Aphrodite und schüttete das heiße Getränk zum Fenster hinaus. „Sie ist gerade dabei, zu begreifen, dass hier übersinnliche Kräfte am Werk sind. Aber das muss sie selber begreifen. Wenn du sie per Luftpost zu Herk verfrachtest, kriegt sie einen psychischen Knacks. Wir fahren zu ihrem Haus, und nur, wenn es nötig wird, greifen wir ein."

„Und was tun wir genau?“, fragte Dio und nippte vorsichtig an dem dampfenden Sud in seiner Tasse.

„Wir machen ihr klar, dass sie ihren Darling ziehen lassen muss, sonst kippt er vor ihren Augen um und ist tot“, sagte Aphrodite und griff in das Handschuhfach, wo sie ein Fernglas herausnahm.

„Das sieht aber komisch aus“, sagte sie und drehte das olivgrüne Gerät hin und her.

„Pass auf mit dem Nachtsichtjerät! Is ne Leihjabe von der Bundeswehr, muss ick wieda zurückjeben.“

„Was meinst du damit, ‚ist tot‘?“, unterbrach Dio.

Aphrodites Gesicht wurde ernst. „Ist doch klar: Solange Herk nicht unsterblich ist, stirbt er wie ein gewöhnlicher Mensch. Seine Seele löst sich vom Körper und vaporisiert wie ein Hauch in den unendlichen Weiten des Äthers. Sie verschwimmt wie ein Tropfen Tinte in einem Wasserglas.“

„Wat du wieder alles weißt, Aphroditchen“, sagte Hermes, doch Aphrodite blieb ernst.

„Bin eben mit den Moiren verwandt“, sagte sie, „aber ich habe die Hoffnung nicht aufgegeben, dass es Herk geschenkt wird, unsterblich zu werden.“

„Und woran erkennt man dit?“, fragte Hermes, und Dio, der in seiner Erinnerung kramte, antwortete: „Ich glaube, die Moiren schicken eine Art Eilpost, wenn es so weit ist.“

„Genau“, sagte Aphrodite, „aber was eigentlich passiert, ist Folgendes: Die Liebe formt eine goldene Schale, die das Ich auffängt und bewahrt. Alles, was das menschliche Ich ausmacht – der Geist und das Bewusstsein – , findet darin Platz. Egal in welchem Menschenkörper er künftig wiedergeboren wird, er bleibt der alte Herk.

Im Grunde macht jeder Mensch, der um seine Verstorbenen trauert, sie mit seiner Liebe ein klein wenig unsterblich. Auch wenn damit viel Zirkus betrieben wird, aber das ist ein anderes Thema."

„Würde Vivian ihn denn erkennen, wenn er in einem neuen Körper wiedergeboren wird?", fragte Dio.

Aphrodite zuckte mit den Achseln. „Na ja, äußerlich ist er dann schon ein anderer Mensch, das kennst du ja, und wenn er mit ihr Kontakt aufnimmt, wüsste sie nicht auf Anhieb, dass er es ist. Doch mit der Zeit bekommt sie das Gefühl tiefer Vertrautheit und irgendwann das sichere Wissen, dass sie ihm schon einmal begegnet ist."

„Ähm, und wie bringen wir Vivian dazu, ihn gehen zu lassen?"

„Wir improvisieren."

45 VIVIAN ZIEHT AUS

Vivian schloss das Fenster, zog Jeans und Pulli an und löschte die Nachttischlampe. Im Flur war es still.

Vorsichtig öffnete sie die Tür zum Kinderzimmer, wo Emily und Tom in einem Bett schliefen und gleichmäßig schnauften, Tom quer über Emilys Beinen. Zärtlich legte sie Tom neben seine Schwester und stopfte die Decke fest, dann schlich sie zu Mika. Auch er lag halb frei und atmete mit offenem Mund. Alles war in Ordnung.

Das immer noch blinkende Handy fest in der Hand stieg sie leise die Treppe runter und warf einen Blick ins Arbeitszimmer. Es war natürlich leer, ihr Mann hatte sich den perfekten Zeitpunkt ausgesucht, um sein Abenteuer mit einer Kollegin zu starten. Hätte er nicht wie üblich Monster erledigen und sonstige Bedürfnisse mit einem kleinen Film und einem Handtuch erledigen können? Aber nein, Monsieur musste ausgerechnet in der Nacht zur Verwirklichung seiner feuchten Träume schreiten, als bei Herk der Kessel dampfte. Das hatte er jetzt davon.

„Ich bin weg, muss einem Freund helfen", kritzelte sie auf einen Zettel. Das entsprach der Wahrheit und Felix würde wissen, wo sie war. Einen Tick zu laut zog sie die Tür zur Diele hinter sich zu und erstarrte prompt, um zu lauschen. Alles war ruhig. Niemand war aufgewacht und das war gut so, denn jetzt würde sie die Kinder alleine lassen.

Wer auszog, der war bei einer Trennung in der schlechteren Position, aber das konnte sie nicht ändern.

„Macht's gut", murmelte sie und zog ihren schwarzen Trenchcoat an. Dann trat sie vor die Haustüre. Ein kühler Windstoß blies ihr die Haare ins Gesicht. Don Johnson tauchte aus dem Nichts auf und strich um ihre Beine. Im Maul trug er etwas, das nach einer Maus aussah. Er legte sie ab und begann zu maunzen. Dabei wedelte er mit dem Schwanz, als wäre er ein Hund.

„Hast du fein gemacht", sagte Vivian, worauf der Kater verstummte und zu fressen begann, als wäre das Lob das Signal gewesen, dass er das auch durfte.

In zwölf Minuten fuhr die nächste S-Bahn zum Hauptbahnhof. *Herk, ich komme*, schrieb sie und sprang auf ihr Fahrrad.

46 FELIX IN DER SAUNA

Felix zog seinen Bademantel aus, schlang sich ein Handtuch um die Hüften und sah durch das Fenster in der Türe in die Sauna, wo Anastasia ausgestreckt auf einem riesigen Handtuch lag und zu schlafen schien. Ihre Brüste ruhten wie zwei große weiße Zucchini auf zwei oder drei Speckringen. Ihre Schenkel lagen zu eng zusammen, als dass er einen Ausblick auf ihre Muschi hätte genießen können.

Apropos genießen: Eigentlich war sie ihm ja viel zu dick. Irritierenderweise schoss ihm gleichwohl das Blut in seinen Ständer. Unwillkürlich hielt er den Bademantel davor, schließlich war er nicht in einem Club, sondern in der allgemein zugänglichen Sauna des Hotels. Nachher würde noch sein Chef reinkommen. Andererseits schlief der vermutlich längst.

„Halt dich zurück, Alter", ermahnte er sich und rief sich zum Abkühlen einen Witz in Gedächtnis, den Tobias jedes Mal zum Besten gab, wenn ihnen in einem Café eine dicke Frau begegnete: *Steht eine beleibte Frau vorm Spiegel und sagt: ‚Spieglein, Spieglein an der Wand, wer ist die Schönste im ganzen Land?' Daraufhin der Spiegel: ‚Geh mal zur Seite, du fette Sau, ich seh' ja nichts!'*

Blöder Witz, sagte er in Gedanken zu seinem Freund, *ich bin ja auch nicht der Dünnste.*

Stimmt, antwortete Tobias in seinen Gedanken, *du lässt dich gehen, schön nach dem Motto: ‚Ich habe heute mal wieder Sport gemacht. Ritter Sport. Zwei Tafeln.'*

Halt's Maul, ich finde diese Frau toll.

Jeder, wie er's braucht.

Felix öffnete die Türe. Sie knarzte, und Anastasia hob den Kopf und lächelte ihm zu.

47 RETTUNGSMISSION

„Ladies and Gentlemen, wir sind anjekommen“, sagte Hermes und setzte den Pick-up auf dem schon vertrauten Fabrikgelände hinter Vivians Haus ab, während Aphrodite das Fernglas nahm.

„Na endlich bricht sie auf, hab schon befürchtet, sie löst sich überhaupt nicht mehr von ihren Pflichten zu Hause.“

Am Schlafzimmerfenster war eine dunkle Gestalt zu sehen.

„Hab ihr Handy ja auch tüchtig heiß gemacht“, sagte Hermes.

„Dann nichts wie hinterher“, sagte Dio und stupste Hermes ungeduldig an.

Hermes trat aufs Gaspedal und der Motor knatterte los.

„Geht das auch leiser?“, schnaubte sie und Hermes würgte den stotternden Motor ab.

„Und mach, verdammt noch mal, den Scheinwerfer aus“, sagte Aphrodite.

„Sorry, Chefin.“ Hermes drückte ein paar Knöpfe, das Licht ging aus und Nebel stieg rund um den Pick-up auf.

„Jetzt hört mir mal gut zu, ihr beiden: Wir beobachten Vivian, aber wir erschrecken sie nicht, verstanden? Hermes, du tarnst dich und beobachtest sie unauffällig. Sobald sie am Hauptbahnhof aussteigt, komme ich dazu.“

„Aye, aye, Ladyboss“, sagte Hermes. „Soll ich vorher nach den Lütten kieken?“

„Ja, das wäre gut. Gib uns ein Signal, wenn sie in der S-Bahn sitzt, dann setzt mich Dio bei Herks Wohnung ab und bringt den Wagen zum Taxistand. Aber unauffällig, verstanden?“

„Ist jebongt, Chefin“, sagte Hermes und Dio nickte. Er würde bestimmt nicht auffallen, das taten immer nur die anderen.

Hermes stieg aus, kletterte behände über die Gartenmauer und verschwand. Aphrodite rollte sich eine Tüte und Dio wühlte im Handschuhfach nach einem Altbier. Ein paar Fledermäuse flitzten über sie hinweg und ein schwarzer Kater sprang von der Mauer herunter und kam miauend näher. Dio kraulte sein Fell und fischte aus Hermes' unerschöpflicher Kiste eine Handvoll Trockenfutter für Hunde. Der Kater schnupperte und begann zu fressen.

„Ich frage mich, wo dieser Felix steckt", sagte Dio und sah fragend zu Aphrodite, die gemächlich an ihrem Joint zog.

„Er müsste jetzt sein kleines Rendezvous mit Athene haben, die er als Anastasia kennt."

„Wie bitte? Hast du wieder dein Spray eingesetzt? Hörst du eigentlich auch mal auf mich? Glaubst du, du kannst alle Welt an Fäden tanzen lassen wie Marionetten?"

Aphrodite ließ den Rauch aus Mund und Nase strömen. „Auch wenn du es nicht glaubst, aber es gibt noch andere Mittel als Sprays, um eine eingeschlafene Beziehung wieder in Gang zu kriegen."

„Aha, und welche?"

„Na ja, Eifersucht. Und mal unter uns: Ein bisschen Weiterentwicklung tut diesem Felix ganz gut."

„Und deshalb ruinierst du Vivians Ehe endgültig. Hera findet das bestimmt großartig", grollte Dio.

„Im Gegenteil, das gehört zu meiner Auffrischungskur für ihre Ehe. Felix muss aus seinem Schneckenhaus rauskommen, der ist ja noch nie richtig erwachsen geworden. Guck dir an, was er Athene für unbeholfene Nachrichten schreibt. So schreibt jemand, der noch nie wirklich in jemanden verliebt war außer in sich selbst."

„Jetzt komme ich nicht mehr mit. Wir sind hier, damit Herk dank Vivians wahrer Liebe unsterblich wird, oder etwa nicht? Warum kümmerst du dich jetzt so doll um ihren Mann? Weil du sauer bist, dass er ab und zu in den Puff geht?"

„Nein, weil ihr Mann mit zum Paket gehört. Eifersucht auf ihn hilft Vivian zu kapieren, dass sie Herk loslassen muss." Sie rollte eine neue Tüte und Dio starrte sie konsterniert an.

„An dir ist eine Rätselsphinx verloren gegangen."

Dio fischte aus Hermes' Kiste eine Packung Würste heraus. „Vielleicht sollten wir mal was essen. Liebe geht schließlich auch durch den Magen, bitte sehr", er reichte ihr ein Paar. „Und was machen wir jetzt?"

„Wir warten auf Hermes' Signal und in der Zwischenzeit schicke ich Vivians Freundinnen eine Nachricht, dass sie Hilfe braucht."

„Warum macht Vivian das nicht selber?"

„Sie denkt, sie müsste immer alles alleine hinkriegen, und findet es furchtbar peinlich, wenn sie es nicht schafft. Schmatz' nicht so laut, während ich telefoniere."

Dio versuchte, möglichst leise zu kauen, während er zuhörte, wie Aphrodite mit verstellter Stimme in ihr Handy sprach.

„Was täte ich ohne dich", sagte sie und legte auf.

Eine einzelne Fledermaus flog im Zickzack über sie hinweg. Die Wolken, die über den Himmel rasten, spuckten erste Regentropfen aus.

Nachdenklich sah er die Liebesgöttin von der Seite an. „Kann es sein, dass auch Vivian ein bisschen beziehungsunfähig ist?", fragte er.

„Nein, ‚beziehungsunfähig' ist das falsche Etikett. Vivian ist eher beziehungssüchtig, wie übrigens viele Frauen und auch einige Männer. Solche Menschen haben entsetzliche Angst vor dem Alleinsein oder davor, abgewiesen zu werden. Deshalb versuchen sie ständig, zu anderen eine Beziehung aufzubauen. Oder sie bleiben in Beziehungen, in denen man sie bestenfalls mit Gleichgültigkeit behandelt – so wie Vivian in der Ehe mit Felix.

Oder in Beziehungen, in denen sie Gefühle nur gezeigt bekommen, wenn der Partner Alkohol getrunken hat – so wie in der Affäre mit Herk."

„Aber du bist dir schon noch sicher, dass sie die Richtige für Herk ist?"

Aphrodite schnippte die Asche zum Fenster hinaus. „Auf jeden Fall. Diese Beziehungssucht macht sie sehr liebesfähig und auch ziemlich leidensfähig, aber um wirklich zu lieben, muss sie lernen, dass sie für die Liebe nicht dauernd arbeiten und kämpfen muss, sondern dass sie um ihrer selbst willen wert ist, geliebt zu werden. Wichtiger noch: dass sie wertvoll ist, auch ohne, dass andere es ihr dauernd bestätigen. Und dass sie sich diese Anerkennung selber geben darf."

Dio schwirrte der Kopf, wie immer, wenn Aphrodite lange Erklärungen abgab, und er fragte vorsichtig: „Und – schafft Vivian das?"

Bevor Aphrodite antworten konnte, flatterte eine goldglänzende Dose mit Flügelchen daran durchs offene Seitenfenster herein.

Dio starrte das Ding an.

„Ist das … eine Nachricht der Moiren?"

Aphrodite fing die Dose aus der Luft und zog einen Zettel daraus hervor. Ihre Stirn runzelte sich, während Dio sie nervös anblickte. „Nein, das kommt von Athene. Hera hat die letzte Abstimmung gewonnen. Die Gelder für den Rückkauf der Inseln sind freigegeben. Sie trifft sich mit der Staatsanwältin und handelt einen Deal aus, dass die Ermittlungen gegen Zeus eingestellt werden. Wenn das glattgeht, und davon geht Athene aus, wird die Staatsanwaltschaft morgen früh um 11 Uhr bekanntgeben, dass sie das Verfahren gegen Zeus mangels hinreichendem Tatverdacht auf der Grundlage von § 170 Abs. 2 StPO eingestellt hat.' Das bedeutet …"

„Was denn?" Dio trat der Schweiß auf die Stirn.

„Erstens, Athene wird die Nacht heute nicht mit Felix verbringen."

„Und zweitens?", fragte Dio atemlos.

„Wir reisen morgen Mittag ab. Es sei denn …"

„… Zeus höchstpersönlich schaltet sich ein."

„Dann nichts wie los."

Der Schotter spritzte auf, als die Reifen des Pick-ups durchdrehten.

Ein bartstoppeliger Mann mit Bierflasche und fleckiger Hose wankte durch den Zug und guckte in alle Abfallbehälter, ob irgendwo Pfandflaschen rumlagen. Vivian sah ihn stirnrunzelnd an. So würde Herk irgendwann aussehen, wenn er vom Alkohol nicht loskam. Der Traum von den flammenden Dämonen, die ihn angefallen hatten, blitzte in ihr auf. *Suchtdämonen*, schoss es ihr durch den Kopf und sie hörte seine Stimme: „Ich bringe das zu Ende."

Sie fiel in die Lehne. Der Flaschensammler kam zurückgetorkelt. Das goldene Zeichen blinkte wieder. Nein, es flackerte, als ob selbst das Symbol von Dämonen besetzt wäre.

Sie sah gar nicht erst nach, ob noch Straßenbahnen fuhren, sondern rannte direkt aus dem Bahnhofsgebäude nach draußen. Autsch! Sie stieß gegen eine Frau in hochhackigen Schuhen, die dort auf und ab ging. Vermutlich eine Prostituierte. Die Arme – gezwungen, mit Männern zu schlafen, die schlecht rochen, von Gewalt ganz zu schweigen.

„Zur Eiskellerstraße 1, so schnell Sie können, bitte", rief sie dem Taxifahrer zu. Der rundliche Mann in der Schiebermütze guckte sie freundlich prüfend an, dann gab er Gas. Dankbar registrierte sie, dass er einen Schleichweg nahm – vorbei am nächtlichen Altstadtstau. Am Ratinger Tor sprang sie aus dem Auto und rannte, bis sie an der Eiskellerstraße war. Sie klingelte Sturm und rüttelte an der Türklinke, doch die einzige Antwort war das Scheppern einer Coladose, die der Wind die Straße entlangtrieb.

Etwas leuchtete hinter dem Fenster auf, in dem sie Herk vermutete, und erstarb wieder. Wie das flackernde Licht eines Fernsehers. Neben dem Hauseingang lehnte ein Besen. Wenn es ihr gelänge, den Besen wie einen

Hebel unter die Türklinke zu klemmen, konnte sie das Schloss vielleicht raushebeln. Autsch, ihr Finger!

Die Idee war gut, doch der Besenstil brach entzwei. Der Wind blies ihr Regentropfen ins Gesicht. Sie brauchte etwas Stabileres. Nebenan ging eine Tür auf und eine magere alte Frau in Putzkittel und Strickjacke steckte den Kopf heraus.

„Haben Sie so was wie ein großes Brett?“, fragte Vivian und begriff im selben Moment, dass die Alte sie für eine Einbrecherin halten musste.

Doch die Frau wies ungerührt hinter sich: „Hinten im Hof, da steht Zeuch rum.“ Ihre Hände waren so dünn, dass die Äderchen im fahlen Licht der Straßenlaterne schimmerten. Seltsamerweise waren ihre Fingernägel rot lackiert.

Der Regen wurde stärker.

In dem kleinen Hof türmten sich Fahrräder und Kisten. Unter einer Plane fand Vivian eine Bank, die zu einer Biertischgarnitur gehörte. Sie machte einen Schritt auf dem glitschigen Boden und rutschte aus. Ihr Kopf schlug gegen die Kante. Sie japste auf, aber sie schluckte den Schmerz hinunter. Zweimal glitt ihr die Bank aus den Händen und knallte gegen ihr Schienenbein, doch schließlich bekam sie sie frei und stand auf der Straße. Von ferne klang das Gejohle der letzten Nachtschwärmer herüber.

Sie schob die Bierbank unter die Klinke und zog den unteren Teil zu sich her. Es knirschte. Offenbar hatte sie die richtige Methode gefunden. Zwei Männer kamen händchenhaltend die Straße herauf, doch sie hatten nur Augen füreinander. Die alte Frau kam auf die Straße und verzog missbilligend das Gesicht, als die beiden vorbeigingen.

Wieder schob sie die Bank unter die Klinke. Wie Bankdrücken, dachte sie, als sie die Bank vor und zurück pumpte. Ängstlich spähte sie zum Fenster. *Bei einem Krampfanfall während des Entzugs verlieren Alkoholkranke das Bewusstsein; einige ersticken an ihrem Erbrochenen.*

Eile war nötig. Aber sie brauchte einen längeren Hebel, sonst würde sie es nie schaffen. Sie sah sich um. Ein Wagen parkte vor der Türe. Mit einem Rückwärtsschritt stieg sie auf die Stoßstange. Gottseidank war das keine von diesen modernen Plastikdingern, die lackiert waren und wo jeder Kratzer Hunderte von Euros kostete.

Jetzt stand sie hoch genug. Erneut wuchtete sie die Bank nach oben. Es knirschte und der Widerstand lockerte sich. Sie sprang von der Stoßstange und schubst die Bank weg, damit sie nicht auf den Wagen krachte. Mit einem letzten Ruck hebelte sie die Klinke heraus. Wo sie gesessen hatte, war ein Loch. Sie griff hinein, drückte mit dem Finger den Zylinder zurück und schob die Türe auf.

Jetzt aber schnell hinein. Sie klopfte an der Zimmertür, aber nichts rührte sich. Eine Tür hatte sie bereits zerstört, da schaffte sie auch eine andere. Längst verstaubte Erinnerungen an ihr Karatetraining stiegen hoch und Vivian stellte sich ordentlich hin und trat zu. Es knirschte, als die Holztüre nachgab, und ihr Blick fiel in einen kahlen Raum mit zerrissener Tapete.

Herk lag auf dem nackten Linoleumboden, beleuchtet vom schwachen Schein der Straßenlaterne. Seine Stirn war kalt und feucht und er atmete nicht. Sie fiel auf die Knie und umfing ihn mit ihren Armen. Als sie ihm die Hand auf die Stirn legte, krümmte er sich zusammen und holte Luft, so als sei es ihm gerade wieder eingefallen. Plötzlich begann sein Kiefer zu schnappen, als beiße er in etwas hinein. Ihr war, als sei sie wieder in ihrem Traum von den Flammendämonen. Als säßen sie neben ihm und warteten nur darauf, ihn mit ihren Flammen zu giftiger Asche zu verbrennen.

„Stopp“, sagte sie laut, obwohl niemand außer ihr und Herk im Raum war. Sie versuchte, ihn auf die Matratze zu hieven, aber er war viel zu schwer, also begnügte sie sich damit, ihn zu halten. Nach Ewigkeiten verebbte das Zucken, und Herk atmete ruhiger. Mit dem Bettlaken tupfte sie seinen Mund ab. Da entdeckte sie Blut auf seiner Stirn! Ihr Herz stand still, bis ihr klar wurde, dass es von ihrer eigenen Stirn tropfte. Nervös lachte sie auf. Sie zog die Matratze so nah es ging zu ihm hin. Wie bei Tom und Emily, wenn sie sich eine Höhle bauten. Mit dem Ohr an seinem Mund lauschte sie. Jetzt ging sein Atem so ruhig, als läge er in einer tiefen Ohnmacht. Sie drückte den Lichtschalter. Im Schein der blanken Glühbirne war Herks Gesicht grau wie Asche. Mit den Fingerspitzen fuhr sie über seine Wangen, die vom Schweiß glänzten. Sie rappelte sich auf, ging in den Verschlag, den Herk als Badezimmer benutzte, und benetzte eins ihrer Handtücher mit Wasser. Vorsichtig wusch sie ihm das Gesicht ab und küsste ihn ganz leicht auf den Mund.

Da schlug Herk seine Augen auf.

„Du bist ja hier. Du bist nicht weggelaufen, als du mich gesehen hast?“ Er wirkte erstaunt.

„Ich liebe dich doch!“

„Ich bin doch nur ein Spielzeug für dich.“

„Nein, du bist ein Teil meines Lebens.“

„Ich bin ein Wrack.“

„Du bist ein wundervoller Mensch, aber du musst ins Krankenhaus, einen weiteren Krampfanfall überlebst du nicht.“

Er streckte die Hand aus und hielt ihre Hand fest. „Stopp. Das passiert nicht.“ Er schloss die Augen.

Lass ihm seinen Willen sagte eine Stimme in ihrem Kopf. Vor dem Fenster zwitscherten Vögel. Vivian legte die Finger an Herks Hals und entspannte sich ein wenig, als sie spürte, wie das Blut gleichmäßig gegen ihre Fingerkuppen pulsierte.

Sie schreckte hoch, als es an der Wohnungstür klopfte; sie musste eingenickt sein.

„Jeht et ihm nit jut?“, sagte das Weiblein in tiefstem rheinischen Platt und wies auf den am Boden liegenden Herk.

„Nein, nicht wirklich.“

„Dann nehmen Sie en Schlücksken und tun se dem jungen Mann da auch eens.“

Sie hielt Vivian ein Fläschchen hin. Höflich lehnte Vivian ab. Kräuterschnaps sei ganz sicher nicht die richtige Medizin für Herk.

„Aber für disch, Mädschen. Du schaffst dat. Aber halte ihn nit fest.“

Die Alte verschwand und Vivian betrachtete die Flasche. Solche Schnäpse gab es in Wein- und Teelädchen, nur dass dieses Fläschchen keine Papierbanderole mehr hatte. Neugierig ließ sie den Verschluss aufploppen und schnupperte. Es roch süß und würzig und prickelte in ihrer Nase.

Trink einen Schluck, sagte das Fläschchen und Vivian gehorchte. Nach Rosen duftendes Gold floss ihre Kehle hinunter und tauchte sie in schimmerndes Licht. Sie trank noch einen Schluck. Die ganze Müdigkeit, die Angst, die bohrenden Selbstzweifel flossen aus ihr hinaus, als wären sie nie in ihr gewesen. Das dumpfe Hämmern in ihrem Kopf erstarb und Verstehen breitete sich in ihrem Körper aus, bis alles so hell und klar wurde wie ein sonnenbeschienener Bergsee.

Vorsichtig berührte sie die Krusten an ihren Ellbogen. Waren sie und Herk in die Körper der beiden Nashörner geschlüpft? Ein glucksendes Lachen bahnte sich den Weg nach oben, bis es ihre Mundwinkel nach oben zog. Wie hatte sie daran zweifeln können? Sie selbst und niemand anders hatte sich in Gestalt des Nashornweibchens auf diesem Felsen abgestützt und sich die Haut aufgescheuert. Und Herk in Gestalt des Nashornmännchens hatte sie gründlich durchgeorgelt.

Sie nahm noch einen Schluck. Auf dem Weg in ihren Magen hinterließ der Schnaps eine brennende Spur, aber er machte sie kein bisschen betrunken. Nur entspannt. Sie lehnte sich an Herk und schloss kurz die Augen. Als sie die Augen wieder aufschlug, war sie so wach und entspannt, als hätte sie zehn Stunden Nachtschlaf genossen. Sie würde auch Herk etwas von dem Getränk geben. Er schmatzte, als die Flüssigkeit seine Lippen berührte, und sein Gesicht wirkte weniger grau.

Der Himmel vor dem Fenster färbte sich rosa und Vivian war klar, was sie tun würde. Sie würde Ina und Sofie anrufen und bitten, ob sie kommen könnten. Ihre Freundinnen im Morgengrauen anzurufen, schien plötzlich nicht mehr unsäglich peinlich, sondern die normalste Sache der Welt zu sein. Zu ihrer Überraschung meldete sich eine hellwache Ina, die nicht im Geringsten überrascht schien, als sie fragte, ob sie kommen und sich um die Kinder und das Tischdecken kümmern könnte.

„Du hast mich doch schon angerufen, ist überhaupt kein Problem. Deiner Sofie habe ich auch Bescheid gesagt. Die wollte ich eh mal kennenlernen. Wär' ja interessant, zu wissen, ob mein Mann nur Idiotinnen gebumst hat oder auch mal eine vernünftige Frau. Na, kümmer' dich gut um diesen Typen!", sagte sie.

Vivian starrte auf ihr Handy. „Danke", sagte sie in die Luft hinein, als könnten diejenigen, die Ina benachrichtigt hatten, sie hören.

Sie erwachte, als Herk die Augen aufschlug. Das Handy zeigte acht Uhr.

„Du bist ja immer noch hier!"

„Ja. Wie geht's dir?"

„Schlecht", sagte er und grinste. Das klang fast nach dem normalen Herk.

Langsam richtete er sich auf.

„Danke, dass du da bist."

Vivian strahlte und spürte, dass sie genau die richtige Entscheidung getroffen hatte. Mit ihrer Hilfe würde Herk wieder gesund werden und sie konnten zusammenbleiben. „Du schaffst dat", hatte die Frau gesagt. Also würde er gesund werden.

Flüchtig dachte sie an Felix. Auch mit ihm würde es gut werden. Felix würde begreifen müssen, wie viel Arbeit sie leistete. Und dass es nicht okay war, ihr die ganze Familie und das Sozialleben zu überlassen.

Es war sogar gut, dass sie bei der Konfirmation nicht da sein würde. Mika würde es verkraften, doch Felix müsste den Verwandten erklären, warum sie nicht da war.

Zufrieden sah sie sich in dem kahlen Zimmer um. Hier würden sie nicht wohnen bleiben, doch darum konnten sie sich später kümmern.

49 DIO UND APHRO VERLIEREN VIVIAN AUS DEN AUGEN

Dio und Aphrodite folgten Vivian und Herk in sicherer Entfernung, während Hermes mit dem Pick-up davonfuhr, um einen Parkplatz zu suchen.

Sie hatten Athene bekniet, mit Zeus sprechen zu dürfen, aber die Göttin hatte ihnen den Vogel gezeigt. „Der ist schön wieder in seiner Zelle und kommt morgen früh frei. Wenn ihr da jetzt reinstürmt und den alten Mann mit euren Herkgeschichten verrückt macht, brüllt der die ganze Einrichtung zusammen. Das hat Zeit bis morgen, gute Nacht!"

„Lass gut sein, Dio", hatte Aphrodite gesagt. „Wir kümmern uns um Vivian. Damit kenne ich mich besser aus als mit dem ganzen Gerichtszeug.

Sie schrumpfte und wurde zugleich immer dünner, bis sie als zerbrechliches altes Weiblein vor ihm stand.

„Gib mir bitte einen winzigen Schluck von deinem Wein, Dio", sagte sie und hielt ihm ein kleines Flakon hin, aus dem es appetitlich nach Yasmin, Rose und Chayennepfeffer duftete. Er goss ein Schlückchen hinein und bewunderte Aphrodites rot lackierte Fingernägel.

Als Herk und Vivian irgendwann am Morgen aus der Tür kamen und langsam zum Rhein hinunter spazierten, folgten sie ihnen. Aphrodite und Dio zu Fuß, Hermes mit dem Wagen.

„Wie ein Paar Rentner", murmelte Dio, doch kaum hatte er es gesagt, belebte sich Herks Gang. Als sie die Rheinbrücke erreicht hatten, hängte er Vivian beinahe ab, so lange Schritte machte er. Er drehte sich zu ihr um und streckte ihr seine Hand entgegen. Sie rannten, bis sie die Rheinwiesen erreicht hatten, und Dio verlor sie aus den Augen.

„Da sind sie", Aphrodite wies zu einem Baum mitten auf der Wiese.

„Sag mal, Aphrodite, das sieht aber nicht so aus, als würde Vivian Herk gehen lassen."

„Tja, jedenfalls klettert er gerade auf einen Baum."

„Hat sie nicht Höhenangst?"

„Dann wird sie ihn spätestens jetzt gehenlassen müssen."

„Von wegen, sie klettert hinterher."

„Verdammter Klammeraffe", zischte Aphrodite.

„Verdammter Zauber, die fliegen weg, Aphrodite. Was ist, wenn die Cendraken noch mal angreifen?"

„Wir können auf Hermes warten und sie durch die Luft verfolgen."

„Auf gar keinen Fall. Wir gehen jetzt erst mal zu Zeus' Pressekonferenz und wenn wir ihn an Bord haben, knüpfen wir uns die zwei vor. Auf geht's."

Sie waren hier schon einmal gewesen. Damals, bevor sie das erste Mal in Herks Wohnung gewesen war. Die Sonne stieg rasch höher. Der Wind brachte einen Hauch Kühle, doch die Luft war warm und duftete. Sie sah Herk ins Gesicht. Die graue Farbe war weg und er wirkte kraftvoller. In der Sonne schimmerten seine Haare. Er setzte sie ab und zog sie an sich. Sie schloss die Augen, während die Sonne ihren Rücken wärmte. Über ihnen kreisten Raubvögel. „Der Baum sieht aus, als sei er ein guter Kletterbaum, oder?“

Vivian riss die Augen auf.

„Bloß nicht, da kriege ich Höhenangst.“

Doch Herk lachte sie aufmunternd an und kletterte hinauf. Der bloße Blick nach oben verursachte ihr Schwindel, aber sie wollte nicht alleine zurückbleiben. Schweiß trat auf ihre Stirn. Aber nachher passierte Herk etwas, und sie war nicht dabei. Sie biss die Zähne zusammen und erklomm einen Ast.

„Noch höher“, rief Herk von weit oben und Vivian kletterte. Je höher sie kam, desto weniger dick waren die Äste und desto leichter ließen sie sich umfassen. Sie guckte nicht runter, sie kletterte einfach weiter. *Du schaffst dat.* Ein Schatten strich über ihr Gesicht. Der Schatten eines Raubvogels.

Vorsichtig wagte sie es, den Blick in die Ferne schweifen zu lassen. Jogger, Rentner, Menschen mit Kinderwagen und Hunde waren zu sehen. Städtisches Morgenpublikum.

Sie kletterte noch ein Stück höher und merkte, dass es leichter ging.

Der Raubvogel war wieder da. Lautlos glitt er durch den Äther. Er hatte einen hellen Kopf. Ein Adler? Vivian kniff die Augen zusammen. Eigentlich gab es so nah am Rhein keine Seeadler mehr. Oder doch? Der Vogel beschrieb einen Bogen über die Theodor-Heuss-Brücke, stieg höher und entschwand ihren Blicken. Sehnsucht zog ihre Brust zusammen. Wie traumhaft musste es sein, über allem dahinzugleiten.

Ein Punkt erschien am Himmel. Sie musste höherklettern, um besser sehen zu können. Da war der Raubvogel, ganz hoch oben. Er zog Kreise über ihr, verharrte und stürzte in die Tiefe. Sicher musste jetzt ein Kaninchen dran glauben. Er kam wieder hoch, aber seine Fänge waren leer. Sein Kopf war hell und der Schnabel gelb umrandet. Offenbar war es ein junges Tier. Jetzt war er wieder genau über ihr. Er schlug mit den Flügeln und ließ sich fallen. Vor Schreck setzte ihr Herz aus. Als sie wieder aufsah, saß der junge Adler über ihr in der Krone. Sein Gefieder schimmerte in der Vormittagssonne. Er hüpfte einen Ast tiefer. Seine schwarzen Augen sahen sie an. Die weißbefiederten Fänge, die in gelben Zehen endeten, umspannten mühelos den Ast. Die gekrümmte Schnabelspitze war dazu gemacht, zuzuhacken. Doch sie hatte keine Angst. Im Gegenteil. Ein Gefühl durchbrauste sie, das sie nie zuvor erlebt hatte.

„Komm mit“, rief der Vogel und breitete seine Schwingen aus. Das klang so einladend, dass auch sie die Arme ausbreitete und den Wind spürte, der an den Ästen rüttelte. Der Wind tanzte auf ihrer Haut und brauste in ihren Ohren, „Lass mich dich tragen“, wisperte er.

Du schaffst dat.

Sie bewegte ihre Arme, als hätte sie Flügel. Nein, sie *hatte* Flügel. Große braune Schwingen. Ihr Körper war durchzogen von Luftsäcken und ihre Knochen waren hohl. Sie atmete ein und aus und ließ die Luft durch sich hindurchströmen.

Er nickte mit dem Schnabel in die Richtung der Sonne, als wollte er sagen: „Mir nach.“ Seine Flügel schlugen hoch über seinem Kopf zusammen, als er sich abstieß.

Sie schrie auf und ließ sich in den Wind fallen. Gleich würde ihr Traum enden und sie in einem weichen Bett landen. Doch sie blieb in der Luft und spürte den Wind, der von ihren braun-weiß gefleckten Schwungfedern abperlte wie Wasser und sie durch den blauen Äther trug. Tief unter sich sah sie eine Ansammlung Häuser mit einer kleinen Burgruine. In der Burgruine war ein Biergarten. Biergläser und Teller mit Kartoffelsalat. In einem Kinderwagen schlief ein Baby.

Hier und da leuchteten kleine bunte Flecken auf: Picknickdecken, auf denen Leute saßen und grillten. Lerchen und Schwalben segelten durch die Luft. Jetzt war sie auf gleicher Höhe mit dem Adler. Er wandte seinen Kopf und sie sah in Herks Augen. Sie streckte ihre Arme aus, die keine Arme mehr waren, sondern Flügel, und spürte, wie die Luftströmung sie zu ihm trug. Sie war so hellwach wie nie zuvor, als hätte sie nie etwas anderes getan, als elegant durch die Luft zu gleiten. Sie zog einen Bogen nach links, er folgte ihr. Er stieg auf, sie kam mit. Sie flogen in einer majestätischen Formation, verbunden durch ein unsichtbares Band.

Plötzlich blieb er in der Luft stehen, klappte die Flügel an den Körper und schoss wie ein Tornado nach unten, wo der Fluss wie flüssiges Gold glitzerte. Knapp über dem Wasser bremste er flügelschlagend den Fall ab und fuhr die Krallen aus. Es spritzte und im nächsten Augenblick zappelte ein silbriger Fisch in seinen Fängen. Er stieg wieder auf und hielt ihr den Fisch hin. Sie schlug ihren Schnabel in das weiße Fleisch und riss ein Stück heraus.

Er gewann an Höhe und sie flog ihm nach. Hoch in den immer blaueren Himmel. Die Windungen des Flusses tief unter ihnen wurden schmaler und länger. Weit in der Ferne drehte ein Flugzeug bei und näherte sich ihnen, bevor es tiefer und tiefer flog, bis es schließlich zur Landung ansetzte.

Sie flogen weiter und beschrieben einen großen Bogen nach Westen, wo sich die aufgerissene Erde des Braunkohletagebaus ausbreitete. Schwarz und braun und grau, aufgewühlt von den Baggern, deren Schaufeln so riesig waren und von hier oben aussahen wie das Zubehör einer Spielzeugeisenbahn.

Der Fernsehturm kam in ihr Blickfeld. Die Sonne stand hoch und der Schatten, den der Turm über die Stadt warf, war nur kurz.

Herk ließ sich fallen. Rasch kam die Spitze des Fernsehturmes näher. Schon erkannte sie die Antennen auf der obersten runden Plattform. Wollte er dort nisten? Sanft landeten sie auf der Plattform. Tief unter ihnen rannten die Menschen an dem Turm vorbei.

Wind kam auf und trieb ein paar Wolken über den Himmel. Über Oberkassel ballten sie sich zu dicken Paketen. Herk schlug mit den Flügeln und hüpfte näher zu ihr. Zwei große Flügel legten sich um sie. Nein, keine Flügel mehr, echte Arme. Unter ihren Füßen spürte sie kühlen Beton. Der Wind zerrte an ihrem Mantel. Herk war ihr nahe. Im Rücken spürte sie die Wand. Sie standen voreinander neben den Sendern, die auf der Plattform befestigt waren. Sie waren allein und verschmolzen, beschienen von der Sonne, die rötlich zwischen den immer dichter werdenden Wolken hindurchblitzte.

Windböen pfiffen um den Turm. Der Himmel war schwarz geworden. Dann brachen die Wolken auf und dichter Regen stürzte auf sie ein. Und da sah sie ihn. Einen grausigen, skelettartigen Hund, der sich wie eine riesige Fledermaus auf Herk stürzte. Herk schrie auf, taumelte rückwärts und begann zu zucken. Ein Knall ertönte und dicke weiße Hagelkörner prasselten auf sie herunter. Vivian rieb sich das Auge, in das ein Hagelkorn geraten war. Als sie blinzelnd die Augen öffnete, wand sich Herk am Boden. Immer näher rutschte er zum Rand der Plattform.

Das war kein Traum mehr. Sie waren auf dem Fernsehturm, wie immer sie da hochgekommen sein mochten, und Herk lag am Rand der Plattform, 192 Meter über dem Erdboden, und wenn sie ihn nicht erreichte, würde er über die Kante rollen und in den Abgrund stürzen. Ein zerschmetterter Herk in einer Blutlache auf dem Asphalt trat vor ihr inneres Auge. Sie schauderte. Vorsichtig machte sie einen Schritt in Herks Richtung, dann kam die Höhenangst über sie. Sie würgte und vor den Augen wurde ihr schwarz, ihr Körper schwankte, als sei sie betrunken.

Zitternd lehnte sie sich an die Wand des Turmes, ihr Mantel und ihr Kleid hingen klatschnass an ihr herunter. Regen peitschte ihr ins Gesicht. Durch die Wolken brachen rot die Strahlen hindurch und fielen auf Herk und den Dämon, der an ihm riss, als wollte er ein Stück aus seinem Fleisch herausreißen. Vivian fiel auf die Knie und begann, vorwärts zu rutschen. *26 Meter Durchmesser,* schoss es ihr unaufgefordert durch den Kopf. „Nicht ohnmächtig werden", murmelte sie vor sich hin und robbte auf allen Vieren weiter. Blitze zuckten über ihr, doch Vivian beachtete sie nicht. Sie starrte auf den Boden der Plattform, denn sobald sie nach vorne guckte, wo die Kreatur an Herk zerrte, wurde ihr wieder schwarz vor Augen. Sollte sie blind bis zu Herk robben? Doch dann riskierte sie, selber in die Tiefe zu stürzen und Herk am Ende mitzureißen. Es half nichts, sie musste dem Feind ins Auge sehen. Sie richtete sich auf. Wie Messerspitzen schlugen ihr die Hagelkörner ins Gesicht. Sie hatte keine Ahnung, welche Tageszeit es war.

Wut stieg in Vivian auf. Wer immer Herk und sie in diese Lage gebracht hatte, musste jetzt helfen.

„Hilfe!", schrie sie, so laut sie konnte, und wie zur Antwort grollte ein Donner über den Himmel und dicke Tropfen klatschten ihr ins Gesicht. Konnte dieser Sturm nicht aufhören? Wieder schlug ein Blitz ein und beleuchtete den Himmel taghell. Und noch einer. Im Sekundentakt krachte es um sie herum.

Als hätte die Wut ihr Stärke verliehen, gelang es ihr, sich aufzurichten. Sie schwankte, blieb aber stehen.

Vivian ging wieder in die Knie und überwand eine Metallsicherung, an der Scheinwerfer befestigt waren. Das mussten die riesigen Lichter sein, die nachts ihre Strahlen an den Himmel malten.

„Bitte helft mir“, murmelte sie. Zwischen ihr und Herk war nur noch ein einziger Metallring. Vivian atmete ein, dann warf sie sich der bodenlosen Angst in die Arme, ließ sie wie Strom durch sich hindurchfließen und ertrug das Zittern, bis es aufhörte. Jetzt hatte sie Herk erreicht. Er lag auf dem Rücken, das Biest zerrte an ihm, Vivian schlug nach dem Monster und es wich knurrend zurück.

„Weg, das ist mein Geliebter.“

Der Skeletthund kreischte gellend auf und seine farblose Haut erglühte, als hätte sie in ein fast erloschenes Feuer gepustet. Zähnefletschend zog sich das Biest an den Rand der Plattform zurück. Dann setzte es erneut zum Sprung an. Vivian streckte den Arm vor, um sich zu schützen. Als es ihre Hand berührte, jaulte es auf, als habe es einen Elektroschock erhalten, dann ließ es sich grollend am Rand der Plattform nieder.

51 ZEUS' PRESSEKONFERENZ

Als sie das gläserne Gebäude erreichten, an dem „Stadttor“ stand, war die Pressekonferenz schon in vollem Gange.

Zeus war umringt von einem Pulk Journalisten.

Er nickte hierhin und dorthin und erzählte treuherzig, wie er und seine Geliebte Opfer einer hinterhältigen Falle beziehungsweise technischen Panne geworden waren, während bedauerlicherweise im Nebenzimmer unschuldige Mädchen zu Opfern von Menschenhändlern gemacht wurden.

„Ich gehe gleich ins Nonnenkloster, wenn der so weiterfaselt“, murmelte Aphrodite und Dio legte beruhigend die Hand auf ihren Arm.

„Wenn er jetzt auch noch von Europa anfängt, nehme ich ihm seinen Blitzstab weg“, sagte sie, doch nach reichlich Applaus von den Umstehenden schien auch seine Strafverteidigerin genug zu haben.

„Keine weiteren Fragen“, hörten sie Athene sagen, und endlich kamen die beiden heraus.

„Hier rein“, sagte Athene und schob Zeus in ein Seitenzimmer. Als weitere Journalisten hinterherdrängten, drückte sie sie mit einer Kraft zurück, die man ihr nicht zugetraut hätte.

„Zeus, wir brauchen mehr Zeit. Herk braucht nämlich deine Hilfe“, sagte Aphrodite.

„Das ist gegen die ehernen Gesetze des Götterrats“, sagte Athene und nahm einen Schluck Sprudel. Dann verstaute sie die Flasche wieder in ihrer Aktentasche und fuhr fort: „Jede Delegation darf nur so lange auf der Erde verweilen, wie nottut, um die Mission zu erfüllen. Die Gelder für den Rückkauf der Inseln sind genehmigt. Unser Delegationschef ist frei. Also ist das Ende der Mission erreicht.“

Zeus unterbrach sie. „Einen Tag verlängern darf ich die Frist, wenn ein Notfall dieses gebietet. Und ein solcher Fall ist's, wenn mein Sohn Schmerzen erleidet. Asche sei meinen Haupt! Wo weilt Herk, dass ich um Verzeihung ihn bitte?"

„Mit Vivian unterwegs."

„Dann lasst uns zu ihm eilen. Athene, melde dem Götterrat meine Botschaft."

Hermes hatte sich an seiner Tasche zu schaffen gemacht und tippte auf einem viereckigen Kasten herum.

„Verdammt, sie sind auf dem Fernsehturm", rief er.

„Am besten geht ihr hinten raus". Athene öffnete eine Tür auf der anderen Seite des Raums und zeigte den Gang hinunter.

Sie rannten los und kamen in einer Seitenstraße ins Freie, wo ein kaffeebrauner Rolls-Royce stand.

„Na, den wollt' ick schon längst mal wieder fahren", sagte Hermes. „Meister, darf icke dein Chauffeur sein?"

Zeus stutze kurz, aber Hermes hatte sich bereits eine Chauffeurmütze auf die grauen Stoppeln gestülpt, und der Herr des Olymps nahm auf dem Rücksitz Platz. Dio setzte sich neben ihn, Aphrodite glitt auf den Beifahrersitz und Hermes gab Gas.

Je näher sie dem Hafen kamen, desto dunkler wurde der Himmel und der Wind pfiff.

Zeus schrie auf, dass sein Ischiasnerv schmerze.

„Das ist das Zeichen, dass die Bösen im Anmarsch sind", rief er. „Aber zerschmettern werden wir sie."

Er riss an dem Blitzanhänger an seinem Hals. Ein monsunartiger Regenschauer brach los.

„Pass auf, du schwemmst sie von der Plattform runter", rief Aphrodite.

„Hilfe, sie kommen", schrie Dio und zeigte zum Fernsehturm. Eine Armada grauer Viecher näherte sich hoch über ihnen langsam dem Turm und zog einen immer enger werdenden Kreis um das Bauwerk.

„Ihr feiges Gesindel", brüllte Zeus und hob die Hand. Ein Hagelschauer ging auf den Turm nieder.

„Lächerlich und nützt überhaupt nichts", sagte Aphrodite.

„Das sehe ich selbst", sagte Zeus, „dann tilge ich dieses Gezücht nun aus. Meine Zeit hier auf Erden ist ohnehin für diesmal zu Ende, ein paar Augenblicke wen'ger sind ein kleines Opfer für mich. Lebt wohl. Für diesmal."

Er zog sich die Kette über den Kopf und mit einem Mal löste sich das Bändchen in seinem Nacken, der graue Wollanzug fiel an ihm hinunter und die weiße Tunika kam wieder zum Vorschein.

„Du musst näher ran", rief Dio und Hermes hob das Gefährt in die Luft. Der Himmel war so schwarz, als wäre es tiefste Nacht. Es blitzte und donnerte, während Zeus mit seinem Stab hierhin und dorthin fuchtelte.

„Na, irgendwas hat der viele Sport doch geholfen ", sagte Dio.

„Es reicht aber nicht", sagte Aphrodite. „Lass Herk das selber machen", rief sie Zeus zu.

„Aber ich bin der Wettergott", protestierte Zeus.

„Du bist ein alter Mann, der eine Brille braucht und gleich den Turm in Brand setzt."

„Zeus, mach einfach, was Herk hilft", sagte Dio und packte den alten Unsterblichen am Arm.

„Aber was soll ich denn tun?", fragte Zeus und sah ihn ratlos an.

„Vielleicht leihst du Herk einfach deinen Blitzstab – als Zeichen, dass du ihn um Verzeihung bittest."

Zeus' Brauen runzelten sich. Es schien ihn körperliche Anstrengung zu kosten, über eine derartige Ungeheuerlichkeit auch nur nachzudenken.

„Da, kiekt mal“, schrie Hermes und wies zum Turm. Langsam hatten sie Turmhöhe erreicht. Die Cendraken flogen in einer Formation und hielten auf Herk zu, doch sie prallten zurück. Etwas hielt sie ab, aber es war nicht Herk. Es war die Frau.

Aphrodite sah sie starr an und murmelte: „Du schaffst dat, Vivian.“

„Was ist das?“

„Ein Schutzschild. Ihre Liebe zu ihm ist wie ein großer Schirm über dem Turm, aber sie kann ihn nicht ewig halten. Fahr näher ran“, schrie Aphrodite.

„Zeus, bitte ihn um Verzeihung und gib ihm deinen Blitzstab“, wiederholte Dio und diesmal nickte Zeus.

„Hilfe", brüllte sie wieder. „Helft ihm!" Sie hatte keine Ahnung, ob man ihr Schreien hören konnte, aber ihre Angst erlosch. Herks Kopf lag in ihrem Schoß. Er bäumte sich noch einmal auf und gurgelte, dann lag er still da. Sie drückte Herk an sich. Wie ein Baby. Langsam gelang es ihr, sich mit ihm vom Rand zurück zu ziehen. *Du schaffst dat.*

Als hätten die Blitze ihr Schimpfen gehört, wurden sie schwächer, nur um dann umso erboster loszutoben. Auch der Regen wurde stärker. Vivian hatte erst einmal in ihrem Leben solchen Regen erlebt. In Honduras war sie mit Felix in einen Tropenschauer geraten. Sie hatten auf der Ladefläche eines fahrenden Autos gesessen, als sich der Himmel geöffnet hatte. Im Nu waren sie so nass gewesen, als hätte man sie mitsamt ihren Rucksäcken in eine Wassertonne getaucht.

Genauso war es hier. Als hätte der Himmel seine Schleusen geöffnet. Das Wasser auf der Plattform gurgelte. Es strömte das leichte Gefälle hinunter und floss zwischen den Antennen hindurch, als wollte es sie über den Rand schwemmen. Mit links klammerte sie sich an einer Antenne fest, mit rechts hielt sie Herk.

Herks T-Shirt war zerrissen und wo der Skeletthund an ihm gezerrt hatte, war ein langer blutiger Kratzer zu sehen. Sie schluckte, als ihr klar wurde, wie sehr sie ihn liebte.

Er schlug die Augen auf.

„Ist es weg?"

„Da hinten", sie zeigte an den Rand der Plattform.

Herk rappelte sich hoch und sah sich suchend um. Als er den Dämon entdeckte, hob er drohend die Faust.

„Was ist das?"

„Ein Cendrake."

„Und warum ist der hier?“, schrie sie gegen den Regen und das Gewitter an. Der Skeletthund ließ ein deutliches Knurren hören.

„Weil ich meinen Körper kaputt gesoffen habe.“

Er drehte sich zu ihr um. „Ich habe keine göttlichen Werke geschaffen, die mich unsterblich machen. Wenn das Vieh mich tötet, war's das.“

„Du stirbst nicht. Das Viech kann was erleben!“ Sie richtete sich ebenfalls auf und bewegte sich auf das Scheusal zu. Der Hund stieß sich ab und flog in den Nebel.

Sie nahm ihren Geliebten am Arm. „Herk, wer bist du?“

„Ein Halbgott.“

Die Antwort klang so unwirklich wie die weißen wattigen Wolken, in denen das Scheusal verschwunden war, doch Vivian fühlte sich so sehr im Hier und Jetzt wie nie zuvor. Sie befand sich in einer Art Überrealität und konnte ihren Gedanken bei der Entstehung zusehen. Ihr Blickfeld hatte sich erweitert. Wenn sie die Augen bewegte, konnte sie nicht nur die Plattform mit sich und Herk sehen, und tief unter ihnen die Häuser, den Fluss und alles, sie sah auch nach innen in ihr eigenes Gehirn, wo die Einfälle aus den Synapsen entsprangen wie ein Netz aus Abermillionen Blitzen. Ein Gedankengewitter, ein bildgewordener Orgasmus. Ein Feuerwerk, das lautlos vor sich hin explodierte und mit jeder Detonation eine Kettenreaktion neuer, in alle Richtungen davoneilender Funkenlabyrinthe des Geistes auslöste.

Sie spähte in ihrem Gehirn hin und her und versuchte, den Rand ihres Verstandes zu erkennen, schließlich war das Gehirn doch umgeben von einer soliden knöchernen Schädelwand. Aber so sehr sie auch ihre Augen rollen ließ, sie fand keine Begrenzung. Dafür entdeckte sie tief unter sich eine unendliche Zahl winziger Blitzgewitter, die durch die Dunkelheit funkelten wie eine mit zahllosen Tautropfen übersäte Wiese im Sonnenschein. Als sie sich wieder zu Herk umwandte, bemerkte sie in ihm und um ihn ein ebensolch kostbares Geflecht an Blitzen wie in ihrem Kopf und Körper, und sie verstand erschauernd, dass es zu Herk gehörte.

Und während die Blitze in ihrem Gehirn sich in zahllosen Verästelungen trennten und an Abertausend Kreuzungen wieder trafen und weiter durch ihren Körper rasten, verstand sie auch die Worte der Alten. *Aber halte ihn nit fest.*

Herk festzuhalten, um seine Gefühle für sie für immer festzuhalten, war unmöglich; sie hätte genauso gut versuchen können, die Sterne des Weltalls in eine Brotdose zu packen. Ihr Gehirn lachte über die Absurdität dieses Gedankens und sie konnte zusehen, wie sich in ihrem Kopf eine funkelnde Fontäne ausbreitete, als hätte jemand Vergnügen daran gefunden, das Geräusch eines Lachens mit farbigen Funken nachzubilden.

Während sie zwischen ihm und ihr hin- und herblickte, fiel ihr etwas Merkwürdiges auf. Ihr eigener Gedanke fand Widerhall in Herks Gehirn, und das, obgleich ihr Mund ihn noch nicht einmal ausgesprochen hatte. Milliarden feinster Nervenbahnen erglühten in und um Herk herum, als spiegelten sich Vivians Gedanken in ihm wie in einem Spiegel.

Ein neuer Gedanke brach sich Bahn. Ein komplexerer Gedanke, der zahlreiche Abzweigungen und Windungen entlanglief, ehe sie ihn überhaupt bemerkte. Doch schließlich war er nicht mehr zu übersehen und funkelte umso intensiver, je mehr Areale er zum Leuchten brachte.

Es ist nicht nur unmöglich, es ist überhaupt nicht nötig, die Liebe eines anderen Menschen festzuhalten. Ihr funkelndes Gehirn war selber eine niemals versiegende Quelle strahlender Liebe. Liebe, die umso mehr Widerhall fand, je stärker sie leuchtete.

Warum sollte sie etwas festhalten, das sie selber im Überfluss besaß? Etwas, das sich vermehrte, wenn sie es einfach losließ.

In Vivian erwachte der Wunsch, zuzusehen, wie dieser Gedanke ausgesprochen aussehen mochte. Prompt öffnete sich ihr Mund und sagte: „Ich liebe dich“, worauf sich das Glühen in Herks Kopf in ein blendend helles Gleißen wandelte. Sein Körper begann von innen heraus zu leuchten, als sei er ein regenbodenfarbiger Diamant.

„Ich liebe dich“, wiederholte sie und ihre Stimme zitterte ein wenig, „aber ich halte dich nicht fest.“

Ihr schien, als nähme eine unsichtbare Hand ihren Kopf und bog ihn in den Nacken, sodass sie in den düsteren Himmel blicken musste, und da sah sie es: Das Blitzgeschwader in und um Herk spiegelte sich in den düsteren Wolken, und für den Bruchteil einer Sekunde vereinigten sich die Abertausende glühender Äderchen zu einem einzigen leuchtenden Strang. Ein Schlag ertönte, als hätten alle Donnerschläge sich zu einem einzigen gewaltigen Gongschlag vereinigt.

Dann war es vorbei. Sie blinzelte, doch als sie nach oben blickte, sah sie nichts als Schwärze. Unruhe ergriff sie. Sie sollten von hier verschwinden, es war nicht gut, im Gewitter auf einem Turm zu stehen. Auch wenn die Blitze seltener zuckten und der Regen zu einem gleichmäßigen Rauschen geworden war. Herk drehte sich zu ihr und legte ihr die Hände auf die Schultern. Dabei sah er sie an, als wollte er sich ihre Gesichtszüge genau einprägen.

„Lass uns gehen“, sagte sie und sah gleichzeitig, dass es zu spät war.

Riesigen Flughunden gleich schwebten sie heran. Nicht ein Skeletthund, Hunderte. Wie die Feuerdämonen in ihrem Traum, nur waren es viel mehr. Mit ihnen zusammen begannen die Blitze wieder zu zucken und das Donnern hallte von einem Ende des Himmels zum nächsten. Zugleich begannen sie zu kreischen. Ein Geräusch, das Vivian in die Ohren schnitt, als hätten sie hundert Sägen am Turm angesetzt.

„Haut ab, ihr Drecksviecher“, schrie sie, während Tränen über ihr Gesicht liefen und sich mit dem Regen vermischten, als sie sich nach etwas umsah, mit dem sie auf die Dämonen einschlagen konnte. Sie rüttelte an einem Scheinwerfer, um ihn aus seiner Verankerung zu reißen und auf die Dämonen zu schleudern. Doch das Einzige, was sie erreichte, war ein dicker Schnitt durch ihre Handfläche. Sie hörte Herks Stimme, die etwas murmelte, das wie „Na gut, wenn's sein muss“, klang. Verzweifelt schaute sie zu ihm hoch. Und sah zu ihrer Überraschung, dass er ihre Hilfe gar nicht mehr brauchte. Hoch aufgerichtet stand er am Rand der Plattform und streckte seine Hände aus. Die Blitze, die im Sekundentakt über den Himmel zuckten, berührten seine Hände. Er fing sie, einen nach dem anderen, und richtete sie auf die herannahende Meute. Es zischte, wenn die Blitze sich in die Haut der Monster bohrten. Aufkreischend fielen sie in gräulichen Klumpen in die Tiefe.

„Geht pissen!“, schrie Herk.

Der Gestank von verbranntem Fleisch und verkokeltem Plastik raubte Vivian den Atem und sie begann zu husten.

Ein metallenes Ding, das aussah wie eine goldene Coladose mit Flügelchen daran, fiel scheppernd zu Boden. Vivian griff danach, aber bevor sie es packen konnte, kullerte es über den Rand des Fernsehturms und fiel in den Abgrund. Die Dämonen kreischten und quiekten um ihr Leben. Die Luft zitterte von dem scheußlichen Höllenkonzert, das sie veranstalteten. Als Herk Dutzende gegrillt hatte, gab der Rest des Rudels wütend knurrend auf. Zeternd flogen sie eine Abschiedsrunde um den Turm, dann verschwanden sie ebenso schnell, wie sie gekommen waren.

„Thank you, Daddy“, schrie Herk und ließ den letzten Blitz zischend los. Vivian wunderte sich über nichts mehr. Sicher hatte ein Gott ihm geholfen.

Als sie aufwachte, war der Himmel klar und das Gras unter ihr war nass. Es war nicht dunkel, eher diffus. Sie hätte nicht sagen können, welche Tageszeit es war.

Sie richtete sich auf. Sie lag am Rheinufer zwischen dicken Steinen. Herk lag neben ihr und schlief. Ihr Kleid war feucht und sie zitterte. Wo waren ihr Mantel und ihr Handy? In der Ferne auf der gegenüberliegenden Rheinseite sah sie den Fernsehturm. War sie dort oben gewesen? Aber wie war sie dann hierhergekommen?

Sie beugte sich über Herk und küsste ihn auf den Hals. Er roch so gut wie immer. Auch sein etwas zerrissenes T-Shirt und seine Hose waren feucht und schmutzig, als hätte er sich auf dem Boden gewälzt. Seine Brille war weg.

Um sie herum lagen geborstene Bäume. Es sah aus, als habe ein Gigant Bowling gespielt. Die Sonne brach durch die Wolken und ließ Herks Haut golden glänzen. Genauso golden wie der Schimmer, der ihn umgeben hatte, als sie ihn das erste Mal im Sassafras gesehen hatte. Es schien Jahre her zu sein. Sein T-Shirt wölbte sich über der Brust. Sie konnte nicht anders, sie musste darüber streicheln. Es gab keinen Zweifel, sie hatte sich einen hübschen Halbgott geangelt. Oder war von einem geangelt worden.

Herk schlug die Augen auf. Als er sie sah, strahlte er.

„Hi, Baby, gut geschlafen?"

Er richtete sich auf und stützte sich mit den Armen ab.

„Herk, sag mir die Wahrheit. Was ist hier passiert?"

„Zuerst sind wir auf den Turm geflogen und dann hatte Zeus die Freundlichkeit, den Turm ein bisschen zu kippen, damit wir heil ins Wasser springen konnten. Ich schätze, wir sind ein Stück flussabwärts getrieben. Vermutlich hat uns irgendein Flussgott ein bisschen geholfen."

„Nimm mich bitte nicht auf den Arm. Habe ich das geträumt oder bist du wirklich … ein Halbgott? Und wenn ja, wie heißt du wirklich?"

„Herk. Ganz früher nannten mich die Leute Herakles oder Herkules. Aber ey, bei allen Statuen haben mich die Schwachmaten mit som Minipimmel abgebildet, da habe ich mich distanziert. Und hab angefangen, mich Herk zu nennen. Den Namen finde ich ganz cool."

„Ich hab' deine Statue im Museum gesehen."

„Weiß ich. Aphrodite hat ein bisschen nachgeholfen, damit du keinen falschen Eindruck kriegst, also von wegen zu kleiner Schniedel."

Vivian kicherte, als sie an den Ständer der Statue dachte. „Keine Sorge, ich hab' mich ausgiebig überzeugt, dass deiner die richtige Länge hat."

Herk grinste und ihr wurde angenehm heiß trotz der nassen Kleidung.

„Aber warum bist du dann hier?"

„Weil meine Mutter hier eine Wohnung für mich hatte, nachdem ich alle Auftraggeber in Hamburg enttäuscht habe."

„Also reiner Zufall?"

„Na ja, mein Dad, also der Oberguru vom Olymp, hat seinen Wagen in 'ne Pappel an der Autobahn gesemmelt. Er ist ein bisschen senil. Und dann hat mein verrückter Halbbruder Dio mir eine Frau gesucht. Zusammen mit Aphrodite, der Liebesgöttin, und Hermes, dem Gott der Diebe. Und so habe ich dich gefunden."

Vivian wurde es schwindlig, als die letzten Monate an ihr vorbeirasten wie ein Sternschnuppenregen. Sie versuchte, die farbigen Schlieren anzuhalten, und griff nach Herks Arm. Herk legte den Arm um sie.

„Mach dir keinen Stress", sagte er und lachte sein raues Lachen. Vivian lachte mit.

„Dann hatte ich wohl keine Chance, dir nicht zu verfallen, oder? Also, ich meine, wenn ein ganzer Göttertrupp daran mitgewirkt hat, dass wir zusammenkommen."

„Ich schätze, nein. Und ich konnte auch nichts dagegen tun. Diese Ische aus dem Sassafras war einfach zu sexy."

Ein wohliger Schauer durchrieselte Vivian, doch dann hob sie die Hand und wies auf den Fernsehturm in der Ferne.

„Aber das dort, das ist nicht echt passiert, und all das andere – oder? Nashörner im Zoo und das … in dem Auto?

Herk lächelte wieder. „Was ist schon echt? Echt ist das hier.“ Er berührte ihre Brust. „Du bist echt. Und dass ich unsterblich geworden bin, ist echt. Dank dir. Und leider auch, dass wir uns verlassen müssen.“

Ihr stiegen die Tränen in die Augen, obwohl sie wusste, dass es so war. Und dass sie ihn nicht mehr aufhalten wollte. Dennoch hatte sie das Gefühl, als stellte sie sich mitten in den Fluss, um ihn am Fließen zu hindern.

„Vivchen, nicht weinen.“

Er strich ihr die Tränen aus dem Gesicht.

„Du musst zurück zu deiner Familie. Zu deinem Typen.“

„Aber mein Mann trifft eine andere Frau.“

„Und wenn schon, du bist auch ohne ihn toll, ich glaube, das weißt du inzwischen. Und übrigens glaube ich, er kommt wieder. So jemand wie dich lässt man nicht links liegen.“

Von fern ertönte ein Hupen.

Vivian schrak auf. Sie wollte Herk noch so viel fragen, aber ihr Kopf war wie leer gefegt.

Die Wellen plätscherten ans Ufer. Herk nahm einen Kieselstein und warf ihn über den gesamten Fluss, als sei er ein schmales Bächlein.

Es hupte wieder.

Herk sah auf. „Mein Papa. Er holt mich ab und wir fahren zu meiner Mama, bevor wir abreisen.“

Vivian drehte den Kopf bis zu dem Damm hinter ihnen. Dort hielt ein grauer Mercedes und heraus stieg ein dicker alter Mann in einem weißen Kittel mit markant gekrümmter Nase. Vivian rieb sich die Augen. Dieser alte Mann sah aus wie der Typ aus den Nachrichten, der angeblich versucht hatte, ein Zimmermädchen zu vergewaltigen. Ein Gott?

„Götter sind auch nicht mehr das, was sie mal waren", sagte Herk, als hätte er ihre Gedanken gelesen. „Oder sie sind das, was sie schon immer waren", fügte er hinzu.

Er umarmte sie wie damals, als sie nach dem Treffen in der Nachtresidenz am Rhein entlangspaziert waren, und Vivian hielt ihn so fest sie nur konnte. Dann löste sie sich von ihm und lächelte ihn tapfer an, obwohl ihr die Tränen über ihre Wangen liefen.

„Baby, wir sehen uns. Vielleicht kannst du mich dann wieder retten."

„Kuss und Lebwohl, Herk", sagte sie.

Sie winkte, als Herk und der alte Mann einstiegen. Der Motor brummte auf, als der Wagen den Weg die Böschung hochfuhr. Sie winkte, bis er hinter den Bäumen verschwunden war.

Da, wo Herk sie an der Brust berührt hatte, brannte es.

Vivian lief barfuß am Rhein entlang, die Tränen rannen ihre Wangen herunter. Sie achtete nicht auf den Weg, doch instinktiv vermieden ihre Füße die Scherben auf den Treppen zur U-Bahn.

Die Uhr zeigte 5:15 Uhr.

So früh am Morgen sahen die meisten Gesichter grau aus. Arbeiter in grauen Jacken und eine grauhaarige Frau, die besorgt auf Vivians Kleid und ihre bloßen Füße guckte.

„Seien Sie nicht traurig", sagte die Frau mit einem Akzent, der osteuropäisch klang. „Geliebte Menschen verliert man nie ganz. Aber wenn man sie gehen lässt, dann bleiben sie bei einem."

Vivian lächelte der Frau dankbar zu.

Irgendwann stand sie am Bahnsteig und wartete frierend auf die Straßenbahn. Auf dem Werbebildschirm hinter den Schienen verfolgte ein

Mordillo-Männlein seine Angebetete. Noch ein Pärchen, das nicht zusammen sein konnte. Die Männlein verschwanden und eine Zeitungs-News erschien.

„Ermittlungen gegen griechischen Chefdiplomaten eingestellt. Zuhälterring vor Gericht."

Der Text verschwand. „Achtung, U-Bahn fährt ein!", erschien auf dem Bildschirm.

Vivian war es, als sei sie 23 Jahre in die Vergangenheit zurückversetzt. Sie war in Paris in der Metro und weinte, weil ihre erste große Liebe weggefahren war. Der erste Kuss auf schneeweißen Felsen, unter ihnen das türkisblaue Meer, in der Nase der Duft warmer Kiefernnadeln.

„Brauchen Sie ein Taschentuch?"

Eine Frau mit grauem Ansatz unter den rot gefärbten Haaren hielt ihr ein Tempo hin. Vivian wischte sich die Augen und die Nase gleich mit.

Wo mochte Herk jetzt sein? Nicht mal ein Handy hatte sie, um Nachrichten von ihm zu empfangen. Sie vermisste ihn so, dass es wehtat.

„Ich vermiss dich so", schluchzte Tom immer am Telefon, wenn er seinen geliebten Patenonkel Tobias lange nicht gesehen hatte. Wenigstens war Herk mit seinem Vater zusammen weggefahren.

Sie rieb sich die kalten Hände zwischen den Oberschenkeln und versuchte, die Ereignisse Revue passieren zu lassen, doch sie konnte nicht mehr unterscheiden, wo die Realität aufhörte und wo die Einbildung anfing. *Echt ist das hier.* Herks Finger brannten auf ihrer Brust.

Wo würde er hingehen, um seine göttliche Mission zu erfüllen? Und würde er dabei all seine Fähigkeiten einsetzen? Seine warme, tiefe Stimme, seinen Blick, sein Lächeln, seinen Witz und seine wunderschönen Hände. Vielleicht würde er kleinen, einsamen Jungs und Mädchen Mut machen und ihnen einen Hund schenken, dem sie ihre Sorgen und Ängste erzählen konnten. Aber ohne sie. Ein Schluchzen stieg in ihr auf.

Was, wenn sie sich nicht wiedersehen würden?

Doch, du siehst ihn wieder.

Herk würde ihr eine Nachricht schicken. Sie musste nur darauf warten.

Sie stieg eine Station früher aus und ging durch den Park nach Hause. War das noch ihr Zuhause? Vermutlich schon – wenn Herk nicht mehr da war, hatte sie in der Eiskellerstraße nichts verloren.

Sie sah sich um. Auch hier hatte der Sturm viele Bäume umgeknickt und einige entwurzelt. Sie ging ein paar Schritte über die Rheinwiese bis zu einem kleinen Weg. Der Asphalt war bedeckt mit Laub und Ästen. Ein Baumstamm war mitten über den Weg gekippt und streckte seine Wurzeln wie Arme in die Luft. Langsam begann sie, über die Äste zu klettern.

„Vivian" rief eine Stimme vom Rhein her. Sie sah sich um. Ringsum waren umgefallene Bäume und ein Gewirr von Ästen.

„Vivian", rief es wieder.

Hinter dem zweiten Ast sah sie eine bekannte Gestalt, die über einen Stamm kletterte.

Verlegen blieben sie voreinander stehen.

„Wolltest du dich nicht mit dieser Annastina treffen?"

„Anastasia", korrigierte Felix und lächelte schief. „Sie hat mich sitzen lassen. Sie sie ist wieder gegangen, sie wollte nicht …" Er ließ die Arme hängen.

„Du bist ja richtig niedergeschlagen."

Für einen Moment vergaß Vivian ihre Trauer und staunte über die absurde Situation. Erwartete Felix jetzt von ihr, dass sie ihn tröstete, weil sein Date schiefgegangen war?

Doch wie er so geknickt vor ihr stand, konnte sie nicht schadenfroh sein.

„Sie hat gesagt, sie kann nicht, sie muss weg."

„Was kann sie nicht?"

„Na ja, sie wurde angerufen, noch ehe wir uns, äh, näherkamen. Auf einmal musste sie weg. Einen Deal mit der Staatsanwältin aushandeln, damit ein Strafverfahren eingestellt wird. Und dann wollte sie noch zu einer anderen Mandantin, einer Haushälterin, damit die ihr Geld kriegt. Egal, das ist unwichtig. Ich erzähle es dir ein andermal.

Hauptsache, du bist da. Hab schon gefürchtet, dir wär' bei dem Sturm son Baum auf den Kopf gekippt. Das war ja ein Sturm, das gibt's nicht noch mal. War am helllichten Tag so dunkel wie mitten in der Nacht."

„Hab' ich mitbekommen", sagte Vivian und sah auf den Fluss. Das bräunliche Wasser strömte mit rasender Geschwindigkeit an ihnen vorbei. Kanister, Äste, kieloben dümpelnde Kähne und ganze Bäume trieben mit. Sie bekam Lust, etwas hineinzuwerfen. Ein nasser Ast fiel ihr ins Auge. Sie schleuderte ihn so weit sie konnte auf den Fluss hinaus.

Ein Sonnenstrahl brach durch die Wolken und mit einem Mal waberte der goldene Schleier, der über Herks Haut gelegen hatte, über dem Fluss und prickelte auf ihrer Haut. Irgendwo da draußen war Herk jetzt unterwegs.

Sie betrachtete den Himmel und war für diesen Moment unsterblich. Irgendwo weiter stromabwärts hatte sie mit Herk gelegen. Diese Stelle würde sie in sich tragen, solange sie lebte. Aber für den Moment schien es, als sollte sie sich anderen Dingen zuwenden.

„Kommst du mit?", fragte Felix.

Vivian schwieg. Aus irgendeinem Grund behagte ihr der Gedanke, dass ihr Mann in dieser Nacht nicht mit seiner Kollegin geschlafen hatte. Das würde vielleicht irgendwann passieren, aber darüber würde sie sich ein andermal Gedanken machen, nicht jetzt.

„Mika würde sich freuen, wenn du bei seiner Konfirmation dabei wärst."

Konfirmation? Das klang nach etwas aus einer fernen, vergangenen Welt. Eine Welt, die sie längst verlassen hatte. Doch langsam kam die Erinnerung wieder.

„Findet die Konfirmation überhaupt statt?", fragte sie und Felix nickte eifrig. „Du hast tolle Freundinnen, die haben mir geholfen, aber ich hab' auch ganz schön gerackert. Und wenn wir jetzt gehen, schaffen wir es noch pünktlich bis zum Gottesdienst."

Vivian zögerte.

Würde sie sich nicht prompt wieder abhängig machen, noch ehe sie richtig ausprobiert hatte, wie es war, weg zu sein?

Der Fluss raste vorbei und Vivian ließ ihren Gedanken freien Lauf.

Sie könnte sich zu Hause Klamotten holen und dann in ihr Büro ziehen.

„Ich komm erst mal mit, aber das ist nicht endgültig", sagte sie.

Felix bremste ein paar Meter vor der Hausnummer 67 und eine Fontäne von schlammigem Wasser spritzte hoch. Ein eiliger Passant mit hochgeklapptem Kragen kriegte eine volle Breitseite ab. Der Passant hielt an und Felix schlug sich die Hand vor den Mund. Tobias, der in der Rechten ein Paket trug und in der Linken einen Schirm, war von oben bis unten mit Schlamm bedeckt.

Felix drehte sich zu Vivian um und sah sie an. Sein Gesicht sah aus, als könnte er sich nicht entscheiden, ob er entsetzt gucken oder grinsen sollte.

„Hat nicht den Falschen erwischt, oder?"

Vivian musste lächeln.

Die Handbremse war gelockert. Und sie würde sie nie wieder anziehen, egal, wo sie wohnte. Sie hatte mit einem Halbgott gevögelt, und überhaupt. Wer sollte sie da noch aufhalten?

Sie stieg aus und ging auf Tobias zu. „Deine Hose ist nass, ich glaube, du solltest dich umziehen, bevor du hier reingehst."

„Mama, da bist du ja!“ Tom schlang die Arme um sie. Er war warm und roch nach Bett und Felix. „Wir haben auf dich gewartet, aber dann hat die Oma mir den Anzug gekauft.“ Stolz zeigte er auf seine blaue Hose und Jacke und Vivian lächelte.

„Das sieht super aus“, sagte sie.

„Mama, du zitterst ja“, sagte Emily.

„Mir ist auch kalt“.

Der Druck auf ihre Blase war nicht mehr auszuhalten.

Vivian rannte ins Bad. Ihre Blase brannte. Ein typisches Zeichen für eine Blasenentzündung. Jetzt spürte sie auch, wie heiß ihr Kopf war. Ihr blieb nichts übrig, als ins Bett zu gehen.

53 DIO UND APHRODITE VERABSCHIEDEN SICH

Dio wies zum Himmel: „Da fliegt er, unser trauriger Halbbruder."

„Die sehen sich wieder, jetzt, wo er endlich unsterblich ist", sagte Aphrodite. „Und jetzt sag du mir, warum du unbedingt noch mal in die Stadt wolltest."

„Weil ich den Chef der Großen Prinzengarde treffen wollte. Für nächstes Jahr muss ich unbedingt ein paar echte Satyrn und Mänaden als Funkenmariechen und Gardemitglieder einschmuggeln."

Aphrodite strich sich die Haare glatt. Eine Hälfte war blond, die andere schwarz, als hätte sie sich nicht für eine Farbe entscheiden können. Dazu trug sie einen Jeansanzug mit Nieten und rote Cowboystiefel.

„Hey, Baby", sagte Dio, „du siehst aus, als ob du ein Frühstück in der Meerbar vertragen könntest."

Aphrodite verzog den Mund. „Schon wieder Meerbar? Hast du dich in den Kellner verguckt?"

„Um Gottes Willen, nein!" Die Liebesgöttin dachte wirklich nur an das eine. „Ich will doch nur …"

„Ach so, du willst ein letztes Flötchen zischen."

Dio nickte.

„Bist du auf Biergott umgeschwenkt?"

„Haha."

„Der gute, alte Dio hat Abschiedsschmerz! Aber vergiss nicht, du schuldest mir mindestens eine Kiste Wein."

„Ja, ist okay, du hast gewonnen."

Sie nahmen den gelben Lamborghini.

„Wird mir fehlen." Sie tätschelte die Motorhaube.

„Kannst du dir doch jederzeit wieder herzaubern."

„Ja, aber das ist nicht das Gleiche."

Schweigend nahmen sie draußen in der Sonne Platz. Dios Stammkellner war nicht da. Dafür eine blonde junge Frau, die ihm bekannt vorkam.

„Zweimal Frühstück und eine Flöte, bitte."

Sie starrte ihn an. „Äh, Musikinstrumente führen wir nicht."

Herrje, war die dämlich. „Ich dachte auch eher an so ein paar Gläser Altbier."

„Ach, so, ein Brettchen!"

Aphrodite hustete, um einen Lachanfall zu verbergen.

„Ich guck mal, ob wir so was haben."

„Eins wüsste ich noch gerne", sagte Dio, als er sich über das Rührei hermachte. „Wie hat Athene es in einer einzigen Nacht hinbekommen, Zeus freizukriegen, wo das vorher so ein Problem war?"

„Das war eigentlich ganz einfach", sagte eine tiefe Stimme. Hera trat an den Tisch. Sie musste schon eine ganze Weile gelauscht haben. „Wir mussten nur der Polizei klarmachen, dass sie der Staatsanwaltschaft ihre aktuellen Ermittlungsergebnisse rüberreicht."

„Ich bin gespannt", sagte Aprodite.

„Ich habe mit der Polizei gesprochen. Ein kleines Date mit jemandem, der einen direkten Draht zum Leiter der Kölner Kriminalpolizei hat. Im Nebenberuf ist dieser Jemand der Freund von Vivians Mann."

„Der? Der arme Kerl!"

„Nicht schlecht", sagte Aphrodite. „Einer ausgewachsenen Göttin konnte er nicht widerstehen."

„Vor allem, weil sie ihm sachdienliche Hinweise auf die Sause im Nebenzimmer geben konnte", sagte Hera und lächelte zufrieden.

„Aber du warst doch während Zeus' Fesselnummer in Berlin – oder nicht?"

„Ja, ich schon, aber Hermes und du, ihr standet ja Schmiere. So konntet ihr erstens die Polizei rufen, als ihr bemerktet, dass die Herren im Nebenzimmer so rüde mit den jungen Damen umgingen, und zweitens seid ihr wertvolle Zeugen. Vor allem die Filme, die Hermes von beiden Suiten angefertigt hat und die ich der Polizei persönlich übergeben habe, haben ihm sehr gute Dienste geleistet. Übrigens ein smartes Kerlchen, auch wenn er keine Drinks verträgt und keinen hochkriegt, wie ich leider wiederholt bemerken musste. Kaum hatte ich ihn in meinem Hotelzimmer, ist er schon wieder umgekippt. Vielleicht leihst du mir beim nächsten Mal wirklich dein Spray aus, Aphrodite?"

„Ach, das Spray funktioniert auch nicht immer wie geplant", sagte die Liebesgöttin, und Dio lächelte.

„Ihr Brettchen", sagte eine helle Stimme hinter ihm. Die blonde Frau trug das bekannte Holzbrettchen, darauf vier Gläser Altbier. In der fünften Vertiefung thronte ein Champagnerglas.

„Sie trinken das so, sagt mein Chef."

Jetzt wusste Dio, woher er sie kannte. Sie war das blonde Model aus der Nachtresidenz, die aussah wie Herks Exfreundin.

„Genau das tun wir, nicht wahr, Aphrodite?"

„Und für die Dame in Rot bitte einen doppelten Whisky, die braucht was zum Entspannen." Er wies auf Hera, die ihr Handy zum Ohr hob. Die Exfreundin, die keine war, eilte zurück ins Restaurant.

54 VIVIAN HAT FIEBER

Vivian wachte auf, weil ihr Kopf schmerzte.

Sie sah auf den Wecker. Er zeigte elf Uhr. Draußen war es hell. Also war es elf Uhr morgens. Ein normaler Montag. Nein, nicht normal. Herk war weg und sie war alleine. Sie setzte sich im Bett auf und weinte. Dann nahm sie das Fieberthermometer vom Nachttisch und maß. 38,7 Grad.

Kein Wunder, bei einer Blasenentzündung.

Sie horchte. Völlig ruhig war es im Haus. Felix musste die Kinder zur Schule und zum Kindergarten gebracht haben, während sie geschlafen hatte.

Die Haustür klappte und Schritte kamen die Treppe hoch. Sie wischte sich die Tränen aus dem Gesicht. Doch ihre Augen flossen regelrecht über.

„Hey, Vivian."

Felix setzte sich auf die Bettkante und nahm sie in den Arm. Er roch anders als Herk, aber er war ihr Mann. Sie umarmte ihn wieder und weinte an seinem Hals.

„Da, das wollte ich dir zeigen."

Er zog ein Blatt Papier aus der Tasche. „Der Ausschuss hat dieser Delegation den Etat für ihre Inseln und Tempel freigegeben. Die stehen jetzt mit auf der neuen europäischen Kulturcharta. Die Grundstücke, die schon den Investoren gehören, werden zurückgekauft. Und bei einem der nächsten europäischen Gipfeltreffen sollen die Regierungschefs die neue Kulturcharta beschließen."

„Die haben die Gelder freigegeben? Warum?"

„Wegen dieser Anastasia. Sie hat mich gebeten, an meinen Exceltabellen zu drehen, damit das Ganze finanzierbar wird. Finanzierbar aussieht, besser gesagt. Bis die merken, dass die Kosten doch ein bisschen höher sind, haben die Griechen ihre Inseln längst zurück.

Hab' ich gemacht, ich glaube, ich wollte sie beeindrucken.

Dummerweise hat genau das dazu geführt, dass wir nicht zusammengekommen sind. An dem Abend, wo wir im Hotel waren, war nämlich die entscheidende Sitzung in Berlin. Mit dieser Frau von der griechischen Delegation.

Tja, und die haben den Etat freigegeben. Daraufhin bekam sie eine Nachricht und ist sofort aufgebrochen. Aber sie hat mich getröstet und gesagt, ich soll mich um dich kümmern. Ich krieg's nicht mehr zusammen. Aber einen Satz hab' ich mir gemerkt. Sie sagte: ‚Lieben ist wie Wellen schlagen.' Ich hab' genau kapiert, was sie meinte. Wenn du hier ein Steinchen hineinwirfst, entsteht eine Welle, die sich bis zum anderen Ufer fortsetzt und wieder zurückkommt. Wenn du hier einen Menschen liebst, kommt am Ende Liebe zu dir zurück. Tolle Frau. Schade, dass sie wieder weg ist."

Er streichelte den Kater. Das schwarze Raubtier schnurrte, dann biss es zu.

„Autsch."

Vivian musste lachen. „Wenn du unsern Kater streichelst, kommen Bisse zurück".

„Auch eine Form von Liebe." In Felix braungrünen Augen blitzte ein freundlicher Funke auf.

„Woher wusstest du überhaupt, dass ich da am Fluss war?"

„Du hast mir doch geschrieben, dass ich dich um fünf Uhr dreißig abholen soll. Da hab' ich den neuen Kombi genommen und bin hingefahren."

Vivian hatte ihm garantiert nicht geschrieben. *Sie* hatten ihm geschrieben. Sie, die ihr Herk weggenommen hatten. Dafür hatten sie ihr Felix geschickt.

„Wenn du wieder gesund bist, sollten wir mal Urlaub buchen."

„Urlaub?“, fragte Vivian.

„Ich hab’ Emily versprochen, wir machen Urlaub in einem echten Hotel. Dann müssen wir nicht die ganze Zeit selber kochen.“

„Ist das nicht ein bisschen teuer?“

„Ich fang jetzt an zu sparen, dann können wir uns das leisten. Übrigens, wenn du was lesen willst, hier.“ Er wies auf einen Stapel zusammengetackerte Blätter.

Vivians Kopf schmerzte, aber sie zwang sich, die erste Seite zu lesen.

„Vertrag über die Gründung der Europäischen Kulturcharta

Die Völker Europas sind überzeugt, dass die Kulturschätze das gemeinsame Erbe ihrer Völker sind, und sie handeln im Bewusstsein, dass ihre Bewahrung eine Gemeinschaftsaufgabe ist. Sie streben an, neben dem wirtschaftlichen auch das kulturelle Potenzial der Völkergemeinschaft zu nutzen, um die Einigung Europas zu erreichen.“

Sie überflog den Text, bis sie zu der Stelle kam, die lautete: *„Zu den Kulturschätzen gehören insbesondere … Tempelanlagen … Mykene, Olympos, Orchoimenos, Akropolis/Athen …*

Die griechischen Tempel waren in das europäische Kulturerbe aufgenommen. Wohnten da irgendwelche Götter? In antiken Ruinen? Sie wusste es nicht, aber sie las weiter. *„Sind Güter, die im europäischen Kulturerbe stehen, in Privatbesitz gelangt oder stehen im Begriffe, von Privateigentümern erworben zu werden, und sind ihr Schutz und ihr Erhalt daher nicht mehr gesichert, werden sie von der Europäischen Kulturstiftung zurückgekauft oder erworben. Der Europäischen Kulturstiftung wird für diesen Fall ein Vorkaufsrecht auf alle europäischen Kulturgüter (gemäß Anlage 1 zu dieser Charta) eingeräumt. Der Gerichtshof sichert die Wahrung dieses Rechtes bei der Auslegung der Charta zu.“*

Sie ließ die Blätter sinken.

Waren diese Tempel der eigentliche Grund, warum die Truppe nach Deutschland gekommen war? In jedem Falle waren sie jetzt dank der Charta sicher. Dank Felix. Dankbar sah sie ihren Mann an.

Zwischen ihnen war alles offen, aber sie liebte ihn für das, was er getan hatte. Und für das, was er war. Und dafür, dass er da war.

Die Sonne schien zum Fenster herein, doch ihr Kopf fühlte sich an, als habe jemand mit der Bratpfanne darauf geschlagen, und ihr Herz war unendlich schwer. Sie ließ sich zurück ins Bett sinken und zog die Decke ans Kinn. Das Telefon klingelte irgendwo und es war so unordentlich wie immer, aber es störte sie nicht mehr. Es gab Wichtigeres als ein perfekt ordentliches Haus. Menschen, die man liebte, zum Beispiel, und Aufgaben.

Felix bückte sich und fischte das Telefon vom Boden.

„Ja, meine Frau ist leider krank. Sie wird Sie nächste Woche zurückrufen. Darf ich etwas ausrichten?"

Vivians Nerven spannten sich an. Doch Felix winkte ihr beruhigend zu.

„Ein neues Seminar? Ja, das wird sie gerne machen. Meine Frau ist eine fantastische Seminarleiterin." Er lauschte in den Hörer. „Ja, sie wird sich bei Ihnen melden, wenn sie wieder im Büro ist." Er lauschte in den Hörer. „Gerne, richte ich ihr aus".

Er drehte sich zu ihr um. Ein neuer Kunde. Er freut sich auf deinen Anruf!"

„Aber, ich …"

„Ruhig. Die wollen dich haben, aber das wollen sie auch noch überübermorgen. Jetzt leg dich schlafen."

Im Türrahmen blieb er stehen. Erst jetzt fiel ihr auf, dass er gar keinen Anzug, sondern Jeans trug.

Als habe er ihre Gedanken gelesen, antwortete er: „Ich hab' mir heute freigenommen. Ich habe keinen Bock zu arbeiten. Wenn ich es mir recht überlege, weiß ich überhaupt nicht, ob ich überhaupt noch Bock habe, zu arbeiten."

„Wie bitte?" Ihre Stimme krächzte.

„Na ja, ich denke über eine Auszeit nach. Ein Sabbatical. Dann hast du Zeit, dich auf deine Karriere zu konzentrieren. Und ich hab' Zeit für die Familie und mich. Vielleicht auch für eine jüngere Frau."

Vivian fuhr auf.

Felix sah sie spöttisch an, doch seine Augen funkelten. „Keine Angst, wenn ich genug fremdgevögelt hab, komm ich zu meiner Vivian zurück."

Sie fiel ins Kissen zurück.

„Leck mich doch am Arsch."

„Bei Gelegenheit. Werd du erst mal wieder gesund."

Er beugte sich zu ihr herunter und küsste sie auf die Wange.

Das Telefon klingelte wieder. Felix nahm den Hörer.

„Eine Umfrage? Kein Bedarf! Was? Sie wollen mit Vivian Sammer sprechen? Hier – für dich. Callcenter-Idioten! Hier rufen echt nur Deppen an."

Sie nahm das Telefon.

„Vivian Sammer."

„Hi Vivian!" Eine dunkle, schroffe Stimme. Ihr Herz setzte aus.

„Du hast deine Klamotten auf den Rheinwiesen vergessen. Tss. Und dein Handy. Wie leichtsinnig du mit deinem Zeug umgehst."

„Herk! Wo bist du?"

„Na, in Zeus' altem Auto. Ich habe das Steuer übernommen. Wurde Zeit, der Alte hat langsam genug Seitenspiegel abgefahren."

„Können wir uns sehen?"

„Och, Vivchen!" Das Lachen ertönte und sie konnte nicht anders, sie musste mitlachen.

„Ich vermiss dich so."

„War so schön mit dir, danke für alles. Ich schick deine Sachen nach Hause. Leg das nasse Handy auf die Heizung, dann funktioniert es wieder."

„Können wir wenigsten chatten?"

„Wir sehen uns. Wenn ich Zeit habe. Der Alte braucht mich. Wird ja auch nicht jünger, der Sack."

Es klickte und die Leitung war frei.

55 ETWA 17 MONATE SPÄTER

„Schauen Sie mal, Herr Markenscheider."

„Gibt's ja gar nicht." Der Zoomanager staunte. Was ihm seine Buchhalterin da reichte, war eindeutig ein richtiger Brief, mit Füller auf feinem weißen Papier geschrieben und adressiert an den „Herrn Zoodirektor".

Markenscheider und Angela Müller schmunzelten, denn diesen altmodischen Titel trug hier seit Jahrzehnten keiner mehr. „Das Porto stimmt auch nicht ganz."

„Wahrscheinlich war der Brief deshalb so lange unterwegs."

Markenscheider nickte. Der Zoo hatte schon vor Monaten bekanntgegeben, man wolle bei der Namensfindung – nach hoffentlich erfolgreicher Geburt des lang ersehnten Nashornbabys – die Zoobesucher beteiligen. Inzwischen war die Vorschlagsfrist abgelaufen und es war Zeit, sich für einen Namen zu entscheiden. Doch hin und wieder trudelten noch Nachzügler mit ihren Vorschlägen ein.

Die völlig versexten Vorschläge à la *‚Gangbanglili'* oder *‚Bigcocky'* hatte die Buchhalterin längst aussortiert, trotzdem lag noch ein ziemlich dicker Stapel auf seinem Schreibtisch.

Er setzte seine Brille ab und hielt den Umschlag näher ans Gesicht.

„Mein Gott, das ist ja eine 20-Pfennig-Marke!"

„Und das da ist der Jäger von Rotkäppchen und dem Wolf."

„In der Tat. Er hat gerade dem Wolf den Bauch aufgeschnitten und Rotkäppchen und die Großmutter befreit."

„Dürfte ich die haben? Mein Mann sammelt Briefmarken."

Markenscheider gab seiner Kollegin den Umschlag, dann nahm er den Brief und las vor:

„Sehr geehrter Herr Direktor,

zu der Zeugung des Nashornbabys, dessen Geburt für den 3. September 2018 vorgesehen ist …"

Er stutzte, denn der Tierarzt hatte ihm vertraulich genau den 3. September als voraussichtlichen Entbindungstermin für das schwangere Nashornweibchen Sonny mitgeteilt.

„… möchten wir Ihnen mitteilen, dass zu seiner Zeugung die Kraft der Liebesgöttin Aphrodite und die Ekstase des Weingottes Dionysos nötig waren."

„Verrückt", sagte die Buchhalterin und Markenscheider lächelte. Er hatte vor vielen Jahren in der Schule etwas über die griechische Mythologie gelernt und die Namen Aphrodite und Dionysos waren ihm bekannt.

„Das Verdienst an der Schwangerschaft und baldigen Geburt eines Nashornbabys gebührt also beiden Gottheiten zu gleichen Teilen. Wir würden es daher begrüßen, wenn der Name des Nashornbabys dies wiederspiegelt, und schlagen daher vor, es Aphrodionysia zu nennen."

„Wirklich verrückt", bestätigte Markenscheider und begriff einmal mehr, wie außerordentlich positiv diese ganze Sache war. Noch nie zuvor war ein Breitmaulnashorn in seinem Zoo schwanger geworden. Und diese Schwangerschaft entwickelte sich prächtig, die Pfleger bestätigten ihm, dass auch Sonny sehr glücklich war.

„Womöglich hatten wirklich Götter ihre Hand im Spiel."

Ein Sonnenstrahl ließ die Staubkörnchen über seinem Schreibtisch funkeln. Auf einmal war ihm ganz feierlich zumute. Er sah der Buchhalterin in die Augen. „Ich könnte mir vorstellen, dass dieser merkwürdige Name genau der richtige wäre. Was meinen Sie, Frau Müller?"

DISCLAIMER

Punktuelle Ähnlichkeiten der Romancharaktere und Begebenheiten mit echten Menschen oder realen Vorkommnissen sind möglich, die Autorin legt jedoch größten Wert auf die Feststellung, dass das sogenannte *Real Life* höchstens die Idee oder den Anstoß gegeben hat, und dass sowohl Romanfiguren wie auch Begebenheiten eigenständig und eigenwillig begonnen haben zu agieren und sich fortzuentwickeln, sobald sie das Licht der Romanwelt erblickt hatten.

DANKSAGUNG

Mein Dank gilt den vielen Menschen, ohne die dieses Buch nicht entstanden wäre.

Die griechischen Götter wären mir niemals so präsent gewesen ohne meine Lehrerinnen und Lehrer an der Freien Waldorfschule Engelberg, insbesondere Christel Dürr und Georg Stülpnagel. Die Idee von der Republik Europa verdanke ich Ulrike Guérot und ihrem inspirierenden Buch „Warum Europa eine Republik werden muss". An der Buchwerdung und Verbreitung haben mitgewirkt: die Autorinnen Petra Busch und Stephanie Fey mit hilfreichen Schreibtipps, Stephan Waldscheidt mit seinen ebensolchen Schreibratgebern, Lars Schiele mit einem klugen und akribischen Lektorat, Petra Heyde mit einem Buchcover, das Charakter wagt, Isabella Raupold mit wie immer tollen Fotos, Ina Baumbach mit der Website, und die Frauen meines Netzwerks texttreff.de mit viel Herz, Wissen und Geduld – darunter Vera Anders, Sabine Eichhorst, Carola Heine, Garnet Manecke, Biggi Mestmäcker, Tanja Finke-Schürmann, Barbara Stromberg und Dunja Voos. Maren, Doro und Uli, euch danke ich, dass ihr mit mir nicht nur in Clubs, sondern seit jeher durch dick und dünn geht. Un grand merci à Mattéo et à ses parents pour leur chaleureuse amitié et les petits verres de pommeau dégustés ensemble! Hartmut und Hannelore, seid von Herzen bedankt, dass ihr mich und meine Familie quasi seit Entstehung begleitet und unter eure liebevollen Fittiche genommen habt. Dass es euch gibt, liebe Kinder, ist ein Geschenk, aus dem mit der Zeit graue Haare, ein bisschen Arbeit und vor allem ganz viel Glück und Liebe herauskommen. Wofür ich euch alles danke, liebe Eltern und Geschwister, füllt irgendwann ein eigenes Buch. Ich hoffe, Papi, du hast dir genug Unsterblichkeit gesichert, um von oben einen Blick darauf zu werfen. Martin, dir sage ich Liebe und Dank für so vieles … und am meisten dafür, dass du mich seit Jahren liebst, obwohl du mich kennst. Danke, Ewa, Jens, Mandy, Hillke und viele andere, dass ihr die Erinnerung an einen besonderen Menschen mit mir teilt. Danke PS für die viel zu kurze Ewigkeit, die du in meinem Leben warst. Keep on rockin.

ÜBER EVA ENGELKEN

Eva Engelken ist Juristin und Kommunikationsberaterin und unterhielt mit ihren humorvollen Ratgebern „Klartext für Anwälte“ und „111 Gründe, Anwälte zu hassen“ bisher vor allem die Juristenwelt. Mit „Drei Küsse für Herkules“ geht sie an die Beziehungsfront und seziert den Stoff, aus dem Affären sind. Sie lebt mit Mann und Kindern seit 20 Jahren am Niederrhein.

Weitere Informationen finden Sie unter
www.evaengelken.de.